餐饮店长打造最强团队技术手册

CANYIN DIANZHANG DAZAO ZUIQIANG TUANDUI JISHU SHOUCE

李 兵 王西平 著

西北大学出版社

·西安·

图书在版编目（CIP）数据

餐饮店长打造最强团队技术手册／李兵，王西平著. —西安：西北大学出版社，2023.2（2023.7重印）
ISBN 978-7-5604-5097-1

Ⅰ.①餐… Ⅱ.①李… ②王… Ⅲ.①饮食业—经营管理—手册 Ⅳ.①F719.3-62

中国国家版本馆CIP数据核字（2023）第023925号

餐饮店长打造最强团队技术手册

李　兵　王西平　著

出版发行　西北大学出版社
（西北大学校内　邮编：710069　电话：029-88302621　88305287）
http://nwupress.nwu.edu.cn　　E-mail: xdpress@nwu.edu.cn

经　　销	全国新华书店
印　　刷	西安华新彩印有限责任公司
开　　本	787毫米×1092毫米　1/16
印　　张	24.25
版　　次	2023年2月第1版
印　　次	2023年7月第2次印刷
字　　数	455千字
书　　号	ISBN 978-7-5604-5097-1
定　　价	78.00元

如有印装质量问题，请拨打电话029-88302966予以调换。

前　言

打造可持续发展的最强餐饮团队

近 20 年来，随着经济和信息技术的迅猛发展，餐饮行业充分享受到我们国家的改革红利、稳定红利、人口红利、城镇化发展红利和技术革新红利，得到高速发展。

尤其是近 10 年，借助智能手机的普及，餐饮人充分利用营销定位技术的推广、线上传播推广技术的日新月异、新管理思想与方法的注入，不断创造着一个又一个快速发展的奇迹。

近年来，餐饮人讨论较多的话题是：谁的品类独到？谁的定位精准？谁的盈利模式更好？谁快速扩张，开了多少新店？谁的引流模式好？谁引进了什么资本？谁家的门口排了长队？等等。一时间，怎样更快捷地发展与挣钱成为焦点话题。

然而从 2019 年年末开始的新冠疫情，使沉浸在高速发展、奇迹频出的狂躁中的餐饮人迅速冷静下来，"各领风骚三五年"的行业规律频频显示。高速发展的背后常有不良因素存在，这些不良因素不断积累，并寻找机会爆发，新冠疫情只是一个诱发因素。餐饮人既然享受着高速发展的结果，就必须勇于面对高速发展所要付出的代价。

在某段时期内发展较快，是一个行业、一个企业发展的阶段性过程。风雨过后到底是彩虹，还是一地鸡毛？经过近 20 年高速发展的餐饮行业的从业人员，应冷静下来想一想，餐饮行业今后凭什么发展？凭什么更好地享受中国可期望的未来？可持续发展的"道与术"究竟是什么？

作为餐饮行业管理培训界的一个老兵，我从 2002 年开始从事餐饮行业的培训工作。自从业初期给员工培训，到后来专门给餐饮管理人员培训，可以说，我见证了餐饮行业 20 年的发展历程，尤其是餐饮店店长（本书中简称"餐饮店长"）的成长。

餐饮店长的成长过程，一般是做员工时忠诚无私，深受老板信任，于是被提拔成管理者，接着边干边学，甚至乱干乱学、死扛硬顶、野蛮成长。在整个过程中，竞争、团队与业绩之间相互拉动又相互牵制，成为餐饮店长管理的主线与核心。

餐饮店长是承上启下的角色。餐饮店长手上的资源是有限的，不可能像老板一样拥有资金、项目、选址等的决断权。老板是"打江山"的，店长是"守江山"的，"守江山"比"打江山"更难。餐饮店长背负着带领团队实现店面可持续发展和盈利的重大责任。

然而现实是残酷的，许多餐饮老板用"铁头"打拼出一个品牌，迅速扩张，三五年后却逐渐落败。这是餐饮行业多年来的痛疾。原因有很多，其中最重要的一个是，许多餐饮店长是"豆腐腰"，缺乏一套正确的"守江山"的"道与术"。

餐饮行业看似门槛很低，客人群体庞大，其实很难经营管理，最难的是能持续赚钱，因为它是一个 $100-1=0$ 的行业。

作为劳动密集型和感情密集型行业，餐饮行业实行的是客人现场点菜，员工现场加工，员工现场为客人提供服务，客人现场体验。员工的素质参差不齐，员工的状态千差万别；客人也是千差万别，不同的客人有不同的特点，有不同的爱好、需求，也呈现出不同的状态。只有在持续不断地充分了解和理解客人的基础上，才能围绕客人的喜好、痛点，进行差异化的对应服务（出品、环境等），从而让客人留下深刻印象，并赢得"易变心"客人的复购与口碑传播。

站在客人的角度，面对众多选择，餐饮店的出品质量、服务质量、卫生环境质量只有好坏之分，不存在较好、较差的比较等级：好，就是全部；不好（一点不好），就是零。所以 $100-1=0$ 的行业规律要求餐饮团队从后厨加工的每一个人、每一道环节，到前厅服务的每一个人、每一道环节，每一天都必须从细节做起，而且要持续把细节做好。这就是餐饮店要做到生意持续好的难点。餐饮店长的工作就是解决这个难点。这项工作是餐饮店长是"钢铁腰"而非"豆腐腰"的证据，也是餐饮店长的价值所在。

要解决这个难点，唯一的出路是找到一条打造可持续发展的最强团队的路径，也就是说，餐饮店长要想"守好江山"，必须有一支最强团队去面对 $100-1=0$ 的困难与挑战。

对餐饮店长进行培训时，我见过太多店长因为不懂打造团队的"道与术"，导致团队分崩离析，尤其是许多店长陷在如下管理怪圈之中：

- 参加了各种培训，看了各种书，学习了各种管理知识，还是不清楚到底哪些是最基本的，哪些是最重要的，这些基本点、重要点之间有什么逻辑关系，谁先谁后，怎么串起来。

- 有丰富的实践经验，却依然带不出最强团队。

- 管人管得心累，轻不得，重不得，依然"守不住江山"。
- 兢兢业业，忙忙碌碌，团队却始终表现平平。
- 培训、指导员工很费劲，员工培养出来却跑了。

……

惋惜之余，我开始系统地总结过去所看的书、所听的课及实践经验。我深度采访了大量餐饮行业的老板、店长、厨师长、经理、主管、领班、员工，针对每一个主题，甚至每一个关键句、关键词反复求证与打磨，力求萃取最原汁原味、最实用、最具实战性的优秀餐饮管理者的基本方法、基本招式，披沙拣金，去伪存真。我希望把我所研读的国内外先进的管理知识与优秀餐饮人的宝贵实践经验进行融合，帮助广大餐饮管理者助力企业，成就人才。这就是本书诞生的过程。

本书有三个底层逻辑，也就是本书最基本的"道"。

第一个底层逻辑：慢＞快，快就是慢，慢就是快。餐饮行业已经历了近20年的高速发展，该进入"欲速则不达"的阶段了。快是慢的显现，慢是快的地基，没有慢这个地基，就没有快这座大厦。这些年来，我们周围充斥着"大家在奔跑"的声音和事实，但物极必反，《道德经》曰："道生一，一生二，二生三，三生万物。"道是什么？是规律，是基础，是源头。打造强大团队的路径就是基础、源头。比如，我们应该慢下来，认真思考怎样系统地研究客人的痛点，怎样对员工进行思想教育，怎样打造可持续发展的管理体系，店长合理提高营业收入和合理管控成本的技术有哪些……未来真正厉害的是下"笨功"的高手。

第二个底层逻辑：以终为始，以始为终。这个思维模式最早出自《黄帝内经》。先人是在告诫后人，要在人生的春天就认真思考人生终点的意义和价值，其中有三层含义：

一是凡事要站得高、看得远，要有长远的根本目标；

二是凡事要根据长远的根本目标设定计划；

三是凡事要以达成目标为原则，做事必须有原则。

美国管理学家史蒂芬·柯维在《高效能人士的七个习惯》中讲到的第二个习惯就是以终为始，强调的是管理者先在脑海里酝酿，然后进行实质性创造。换句话说，就是先想清楚自己的终极目标，然后再努力去实现。

我认为餐饮店长打造最强团队的"以终为始，以始为终"，就是要先想明白什么样的餐饮团队才是最强餐饮团队，并以打造最强餐饮团队为起点、为目标，努力打拼。

最强餐饮团队就是：

以客人为中心——客人都说好的团队；

以员工为根本——员工都说好的团队；

以盈利为标准——能够赚钱的团队；

以持续为目的——能够持续发展的团队。

第三个底层逻辑：方向＞体系＞团队。打造最强餐饮团队，要在考虑团队问题之前先考虑体系问题，在考虑体系问题之前先考虑方向问题。方向是指团队的目标、价值观、战略规划。方向不明，努力白搭。体系是指打造团队的系统化的制度安排、具体方案、执行落地的技术。方向搞明白了，搞正确了，再根据方向去考虑模式、制度、方案、落地技术，这样才能万众一心，朝着一个靶向进攻，最后才会产生真正的最强团队。

本书以餐饮店长打造最强团队必须使用的关键管理技术为蓝本，以餐饮店长的真实痛点为主线，力求覆盖餐饮店长打造最强团队过程中会遇到的重点管理场景，真正助力餐饮店长打好基础，修炼好一招一式的基本功。

本书分为上下两编，从餐饮店长的两项自我修养讲起，到打造能持续健康发展的团队——四大环节（全员清晰的思想、清晰的规划、完整的组织制度保障、落地执行）、12个专题技术（清晰的团队目标、清晰的团队价值观、规划、年规划、季规划、排兵布阵、定任务、做计划、奖与罚、跟进检查、考评、人才盘点），再到打造员工都说好的团队——两大环节（招对人、强大人）、5个专题技术（选强"将"、招精"兵"、建设团校、打造团队经常性思想工作机制、生活团建），再到打造客人都说好的团队——4个专题技术（思想聚众，客人痛点、喜点的采集，亮点打造，店长的百项检查表），最后到打造能赚钱的团队——4个专题技术（提高营业收入、正确解读分析损益表、合理控制原料成本、合理控制人事费用），合计25个专题技术。

本书基本覆盖了优秀餐饮店长打造最强团队的关键管理思路与技术，为餐饮店长搭建了打造最强团队的模型，用六章内容构建了层次分明、逻辑清晰、系统全面的具体框架。最重要的是它树起了一面旗帜，就是前面讲的三个"道"：慢＞快；以终为始，以始为终；方向＞体系＞团队。这三个底层逻辑能够引领餐饮店长打造最强餐饮团队的整个系统。

本书有严密的逻辑体系，每一章都互为支撑，有着密切的联系。同时，每一部分内容都是按是什么—为什么重要—怎样落地的逻辑顺序展开，既讲清了含义，又讲清了重要性，再展开讲解具体以什么样的管理技术、招式进行操作。

本书的内容十分细致入微，尤其在讲到落地执行部分时，用结构图的形式和剥洋葱的方式，将问题层层剥开，直至讲出具体执行的招式。比如，第四章中的专题"打造团队经常性思想工作机制"，讲解了什么是经常性思想工作及其重要性，关键是讲解了经常性思想工作贵在五个"经常"、经常性思想工作的基本程序、个别员工谈心制度、"重点人"帮教制度、思想骨干培养制度、思想教育整改制度六个执行层面，尤其是把"重点人"帮教制度以案例的方式分解为对五种类型的员工（"驴脾气"员工、"刺头"员工、家庭发生变故的员工、"闷葫芦"型员工、有四大心理疾病的员工）该怎么具体做经常性思想工作，层层讲透方法，主题清晰，环环相扣，搭建起餐饮店长抓好团队经常性思想工作的框架，言之有物，真切生动。

本书还有一个亮点是贴近餐饮店长的实战，有丰富的案例。书中的很多理念都是我在日常读书及与餐饮人的对话中提炼出来的；书中的许多实操模型、实战用图表和方法及案例，都是我在为企业服务的实践中总结提炼出来的。一直以来，我始终遵循一个原则：在课堂上"讲我所做"，在实战指导中"做我所讲"。因此本书中的经验和教训可以用四个词来概括：有用，管用，学得会，用得上。

本书有一个缺点是内容较多，对于尚未养成良好学习习惯的餐饮人来说，的确会带来一定的阅读压力。所以，我建议用两种方法阅读本书：一是餐饮店长与其他管理人员（最好是老板）一起阅读，大家一起学习，能很快统一管理思路、语言，大大提高沟通效率；二是按各章节、专题的内容结构图或结构提示进行完整阅读。

本书的学习落地过程应分为三个阶段：

第一阶段，反思与探讨。每学习完一个章节都应该趁热打铁，大家一起思考三个问题：①这一章节中作者的思路是什么，我们能从中学到什么？②对照这一章节的内容，我们哪里做对了，哪里做得不对，要不要改，怎么改？③对这一章节的内容还有什么疑问？

第二阶段，初步形成一个体系。在完成所有内容的学习和讨论后，应该对打造最强团队有了系统的了解，各级管理人员针对每一部分内容形成讨论笔记，整理这些笔记就相当于对店面情况做了一次系统的梳理。这样的梳理主要是帮大家理清自己打造最强团队的逻辑框架及重点突破口，并形成一个可持续的进攻与防守的体系，这是本书最大的目的。

第三阶段，重点突破。有了初步的打造团队的体系后，需要结合自己的实际，确定着重解决哪些问题，花时间参考书中提供的技术、方法及案例进行深挖。

总之，应用才是本书的目的。

到此为止，本书的内容结构、特点、用法全部介绍完了。这本打造最强餐饮团队的技术手册虽然是务实之作，但要把本书的内容全部梳理出来并应用到实战中，并非易事。撰写本书时，我和王西平老师心怀忐忑、激动和感恩：忐忑的是怕自己写不好，误导了读者，或者没有写出打造最强餐饮团队的精髓；激动的是随着写作的慢慢推进，我们的思路一点点打开，我们对自己的创作渐渐满意，并深信本书一定能帮助餐饮店长们形成思想体系和做好每一招的基本动作；感恩的是餐饮行业和我们接触的餐饮人对我们成长的认可、帮助和砥砺，以及我们拜读过的各类名家著作给我们带来的提升。

以终为始，以始为终。在这里，我和王西平老师希望把本书送给所有餐饮人，让它成为餐饮管理者的理论依据和通关锦囊，为大家的管理做出指导，给出方法，讲明原理，提供模式。

让我们为餐饮行业的可持续发展努力吧！

李 兵

2022 年 12 月 29 日于西安

目录

上编　餐饮店长的两项自我修养

第一章　忠诚

第一节　忠诚的重要性 …………………………………………………… 3
　　一、忠诚比金子还珍贵 …………………………………………… 3
　　二、四品店长 ……………………………………………………… 4
第二节　怎样做到忠诚 …………………………………………………… 5
　　一、坚守基本原则 ………………………………………………… 5
　　二、坚决服从命令 ………………………………………………… 6
　　三、懂得感恩 ……………………………………………………… 7
　　四、积极主动地工作 ……………………………………………… 8

第二章　无私

第一节　无私为什么重要 ………………………………………………… 17
　　一、自私店长的常见表现 ………………………………………… 17
　　二、无私是成功的门环 …………………………………………… 18
　　三、放下贪心，否则它会让人失去理智 ………………………… 18

第二节　怎样做到无私 ································· 20
　　一、以身作则 ····································· 20
　　二、勇于担责 ····································· 28
　　三、公平——一碗水端平 ··························· 36

下编　打造最强餐饮团队的思路与技术

第三章　打造能持续健康发展的团队

第一节　全员清晰的思想 ······························· 45
　　专题一　清晰的团队目标 ··························· 45
　　　一、什么是团队目标 ····························· 45
　　　二、清晰的团队目标的必要性 ····················· 46
　　　三、怎样让大家统一目标 ························· 47
　　　四、常见问题 ··································· 48
　　　五、案例 ······································· 48
　　专题二　清晰的团队价值观 ························· 50
　　　一、什么是团队价值观 ··························· 50
　　　二、团队价值观的重要性 ························· 50
　　　三、团队价值观怎样在团队落地 ··················· 52
　　　四、常见问题 ··································· 53
　　　五、案例 ······································· 53
第二节　清晰的规划 ··································· 55
　　专题三　规划 ····································· 55
　　　一、什么是规划 ································· 55
　　　二、规划的重要作用 ····························· 56
　　　三、规划怎样落地 ······························· 57
　　　四、常见问题 ··································· 59
　　　五、案例 ······································· 60

专题四　年规划 ·· 61
一、什么是年规划 ·· 62
二、年规划的重要性 ·· 62
三、年规划怎么做 ·· 62
四、常见问题 ·· 62
五、案例 ··· 62

专题五　季规划 ·· 63
一、什么是季规划 ·· 63
二、为什么季规划只聚焦1~3件事 ························· 63
三、季规划的1~3件事怎么做 ······························ 65
四、常见问题 ·· 66
五、案例 ··· 66

第三节　完整的组织制度保障 ······························ 68

专题六　排兵布阵 ·· 68
一、什么是排兵布阵 ·· 68
二、排兵布阵的重要性 ······································· 69
三、如何排兵布阵 ·· 70
四、常见问题 ·· 71
五、案例 ··· 72

专题七　定任务 ·· 72
一、什么是定任务 ·· 73
二、为什么要定任务 ·· 73
三、如何定任务 ··· 73
四、常见问题 ·· 74
五、案例 ··· 74

专题八　做计划 ·· 75
一、什么是做计划 ·· 76
二、做计划的重要性 ·· 76
三、怎样做计划 ··· 77

四、常见问题 ·· 78
　　五、案例 ·· 78

专题九　奖与罚 ·· 80
　　一、什么是奖与罚 ···································· 80
　　二、为什么要进行奖与罚 ······························ 81
　　三、怎样进行奖与罚 ·································· 82
　　四、常见问题 ·· 86
　　五、案例 ·· 87

第四节　落地执行 ·· 88

专题十　跟进检查 ·· 88
　　一、什么是跟进检查 ·································· 89
　　二、跟进检查的重要性 ································ 89
　　三、如何跟进检查 ···································· 90
　　四、常见问题 ·· 108
　　五、案例 ·· 108

专题十一　考评 ·· 110
　　一、什么是考评 ······································ 110
　　二、为什么要考评 ···································· 110
　　三、怎样考评 ·· 111
　　四、常见问题 ·· 114
　　五、案例 ·· 114

专题十二　人才盘点 ·· 121
　　一、什么是人才盘点 ·································· 121
　　二、为什么要进行人才盘点 ···························· 122
　　三、怎样进行人才盘点 ································ 123
　　四、常见问题 ·· 125
　　五、案例 ·· 125

第四章　打造员工都说好的团队

第一节　什么是员工都说好的团队
一、"员工都说好的团队"的含义 …… 127
二、为什么员工都说好的团队重要 …… 129

第二节　招对人
一、什么是招对人 …… 130
二、招错人的成本是巨大的 …… 132

专题十三　选强"将" …… 132
一、什么是选"将" …… 133
二、选"将"的重要性 …… 133
三、怎样选"将" …… 133

专题十四　招精"兵" …… 139
一、人才需求 …… 140
二、人才画像 …… 146
三、人才来源 …… 148
四、人才识别 …… 150

第三节　强大人 …… 154

专题十五　建设团校 …… 155
一、什么是餐饮团队的团校 …… 155
二、团校的重要性 …… 156
三、怎样打造团校 …… 157

专题十六　打造团队经常性思想工作机制 …… 165
一、什么是经常性思想工作 …… 165
二、经常性思想工作的重要性 …… 168
三、怎样做经常性思想工作 …… 170

专题十七　生活团建 …… 226
一、什么是生活团建 …… 226
二、生活团建的重要意义 …… 227

三、怎样进行生活团建 ································· 228

第五章　打造客人都说好的团队

第一节　什么是客人都说好 ································· 238
　一、什么是客人 ································· 238
　二、什么是都说好 ································· 240
　三、客人都说好为什么重要 ································· 242

第二节　如何打造客人都说好的团队 ································· 245
　专题十八　思想聚众 ································· 245
　　一、利他是最大的利己 ································· 246
　　二、利润是小费，来自超出客人期望的打赏 ································· 247
　　三、要么做到第一，要么做到唯一 ································· 247

　专题十九　客人痛点、喜点的采集 ································· 248
　　一、营业日志 ································· 249
　　二、网评回复 ································· 256
　　三、考察竞争对手 ································· 257

　专题二十　亮点打造 ································· 260
　　一、打造亮点的机会在桌面上 ································· 261
　　二、设计亮点剧本 ································· 263
　　三、用角色扮演法练习亮点剧本 ································· 273
　　四、宣传亮点 ································· 275

　专题二十一　店长的百项检查表 ································· 276

第六章　打造能赚钱的团队

第一节　怎样正确理解"能赚钱" ································· 284
　一、什么是合理、合适的利润 ································· 285
　二、餐饮店的利润标准表 ································· 286
　三、能赚钱的四个"牛鼻子" ································· 287

第二节　如何做能赚钱

专题二十二　提高营业收入 ·········· 287
　　一、提高营业收入的七个思路 ·········· 288
　　二、使用矩阵体系思考，排除简单奋斗主义 ·········· 289
　　三、提高营业收入的绝招——逻辑表 ·········· 290
　　四、网络上的口碑改变了餐饮店的集客法则 ·········· 294
　　五、店门口是吸引新客的最佳阵地 ·········· 295
　　六、要特别重视发传单促销 ·········· 296
　　七、招牌菜是集客、增加收入的有力武器 ·········· 297
　　八、"超级客人"是店长增加店面营业收入的秘密武器 ·········· 306

专题二十三　正确解读分析损益表 ·········· 314
　　一、支出大致分为两大类 ·········· 314
　　二、如何正确解读分析损益表 ·········· 316
　　三、如何编制、解读经营结果分析表 ·········· 325
　　四、店长的单日决算表 ·········· 330

专题二十四　合理控制原料成本 ·········· 332
　　一、合理控制原料成本的基本思路 ·········· 333
　　二、根据标准控制成本是核心 ·········· 336
　　三、原料采购与库存环节的成本控制 ·········· 338
　　四、原料验收环节的成本控制 ·········· 350
　　五、原料储存环节的成本控制 ·········· 352
　　六、原料初加工环节对成本影响巨大 ·········· 355
　　七、原料配份加工（精加工）环节的成本控制 ·········· 358
　　八、烹调环节的成本控制 ·········· 363
　　九、利用前厅组合销售技术提高毛利（毛利率） ·········· 364

专题二十五　合理控制人事费用 ·········· 365
　　一、人均产值 ·········· 366
　　二、怎样合理减少用工人数 ·········· 367

上 编

餐饮店长的两项自我修养

俗话说"打铁还需自身硬"。餐饮店长要打造最强团队，必须得到上级的支持和员工的信任。中国自古就有"内圣外王""修齐治平"的说法。"修"就是修养、修身，就是修炼自己，提升自己的品格，取得大家的信任，也就是"内圣"。修身之后才能齐家、治国、平天下，也就是打造团队，追求更大的事业，就是"外王"。

因为你有修养，所以员工信任你；因为你有能力，所以员工相信你。一个真正厉害的餐饮店长能够将修养和能力结合起来，打造最强团队——没有诡计，没有欺骗，没有威胁，没有惧怕，也没有背叛。你的修养让员工信服，你的能力让员工推崇，你很容易俘获员工的心。员工愿意追随你，你自然就拥有了领导力。

第一章　忠诚

第一节　忠诚的重要性

一、忠诚比金子还珍贵

李嘉诚先生说过:"做事先做人。一个人无论成就了多大的事业,人品永远是排在第一位的,而人品的第一要素就是忠诚。"一位餐饮前辈说:"一位餐饮管理者的经验和智慧是金子,比金子更珍贵的则是忠诚。"

很多餐饮老板更是视忠诚为衡量员工品质的第一标准。我经常向不同的餐饮老板问同一个问题:"您认为店长最应具有什么品质?"大多数老板会毫不迟疑地说出"忠诚"二字。

餐饮店长在职业生涯中换工作是很正常的。但工作的变动带给店长的只能是环境的变化,不能改变的是店长对原则、对工作的忠诚。面对诱惑,很多人经受不住忠诚的考验,出卖了自己的职业道德、职业良心,同时也出卖了自己。

有一位从厨师岗位成长起来的餐饮店长,既熟悉后厨管理,又懂得前厅服务管理,可谓"文武双全"。这样不可多得的餐饮全才,按说应该事业有大成,但是他却被当地许多餐企列入了黑名单。为什么呢?

这位店长从小父母早亡,是叔叔收养了他。18岁没上完中学的他来到某市一家很有名的餐企打工。老板发现他既能吃苦,又聪明好学,就开始用心培养他。先让他从后厨工作做起。四年后他就能上灶炒菜了,而且手艺不错。老板又开始培养他的前厅服务管理能力,送他去专门的管理培训班学习,又给他实践锻炼的机会,直至他能胜任前厅经理的岗位。最终老板让他做了统管全店的店长。在这个过程中,他也掌握了这家餐企的核心商业机密。后来,他不满意这家餐企给他的待遇,被高薪挖到了另一家餐企,他把前一家餐企的核心商业机密全部出卖了。在第二家餐企工作不到三年,他又被高薪挖到了第三家餐企,第一家、第二家餐企的核心商业机密又被他出卖了。

就这样,他的事在当地餐企圈被广为传播,许多餐企知道了他的品行,不敢与他打交道。直到最后他才发现,最受打击的不是他伤害过的那些餐企,而是他自己,因为他给自己贴上了"不忠诚"的标签。

这位店长的经历告诉大家一个道理:忠诚才能被信任,被信任才能担当重任。拥有出众的专业能力,不代表你就能获得成功。忠诚虽不是餐饮店长的专业能力,但它却是最重要的。如果你缺少忠诚,谁也不会看上你的专业才华,甚至可以说缺乏忠诚的专业才华就是一种毒药。忠诚是控制专业才华的开关,是发挥专业才华的舞台,仅仅为了个人利益就放弃忠诚,必将成为餐饮店长职业生涯中抹不去的污点。只有做到忠诚,餐饮店长才能在企业中将自己的能力发挥到极致。

因此,餐饮店长要牢记忠诚胜于能力。团队的力量来自每个人对团队的忠诚,忠诚永远比学历、专业能力重要。忠诚不仅是一种品德修养,更是一种能力,是其他所有修养、能力的统帅和核心。如果餐饮店长丧失了对企业、对团队、对自己的忠诚,那么他的其他能力就会失去用武之地。

二、四品店长

从忠诚的角度,我们将店长分为四类:精品店长、次品店长、废品店长、毒品店长。

忠诚且有能力的店长叫精品店长,这类店长永远是抢手的。

忠诚但能力一般的店长叫次品店长,在餐企中这类店长最多。如果这类店长将自己的能力提高一些,并保持自己的忠诚,很可能成为精品店长。

不忠诚又没有能力的店长叫废品店长,他们不仅对企业没有贡献,反而会拖垮企业。餐企不能养这样的人。

废品店长还不是最可怕的,最可怕的是能力强却不忠诚的店长。这类有才无德的店长叫毒品店长。就像前文提到的某店长,有能力却没有将能力发挥到正确的事情上。这种人危害最大,餐企千万不能用这类店长。

这里讲一个我熟悉的餐饮老总的成长故事。这位老总姓张,今年30多岁。10多年前,他从一名推销员转行进入一家餐饮店工作。两年后,他当上了前厅主管。后来,这家餐饮店经营不善,老板转让了店面。因为新老板总会带来自己的管理团队,所以换老板意味着要换掉很多人。没想到，原来的老板对新老板说："我的这些员工，你都可以让他们走，但是有一个员工你必须留着，因为他十分优秀——忠诚，是可用之才，他叫张某某。"新老板接受了这个建议，小张继续在这家店工作。一年后，他就被新老板提拔为店长。经过几年的经营，这家店的股东闹矛盾，店面又要转让，我和新接手的老板一起与原来的股东交流时，这些股东一致推荐小张店长。我很好奇，问小张优秀在哪里。他们说了两点：一是小张对工作、对企业很忠诚；二是小张熟悉这个街区，这里有许多他的忠诚顾客。我明白了，小张肯定是一个忠诚度高的人。于是我找小张谈了话，并建议新接手的老板大胆留用小张。新接手的老板原本嫌小张工资高，准备正式接手后就裁掉他。后来，实践证明小张果然是一位精品店长。他现已成为这家餐企主管经营的副总经理。

一家秉持长期经营理念的餐企，必定想在忠诚的员工中培养可塑之才。餐饮行业实践性很强，其管理者的能力要在大量实践中锤炼。那么，给谁机会去锤炼？肯定是给忠诚的人。所以，忠诚的人才有更多机会提升能力，成为精品店长。

第二节　怎样做到忠诚

根据我的经验，要在餐饮企业做一名忠诚的店长，必须做到以下四点。

一、坚守基本原则

要做到忠诚，店长就要服从、执行上级的命令。当然，这种服从、执行要理智而不盲目，要以国家的法律法规、社会公德、客人利益、企业利益、员工利益、企业的规章制度、职业道德为基本出发点，而不是盲目服从、执行。盲目执行是愚忠，溜须拍马是假忠。

2022年，某市突发新冠疫情，政府防疫部门要求所有餐饮店暂停堂食。一些餐饮店为了一己私利，阳奉阴违，偷偷开门接待客人。马俊芳是一家餐饮店的店长，上级给她的指示是"悄悄地"营业。马店长没有盲目执行上级的命令，而是一边坚决执行政府的有关规定，一边与上级反复沟通，力陈利害关系，最终得到上级的支持。结果，马店长的店面所在街区有两家餐饮店因为悄悄营业导致疫情传播，受到了处罚。而马店长的店面因防疫工作有力，受到了政府的表彰和街区群众的称赞，在城市解封后，生意快速反弹。

二、坚决服从命令

　　一切行动听指挥，上级安排的事，只要不违背基本原则，有条件要执行，没有条件创造条件也要执行。执行的情况、结果要及时汇报。如果自己做不到或有不同意见，也不能当众反驳上级或拒不执行，可以私下反映。因为下属的忠诚本质上就是听话、执行命令，如果不听话，不执行命令，在上级看来就是对自己的质疑和挑衅。

　　有的人当了店长，可以独立管理一家店面，往往会扬扬自得，产生一种领导者的优越感，甚至有一种骄傲心态，进而有时会执行命令不坚决。这是一种十分危险的心态。餐饮店长必须时刻牢记职场铁律："店长是为上级服务的，在工作层面，上级与下级是不平等的。下级的第一职责就是忠诚地执行上级的命令。在企业里，上级对下级拥有恩威并济的奖罚筹码；下级对上级，除了离开，没有什么牵制的筹码，只能找对方法求生存。"

　　忠诚的体现就是执行力。《致加西亚的信》让我们明白了什么叫真正的执行力。执行力就是坚决执行上级的命令，并在第一时间不折不扣地取得成果。有些餐饮店长很忠诚，很听话，但总是没有成果。我认为这种忠诚是打了折的，真正的忠诚是执行并取得成果。听话容易，要取得成果则必须明白五个要素：

　　一是明确取得成果的时间限制，即在什么时间必须完成任务；

　　二是明确取得成果的标准，即做到什么样才是取得成果；

　　三是明确按照怎样的步骤才能取得成果，即知道如何一步一步去取得成果；

　　四是信心第一，成败第二，即执行命令，尤其是执行有困难的命令时，不要过多地思前想后，应边执行边总结，相信在执行过程中才能完成任务；

　　五是复命才是执行的目的，这一点最重要。一般意义上的执行满足不了餐饮职场的要求，必须是复命，就是主动拿着成果向上级回复。这个成果可以是好的，也可以是不好的。复命是对他人的承诺，在限定的时间、条件下必须汇报完成的情况。

　　上级给你安排一项任务后，你要主动复命，这才是真正的执行。上级让你明天完成任务，你最好今天晚上就完成，或在今晚汇报一下完成的进度。这样不仅能提高自己的工作效率，还能提升自己在上级心目中的地位。

　　有一家火锅店的通风系统出了故障，店长向老板汇报后，老板安排店长找专业公司检修一下。过了一周，老板听朋友说去店里吃饭，觉得通风效果不好。于是老板用微信问店长："你们店的通风系统修好了吗？"店长回了两个字："修了。"老板问："修好了吗？"店长回复："没完全修好。"老板问："为什么？"店长回复："刘总，有个风机的主件有毛病，维修工说要换。"老板有些生气了，在微信中加重语气说："那还不抓紧去换！"店长回复："好的。"过了两天，老板又在微信里问："修好了吗？"店长回复："刘总，我休了两天假，今天刚上班。我立马安排。"三天后，老板去这家店巡视，发现通风还是不好，火冒三丈地找来店长问："为什么还没修好？"店长说："刘总，不是我的问题，是因为维修工说……"

在这场"交锋"中，修好通风系统是成果，是靶向，显然这位店长没有取得这个成果。这位店长给老板的回复不是复命，是凑合，是敷衍。之所以造成这样的结果，很大原因是这位店长不懂什么是执行的复命。

我发现有相当一些餐饮店长在汇报工作时只提出问题、现象，不提出自己的判断和答案。这就是一种抱怨、敷衍、凑合，看似忠诚、认真，其实是"懒政"，没有达到复命的要求，是无能的表现。一位企业家曾说："请记住，给你的上级做选择题。什么叫选择题？不要问你的领导该怎么办，而是向你的领导说出三种以上的解决方法，看领导认为哪种合适。这才叫忠诚的员工。"

在电视剧《亮剑》里，李云龙为什么喜欢张大彪？有一次部队打遭遇战，李云龙向张大彪下达命令："去抓个活的，问问对方是什么部队！"张大彪立马说："团长，对方是××部队的。"在上级下达命令的时候，下级已经做好了周密的准备，这样的下级谁不喜欢？

餐饮店长要具备复命精神，必须做到提出问题带答案，解释答案谈原因，汇报工作说结果，执行任务做成果，总结工作按流程。

三、懂得感恩

忠诚是一种职业生存方式。如果你选择了为某一餐企工作，那就真诚、负责地为它干吧。如果它付给你薪水，让你实现温饱，能够照顾你的家人，如果它给予你机会，让你学习、锻炼、成长，那就称赞它，感恩它，支持它，和它站在一起。

我始终认为，餐饮店长的感恩、惜福并因此敬业是其在行业内受欢迎的最重要的原因，也是其获得成功的秘诀。人永远是社会的人，也就是说一个人事业上的成功必定要靠大家来成就。上级的帮助、同事的配合、朋友的鼓励和家人的支持，是每个人获得成功的条件。所以餐饮店长要有感恩、回报之心。店长的工作是企业送给店长的最珍贵的礼物，店长学会感恩，方能实现自我价值。如果没有企业，店长就没有工作机会；店长不论多有才华，都需要企业这个平台。

现在是一个竞争激烈的时代，谋求个人利益、实现自我价值是天经地义的事。但遗憾的是，一些餐饮店长没有意识到实现自我价值与忠诚、感恩、敬业不是对立的，而是相辅相成、缺一不可的。一些餐饮店长以玩世不恭的态度对待工作，频频跳槽，觉得自己工作是在出卖自己的劳动力，他们蔑视或嘲讽忠诚、感恩、敬业，将其视为老板愚弄员工的手段。在他们中流行着这样几句话："我只拿这点儿钱，凭什么做那么多？""我为店里干活，店里给我薪水，等价交换而已。""打工嘛，又不是为自己干，差不多就行了。""我基本对得起这份工资就行了，感恩、忠诚是忽悠人的。"等等。

说这些话的人是糊涂的，没弄明白感恩背后的逻辑。对别人感恩，对企业忠诚，对工作敬业，也是为了自己。其实，员工与老板是矛盾的统一体，从表面上看，两者之间是对立的：老板希望减少员工的薪资，而员工则希望获得更高的收入。但是在更高的层面上，两者又是和谐统一的：企业拥有忠诚且有能力的员工，生意才能更好；员工依赖企业的平台，才能获得金钱、知识和技能。因此，两者并不矛盾。

从2019年年底开始的新冠疫情，残酷地打击了餐饮企业，可以说餐饮老板是现在最艰苦的职业。如果没有了他们，餐饮店长将何以生存？

让感恩成为餐饮店长的习惯，成为餐饮店长的情感流露，它定会增加餐饮店长的个人魅力。餐饮店长学会了感恩，就有了动力，就有了神奇的力量。如果餐饮店长不懂得感恩，他就不值得企业培养和重用。

其实，感恩无处不在。感恩父母给予我们生命；感恩国家让我们生活在好时代；感恩企业老板给我们施展的平台和发展的空间；感恩客人，因为他们既是我们的服务对象，也是我们的衣食父母；感恩同事、员工，因为他们是我们的伙伴……

餐饮店长在实际工作中，不要抱怨，要能吃苦，能受委屈，有抗压能力，在压力下能积极乐观地面对工作；任何时候都能从最积极主动的层面理解上级，在心理、思想上接受上级，以最大的耐心去帮助同事。这就是忠诚、感恩。

四、积极主动地工作

一位餐饮前辈说："餐饮行业是勤行，是一个 100－1＝0 的行业。百年老店百年忙，稍微懈怠就站一旁。1年、5年、10年、30年不松劲，就形成了核心竞争力。只要一松劲，立马就下去。不松劲就是核心竞争力。"

这位前辈一语中的，点到了餐饮人的命门。餐饮人必须勤快，勤快就是不松劲，不松劲就是人人事事时时积极主动地工作，只有这样，才叫忠诚于企业、忠诚于自己，才会有好结果。

时下在一些餐饮店长中流行着一种观点：环境、条件对我们起决定性作用。流行的代表性语言有："勤奋工作有什么用？还不是和别人拿一样的钱！""老板这么苛刻，根本不值得我为他卖命。只有傻瓜才会把老板的事当成自己的事。""受疫情影响，市场环境就这样了，努力也白搭。""餐饮行业天天这么多麻烦事，今天没干完的，等明天再做也是一样的。""现在的员工又懒又笨，既不好招，还难留。睁一只眼闭一只眼就过去了。""现在的竞争太激烈了，客人选择面又大，再加上疫情的影响，我能怎么样！"……

作为一名餐饮店长，你是否有过这些不满？这些消极的情绪是否在刺激你，影响你？

我不否认老板苛刻、员工不好管、竞争激烈、工作烦心等客观条件的巨大影响，但这不等于承认它们凌驾于一切之上，甚至可以决定我们的命运。无论处在何种情况下，人都可以独立思考，可以对各种外界刺激做出自己的判断与选择——明辨是非，坚守原则。

餐饮前辈所说的"不松劲"也告诫后辈，尽管有 100−1＝0 的行业规律，有激烈的竞争，但我们还是可以选择不松劲、积极主动。

餐饮店长积极主动，不仅指工作态度，还意味着一定要对自己的人生负责。餐饮店长的个人行为取决于个人的选择，而不是外在的环境。餐饮店长应该有营造有利的外在环境和条件的积极性和主动性，不该把自己的言行归咎于环境、条件或他人的影响。优秀的餐饮店长应从正确的价值观出发，有意识地选择对待工作、对待他人的方式，不因为外界因素或一时的情绪而冲动行事。切记，冲动是魔鬼！

消极被动的餐饮店长会被天气、疫情、竞争等影响，其心情、工作状态都取决于别人，任由别人控制自己。他们容易感情用事，冲动上头，受到外界的驱使。

我想对习惯于消极被动的餐饮店长说："你昨日的选择决定了今日的你。伤害你的并非'悲惨遭遇'本身，而是你对'悲惨遭遇'的回应；尽管有些事的确会让你身心受创或经济受损，但品性完全可以不受影响。事实上，梅香来自苦寒中，痛苦的经历才能磨炼意志、提高能力。积极开发自己的潜能，并努力影响别人，做一名积极主动的店长才是正路。"

积极主动的店长与消极被动的店长有着天壤之别，尤其再加上自身的实力与经验，差距就更大了。

案 例

一次积极的座谈会

2022年3月,我参加了一个餐饮店长座谈会,来自不同餐饮企业的30多位店长聚在一起,探讨疫情之下餐饮企业面临的问题及其对策。会议一开始,大家士气低落,主要谈论的是"到底发生了什么"。大家你一言我一语,谈的是营业如何受限制,客人不敢出来消费,员工不愿意轮流上岗,原料价格如何上涨。结果大家越谈越灰心。接着,有店长提出"今后会如何"。大家按照刚才消极的假设,又谈到疫情还可能反复、限制还会不时发生、消费者的信心及消费能力都会不足、物价还会上涨等等,士气更加消沉。大家都认为未来情况会更加恶化。

作为主持人,我决定换个角度,提出:"我们应着重于积极主动地思考:餐饮企业要生存,还要发展,应该如何应对现状?有何对策?有何计划?如何主动出击?"于是,大家开始讨论应该怎样开源节流,以人人必须发言的头脑风暴方式,探讨出若干切实可行的对策。结果,会议时间被延长。结束时,人人士气高涨,信心十足。

这次会议的结论是:餐饮行业现状并不好,可以预测短期内也许还要波动,甚至恶化。但我们可以采取正确的对策,比如:改进管理;改进用工方式,调整正式工与临时工的比例;试用小时工、兼职工、假期工,以及尝试一人多岗;强化反浪费措施的落地执行;狠抓出品质量、卫生质量、服务质量,切实提升客人进店的体验感;充分利用抖音、大众点评、小红书等线上平台,用成本较低的方法不断在线上传播相关信息。

我们坚信餐饮行业的中长期前景会越来越好。

要是换作消极思维,会是怎样的呢?"得了吧,躺平吧,面对现实吧。"而真正的现实是,我们有能力以积极的态度应对现实和未来,逃避现实只能被动挨打。

因此我认为，积极主动的餐饮店长应做到以下三个方面。

(一)改变自己的语言

消极被动的语言与积极主动的语言对比如表1-1所示：

表1-1　消极被动的语言与积极主动的语言对比表

消极被动的语言	积极主动的语言
我已无能为力。	我可以试一试别的办法。
我就是这样。	我可以调整我自己。
他把我气疯了！	我应该控制自己的情绪。
他们不会答应的。	我可以换一种表达方式。
我只能这样做。	我可以选择适当的回应。
要是……就好了。	我打算……
我不得不……	我更愿意……
我不可能……	我选择……

左栏中的语言表明店长在推卸责任，这就是消极被动，不忠诚于自己、企业和他人，在团队中会起到坏的作用，产生不良影响。

(二)站在老板的角度看问题

被称为"领袖中的领袖"的英特尔前总裁安迪·格鲁夫曾说："不管你在哪里工作，都别把自己当成员工，而应该把公司看作是自己开的。自己的事业生涯，只有你自己可以掌控。你每天都要和成千上万的人竞争，不断提升自己的价值，增强自己的竞争优势，以及学习新知识和适应新环境。"

这段话告诉餐饮店长：要以老板的心态对待工作，把企业当成自己的。什么是老板的心态？怎样做是站在老板的角度工作？

一名餐饮店长的未来是什么？是成为餐饮企业的总监、总经理、老板。因此，餐饮店长应该不断努力，把自己当成老板，向老板学习，并学会包容老板。

我总结了一些餐饮老板的实际表现：紧盯营业额、毛利、净利的达成；对店面的琐碎事情，第一时间处理，绝不拖延；业绩提高时会笑口常开，业绩下降时会面目狰狞；花钱时斤斤计较；工作中不允许粗心、拖延……

若餐饮店长能积极主动地换位思考，能包容老板，就会改变想法：收入、毛利、净利决定一切，老板唠唠叨叨是理所当然的；处理好店面的细节琐事，是达成业绩的前提条件，所以理所当然不能拖延；因业绩提高而开心、因业绩下降而生气是人之常情；为了盈利，采购花钱时斤斤计较也是理所当然的；因为深刻认识到餐饮行业是勤行，是讲究细节的行业，是 100-1=0 的行业，所以对所有工作都不能怠慢……

餐饮店长的老师是餐饮老板，要包容老板的一切，就要认识到老板的烦恼与痛苦。餐饮经营本来就是如意的事情少，烦恼的事情多。老板的工作其实是件苦差事，因为经营就是有目的、有意识地获取财富，但钱好挣吗？

所以，老板有痛苦、烦恼也是很正常的：如果生意不好，会令人失去斗志，店面存活面临着严峻的考验；如果没有利润，营业额低，说明市场不认可，这令人痛苦；如果一直处在这种痛苦、烦恼、郁闷的状态，必定会给周围的人带来不良影响，长此以往，老板就会失去包容心，企业就会矛盾丛生，最后的结果可能是老板背上一身债……所以，老板是没有退路的。

相反，如果经营顺利，老板会体会到经营的乐趣：店面生意红火，客人不断排队，财源不断；自己的经营理念被客人认同；能够帮助员工成长，改善员工的生活，不断提升员工的能力……

餐饮店长要了解并理解老板的痛苦、烦恼与乐趣，只有这样，才有可能站在老板的角度看问题，才能具备老板的特有能力，才能积极主动地为老板排忧解难。为此要做到四个方面：具备获得利润的经营能力，说到底就是具备开源节流的预判能力；有能力分析、判断消费者的喜好，并具备调控出品、服务、环境的能力；始终保持利他心态，坚信利他才是真正的利己，千万不能被金钱蒙蔽了双眼；必须拥有包容一切事物的宽广胸怀。

（三）做别人做不了的事

怎样最能体现一个人的价值呢？就是做别人做不了的事。什么是别人做不了的事呢？当然是那些被别人视为比较困难的事。

一位优秀的餐饮店长所克服的困难越大，他的成就就越高，他的价值就越大，就越能体现他的忠诚度。就此而言，当餐饮店长遇到困难时，不仅不要退缩，反而应坚信证明自己价值的机会来了。

在一些餐饮店长心目中，困难是非常可怕的，所以他们喜欢躲着困难。可是餐饮行业是个以员工手工操作为主,客人现场体验验证的行业。行业特性决定了餐饮行业每天都会有困难发生,比如顾客投诉、各类意外发生、员工不稳定、生意起伏、岗位调动等等。餐饮店长如果对困难没有正确的认识,是带不好团队的,更做不出好的业绩。

黄铁鹰先生在《海底捞你学不会》中讲到一个案例,很值得餐饮店长感悟。

案 例

杨小丽"抓"客人

1999年,21岁的杨小丽(现任海底捞CEO)被老板张勇派到西安海底捞当店长。杨小丽回忆说:"那时海底捞刚在西安开店,没人知道它。大门打开,硬是没客人来,我真是急死了。整整半年的时间,我天天待在店里,每天睡不到6小时,体重降到不足40公斤,那种滋味真是难受。"

杨小丽带领员工用发放豆浆的方式宣传海底捞。他们把豆浆用暖壶装上,去附近单位挨家挨户送给人家喝。上下班时,也去公共汽车站送。

杨小丽说:"谁赏脸喝一杯我们的免费豆浆,我们都很感激,因为很多单位连门都不让我们进。"可是偌大的西安不缺一个火锅店,海底捞在西安的第一家店苦苦撑了几个月,客人依然不饱和。

一天,杨小丽坐在公交车上,看到旁边有两个打扮入时的妇女,估计她们应该爱吃火锅,所以一路上都想跟她们说"来海底捞尝尝吧"。可实在不好意思,张不开口。杨小丽说:"我当时脸憋得通红,到站了都忘了下车。一看坐过站了,再不说就更亏了,我终于跟人家说了。那是我第一次在公交车上给海底捞'抓'客人。"杨小丽说:"我叫她们'姐姐',她们刚开始眉毛都竖起来了,以为我是搞传销的或是骗子。我说我们是四川来的,开一家火锅店叫海底捞,味道挺好的,价钱也公道,请她们去尝尝。然后把我们的地址和电话给了她们。"杨小丽说:"她们第三天真来了,我高兴死了,从此我就不怕上街'抓'客人了。现在'抓'顾客的文化已融在海底捞人的血液里,因为海底捞创办初期没钱做广告,所有顾客都是这样一桌一桌'抓'来的。我们对面是一家很有名的老字号火锅店,吃饭时客人都去他们那里。他们那里没座了,才有可能轮到我们。有一天中午,我们店还有一张台空着,我看到对面有一辆车停下来,下来三个人正往他们家走,我就跟一个服务员说:'咱俩过去看看能不能把他们拉过来。'我俩跑过去,好说歹说,连拉带扯把他们拉进我们店。结果一问，他们就是我们旁边石油公司的。从此他们就成了我们的常客。"杨小丽说："这样费力拉来的客人，我们怎么可能不把他们服务好。在海底捞做久了的人，都养成了揣摩人的心理习惯，不出几句话，我们就能知道客人之间是什么关系，是公事宴请还是朋友聚会，谁请谁，谁是主要人物。一天，我们的一个服务员为一对刚谈恋爱的客人服务时，看出那个男孩还在拼命追女孩，女孩顺口说了一句：'天真热，要是能吃上凉糕多好。'服务员跟我说了后，我让他搭出租车去给他们买来了凉糕。结果这对恋人结婚时，还专门给我们送来了喜糖。"

通过这个案例，我们可以从杨小丽店长那儿学到：

一是在困难面前保持足够的韧性，遇到困难不惧怕，这是优秀店长事业成功的重要原因。

一些餐饮人把困难当作沉重的包袱和痛苦，从来不考虑困难本身蕴含的价值，尤其是别人解决不了的困难会有多么大的价值，更不考虑如何战胜困难。而餐饮行业的"打工皇帝"杨小丽对困难的价值却认识得非常深刻，她创造性地在公交车上"抓"客，在小区里用豆浆、菜单、打折券组合来吸引客人……正因为如此，她才取得了如今的成就。所以说，坚韧是优秀店长的重要特质。

二是向看似不可能完成的任务发起挑战。

餐饮行业天天有新挑战，天天有意外。所以，餐饮店长勇于向看似不可能完成的任务发起挑战，这是取得成功的前提和基础。在餐饮职场中，我经常发现一些店长专业才华横溢，聪明过人，具备各种能够赢得上级赏识的专业能力，但常常有个致命的弱点：没有勇气向极限挑战，只愿意做职场中谨小慎微的"安全专家"。其实这样的餐饮管理者是对企业不负责，也是对自己不负责。因为他们不知道，餐饮行业天天都会出现新变化、新困难，餐饮行业是勤行。杨小丽今天之所以能成为海底捞的 CEO，就是因为她是餐饮职场上的勇士，而不是懦夫。有奋斗进取精神，敢于向不可能完成的工作发起挑战的人，才是真正有价值的人，才是餐饮行业真正需要的人才。

在一个失衡的人才市场环境中，你若是一个"安全专家"，没有勇气挑战自己的极限，不愿意在工作中做出突破性的成绩，真正实现自我价值，那么，在和"职场勇士"的竞争中，你永远别奢望获得老板青睐，因为哪一位餐饮老板不是因为敢于"亮剑"才有了今天？当你极其羡慕那些有着优秀表现的同事，羡慕他们深得老板赏识并被重用时，你必须清楚，杨小丽的成功绝非偶然。

当一件大多数老板都觉得不可能完成的艰难任务摆在你面前的时候，不要抱着避之唯恐不及的态度，更不要杞人忧天或假想最糟糕的结果。大量成功餐饮人的经验是敢做并认真做难而正确的事。

餐饮店长要让身边的人和老板都知道自己是个意志坚定、富有创造力、办事利落、有价值的店长——每一个成功的餐饮人都是在犯错中成长的。一位餐饮老板总结得好："我认为忠诚的店长的特征是有试错的勇气，敢于向不可能发起冲击。"

三是克服困难的办法就是找办法。

向困难发起挑战要有信心，但是光有信心也不行，在充满自信的同时，必须清楚有些困难被称为"不可能完成的任务"一定是有原因的。针对工作中的各种"不可能"，除了要敢于挑战，更重要的是找到"金刚钻"，再完成"瓷器活"。就像当年杨小丽进小区发宣传单，创造性地将豆浆（证明品质）、优惠券（说明优惠了多少）、菜单（说明有什么菜品）、宣传单（说明自己是谁）发给客人，取得了神奇的效果。

"真的是没有办法！""就这个情况，谁也没有用。"诸如此类的话，你是不是很熟悉？在你的周围，是否常出现这样的声音？当你向他人求助时，如果得到的是这样的回复，你是否会感到非常失望？而当你的上级给你分配某项任务，或你周围的人向你提出某种要求时，你是否也给过他们这样的回答？你在这样回答他们的时候，是不是能体会到别人也会对你的回答感到失望呢？

我们似乎习惯了把"没办法"当成自己不去尝试、不去挑战的理由，殊不知也正是这句"没办法"阻挡了我们前进的脚步，束缚了店长的创造力，让优秀的店长难以脱颖而出。

真的没办法了吗？还是我们根本未曾努力去寻找办法？为何黄铁鹰先生把书名定为《海底捞你学不会》？就是在刺激广大餐饮人：你们能持续做到海底捞人那样的付出吗？你们能像海底捞人那样动脑子吗？

无数事例表明，要想成为困难的终结者，在面对问题和困难时，就应该主动想办法。只有先去想办法，才能够想出办法。

餐饮店长在工作中要想体现自己的价值，不仅要知道如何做，更要会思考。一个善于思考的店长，总能找到完成任务和战胜困难的最佳方法。也只有这样的人，才能成为企业的中流砥柱。

美国前总统罗斯福曾经说过："克服困难的办法就是找办法。而且只要去找，就一定会有办法。"

善于思考、分析并妥善解决问题的能力是花多少钱都买不到的。对餐饮企业而言，在发展过程中总会难以避免地遇到各种各样的问题。因此，老板、员工迫切需要的是那种能迎着困难而上，又能快速解决困难的店长。

四是不要满足于"还可以"的工作表现。

很多餐饮店长都认为自己做的工作对得起工资就可以了，这几乎成为流行病，不信你可以随便问问身边的朋友："你工作得怎么样？"得到的回答几乎都是"还行吧""还可以吧"。剔除其中的谦虚因素，我们能清楚地看到许多店长只满足于工作的凑合、还可以。

对餐饮店长来说，有了这种想法，也许就注定了不可能在现岗位上维持太长时间，甚至离下岗也不远了。因为对现在的餐饮店长来说，若渴望得到重用，若希望上级觉得你不可替代，就一定要学习杨小丽，决心做到第一或唯一。如果你得过且过，不追求突破与卓越，认为自己所做的工作只要不被上级批评就可以了，那么你是不会被上级重视的。

所以说，不满足于"还可以"的工作表现是优秀店长必备的素质，拥有这样的工作心态，会使你把自己的工作做到最完美的程度，让自己竭尽全力为企业创造价值。也许难以达到100%的优秀，但是只要你一直努力，不断进步是肯定的——看看那些成功的人，他们哪一个不是超越了平庸，改善了现状，完善了自我，才成为各种激烈竞争中的优胜者？

第二章 无私

第一节 无私为什么重要

一、自私店长的常见表现

我从事餐饮管理人员培训工作 20 余年，发现失败的餐饮店长身上有一个共同特征，就是自私自利。常见的表现如下。

以自己为中心：自私的店长心中只有自己，很少会替企业、同伴考虑；即使口头上说会替别人考虑，真正涉及个人利益时，他也是不会做半点让步的。

敏感：自私的店长由于过分在意自己，使得他对外界的反应，尤其是感觉涉及自己的事情，都会十分敏感，因为他害怕吃亏，害怕别人占他的便宜，而且这种敏感很容易被周围的人发现。

多疑：多疑与敏感是孪生兄弟。自私的店长都是多疑的，经常处在一种别人要占自己便宜的怀疑中，遇事考虑更多的是对方故意要占自己的便宜，逐渐形成了心胸狭窄的心理特征。

性格孤僻：这样的店长由于比较自私，所以敏感、多疑，时间久了，性格就会变得冷酷和扭曲。他们总认为自己是受害者，因此很难有真正的朋友，也就难以在朋友的帮助下走出心理困境。而他们本来就比较消极，这便导致他们更加不合群。

吝啬：自私的店长都会下意识地看紧自己的钱包，盯牢自己的利益，尤其是在团队中缺乏自我牺牲精神，缺少作为领导应有的责任感和义务感。简单地说，就是十分小气。

贪婪：自私的店长的私欲若不加以控制约束，就会不断膨胀，突出的表现便是贪婪，在个人利益及团队利益面前无原则地索取。

餐饮行业说到底是做人的体验的行业，本质上是让人开心的行业——让员工开心，让客人开心，让领导开心。让别人开心的前提是不能自私。自私是餐饮店长一切问题的根源之一，是餐饮店长职场发展中最大的拦路虎。

二、无私是成功的门环

付出与回报，简单地说就是舍得。无私就是真正参悟明白了舍得的玄机之后的表现。

我认识一位餐饮店长，姓牛，已经成家，有一个儿子在上小学，家离店不到3公里。他工作的餐饮店生意十分火爆，中午、晚上高峰期客人都要排队就餐，员工的工作量巨大。前任店长就是因为员工因辛苦而大量离职才下的岗。牛店长到岗后决心改变现状。他选择的切入点是与员工同吃同住，每周除休假一天外，6天时间都住在宿舍，吃员工餐。他曾对我说："带兵就是带信任，要让员工建立对你的信任，来不得花架子，不能靠忽悠，最重要、最根本的是与大家同吃、同住、同辛苦。"牛店长手下的一名老员工这样评价他："牛店长实在、靠谱。我跟过不少店长，都能说会道，大道理一套接一套的，但没有一个能做到他这样一天三顿饭与我们吃得一样，晚上还不回家，跟我们一样睡宿舍。人家的家就在附近呀！这样的店长，我们相信他，再辛苦也愿意跟着他。"

这就是无私的力量。当一个人放下私心时，他收获的就是众人的信任，在餐饮行业这个勤行尤其如此。店长如果做不到无私，如何带兵打胜仗？

三、放下贪心，否则它会让人失去理智

贪心就是不知足，人有贪心才会有进步。但贪心过重就会失去更多。餐饮店长的贪心，不仅指个人利益方面的不知足，更重要的是指不知道餐饮团队利益的边界，妄图捞取边界之外的利益。简单地说，是指不顾及或不太顾及客人的利益，而只想要餐饮团队利益最大化。

案 例

有一家餐饮店，生意本来不错，周边的客人交口称赞。后来来了一位新店长，在春节期间，为了提高营业收入，出了两个狠招：一是过年期间包间限制最低消费，每个包间的消费不得少于3000元，而平常一个包间的平均消费只是1000元左右；二是为了提高翻台

率及保证利润，要求客人必须点套餐，不得单点，而且必须在两小时内结束用餐。

那年过年，我给家人在这家店预订了一个包间。预订时服务员很坚决地告诉我，必须消费3000元起步，而且只能订套餐。我心里很不高兴，但是没办法，过年大家总得聚一聚。结果家人聚餐时，菜品不分凉、热、主食，一股脑全上桌了，桌子上盘子摞盘子，而且菜品质量差，粉蒸肉上桌时居然是凉的，肉下面的红薯还是带冰碴的。更令人生气的是，下午三点入座，三点半菜上齐，四点半服务员就开始提醒我们，还有半小时就得吃完走人。离开这家店时，我"平静"地给这家店的老板打了个电话："兄弟，我理解餐饮人过年时的不容易，但是你们理解客人过年的心理吗？你们只顾过年时的利益，不顾客人的体验。一年可是365天呀！你们的未来在哪里？你的店长这么干，是在害你啊！"

在这家店的店长看来，限制最低消费、只允许点套餐、限定两小时内必须吃完等措施，是为了使企业增加营业收入，保证利润，是为了企业发展的"公心"。但这些狠招过界了，损害了客人的根本利益，会导致客人"叛逃"。餐饮店与客人之间有一个利益边界，在这个边界之内，双方共赢；如果店家超越了这个边界，必然会输，而且会输得很惨。

在一个餐饮团队内部，部门与部门之间也有边界利益。如果你为了部门利益，占尽其他部门的便宜，那你有可能在部门内赢得了威信，但却在团队中四处树敌，实际上对本部门的长期利益是个损害。

案 例

有一家高档餐饮企业，当年的业绩很好，于是企业决定拿出一笔钱来给各部门发奖金。店长（主管前厅及后厨）找到领导，陈述了前厅和后厨厥功至伟的各种原因，据理力争，认为至少90%的奖金应发给前厅及后厨的员工。这件事被人事部门、财务部门、采购部门、行政部门、监察部门的员工知道了，他们心想："好，一切都是你们的功劳，那我们加班加点算什么！我们还那么卖力干什么！"于是，各部门的员工纷纷开始公事缓办，各种内部服务质量不断下降，前厅和后厨的工作效率也大幅降低。这就是典型的"贪心捞过界"的内耗例子。

餐饮店长带团队，要把团队的利益放在第一位，这样才能在团队中有威信；但是更要有大公心，要有格局，要站得更高，看得更远，要明白利益永远是共享的。在与利益相关者共享利益时，不能越过利益边界，要放下贪心，追求共赢。

世上的大多数人都是有贪心的。如果你能放下贪心，尊重彼此之间的利益边界，就会显得睿智高明。你与周围的人打交道，应该本着利益均沾的原则，这样才能有未来。相反，只顾一己之私而无视对方的利益，只能是一锤子买卖，把自己的后路堵死了。

总之，优秀的餐饮店长面对利益时，应秉承"好汉会吃眼前亏"的理念。有的人认为，好汉不吃眼前亏。这其实是一种误解。"好汉"的眼光是锐利的，他关注的是长远的根本利益所在，而不会执着于眼前的福祸吉凶。鼠目寸光的人才吃不得眼前亏，因为他们心胸狭窄，容不得半点损失。格局大的人都能吃得眼前亏，因为他们目光长远，看的是未来。

第二节　怎样做到无私

结合实战，我认为餐饮店长要做到无私，具体应做到以下三点：以身作则、勇于担责、公平——一碗水端平。

一、以身作则

"以身作则"出自《论语·子路》，子曰："其身正，不令而行；其身不正，虽令不从。"意思是，孔子说，领导自身品行端正，不用命令，人们就会服从；领导自身品行不端正，即使发布命令，也没有人听从。孔子认为，当权者应以身作则，以个人的言行和魅力来影响和感召下属，而不是仅靠发布命令：如果自己做得好，不用下命令，别人也会跟着学；如果自己做得不好，即便依靠行政手段强制去执行，也是没有用的。

以身作则，就是指用自己的言行（身）做出准则、榜样、示范（则）。榜样的力量是无穷的。无论何时何地，以身作则都是当好领导必须具备的基本条件。

餐饮店长打造最强团队，首先要有威信，其次是培养下级。那么威信何来？店长的威信不是上级授予的，也不是别人捧出来的，更不是店长自己认定的，而是店长经过长期的实践在员工心目中形成的一种力量，是靠店长的一言一行、一点一滴的表现浇铸出来的。

培养下级靠什么？仅靠制定制度和请外面的老师培训是不行的，还要靠店面管理者的言传身教。一位海底捞高管曾说："带兵要靠言传身教，就像农村人常说的'村看村，户看户，群众看干部'。店长等管理人员的第一职责就是起带头作用。餐饮行业干部的带头作用不仅是指上班时脏活累活干在前，也包括带头执行公司制度，起到示范作用。"

餐饮行业的员工文化素质不高，理解能力有限，所以他们学习成长的主要方式是模仿——模仿店里的领导，尤其是店长。所以餐饮店长一定要在以下几个关键方面做到以身作则，大声向员工喊出"向我看齐"。

（一）明确价值观，向员工喊出"向我看齐"

你是谁？你代表着什么？这是团队员工首先想问的问题。找到这两个问题的答案是各位餐饮店长以身作则的起点。

案例

某餐饮公司 2021 年度最佳店长苏店长分享了她的一段经历。2020 年 8 月，苏店长被公司派去 A 店。当时 A 店已亏损一年多，员工士气低落，工作作风很差，在顾客中口碑不好。苏店长刚到店里就发现，员工对她充满敌意和好斗情绪，认为是她挤走了原来那位老好人店长。苏店长并没有被他们的反应吓倒，而是下决心打破这个团队的障碍，并将其转变为一个合作的最强团队。她很清楚，A 店员工一开始容不下她，他们依旧怀念以前"自由"的状态。

苏店长决定从自己开始"破冰"。她说："我首先一定要明确，对我来说什么是最重要的？它为什么是最重要的？我的立场是什么？我要遵循什么原则，坚持什么底线？我要传达什么信息？我的期望是什么？以上这些，我要用清晰的核心价值观表达出来，也就是在 A 店什么是对的，什么是错的，我和全体员工的靶向是什么。"

苏店长参考公司的价值观，整理了一份基本的指导原则，并向每个员工分享了她的价值观。她没有告诉每个人，她想从他们身上得到什么，而是旗帜鲜明地说了她的价值观，以及根据价值观她每天对自己要求的行为标准。用苏店长自己的话说，她公开表达了自己的价值观、是非观念，并为她的团队提供了关于她是怎样一个人的生动理解，以及他们能从她那里看到什么、期待什么。通过分享和解释她的价值观，员工能够更好地理解她的行为和决定背后的原因。苏店长发现，让员工知道她的立场和行为背后的原因，会促使员工探索他们自己的价值观，并让队友们对彼此透明。她说："打破坚冰的第一步是统一思想，统一价值观，这样才有可能使团队有效地协同工作。"

我收集的店长以身作则的实战案例的核心都是店长为了做到以身作则，做出"向我看齐"承诺的第一步，就是明确价值观，它是体现店长领导力的关键。

明确价值观，要做到两点：

1. 找到自己的声音

在成为一名值得信赖的店长之前，你要把说和做联系在一起。首先要找到自己的声音。如果你找不到自己的声音，说明你的工作思路是混乱的，你就有可能在沟通、行动中发出混乱的信号，员工就不知道什么价值观是应对日常工作挑战的行动指南。这种认知混乱将导致团队行动的混乱，因为大家分不清东西南北。

苏店长告诉我，她刚到 A 店时，发现因为店面亏损，所有员工都按原店长的要求，一切为了节约而努力：该开空调不开，该废弃的食材不废弃，洗手间该配备卫生纸不配备，该给客人退换菜不退换。结果客人怨声载道，员工不知所措。于是苏店长提出自己的第一价值观：聚焦客人的体验，客人的体验为王。借此来统一员工的思想。

要找到自己的声音，就必须深入探索自己的内心。你必须清楚自己应该关心什么，什么能让你赢。你只有在自己坚信的原则的指导下，才能够进行有效的领导，否则只是应付差事。

苏店长为 A 店制定的基本原则（价值观指导手册）包括以下内容：聚焦客人的体验，客人的体验为王；相互尊重，团队合作；学习成长，持续改进；厉行节约，反对浪费。苏店长还专门编写了实战解释案例，来进一步说明并让大家理解她的价值观。她说，反馈是"百分之百正面的"。她发现，这种方式能让大家敞开心扉，明辨是非，从一开始就相互了解、理解，避免了更多的误解和冲突。

实践证明，要成为一名优秀的店长，必须先明确自己的价值观，找到自己的声音，说清楚你是谁，你代表什么，你欢迎什么，你反对什么。这些是至关重要的。因为店长的价值观决定了店长行动的底线，指导店长的日常行为。价值观反映了店长做事的优先顺序，决定了店长如何做出决策。这些价值观告诉店长，什么时候说"不""停"，什么时候说"对""是""加油"。价值观还帮助店长解释自己做出的选择及为何要这么做。总之，价值观是店长的行动指南，是店长以身作则的根，指导店长分清东西南北。店长越清楚自己的价值观，沿着选定的道路坚定不移地走下去，店长及员工行动起来就越容易。这种指导在店面遇到困难、低谷时尤为重要。当一些不确定的挑战可能误导我们时，有一个价值观路标告诉你方向是很重要的。

2. 明确共同的价值观

餐饮店长的领导力就是影响力。店长用自己的价值观及行为向员工示范——"向我看齐",这就是影响力的体现。店长的领导力不仅关乎店长个人的价值观,同样关乎员工的价值观,就像店长的价值观驱动店长的行为一样,员工的价值观也驱动他们的行为。如果在餐饮团队中,员工可以真正践行他们的价值观,那么他们的工作会明显更投入。店长明确自己的价值观固然十分重要,店长通过宣传示范,使团队成员建立共同的价值观更重要。

一个餐饮团队共同的价值观,是建立高效、真诚的工作关系的基础,是打造一个最强团队的地基。店长的领导力是建立在协调一致的基础之上的,但这并不是说团队中的每个人都必须同意每一件事,因为绝对的一致是不可能的。但是,打造最强团队必须让队友们在对一些核心问题的理解上达成一致。如果价值观不能达成一致,其结果就会是大家冲突不断,各自为政。因此,店长要保证每个队友都参与到确定价值观的过程中——宣讲、示范、加强、坚守团队的价值观,并对照每个人的行动,令每个人都负起责任来。

苏店长每周五下午用 30 分钟时间,与全体员工做分享:为什么说客人是衣食父母?为什么在餐饮团队中要特别强调团队协作?为什么要持续改善?节约的重要性及节约与客人的体验矛盾吗?

苏店长很清楚,如果整个团队不能统一到共同的价值观之下,团队的效率及自己的信誉都会受到影响,团队的业绩也是不可能上去的。

星巴克前全球首席营销官马特·瑞安说:"在一些指定的门店,我们已经成功地将确定共同的价值观和门店业绩联系起来。当员工伙伴们认为我们做的是正确的事情时,我们可以看到店里的业绩表现有明显的改善。"

这里再次强调餐饮店长的以身作则始于找到自己的声音,并通过宣讲、示范明确价值观,进而确定团队共同的价值观。(本书第三章中有关于价值观打造的详细讲解。)

(1)根据公司的价值观及自己的经历,找到指导自己做出选择和决策的价值观。

(2)清晰地回答:我追求什么工作目标;我认为在团队中什么是对的,什么是错的。

(3)清晰地罗列、描述能够指导自己的决策和行动、安排工作的先后顺序的几个价值观。

(4)用员工听得懂的语言、事例向员工阐述你的价值观,并反复进行。

(5)帮助员工弄清楚他们为什么要那么做,他们应该在乎什么,以及所在乎事物的先后次序。

（6）用价值观的标准来讨论用人、晋升、奖罚的原因。

（7）在团队中让大家谈论各自价值观的对错。

（8）逐渐形成一致的价值观、原则和标准，并理解相应的制度、规矩、流程。

（9）保证让大家坚守共同的价值观、原则、标准、制度、规矩、流程。

（二）树立榜样，用行动令员工"向我看齐"

苏店长坦诚地对我说："说实话，我用了两个多月的时间向员工宣讲价值观。我不知道结果会怎么样，不过我意识到，应该进入第二步了，就是通过自己的领导行动来改变现状。"

一段时间以来，A店管理团队一直在围绕客人的体验为王进行讨论。他们讨论了很多，并一致认为，店面环境卫生是客人体验的重要方面。但是环顾A店的卫生现状，苏店长清楚地认识到，A店的环境卫生是不合格的，尤其是各种小杂物（如小纸屑、饭渣、拖把条）总是反复出现在地面上。

一天，苏店长利用休息时间叠了一个小盒子，正面写上"卫生第一"的字样。她说："那天下午四点，我在店里到处走，把前厅、后厨的各种小杂物捡起来装到盒子里。我端着这个盒子，在大家的注视下把杂物倒进员工休息区的垃圾桶，然后一言不发地走开了。全店很快传开了，说我吊着脸，拿着盒子在店里捡垃圾。"

苏店长每次带着盒子捡小杂物时，都确保让更多的人看见。第三天，几个前厅主管和厨师长也开始在各区域捡小垃圾，为员工做榜样。很快，苏店长拿着盒子在店里到处转时，不时有员工关注盒子里有多少小杂物，有哪些是在自己的工作区域捡到的。苏店长的行为成了大家的榜样。

除了随处可见小杂物的情况得到了改善之外，员工还通过这个行动进行了关于卫生工作的讨论，提出了很多创意。大家都开始学店长，拿着写有"卫生第一"的盒子在自己的工作区域捡小杂物，并由此延伸到桌面卫生、餐用具卫生、备餐柜卫生、洗手间卫生等。A店的卫生状况终于有了明显的改善。

苏店长高兴地对我说："通过捡小杂物这一行为，我以身作则，把我的行为和共同的价值观（客人的体验为王）联系起来。我发出了自己的'声音'，并将我的行为变成了团队每个人的行为。在很短的时间里，很多人都以我为榜样，团队的风气发生了改变。"

苏店长的故事体现了店长以身作则的第二个要点：店长为他人树立榜样。店长要抓住每个机会向员工展示自己，致力于展现自己所信奉的价值观和自己的追求。没有员工会认为你说的是认真的，除非他们看见你做了你让他们做的事。你要么靠树立榜样来领导员工，要么就不要当领导。这是你证明你值得信任的方式，也是你让他人看见你的价值观的方式。

信誉是店长领导力的基础，员工想要追随的是他们信任的人。什么样的店长值得信任？首先得是说到做到的店长！做一个值得信任的店长，就意味着你要践行你所说的，要践行价值观。你必须把共同的价值观融入自己的日常行动中，你必须做员工可以学习的榜样，并向员工庄严地承诺"向我看齐"。苏店长每天开例会说的第一句话都是"向我看齐"。

同时，因为你领导的是一群人，不是你自己，所以你也必须确保你的员工的行动与团队的共同价值观是一致的。你的一项重要工作就是用团队的共同价值观来教育、影响员工，让员工明白为什么那些东西如此重要，这样员工才能真正为团队做贡献。作为店长，要教导、指导员工把行动和团队的共同价值观联系起来，因为店长要为团队员工的行为负责。

要树立榜样，用行动令员工"向我看齐"，店长更需要自己践行共同的价值观。

餐饮店长是餐饮店的形象代言人，店长的使命是向所有人展示店面的价值观和标准。店长最神圣的职责就是尽其所能，为团队价值观的呈现服务。上级、员工、客人、社会都在看着店长所做的一切，大家在判断你能否说到做到。

我认识一些餐饮店长，在开会、培训时都会发表能够启发灵感、鼓舞人心的演讲，明确表达出他对大家的期望。但是几天后团队依旧如故。仔细研究就会发现，那些店长没有实践他们所宣扬的东西。员工看到店长只是在宣扬价值观和希望，自己却没有遵循它们，于是渐渐认为店长只是"卖嘴的"，就不再相信他们所说的了。这样的店长是做不长的。

相反，我根据对苏店长的跟踪调研，发现她始终在践行她的四大价值观：聚焦客人的体验，客人的体验为王；相互尊重，团队合作；学习成长，持续改进；厉行节约，反对浪费。她很清楚自己的价值观，宣扬并践行它们。比如，她在店里推行"每日十条差评"制度，由她每天亲自巡台收集客人不满的信息，并记录在案，营业结束时召集相关人员立即开会讨论，确定整改对策，第二天在早例会上进行讲解。并且每周、每月她都亲自进行总结。一年365天，一年就有3650条差评总结。她对我说："我们的机会都藏在客人的差评和痛点中。"苏店长对待客人的差评的态度和处理方式，使员工对自己的行为更加负责了。

又如，苏店长在店里推行"互助金"制度。她每月从工资中捐出100元，要求其他管理人员每月捐30至80元不等，建议有能力的员工每月捐10元，建立了"员工困难互助金"，并制定了严格的管理制度。这个互助金的作用是在团队中构建公平、公正、公开的互助平台，帮助有困难的员工。人都是有感情的，被救助的员工一定会通过努力工作来回报团队。这种人与人之间的直接互助感染了大家，拉近了员工之间的距离。

再如，苏店长在店里成立学习改进委员会，她亲自担任主任。成立这个委员会，就是要通过读书、外部考察学习，建立学习型团队。每周三、周五下午利用30分钟时间，苏店长亲自带领大家读书，由她朗读并讲解。每三个月由她带队，组织员工去对标餐饮店进行实践考察。我曾参加了两次读书会和一次考察学习，读的书是《海底捞你学不会》，考察的是海底捞的店面。这种学习方式的目的性、针对性很强，大家在团建就餐过程中回忆书中的内容，教看结合，效果十分明显。

还有，苏店长在店里推行混岗作业制度，目的是节约人力成本，提高人效。主要内容是要求各岗位员工一人多能，一个人能做多个岗位的工作。苏店长亲力亲为，在两个月的时间里学会了店里热销的四种小吃、八道凉菜的加工方法，以及一部分后厨切配原料技术、验货标准。在她的带领下，店里员工都试着完成一岗多能的工作。

如果你想得到最好的结果，打造最强团队，一定要践行你所宣扬的东西——员工对团队管理层的信任程度和他们所观察到的领导履行承诺的频率之间是正比关系。

根据我多年的研究，餐饮团队的员工最关注店长（含其他方面的管理者）以下四方面的言行，并通过这些言行来验证店长是否可信，进而决定是否接受店长的影响，模仿店长的言行。

一是严于律己，清清白白做"官"。

餐饮店长每天要经手很多钱财，每天要与各类供货商打交道，要在清正廉洁上律己，坚决做到不贪不占。廉洁自律是餐饮店长为"官"的底线。做合格的店长，就必须洁身自好，防微杜渐，保证绝对清廉，绝不能在钱财方面出任何问题。

二是严于律己，干干净净为人。

餐饮店长每天接触众多男女，要严格约束自己的操守和行为，管好自己的生活，始终不放纵自己，不越轨，不逾矩。中国人有讲礼法的习惯，员工一旦认为店长在店内的生活作风有问题，店长就会威信全无。所以餐饮店长在此类问题上要谨小慎微，为员工做出表率。

三是永远坚信方法总比困难多。

餐饮行业最大的特征之一，就是因为客人是不断变化的，所以店面天天都会有新的困难出现。此时，常常有这样两种店长：一种是碰见困难避而远之的人；另一种则是迎难而上，主动寻求解决方法的人。可以说，克服困难最好的办法就是坚信会找到办法，后一种店长是餐饮行业的稀有资源。于是，后一种店长成为成功者，前一种店长必会沦为失败者。

希望餐饮店长不要忘了勤奋，勤奋是店长最大的资本。在日常工作中，如果遇到难题，必须坚持这样的原则：找方法，试错，总结，再找方法，再试错，再总结……就是不要找借口！成功者找方法，失败者找借口。方法总比困难多，只要努力去找，解决困难的方法总是有的。

餐饮行业是勤行，勤快是餐饮店长在餐饮行业立足的基础。一勤天下无难事。勤奋刻苦是一所高贵的学校，所有想有所成就的人都必须进入其中，在勤奋中学习真知识、真技能，打磨出坚忍不拔的意志。

勤奋是餐饮人的财富，餐饮人的成功都始于勤奋，并且成于勤奋。勤奋是成功的根本，是成功的基础，是成功的秘诀。餐饮店长要想取得成功，唯一的捷径就是勤奋刻苦，摆脱浮躁，踏踏实实，认认真真对待工作，并且把自己勤奋的作风打造成团队的特质，这就是最强团队的基础。

四是虚怀若谷，正确处理别人的意见。

餐饮店长必须有宽广的胸怀，在员工面前虚怀若谷，能够耐心倾听、正确处理各种不同的意见，这样才会令员工愿意合作，愿意效劳。

需强调的是，遇到员工有不同意见时，店长除了要耐心倾听之外，还要能做到以理服人，入情入理。有的店长面对员工的不同意见，采用压制的手段，这是十分错误的。正确的方法是耐心做员工的思想工作。以理服人是店长具有驾驭能力和统领下级的显著特征。在日常管理中，店长要根据价值观，用理智的言辞、自身的行为和严格的纪律，以及关心、关爱的情感去感动下级，使员工发自内心地服从。

二、勇于担责

丘吉尔曾说:"高尚、伟大的代价就是责任。"

(一)什么是责任和责任心

生活于社会中,每个人都有自己应当或必须做的事,这就是责任。也有许多事情你不一定喜欢,但又必须去做,这同样是责任。

责任心,就是指要勇敢地站起来,对自己做的事负责,就是勇担责任的精神。

责任是相互的,一个人只有主动对他人、对社会负责,他人与社会才能对他负责。所谓"我为人人,人人为我"正是这个道理。

餐饮店长的勇担责任(责任心)是指店长在工作中对自己应该承担的各种义务的认识、情感和体验,以及与之相应的遵守规范、以身作则、承担责任和履行义务的自觉态度。店长的勇担责任是店长人品的基础,是店长无私人格的体现,也是店长专业能力发展的催化剂。从根本上说,它是店长工作动机的一部分,是优秀店长必备的职业品德修养,也是所谓职业经理人的核心特征。

结合餐饮行业的特点,我认为优秀餐饮店长的勇担责任(责任心)是指为店面的发展勇于承担一切责任——承担"员工都说好"的结果的责任,承担"客人都说好"的结果的责任,承担"店面能赚钱"的结果的责任,承担"店面能持续"的结果的责任。

一家餐饮店靠餐饮团队提供的结果生存。作为餐饮团队的领头人,餐饮店长不要沉湎于口头的忠诚与苦劳,必须以好的实际结果来体现自己存在的价值。如果店长不能带领团队为企业创造结果价值,那么无论你多么爱企业,无论你多么辛苦,餐饮店都会因为没有结果价值而倒闭。所以,身为店长必须坚守自己的责任——给出结果!

案 例

2021年3月,我受邀参加一家著名餐饮公司的春节表彰大会。在会议马上就要结束时,一位姓郭的店长要求发言。大家都十分意外,不知他要说些什么。郭店长站到主席台上,表情严肃地说:"有些话我必须当众说一说。1月初,因为我管理不严,一名新冠密接者未扫码就进店就餐,导致店面停业近一个月。尽管公司没有追究我的责任,但是我认为我必须负责,而且要负主要责任。前一段时间过春节,店里人手不够,现在店里各岗位人员已补齐,我认为追究我的责任的时机成熟了。我当着大家的面提出,我为这件事负责,我提出辞职。"所有人都震惊了,我身边的老板也张着嘴愣住了。郭店长接着说:"大家不要误会,领导们也不要误会,我对公司、对大家没有任何怨言。公司把我从一名传菜生培养成店长,我的员工多年来非常配合我的工作,我十分感恩!我之所以提出担责任、辞职,就是因为我觉得职业人必须讲规矩,错了就要担责,就像公司对客人承诺的不满意就退菜。我辞职并不是要离开公司,我希望公司能留下我,我再从传菜生干起。"

我和老板起立为他鼓掌,全场掌声雷动,不少人甚至流下了眼泪。太震撼了!我为有这样的学生而震撼,老板为有这样的下属而震撼,员工为有这样的上级而震撼。这种震撼就是勇担责任带来的震撼。

但是,总会有很荒唐的事发生。有些店长行为不端,逃避责任,因为他们认为自己没必要为任何人负责,他们不愿服务别人,只想着自己。

如果你在拥有权力、享受利益之时,依然能够坚守责任,那么你就能通过人生的考验——这种考验只有优秀的店长才能通过。

美国著名组织行为学教授杰弗瑞·菲佛在《权力:为什么只为某些人所拥有》一书中写道:"拥有更多权力的人会更少注意别人。他们表现出更多的自我行为导向,追求自己的目标,在某种程度上表现出不受约束的行为,因为他们觉得规则不适用于他们,觉得自己很特别,表现无懈可击。"这就是一些餐饮店长拥有了职权之后丧失责任意识的原因。

像郭店长一样,所有优秀的店长都具有强烈的责任感,说得俗一些,就是有强烈的"拿人钱财,替人消灾"的意识。他们私下会自我提醒,自我对照,自我纠正,哪怕上级不追究,哪怕其他人都不会这么做,他们也会义无反顾地坚持担责。

(二)喜欢逃避责任的店长的三种模式

喜欢逃避责任的店长通常表现为三种模式。

否认模式:不承认事实的行为及结果。

推诿模式:把责任转移给其他人或其他事。

借口模式:把自己的行为和结果归因于超出个人控制的事情,进而给自己找合理的理由,以减轻自己的责任。

实际上,这三种模式有一个共同特点,就是都试图逃避责任。逃避责任是一般人都具有的保护自己的天性，但是，作为店长，一旦习惯于逃避责任，就限制了自己的视野，看不到真正的机会，更会限制自己的进步。相反，如果你坚守自己的责任，你就会向前迈步。

假如你是一家餐饮公司的老板，你会如何看待上述的郭店长？

餐饮店长在领导力的实践中，对勇担责任的坚守会觉得很痛苦，因为有太多的机会逃避责任，比如隐瞒、不让大家看明白、掩盖因果关系以及不做回应等。总之，因为缺乏监督，而餐饮行业又细节众多，所以助长了一些餐饮店长否认、推诿和找借口的趋势。这种趋势对高速发展的餐饮公司和要持续经营的单店来说是致命的。

在许多情况下，一些店长的营业业绩显示他们是成功的，那是因为我们没有看到他们的失败，因为没有"天眼""探头"。他们说的一些事情并没有真实发生，或者是他们掩盖了自己的错误和不足。一些店长想通过逃避和侥幸摆脱细节困扰，他们利用餐饮行业营业业绩的滞后性、行业的复杂性和模糊性而得到所谓的安逸、轻松。所有餐饮店长都应该记住，我们所有人都要为"员工都说好""客人都说好""店面能赚钱""店面能持续"负主要责任。即使没人打开"天眼""探头"，优秀的店长也会坚守自己的责任，在任何时候都是如此。

（三）餐饮店长要明确的四点

1. 开始不等于结果

店长的责任意味着要给出结果，而开始去做只是最简单的部分。开始做一件事很容易，开始执行任务也不难，做一天容易，做三天容易，持续下去，直至有好的结果就难了。

很多店长开始做的时候决心很大，但决心的保质期却很短，所以"开始"往往变成了应付和虎头蛇尾，不了了之。从错误开始而造成失败结果的店长在餐饮企业随处可见，我把这种现象称为"各领风骚三五年"——一家餐饮店火起来并不难，难在一直火下去。可惜大多数只是三五年而已。

人们在困难中看到曙光不难，难在不过早地放松。也有的人干脆在困难中还没看到曙光就躺平了。就这样一遍又一遍重蹈前人的覆辙。有时候我们从失败中会有所得，但是通常要在花些时间、代价之后，才能真正发现那些持续成功者的意愿和自我要求——勇担责任，走得更远。

餐饮店长的任务的完成，有内因也有外因。关键是在任何时候，甚至在至暗时刻，仍然坚守责任。想一想周围躺平的店长，开始的时候充满干劲，这是一段时间取得业绩的原因；而结果则不同，它是一个持续的陡坡，是孤独之路，是漫长而艰辛的旅程。能带领团队持续打胜仗，在餐饮行业是十分难得的。持续的好结果的达成大多是需要默默无闻的。开始顺利带来的刺激慢慢散去，努力的激情也会因餐饮行业的繁杂而退去，工作状态逐渐变成了磨洋工，没人会在意了。最终我们会把当初的最好的势头（经历）当作自己引以为傲的表现，认为我们曾经完成了。这样的过程其实是一种倒退。一次又一次回归平庸，而且不反思，只是得出简单的错误结论："餐饮行业的'长期主义'只是口号而已，'各领风骚三五年'是餐饮行业的规律。所以，带领餐饮团队要更重眼前利益，'快'字当头。至于未来，走一步看一步吧。"

一家著名的餐饮企业，坚定地秉承"长期主义"的理念，以结果责任为导向，不断打造管理体系的持续性，培养管理者的结果意识与习惯，创造性地打造出一套管理工具——"一个龙头"及"七个不放过"。它贯穿于企业的整个管理体系。以发现结果中的问题为龙头，为切入点，通过对问题的深入分析，制订短期与长期的解决方案，使相关员工从中受到教育，并不断养成从开始到结果再到开始再到结果的工作习惯，从而从根本上促进制度的完善，确保得到持续的好结果。

"一个龙头"：指在店面、公司建立结果问题收集汇总机制，通过系统的制度，每天收集员工、客人、营业数据方面的问题、信息，并以这些问题为出发点，以"七个不放过"为具体抓手，以好结果为目标，周而复始地实施靶向管理。

"七个不放过"：找不到问题的根源，不放过；找不到问题的责任人，不放过；找不到问题的解决方法，不放过；解决方法落实不到位，不放过；问题的责任人没有受到教育与处理，不放过；没有长期的改善措施，不放过；没有建立档案备查，不放过。

要成为持续优秀的店长，就要求店长克制及时行乐的欲望，坚守以取得持续的好结果为责任导向的价值观，逐渐去除以激情的开始为导向的价值观。切记，所有优秀餐饮人的显著成就，都是四大结果责任导向下的壮举。

2. 创造价值是获得个人利益的保障

领导力学里有一个专业名词叫"道德困境"，是指领导的工作职务（结果）和个人利益产生冲突时，领导会陷入困境。把工作职务（结果）置于个人利益之上，是一种负责任的行为；而把个人利益置于工作职务（结果）之上，则是无视责任的表现。许多餐饮店长都会陷入这种困境，因为他们没有弄明白一个职场铁律：店长与企业之间本质上是商业交换关系。

为什么要强调店长的功劳（结果），而不是苦劳（任务）？因为餐饮企业是商业组织，店长与企业之间是商业交换关系。什么叫商业交换关系？就是"拿人钱财，替人消灾"。餐饮企业请你当店长，每月给你7000元工资，就是请你带好团队，开源节流，为企业创造相应的利润，这就是商业交换关系。商业交换关系的本质就是结果，或者叫利益交换关系、买卖关系。餐饮企业付你工资，给你个人利益；你提供相应的结果。

请记住，企业购买的是结果，也就是你的劳动的结果，而不是你的劳动。劳动是不值钱的，只有劳动的结果才值钱。也就是说，你努力工作了，创造了好的结果，你就有功劳，你就是尽责任了；你努力工作了，很辛苦，却没创造好的结果，那么你只有苦劳，但有苦劳不代表你尽责任了，因为苦劳是没有价值的。

餐饮企业必须要结果，因为只有店长带领团队创造好的结果，企业才能赚钱，才能生存，才有未来。但可悲的是，不少店长都把上班当成了结果，以为只要上班就可以保证个人利益。这种观念是错误的。

餐饮店长需牢记，我们是不可以用上班来交换个人利益的，上班所产生的结果才可以交换应得的个人利益。这就像睡觉一样，睡觉没有价值，睡着、睡得香才有价值。睡不着觉的失眠状态不仅没有价值，还是一种病。

如果店长工作的时候只是应付，而不是追求好的结果，那么就是"在睡觉却没睡着"，处于"失眠状态"。许多问题丛生的餐饮店，其店长一定处于这种"失眠状态"。

一些餐饮店长常常有一种错误认识：我上班了，我就应得我的个人利益。其实上班了只能说是刚刚开始向结果迈进，并不是尽到了责任。如果没有达到企业的要求，就会导致大家都找理由推卸责任，去拿本不该得到的个人利益。

做餐饮店长的底线是，你必须懂得企业之所以给你个人利益，是因为你的工作结果，而不是你上班了。你付出了多少，你如何辛苦并不重要，你创造了什么价值才是最重要的，这些价值才是你获得个人利益的保障。

3. 怕麻烦是你最大的障碍

餐饮行业的特点之一是一个麻烦接着一个麻烦而来。当你试图躲过一个麻烦时，另一个麻烦正在不远处向你招手呢。所以，对餐饮店长来说，与其躲避，不如直面，调整好自己的心态，勇于面对麻烦。不断努力解决一个又一个麻烦就是店长的责任，直到有一天你发现，这些曾经让你头疼不已的麻烦最终让你变得不可替代。

案 例

2021年，我用了60天的时间到一家餐饮企业做实践调研。作为交换条件，该企业要求我在调研期间直接负责两家店面的经营指导工作，也就是说，我直接管理两家店的店长。两家店的店长分别是小张和小许。

经观察，我决定以提高员工推销菜品的能力来呈现我60天的工作结果。于是我给小张和小许两位店长安排了如下工作：

· 制作前三个月店里凉菜、热菜的销售份数及销售金额排行榜，并且将午市与晚市、周内与周末分开统计。

· 与厨师长交流，罗列出销售份数、销售金额前20名的菜品的毛利率水平和毛利水平。

· 罗列出销售份数、销售金额高，毛利水平也高的菜品清单，同时标清上菜速度如何。

· 分析各类消费群体点菜的习惯、爱好，确定有针对性的推荐方案。

· 找出哪些员工推销业绩好，哪些员工推销业绩不好，原因是什么。

· 针对想重点推荐的菜品，设计话术清单、每天的任务清单和奖罚规定。

· 设计每月推荐结果总结表，天天总结，天天复盘。

....

很快，小张就露出不悦的神色。

一天，小张找到我："李老师，我当店长也有很多年了，我认为提高营业额应该多抓大事，而不应天天做这些琐碎的小事，而且都是一些文字、数字方面的工作。能不能给我指导一些快速提高营业额的办法？这一周我的头都大了，统计这些数字麻烦死了。"

我问："哦？你说说什么是能够快速提高营业额的大事。"

小张显然是有备而来，她口齿伶俐地说："要提高营业额，一是要抓来客数，一是要抓人均消费。我们店现在客流量比较大，我也认为抓菜品推销，提高人均消费是对的，但是，我认为不用那么麻烦，直接加大提成力度就行了。"

"哦，那你说说看：应该给哪些菜加大提成力度，加大到多少？午市与晚市、周内与周末的客人就餐目的有何不同？向哪一类客人推什么菜？由谁推？谁的能力强？谁的能力弱？一天该推多少？如何与厨房协调？"我问。

小张一脸迷茫，说她再想一想，就不太高兴地走了。

而小许不怕麻烦，一周后主动来找我，拿出了自己的统计结果，以及制订的日清周结落地方案。

又过了三周，小许又来找我，拿着她的销售数据统计告诉我："李老师，我们的做法有效果了，而且很明显！现在我们店的员工很清楚，周内午市和晚市向不同的客人推荐什么菜，每天能推多少，如何与厨房协调；周末也是一样的套路。您看这些数据。"我仔细看了这些统计表，并且与店里的员工进行了互动，不禁对小许刮目相看。

60天的指导结束后，我发现资历比小张浅的小许成长速度很快，店面的收入有了明显的提高。

小许能从麻烦的琐事中找到规律，更加难能可贵的是，她有不怕麻烦且主动从麻烦中找到解决问题的方法的意识，而且勇于试错。

小张呢，据我了解，她背着我总是嚷嚷："老师是学院派，太理论了，太啰唆了，净安排一堆麻烦事。"这个事不屑做，那个事不想做，有心也不会做，居然还经常在上班时间躲到包间里刷抖音。所以我调研结束时，在上交给该餐饮企业老板的报告中，直截了当地建议：该店长不合格。很快她就"下课"走人了。

而对小许，我大加赞许，建议企业给予重点培养及提拔。

小许遇到问题时的口头禅是"我琢磨一下，我肯定会试一试的"，而小张的口头禅却是"这也太麻烦了吧，有没有快一点或省事的办法？"

经过这件事之后，我更加认识到，作为一名餐饮店长，千万不要怕麻烦，"懒"字当头。对处于同样起点的店长来说，拉开他们差距的往往就是这些麻烦的小事。

餐饮店的生存发展和我们人一样，都是不完美的，唯有不厌其烦地学习、创新、试错，才能绝处逢生，立于不败之地，从而找到更大的发展空间。

多年来，我接触了大量成功的餐饮人，我对一点深信不疑，那就是在餐饮行业取得成功的人，不过是以自己的努力，把自己当下的一个又一个麻烦解决掉，从而越来越成熟，越来越有见识。这些成功的餐饮人都认识到，那些当年让你觉得头疼的事，其实就是你的薄弱环节所在，你如果选择逃避，最终要用更大的代价来补偿。

有的餐饮店长对我说："没关系，我现在是给人家打工，有时会糊弄一下。将来我自己干，肯定不是这样的。"

但是，我想对这些店长说：谁的钱都不是天上掉下来的。餐饮行业是勤行，稍不用心，市场就会淘汰你的店。到你自己创业的时候，当年你打工时糊弄过去的那部分麻烦，最终一定会变成大麻烦出现在你面前。

不知道从什么时候开始，餐饮圈很多人都追求"成功"，好像开很多店，有很大的权力，有多少收入才表示成功。可我们深挖成功背后的底层逻辑，会发现成功的另一层含义是成长，而成长的一个重要标志就是不怕麻烦，勇于担当。

4. 我做了什么，我还能做什么

优秀的餐饮店长会有意识地培养自我反省的习惯，经常问自己"我做了什么""我还能做什么"。

我的一个学生因业绩不好，从一家店店长的岗位上"下课"了。他找到我诉苦："我到这家店四年了，业绩的确不好，但是这不怨我呀。第一年店面门口修地铁，围堵得乱七八糟，影响了生意。后面三年你也知道，疫情对餐饮企业杀伤力太大了，我能有什么办法？"我对他说："你再想一想，这几年有没有干得出色的餐饮店？你看一看咱俩吃饭的这家店，现在是下午六点半，还是周一，门口已排了十几桌客人。疫情对人家的影响咋不大呢？你呀，要反省自己。"

看到"反省"这两个字，你的第一感觉是什么？在很多人看来，"反省"是贬义词，是与犯错误联系在一起的，凡是需要反省的人，必是犯了错误，没犯错误的人不需要反省。

我说的店长要做的反省，包括两个方面的内容：

一是当店面出现问题的时候，店长要第一个站出来，首先对自己的行为进行反省，看看自己对哪些地方没有考虑到，没有安排好，没有指导好员工，自己应负哪些责任，而不是快速地把责任推给别人或客观条件。

二是《论语·学而》中有一段话："吾日三省吾身：为人谋而不忠乎？与朋友交而不信乎？传不习乎？"意思是，我每天从三个方面检查自己：为他人办事是否尽心尽力？与朋友打交道是否讲信用？对老师教的方法、知识是不是反复温习了？这个反省就是复盘，就是对自己一段时间内的所思所想、所作所为做一个回顾和检讨，看一看自己对在哪儿，错在哪儿，总结一段时间来的经验教训，以便下次能做得更好。

这种反省与成长是相辅相成的。如果一位店长在日常生活和工作中养成了这种反省、复盘的习惯，那么他的进步速度会更快，他的生活心态、工作心态会更加稳定成熟。

在这里我要提醒各位餐饮店长,自我反省、复盘是一种重要智慧——每天反省一次,一年就会有365次修正错误的机会。

三、公平——一碗水端平

(一)追求公平是员工的本能

每一家餐饮店都能反映出店长的特点,店长是什么样的,店面就是什么样的。随着店面的经营发展,店长的缺点和优点都会同步放大,店长的一举一动都会影响团队文化,决定店面未来的命运。打造最强餐饮团队并不容易。在一个资讯透明的时代,店长的一点点妥协都会让员工感受深刻。

现在由于市场竞争激烈,变化快速,很多餐饮店长的工作重心都转移到短期业绩上,与人的互动也转移到智能手机上。许多餐饮团队中的"人味"随着店面的发展渐渐减少了。许多所谓的职业店长带领的是没有精神的空壳,是只以生存和获利为目标的团伙。这是一种只领导业绩却没有领导员工的状况,是一种十分错误的领导方式。

我认为餐饮店长在任何时候都要遵循以人为本的领导方式,不断问自己:餐饮团队的业绩从哪里来?答案是从开源节流而来。有品质的开源节流从哪里来?从员工的努力而来。那么,每位店长都要问自己:员工凭什么要努力?

近年来餐饮行业兴起了人工智能及员工入股的热潮,大家都在热议餐饮行业已发生的管理焦点转移:股份制、数字化管理、人工智能的应用等等。但我还是希望店长们把关注的焦点拉回"人"的身上。餐饮团队中人与人之间的互动,建立的信任感,凝聚的团队力量,才是最强餐饮团队最珍贵的价值,也是当下的分红、冰冷的数字永远无法取代的持续性"化学反应"。

现在餐饮行业的痼疾是餐饮团队松散,员工不好招、留不住,没有凝聚力,更谈不上员工的积极性。而市场竞争又日趋激烈,客人的要求不断提高。

事物都是矛盾的统一体,我们要用对立统一的观点来看待这个现象。矛盾、危险的背后,也预示着新的出路、机遇。

用工的危机、团队的危机促使我们从源头系统、务实地考虑下一步该怎么办,现在的员工到底要什么,我们要做什么,如何将其落实,而不是"猴子掰苞谷"。团队松散必是源头的问题。

我认为，要打造一支最强餐饮团队，在源头上要做到：给予员工合理的待遇；有统一的全员思想；领导以身作则，耐心培养下属；建立公平、公正的制度（如检查、考评、奖罚制度），尤其是公平的制度及文化。

员工来打工，要收入，要福利，要学习成长，还要什么？经多年持续不断地对一线餐饮员工进行调研，我发现员工离职的主因是缺乏工作积极性，是员工不开心。员工不开心的主因不是钱少，而是缺乏安全感和归属感。

何为职场安全感？百度词条的解释是，在职业中获得的有信心、安全和自由的感觉。其实就是员工觉得团队靠谱，值得信任。

何为职场归属感？百度词条对归属感的解释是，指个体与所属群体之间的一种内在联系，是某一个体对特殊群体及其从属关系的划定、认同和维系的心理表现。职场归属感其实就是员工以企业为家，有企业做依靠，并愿意为之奋斗的感觉。

我的调研显示，使员工缺乏安全感、归属感的最多的反馈有：感觉自己明明跟别人做得一样，但是领导却偏心别人；与同事相处不好，感觉自己经常受到排挤；绩效考评不公平，晋升、调级不公平；领导拉帮结派；等等。

我的结论是，餐饮团队使员工缺乏安全感、归属感的根源是员工认为不公平。

餐饮行业员工的主体是农民工，他们是最渴望公平的群体。不公平就意味着不安全，不安全就不会有归属感，就会有跳槽、离职、不安心工作的表现。

海底捞是一个令人敬佩的餐饮企业。一些人认为"海底捞学不会"，说海底捞给基层普通员工的高工资、高福利是一般餐饮企业做不到的。我认为海底捞最牛之处是打造了追求公平的企业文化，满足了餐饮基层员工追求公平的精神诉求。黄铁鹰先生的《海底捞你学不会》中有一句话，很好地总结了海底捞的公平文化："把人当人对待"。海底捞的创始人张勇坚信，人人生而平等，不平等的可以通过自己的努力达到平等。张勇在2004年提出了"用双手改变命运"的企业文化口号——当一个人没有学历，没有文凭，没有更好的平台的时候，他唯有选择用自己的双手去努力；当一个人出身贫寒，无所依靠，没有好的家庭背景，没有足够的社会阅历的时候，他唯有选择用自己的双手去改变。也正是看到了这些农民工别无选择的现状，张勇才搭建了海底捞这样一个充满公平、公正的竞争平台，让每一个加入者都能用能力、毅力、信心、勤奋在海底捞实现他们的梦想。

"用双手改变命运"，得员工的心，顺员工的意，迎合了每一个海底捞员工的内心追求，所以张勇在帮助这些农民工实现梦想的同时，也替海底捞团队实现了梦想。这是海底捞的精髓,也是人天性追求公平的体现。

孔子在《论语》中说的"不患寡而患不均"在团队管理中可以理解为,团队员工会有一种心理倾向,把其他员工作为参考对象,以判断自己是否受到了团队领导的公平对待。

海底捞的公平文化也是遵循孔子的古训。比如,海底捞的所有管理干部必须从基层员工干起的铁律,让杨小丽等没有学历但有餐饮管理才能的员工晋升到管理岗位,改变了命运;没有专业才能的人,也可以通过后勤晋升通道,成为财务、物流、维修等专业人员,从而改变命运;那些既没有管理才能,也没有专业能力,但任劳任怨、踏实肯干的人,也可以通过成为优秀员工、功勋员工改变命运——功勋员工的工资只比店长低一点。

又如,在海底捞人人都是管理者,人人都是企业的主人。发现工作中出现问题时,人人都有发言权,都可以随时指出错误,以便及时改正。另外,海底捞还鼓励每个基层员工参与创新,员工提出的每项创新都会得到专门的记录及相应的奖励。正是因为每个人都不把自己当外人,每个人都能感觉到平等,才会有争先恐后的发言与建议,才会有不断出奇出新的创新举动,才会有"海底捞你学不会"——因为人家天天有新变化。

公平对一支餐饮团队来说为什么是至关重要的?因为公平就是团队里员工对与个人利益有关的制度、措施的公平感受,而且公平不仅涉及员工的个人利益,还涉及员工的希望与尊严。店长追求业绩,业绩来自品质,品质来自员工的开心、幸福。开心、幸福不仅在于有钱,吃得好,住得好,还来自有希望和尊严。有希望和尊严的基础就是公平。

有一位资深店长曾总结自己的经验:餐饮团队管理就是一碗水要端平。这简单的一句话向我们展示了一种打造餐饮团队的智慧——对所有下属要一视同仁。这就要求餐饮店长在管理过程中要怀有一颗平等之心,只有这样才会赢得下级的尊重和信任;你再有才能,只要你不公平,下级就不会尊重、信任你。只有公平,才会令员工更积极地投入到工作中,为团队的持续发展尽心尽力。

(二)公平是店长赢得信任的关键

公平、公正是营造和谐的团队工作环境的前提,也是必要条件,还是店长获得威信、影响力的基本要素之一。员工认为店长能公平地对待自己,心理上就会平衡,心情就会舒畅,工作积极性就会高,苦一点、累一点不要紧。店长不公平、不公正的态度及做法,会引起员工的强烈不满,严重打击他们的积极性,挫伤他们的安全感、归属感,甚至会使他们与店长发生冲撞,以发泄自己的不满。

我研究过许多餐饮员工与上级对抗的案例，发现90%以上的对抗与员工认为上级不公平有关。因此，对一名餐饮店长来说，做到一碗水端平，对员工一视同仁、公平合理，是带好团队、打造最强团队的关键。

案 例

小韩辞职了，在做了三年前厅领班之后，离开了自己干了六年的餐饮店。小韩离职后，气愤地对我说："我没想到我们店长这么重女轻男。店长很少关心前厅男员工、男管理人员的职业发展需求，也很少给我们锻炼发展的机会，我们想升职加薪太难了。可是店长对女员工却截然不同，总是将一些机会留给她们，以便让她们快速成长，不断进步。与我同时入职的两个女员工都当经理了，有一个听说快当见习店长了。我自信不比她们差。我就是想不通！"

原来小韩所在餐饮店的店长对待前厅员工不能一碗水端平，而是采取男女有别的管理政策。店长认为女性更温柔，更能胜任前厅的工作，所以尽管小韩能力不错，业绩也好，可是每次店长都把晋升的机会给女员工。小韩热爱餐饮行业，他一直觉得只要自己努力，总有一天会得到他应得的。可是他越等越看不到希望，却看到了店长的"真实面目"。小韩走后，多名男员工也陆续离开了这家店。小韩说："这是必然的结果。"

打造团队最怕不公平。领导员工、影响员工在于以公平服人，不公平就难以使员工信服。伤害店长的形象及员工对店长的信任的，莫过于店长处事不公，私心断事。店长不能有私心，否则就丢失了公心。在打造团队的过程中，店长只有出于公心，一视同仁、一碗水端平，打造公平的管理体系，才能赢得大家的认同。

一碗水端平，就是要公平、公正地对待每个人，公平、公正地处理每件事，唯有公道，才有威信。店长公平与否直接关系到团队的稳定与发展：店长公平，人心就顺，就能激发热情，激励制度才能发挥作用，从而调动员工的积极性，让员工有安全感、归属感，产生向心力；店长不公平，就会败坏团队的风气，造成人心涣散。

比如说，两个员工发生了纠纷，让店长处理。是实事求是，公平处理，还是偏袒一方，压制另一方；奖罚时是按制度公平处理，还是只凭个人的好恶亲疏厚此薄彼；分配工作是量才而用，还是任用亲信，排斥异己；等等。对这些常见问题，店长处理得公平，员工看得清楚，自然信服。店长不公平，假公济私，自以为很聪明，员工却看得明白，结果不信服、反对店长，甚至与店长对抗。而别有用心的人则可能利用店长的不公平，投其所好，从其不公平中捞取好处。这样，团队的矛盾就多了，风气就坏了，问题也会越来越多，工作就难以为继了。所以，公平是餐饮团队的一个核心问题，店长切不可等闲视之。

案 例

一家连锁餐饮企业在内部搞店长竞聘活动，要在众多前厅经理和厨师长中选拔一名店长。最终一位厨师长、一位前厅经理经过多轮考核进入最后的二选一阶段，老总亲自出马进行最后的考核。老总把两人叫到办公室，两人发现老总的办公桌上有一个漂亮的蛋糕。老总笑着对他们说："你们辛苦了！你们都很优秀，我为你们感到骄傲。这个蛋糕是我专门买来犒劳你们的，你们两人平分。你们的命运现在掌握在你们自己手里了，如果谁的分配方案能让对方满意，觉得非常公平，那谁就可以胜任店长一职。"

厨师长当仁不让，他让手下拿来了做五常管理用的测量食材的工具，当着前厅经理的面算出平均数值，然后问前厅经理："按这个数据切蛋糕，你觉得公平吗？"

前厅经理摇摇头："不公平。你左量右测，会有误差的。"

厨师长一听，顿时火冒三丈："世界上的公平本来就是相对的，不可能有百分之百的公平。你这是故意刁难。那你来分蛋糕吧。"

前厅经理笑了笑："这很简单。我来切，切好后你先挑，这样你觉得公平吗？"厨师长听了，顿时呆住了……

老总点点头，跷起了大拇指："不错！公平不公平，要靠心，不能仅靠尺子，这就是领导力的真谛。"

《荀子》说："公生明，偏生暗。"意思是，公正、公平就会耳聪目明，偏私就会昏庸愚昧。公平，说到底就是对员工要"平"，办事要"公"。

公平在于心。店长只要具备公正、公平之心，就一定能赢得员工的心；如果店长偏心，员工就会堵心。

总之，公正、公平是餐饮团队发展进步的保证和目标。公正、公平是对员工人格的尊重，可以使员工最大限度地释放自己的能量。不公正、不公平则是对员工心灵的践踏，是对团队的一种罪行。所以，坚持公正、公平的管理和处事原则是每一位店长都要承担的责任和履行的义务。

（三）不要纵容亲信

我认为，优秀的餐饮店长还要特别注意一点：不要纵容亲信。

餐饮店长职责重大，全店经营的责任系于一身，所以工作头绪繁杂。因为精力有限，不可能样样亲自管，所以适当地依靠、委托其他管理者及骨干员工来协助自己管理是顺理成章的做法。因而店长要建立自己的班底，用心腹、亲信来帮助自己管理。班底、心腹、亲信听起来有点可怕，帮起忙来却相当"可爱"。亲信用得合适会很有帮助；但如果使用不当，往往会更加恐怖。店长要了解"水能载舟，亦能覆舟"的道理，妥善打造班底，合理对待亲信，才能够有效带领团队。

班底有两种：一种是"私"的，是为了店长个人的权威而建立的，甚至营私舞弊、相互勾结，会使团队内耗增大，直接打击非班底员工对团队的信心；一种是"公"的，是为了团队的整体利益而建立的，一切为了达成团队的目标，一切按规章制度工作，这样的班底才是"可爱"的。

亲信是指店长亲近、信任的人。店长一方面赏识他们的能力，另一方面相信他们的品行，因而既亲近又信任，有些话不便对别人说，可以对他们说；有些事不放心交给别人做，可以让他们去做。

遗憾的是，一些亲信起初认认真真，谨言慎行，慢慢却会狐假虎威，甚至欺上瞒下，搞得团队乌烟瘴气。

所以店长要在工作中培养亲信，在工作中了解、观察亲信，相互沟通了解。店长在工作中考验下属，那些经得起考验的下属才能成为真正靠得住的亲信。

店长在实际工作中既要信任亲信，又不能纵容亲信，唯有如此，才算是善得亲信，才能发挥亲信的优点，尽量避免弊病的滋生。不纵容亲信，才会让大家信服。亲信不被纵容，也就不会拿着鸡毛当令箭，胡作非为。亲信在责任范围内表现良好，店长才能安心。

下编

打造最强餐饮团队的思路与技术

在上编中我们介绍了餐饮店长打造最强团队所需的两项自我修养，有了这个坚实的基础，我们在下编介绍如何打造最强餐饮团队。

打造最强餐饮团队，要有一套打造体系，以及三个明确的靶向和相关技术要点。一套打造体系是指用系统的模式打造一支能持续健康发展的团队（第三章）。三个明确的靶向和相关技术要点分别是打造员工都说好的团队（第四章）、打造客人都说好的团队（第五章）、打造能赚钱的团队（第六章）。

也就是说，最强餐饮团队是指能持续健康发展的团队＋员工都说好的团队＋客人都说好的团队＋能赚钱的团队。

第三章　打造能持续健康发展的团队

餐饮店长始终要思考的问题是：我的团队如何能更健康地持续发展？怎样才能抓住最重要的东西？我认为，餐饮行业99%的问题归根结底都来自人。而人的问题要靠体系来解决，用体系来打造持续健康发展的团队。这个体系共有四个部分：全员清晰的思想、清晰的规划、完整的组织制度保障、落地执行。

第一节　全员清晰的思想

清晰的思想决定了团队的基础和高度，决定了团队能活多久、走多远。清晰的思想分为两个部分：一是团队目标，二是团队价值观。

专题一　清晰的团队目标

一、什么是团队目标

目标是指射击、攻击或寻求的对象，也就是任务。近义词有"使命、愿景、梦想、抱负、目的、愿望"等。餐饮店长要打造能持续健康发展的团队，必须设定清晰的团队目标，并获得员工的拥护。

"目标"这个词有时会令人感到有点高大上，有点虚，但它却是十分重要的。店长和员工可以不断问自己："我每天上班是为了什么？只是为了挣工资吗？""我为什么在这家餐饮店工作？""我们团队的目标到底是什么？"

团队目标就是要说明团队是干什么的，以及为什么要这么干。为什么比干什么还重要。特别强调，这里说的目标是指餐饮团队的中长期综合目标，而不是每月、每季、每年的分项业绩目标。

餐饮店长打造最强团队的第一件事就是要让自己的员工带着清晰的目标工作，这个目标不但要清晰，而且要有意义。

我认为最强餐饮团队的目标有四个：

第一个是客人都说好。有了大多数客人的喜爱，团队就能活得久且好。

第二个是员工都说好。有了大多数员工的喜爱，团队就能活得更久更好。

第三个是餐饮店能赚钱。

第四个是餐饮店能持续健康地发展。

二、清晰的团队目标的必要性

（一）清晰的团队目标是用来统一全员思想的

清晰的团队目标是团队努力的方向，可以为员工导航，使员工知道要向何处去。如果团队没有清晰且被大家认可的目标，员工就会思想混乱，方向不统一，力量使不到一处，出现内耗，严重削弱团队的向心力、凝聚力。

店长明确团队目标，就是明确方向，就是告诉大家，我们为什么而做，这样做的必要性是什么：我们不是只为自己挣工资的乌合之众，我们是利他之人，我们要为客人的体验负责，我们希望与同事们共赢，也希望我们的企业有利润，更希望我们的团队能够持续健康发展。

立什么样的团队目标，立的团队目标高低如何、清晰与否，能否统一大家的思想，这些问题的不同答案会让各个餐饮团队之间出现天壤之别。

团队目标越高，越清晰，团队就越强；团队目标越低，越不清晰，团队就越弱。

（二）清晰的团队目标是用来培养人才的

团队目标确定之后才能招对人，才有了培养方向和考评奖罚的依据。越早制订清晰的团队目标，说清楚团队是做什么的以及为什么这么做，就越能更早地吸引人才，培养出志同道合的人才。

（三）清晰的团队目标可以使团队员工自我约束

团队目标是用来提醒每个员工每天的工作方向是否正确的。团队目标清晰了，员工的日常工作就有了指引方向的航标。很多时候，团队目标起到关键作用。

是团队目标驱动还是店长驱动？如果是团队目标驱动，那么大家朝着相同的靶向做同样的事，大家的状态是主动的，是自发的，大家可以相互提醒，相互影响和促进。如果是店长驱动，店长盯得过来吗？

（四）清晰的团队目标可以使团队螺旋式上升

团队工作是基于团队目标实施计划，在实施计划的过程中不断检查、考核与评估目标进度，循环往复地持续改善，使团队一直处在螺旋式上升中。

三、怎样让大家统一目标

（一）店长是第一责任人

店长是一店之长，是团队的"龙头大哥"，打造最强团队就得由店长根据企业目标设定清晰的团队目标。应该做到：

店长学习、研究企业文化、目标和价值观；

店长确立团队目标；

每月、每季、每年回顾一次团队目标；

宣传和使用团队目标。

（二）确定的团队目标必须清晰

确定团队目标的核心是确定团队目标的内容，而不是形式，关键是要易于员工明白、理解、吃透。

确定团队目标的形式是：我们为了谁？要做什么？要达到什么样的目标？真正的关键不在于说出一句句动人的话，而是要接地气地说清楚团队是做什么的，我们为何要这么做。而且大家是认真的，是真的确信团队目标是有意义的，是可以明明白白指导日常工作的。

团队目标可大可小，不一定越大越好，关键是要接地气，令人相信，能触动人。例如，某餐饮团队的目标是：客人都说好，员工都说好，企业能赚钱，团队能持续发展。并且为这四条目标做了详细的说明，选编了案例，让员工能清楚地理解、吃透。

（三）团队目标确定后要宣讲，要使用

团队目标要天天讲，周周讲，月月讲；要天天用，周周用，月月用，要好用。

清晰的团队目标确定后，店长要组织宣讲，让全体员工知道，让团队目标成为全体员工的目标。店长不重视宣传，就没人知道。店长讲得少，大家就会淡忘。

团队目标好不好，要由客人、员工、企业领导来评价，要看大家是否认可、接受并行动起来。

除了要宣传团队目标，还必须使用团队目标，用团队目标来确定团队价值观，用来做一段时间的规划，用来设定制度、标准，用来招人、考评人、晋升人、奖罚人。

清晰的团队目标不是挂在墙上用来装饰的冷冰冰的文字，而是能深入员工大脑的目标，是能影响、促进员工行为的目标。

（四）要求各部门确定部门目标

团队目标只有离每个员工越近，才能使员工的大脑越清晰，才能指导日常工作，发挥巨大的作用。反过来，如果只是店长有清晰的目标，店长不能让前厅、后厨各个区域的员工与自己有一致的目标，目标就不会发挥作用。

四、常见问题

一是店长不重视团队目标，不相信团队目标的重要性，团队没有清晰的目标。

二是团队有目标，但靶向不清晰。

三是团队有目标，但平时不用，没有用来统一员工的思想，没有宣传和使用目标。

四是员工虽然知道团队目标，但不理解，不相信。

五、案例

某餐饮店长根据公司的整体文化及目标，为自己的团队设定了四大目标，并使其清晰化。

第一个目标是客人都说好。这个目标是这个餐饮团队工作的出发点，是源头。一家餐饮店能活着且生意好，是因为有很多客人说它好，喜欢它。所以前厅团队和后厨团队必须

以客人都说好为工作目标，所有的言行必须对照该目标。每天、每周、每月、每年都进行对照、分析、评比、总结，看看团队能否让客人都说好，看看所有工作计划、SOP（标准作业程序）、QSC（品质、服务、清洁质量）、考评是否围绕着这个目标展开。

第二个目标是员工都说好。这个目标是第一个目标的保障和基础，管理团队要据此来对照自己的管理行为和管理效果。比如员工的思想、价值观是否统一，员工是否有正确的是非认知，员工餐、员工宿舍是否让员工满意，管理者与员工之间、部门与部门之间、员工与员工之间的关系是否和谐，考评机制是否公平合理，等等。

第三个目标是企业能赚钱。这个目标是团队在前两个目标的基础上必然追求的结果。能让客人都说好，员工都说好，前提条件就是企业有利可图。要达到这个目标，店长必须充分掌握开源节流的知识结构和方法手段，带领全体员工为企业创造利润，所有的工作必须有效益结果，必须能反映在业绩上。比如，这家店从2021年4月到2022年5月成功地完成了人效突破，顺利地进行了混岗作业、小时工的用工制度改革，有效地节约了人工费用，为店面增加了净利润。

第四个目标是团队能持续发展。这个目标是前三个目标得以持续实现的根本保障。餐饮行业的普遍规律是"各领风骚三五年"，生意能持续好过5年的餐饮店不多见，能活过10年的餐饮店更是少见。所以店长必须思考、设计出一套能让团队持续发展的管理体系，包括全员思想教育模块、全员工作规划模块、组织制度模块、执行与改善模块，用一整套体系来统一员工的思想，不断规范、改善员工的行为，用机制来保证团队的持续发展。

这位店长把上述四个目标制订好后，先与管理层和骨干员工进行充分的交流、沟通，再向员工进行充分的宣传。大家十分认同，都认为这四个目标是相互平衡、相互支持、互为保障的。全体员工在目标靶向清晰后，工作起来更有方向与激情。员工经常对照目标检查、讨论自己的言行，几乎每个人都自动自发地工作运转着。

这个案例带给大家的启示是：店长打造最强团队要以终为始，"终"就是目标，"始"就是以目标为靶向，从一开始就要有高度，就要清晰地了解自己的团队未来是什么样的，该朝哪个方向努力。所确定的目标要能让大家看到光明，离大家越近越好。

这个案例还提示我们，设立清晰的团队目标是店长领导水平的体现。选择目标比苦干更重要。方向不明的苦干就是傻干，因为如何看决定着如何做，如何做又决定着能得到什么结果。反过来说，如果对所得（结果）不满意，就必须改变以前的做法；而想做的和以前不一样，前提是看的（目标）要和以前不一样，否则结果就不会改变。如何看、如何做、会得到什么三者之间的关系，说明了目标的重要性以及"看—做—得"的不可分割。

店长一定要充分重视、关心团队目标，尽最大可能让大家有方向感，有目标。因为大家看得不一样，就会做得不一样，最后得到的结果也不一样。所以要多向员工宣讲团队目标，只要大家在团队中有了目标，看到了目标，就知道了工作方向。

专题二 清晰的团队价值观

目标是屋顶，决定了团队的高度；价值观则是团队的地基，决定了团队是否牢靠，是否经得起风吹雨打。

一、什么是团队价值观

团队价值观就是为了达到团队目标，团队提倡什么，反对什么，确定什么重要、什么不重要，什么是对的、什么是错的。简单地说，团队价值观就是团队的游戏规则，就是为了实现团队目标，团队对每一个员工的行为要求。

每个餐饮团队都会有团队价值观，只是有的明确提出来了，有的没有整理出来。就像前面讲的，价值观不是挂在店长的嘴上，而首先体现在店长和各级管理人员的一言一行上，其次体现在团队员工逐渐养成的工作习惯上。

团队价值观体现出团队鼓励什么，反对什么，是团队做事的准则、规矩，也就是原则、红线。团队价值观对每个员工都有深刻的影响，并逐渐体现在员工的日常工作和行为习惯上。

各个餐饮团队价值观的差异，体现了团队的行为规范、标准，会给客人带来不一样的感受，并渐渐体现在团队业绩上。

二、团队价值观的重要性

（一）团队价值观是团队的地基和罗盘

餐饮团队好比一栋高楼，为了达到这栋高楼的高度（目标），店长要打牢地基，需约法三章，清晰地告诉员工团队的要求，什么能做，什么不能做。员工需要团队明确的态度和声音，而不是模糊不清或模棱两可的表达。团队价值观也是企业团队日积月累积攒下来的精华。只要团队价值观正确，不管环境如何变化，团队都经得起风吹雨打，经得住时间的考验。团队价值观也是处理矛盾、解决矛盾的立足点。一个团队如果价值观混乱，其员工的思想必然混乱，就会损害团队的利益。

餐饮团队要最大限度地满足自己的需求，就要给予他人最大化的利益，团队就是以这个不变的规律为出发点、指南针。有许多餐饮企业初期发展得很快，但是因为缺失正确的团队价值观，所以发展势头来得快，去得也快。没有团队价值观这个地基与罗盘，就相当于交通没有规则，团队必然会混乱。

（二）团队价值观是团队的胶水和磁铁

团队靠什么来维持呢？靠的就是共同的价值观。团队的价值观取向会吸引有着相似价值观的人。如果价值观相差太远，团队成员就会掉队、离队。人与人之间的矛盾、国家与国家之间的矛盾、团队内部的矛盾、家庭矛盾，表面上是行为冲突，背后其实是价值观的冲突。

（三）用团队价值观管理胜过仅用制度管理

一个餐饮团队的制度有很多，也很琐碎，员工未必都记得住，搞得清。所以，有了制度，还必须把制度背后的逻辑、因果关系、价值观说清楚，把这些说得越清楚，制度就会变得越简单。

比如，一家餐饮店的决策顺序是客人第一，员工第二，企业第三。另一家餐饮店的决策顺序可能是企业第一，客人第二，员工第三。没有对错，只是游戏规则不一样。最后的效果由市场和时间来验证。

（四）用团队价值观来激励大家

员工都想成为最强团队中的一员，都认为自己是最有价值的，自己比别人强。是否有价值需要用团队价值观这把尺子来衡量。所以餐饮店长要以人为本，提倡价值观驱动，就要确定一个价值观体系，给所有人以正向的激励。

（五）团队价值观是团队的身份证，是团队的营销利器

价值观与对价值观的践行是一个人、一支团队与众不同的标记，是餐饮店之间最核心

的差异，它反映了一个餐饮团队的好恶和行为的底层逻辑与别人的不同之处。

三、团队价值观怎样在团队落地

（一）谁负责确定团队价值观

店长和其他管理者及骨干员工负责确定团队价值观。店长确定好清晰的团队目标后，要带领核心骨干讨论和确定团队需要树立哪些价值观（游戏规则）。

大家一起确定团队价值观。

每月、每季、每年回顾一次团队价值观。

宣传和使用团队价值观。

店长与核心骨干每月用团队价值观对照自己及下属的言行。

（二）确定团队价值观的具体内容

店长与核心骨干为了确定团队价值观，需要讨论以下问题：

企业文化、企业目标、企业价值观是什么？

企业成功的原因是什么？企业产生失误的原因又是什么？

过去哪些价值观曾帮助团队获得成功，值得团队继续发扬和使用？

过去哪些价值观曾误导团队，需要调整？

未来哪些价值观能帮助团队取得成功，需要团队确定下来？

价值观不在多，要少而精，立一条是一条。每一条都要接地气并有详细说明，说清哪些制度是因这条价值观而设定的，要用本团队的案例再次解释，要确保员工看得懂，做得到，并且知道做不到会怎样、做得好会怎样。

确定团队价值观后，还要听取员工的意见，进行试用，不断完善。

（三）要宣讲、使用团队价值观

团队价值观确定后，要大力宣讲，天天讲，月月讲，年年讲；要使用，天天用，月月用，年年用。有了好结果，要宣讲这个结果是因什么价值观而来的；有了不好的结果，要分析这个结果是因违背了什么价值观而造成的。这样的团队价值观才是活的、接地气的，才能深入员工的心，武装员工的大脑，而不是挂在墙上的标语。

（四）在考评制度中体现团队价值观

团队价值观要用到考评中，对表现符合或不符合价值观的员工要奖罚分明。

要用业绩＋团队价值观的双指标来评价和考核员工，还要有奖有罚。团队价值观如果不用于考评，并且没有涉及个人利益，就是几句空话。

每月、每年都要树立团队价值观落地的典型——正面的、反面的，用实例来强化团队价值观。比如，设立员工合理化建议奖、客人好评奖、成本控制奖、销售能手奖、主动用心做事奖、创新奖等等。再如，如果有员工触碰了团队价值观的底线，就要让其离开团队。

四、常见问题

一是团队没有形成和管理价值观，没有形成检讨价值观的制度规定。

二是团队价值观是抄别人的，是"假装"有团队价值观，而不是根据自己团队成功和失败的经历总结出来的。

三是团队价值观讲的都是空洞的大道理，不接地气，不便于员工参考执行，不是具体的行为准则。

四是团队价值观罗列得太多，什么都想要，却什么都没抓住。

五是团队价值观确定后不用，没有宣传，没有用于制定制度，也没有用于奖罚、晋升和考评。

五、案例

一家大众中餐店的店长小李，在老板的支持下，在自己的团队中设计并落地执行了一套价值观体系，取得了优异的成绩。

李店长为自己的团队设计了三条价值观：

第一，（吸引客人方面）只能依靠品质吸引客人。

第二，（控制成本方面）坚决反对不合理的浪费。

第三，（团队团结方面）员工之间不允许当众发生冲突（如骂人、动手等）。

由于篇幅所限，这里仅介绍李店长是如何使第一条价值观落地的。

△解释说明：

· 不允许使用各种优惠促销活动来吸引客人。

- 只能依靠菜品质量、卫生质量和服务质量来吸引客人。
- 客人的本次体验为王，客人下一次还来是唯一追求。

△实施细则（以前厅服务员为例）：

- 本店不分淡旺季，除了在"大众点评"上有"95元当100元花"的电子代金券外，无任何优惠促销活动。
- 除店长或值班店长（店长不在时由经理担任）外，所有员工都没有折扣权限。但是值台服务员有退换菜的权限。
- 当客人提出对菜品不满意时，服务员无须做过多解释，直接给客人退换菜品。话术为："先生（女士），您不满意这道菜，您看我是给您退还是给您换？方便的话，您能否告诉我您不满意的地方是什么？"当班结束前，按规定登记退换菜记录。
- 当客人对卫生、服务或费用有异议时，服务员第一时间上报店长或值班店长，由店长或值班店长酌情处理。
- 任何员工的追求都只有一个：不得罪客人，希望客人能再来。

△考评细则（以前厅服务员为例）：

针对每条价值观考评一次，本条价值观月满分为100分。根据月总分给予相应的奖金奖励。

- 客人不满意便给退换菜：发现一次未执行扣5分。
- 使用话术：发现一次未执行扣2分，发现一次未全部执行扣1分。
- 记录：发现一次未及时按规定登记退换菜扣2分。
- 发现客人的其他不满意及时上报：发现一次未完成扣3分。

到这里，我们知道了李店长设计的价值观是怎样落地的了。除此之外，李店长为了使价值观真正成为员工的日常行为习惯，并能与销售业绩挂钩，还提出了对员工的季度综合考评实施差异化管理的方法。以前厅服务员为例，把员工分为五种：销售业绩好且价值观分高的"明星"，销售业绩好但价值观分低的"豹子"，销售业绩中等且价值观分中等的"黄牛"，销售业绩差但价值观分高的"小白兔"，销售业绩差且价值观分低的"小狗"。同时，他还规定了划分比例："明星"占20%，"豹子""黄牛"占70%，其他占10%，也就是"271"。

对团队员工实施差异化管理（"271"）的核心是8个字：区分开来，区别对待。这是打造最强团队的关键一招。

总之，我认为团队价值观就是一个团队与众不同之处。好的团队价值观一定是经过实践检验适合自己的，是最强团队员工好的行为习惯，而且必须用通俗易懂的语言表述出来，还必须用考评制度来践行价值观。

第二节　清晰的规划

在第一节中，我们介绍了打造最强团队有关思想统一方面的内容，接下来我们学习做规划的技术——如何制订年规划、季规划。通过这一节的学习，可以使团队目标和团队价值观更好地落实。

专题三　规划

一、什么是规划

与"规划"意思最相近的词是"战略"。"战略"的意思是作战的谋略，即选择打法去赢，在企业管理中一般是指公司老板、老总提出的企业的宏观经营策略。

从店长的角度，我认为用"规划"更好理解。规划就是店长选择怎么做，如何实现团队目标，践行团队价值观。简单地说，规划就是在一段时间内实现团队目标、践行团队价值观的具体做法，就是如何去赢，也就是设计、打造最强团队的路线图和时间表。

比如，麦当劳长期的打法是"QSC＋V"。

"Q"代表好品质——为客人提供准确、稳定、新鲜的食品。

"S"代表好服务——视客人为重要嘉宾，用微笑、礼貌、速度让客人感受到尊重。

"C"代表好清洁——保持店内外环境的绝对清洁卫生。

"V"代表高性价比——客人认为物超所值，愿意再次消费并主动替店家宣传。

再如，我认为海底捞的打法是：

绝对领先的服务。这是海底捞最厉害的打法，但更厉害的是海底捞的服务在不断创新，总是领先一步。

适合更多人的锅底味道。有人说海底捞的锅底味道一般。我认为海底捞的锅底更柔和，更平衡，适合更多的人。

实在、新鲜的食材。海底捞的自助料碗，尤其是各种蘸酱、用料均是真材实料，各种涮肉、涮菜也足够新鲜。

餐饮店长打造最强团队必须关注四件事的规划：开源、节流、对手、团队。

1. 开源

如何增加营业额？如何增加新老客人？客人的痛点是什么？客人喜欢什么？如何更好地向客人推荐菜品？如何让客人感到性价比高？等等。

2. 节流

如何合理地控制成本率？如何提高人效？如何合理地控制人工费用？如何合理地促销？如何控制水电气的费用？如何控制日杂费用？等等。

3. 对手

谁是你的竞争对手？谁是你的直接对手？谁是你的间接对手？他们的优势和劣势是什么？他们的客人为何喜欢他们？客人对他们的吐槽点是什么？如何与对手产生差异化？对手能逼你进步，竞争才会产生最强团队。

4. 团队

团队中有多少骨干员工？骨干员工的素质、能力、优缺点如何？团队是否团结？员工有何痛点？员工的兴奋点是什么？主要团队人员的口碑、能力如何？怎样提高员工的士气及能力？等等。

规划就是选择，就是取舍，就是排序，是具体安排要做什么，不做什么，先做什么，后做什么，做的标准高不高，向谁学习，团队还缺什么，还需补什么，什么时间补。把这些弄明白，店长就有了打造最强团队的路线图和时间表。经过一段时间，经过一系列决策与行动，店长在打造最强团队的路上就前进了一步。

二、规划的重要作用

（一）承上启下

规划承接团队目标、团队价值观，是实现团队目标、践行团队价值观的路线图和时间表。店长做出清晰的团队规划，说明店长是认真工作的，不是只表决心、喊口号。

有了清晰的规划，后续的工作方向才会更明确，准确度才会更高，后面的年规划、季规划才会清清楚楚，怎样调配人手、分配时间、安排任务、考评等才有具体的靶子。

（二）突破思路

餐饮行业最大的特征是一直在变化，行业环境、客人、竞争对手、员工都在变，不进则退。规划就是不断收集信息，研判变化，适应变化，甚至领先变化。通过设计规划，验证规划，调整规划，再验证规划，从结果中找规律，找新的方法，拥抱变化。

（三）提高效率

餐饮店长事务繁杂，店面可用资源（人的精力、时间、钱）有限，店长必须带领团队以"少投入，多产出"的效率思维来规划大家的行动。要选择，要排序，要取舍，确定什么是"牛鼻子"，聚焦再聚焦，一定要找到关键发力点，才能事半功倍。

三、规划怎样落地

（一）店长主导，各级管理人员为辅

做规划是店长的主要职责，店长首先提出规划，再与各级管理人员讨论，收集不同意见后最终确认。

每年要在10月至11月召开店面规划研讨会，由店长主持，各级管理人员参加，最好还要邀请上级参加。

每季对照规划进行复盘总结。

永远聚焦开源、节流、对手、团队几个关键方面。

（二）研判区域内外行业变化趋势

虽然研判行业变化趋势是老板、老总的工作，但是店长要明白，最终的竞争结果是要由店长来承担的。而要想在竞争中胜出，必须有一定的超前眼光，超前眼光就来自店长对餐饮行业变化趋势的研判。比如：新冠疫情之下或之后，高端餐饮店、大众餐饮店、快餐店、餐饮外卖会有什么变化？北京、上海、深圳、武汉、长沙、成都、重庆、西安的餐饮同行在干什么？他们为什么要这样干？我们能借鉴什么？在互联网时代，要了解这些信息并不难。

(三)对周边客人的了解越详细越好

开源,增加营业额,要做好两件事:一是增加客人数,这是最关键的;二是适当提高或保持客人的人均消费水平。

增加客人数,就是要不断发展新客人,并让老客人(回头客)不断回头。所以,店长要不断地研究周边客人的喜好,梳理总结周边客人的信息,对客人进行"画像",对客人的"画像"越清晰,相应的规划就会越清晰。如:新客人在哪儿?如何让他们知道本店及本店的特色?老客人最关注什么,最反感什么?怎样将客人分类?谁是大客户?大客户的特点是什么?老客人的消费特征和消费规律是什么?等等。

(四)了解本店的成本、费用

本店的成本率、毛利率实际水平是怎样的?与标准的差异有多大?是过高还是过低?是否存在不合理、浪费之处?

本店的人工费用水平如何?是否有节约人工费用的空间?空间有多大?

本店的房租水平如何?如何充分利用空间及营业时段有效摊薄房租成本?

本店的促销费用水平如何?占比是否合适?

本店的水、电、气费用占比水平如何?是否有合理节约的空间?

本店的其他费用是否有节约的空间?

是否有高新技术能有效节约成本?

以上问题越详细越好。

(五)了解竞争对手

本店在方圆一公里内有哪些直接竞争对手(即产品与本店类似、消费水平相差不大、客群雷同、规模相近的餐饮店)?

直接竞争对手吸引客人的能力如何?

直接竞争对手相比本店优势是什么?劣势是什么?主打菜品是什么?

直接竞争对手的成本费用水平如何?

直接竞争对手的人才情况如何?

直接竞争对手的促销活动是什么?

以上问题越详细越好。

（六）了解本团队

本团队人员流失情况如何？

本团队骨干队伍是否健全？有什么优势和劣势？

本团队前厅、后厨配合得如何？需改进什么？

本团队员工的生活、情绪管理情况如何？需改进什么？

本店的特别优势是什么？本店明显的短板是什么？

本店员工的思想觉悟水平如何？是否有统一的目标和价值观？

本店的培训及分配机制是否还有完善的空间？如何完善？

以上问题越详细越好。

（七）如何胜出

要不断分析总结上述二到六项：需巩固什么？需改善什么？需变通什么？需聚焦什么？怎样优先排序？

（八）形成规划研讨机制

每季都应对开源、节流、对手、团队及行业发展的信息进行复盘。

每年10月至11月召开店面规划讨论分析会，通过头脑风暴等方法，形成新的"进攻""防守"思路。

总之，规划就是在收集信息的基础上以终为始，设计出团队进步的路线图和时间表，边实施边总结，还得随时根据情况做调整。

四、常见问题

一是店长不重视规划，满脑子都是当天的营业额、当月的营业额和当月的净利润，只看营业结果，没有规划，没搞明白有规划的过程才会有持续的业绩结果。

二是店长平时没有花足够的时间并设计相应的机制去收集行业、客人和对手的信息。有的店长甚至对本团队的信息也是糊里糊涂的。

三是店长没有花时间与各级管理人员、骨干员工充分讨论团队规划，更不与员工分享已确定的规划，全员打的是糊涂仗。

四是没有清晰的季规划、年规划，一年到头走到哪里算哪里。

五、案例

某餐饮店长2021年的年度规划总结摘要如下：

第一部分　本店的优势

1. 本店有位置优势：本店在本街区最显眼的十字路口，旁边20米处就是地铁站。

2. 本店有装修环境优势：本店门头装饰气派，内部装修较新且舒适，在本街区数第一，客人在此请客、聚会有面子；本店有10个包间，是本街区包间最多的店。

3. 本店开业至今已8年，且生意一直较好，是本街区口碑最好的店。

4. 本店老客人较多，客群基础好。

5. 本店有自用停车场。

第二部分　本店目前的劣势

1. 本店人才梯队断层，今年骨干老员工流失严重，目前前厅、后厨工龄超过两年的员工只有三名，员工能力亟须提高。

2. 本店菜品创新严重滞后。今年以来，本店菜品几乎没有创新，相当一部分回头客对此反映强烈。

3. 本店出现了服务质量、菜品质量下滑的情况，尤其是近四个月以来客诉明显增加。

4. 本店不重视外卖，以至于外卖每天只有20单左右，且差评较多。

5. 本店近期过度节约现象严重，如夏季开空调不及时、不主动，造成一部分客人不满。

6. 本店部分管理人员、员工思想觉悟不高，对未来悲观。今年以来，受疫情影响，店面整体营业水平下降，一部分人对未来忧心忡忡，导致工作没有信心、干劲。

第三部分　本店面临的机会

1. 外卖机会：根据调查，本市今年的外卖消费有明显变化，知名品牌、老牌餐饮店的外卖很受追捧，这是本店的商机。

2. 消费者需求机会：今年以来，消费者对包间的需求十分旺盛，这是本店的机会。

3. 竞争机会：本店最大的竞争对手××店于9月15日闭店，现处于停业状态。

4. 报复性消费机会：在疫情反复的情况下，人们压抑已久的消费欲望可能会使得报复性消费的力度更加猛烈，本店这样的老品牌餐饮店会有更多的机会。

5. 餐饮预制熟食机会：今年以来，消费者对预制熟食需求大增，这是我们这样的老品牌餐饮店的好机会。

第四部分 本店可能遇到的挑战

1. 我们的竞争对手在不断优化。据了解，闭店的××店有可能近期重新装修，再次开业，这对于我们是一大挑战；另外，该店调整了店长和厨师长，调整了菜单结构，主打××，对于我们也是个挑战。

2. 疫情可能会持续反复，影响营业收入，甚至导致亏损，要有预案。

3. 物价可能会上涨，影响店面的毛利率。

第五部分 我们靠什么赢——2022年规划

1. 打铁还需自身硬。

（1）从12月起，连续三个月有针对性地狠抓卫生质量、服务质量和出品质量，争取一年内将对手远远甩在后面。

（2）从12月起，至少连续三个月每周增加一次培训课，由店长、厨师长亲自上课。

2. 立即研究本店的外卖事宜，争取2022年1月上线调整后的外卖，2022年的外卖目标营业额争取达到××元。

3. 启动VIP客人专业化对接事宜，2022年1月开始执行。

4. 从2022年1月开始，利用靠近地铁口的优势增加门口宣传渠道，积极拓客。2022年全年要围绕地铁口展开宣传。

5. 完善会员制度，新会员系统于2022年2月上线。

6. 从现在起研发新菜品，在本店通过后上报公司，争取月月有新菜上市。从2022年1月起，每月至少开发5道新菜，全年开发不少于60道新菜。

7. 严格管理成本费用，罗列出必须控制项目及严禁过分节约项目。本项工作于2022年2月底前完成，2022年全年毛利率不低于58%。

这家店的年度规划总结，从认真分析、讨论到聚焦突破口，扎实且接地气。

专题四 年规划

前面我们介绍了规划，即实现最强团队的目标、践行团队价值观的思路和打法，也就是作为一店之长，根据你的经验，对客人、对手、员工、行业发展的认识，并与其他管理者一起进行头脑风暴，确定未来一段时间的工作安排。

接下来，我们来学习怎样让规划扎实地落地。

一、什么是年规划

目标是中长期的愿望，规划是打法，是经过对各种信息进行分析和判断后选择的突破口，给团队指明了具体的方向，提供了路线图。要使规划更清晰，更易落地，除了要有路线图，还应有更具体的时间规划，就是时间表，也就是要把规划变成年规划（年任务）。

比如，上文的案例中提到某店计划于 2022 年 1 月开始上线外卖，那么到 2022 年年底，它的外卖应该做到什么程度？这就要有规划，有明确的指标。

年规划是餐饮团队的年度远光灯。

二、年规划的重要性

把店长所做的规划以年为单位具体化，既能让团队成员真正感受到具体且明确的实际目标，也能为季规划提供目标和方向。

团队有了规划并将其细化到年规划，再将年规划细化到每季必须完成什么样的指标，每季要完成几项任务（不超过三项），这样团队才会有执行力。

三、年规划怎么做

一是由店长主持，其他管理人员为辅，每年 11 月到 12 月完成下一年度的规划，每季度进行复盘。

二是把前述规划的打法思路转化为年规划，即在每一年的 11 月到 12 月，在店长的带领下，团队管理层把下一年的年度工作规划整理出来。

三是年规划要尽可能详细，要符合以下要求：要讲清楚做哪些事；要讲清楚做到什么程度，取得什么样的结果；要用数字来体现，要便于衡量；要有时间规定；要有责任人。

四、常见问题

许多餐饮店长没有详细的年规划。

五、案例

专题三"规划"的案例中第五部分"我们靠什么赢——2022 年规划"，就是关于年规划的真实案例。

专题五 季规划

一、什么是季规划

季规划就是为了把年规划落实执行，以季为单位，罗列出重点抓什么事、什么工作。

对店长来说，团队可能有一百件事要做，但是店长得清楚，在这些事中，对团队来说最重要的是什么，次重要的是什么。

意大利经济学家帕累托提出了 80/20 法则，也叫二八定律。比如，20% 的菜品收入占总菜品收入的 80%，20% 的电影带来 80% 的票房收入，20% 的员工创造了 80% 的业绩，20% 的问题占客人投诉的 80%。

因此，对店长来说，关键是要找出那 20% 的事，把 80% 的时间花在那些能产生 80% 的效果的事上。也就是说，店长的时间、精力有限，不能对每项工作、每件事都平均分配，而应该把资源（钱、人才、时间）投放在最重要的事上。所以，对店长来说，排序很重要，每年、每季都能抓住"牛鼻子"工作，就会事半功倍。

回顾过去的一年、两年、三年里，企业做的让你觉得最有价值的是几件事还是几十件事？答案肯定是少数几件最重要、最有影响的事。所以，我建议有能力的餐饮店长每季只盯一件事，能力弱一些的餐饮店长最多盯 3 件事，即季规划主抓 1~3 件事（能力越强的店长越应抓住一件事，抓透）。这里所说的事，不是一般之事，而是重中之重，是根据年规划的具体目标设计的，以季为单位必须落实而使之有进度的大事，不落实就会贻误良机。

这里要特别注意：规划可以宏观一些；年规划要清晰；季规划必须聚焦在 1 件，最多 3 件事上，把这 1~3 件事彻底做好。

二、为什么季规划只聚焦 1~3 件事

（一）为了承上启下

从确定团队目标、团队价值观到确定团队规划，再到转化为团队年规划，最终确定团队季规划的 1~3 件事，形成体系，层层推进，步步扎实。

确定年规划和季规划的 1~3 件事之后，才能设计后面的组织制度保障和执行程序，

做到环环相扣，形成一个完整的体系。其中，季规划的1~3件事起着决定作用。

（二）这是餐饮店长的工作要点

季规划的1~3件事是餐饮店长的工作要点，看店长能否抓住工作的"牛鼻子"。

餐饮店长的工作就是拿结果。结果的呈现来自两点：一是抓对事情，二是运用正确的方法。抓对事情就是确定好工作重点，并以季度为单位来落实与验证结果。

店长有了季度工作重点，才可能有针对性地定任务、布阵、用将、考评，直至拿到结果。

季规划的1~3件事不是月度1~3件事。因为餐饮行业的大多数工作有见效慢的特点，也就是做一件事，其效果不是立刻就能呈现的，一般需要3个月才能呈现明确的结果。例如，这个月开始抓卫生质量，大多数客人在1~3个月之内才能感受到变化。

（三）这是员工的现实靶向

实际上，餐饮行业的基层员工对公司的文化以及团队的目标、价值观、规划、年规划，一般不能理解到位。许多时候基层员工会认为这些只是领导们在装样子、喊口号，没有什么实际意义。店长可以通过不断地给员工设立具体的以季、月、周、日为单位的现实目标，实实在在地引导员工，激发员工的集体荣誉感，让员工以具体目标为中心凝聚在一起，使员工有看得见、摸得着的靶子，团结一致，共同奋斗。

例如，某餐饮店长根据年规划，为团队第一季度确定了"大众点评4.8分及零差评"的工作靶向。团队成员不分前厅员工、后厨员工，齐心协力，取得了不错的业绩。

（四）少即是多，多即是少

"少即是多，多即是少"，大道至简。在生活、工作中，有很多人犹豫不决，什么都想做，却什么都做不好，倒不如集中精力做好一件事。现在有一个网络流行词叫"元时间"，是指我们要做出某个决定的重要时间点，也就是面临选择的时间节点。对餐饮店长来说，元时间就是要定期主动地计划或总结一段时间或一项工作的情况，为下一步的高质量工作打下基础。

在实际工作中，很多店长没有元时间的意识，习惯于不动脑子，直接按惯性行动，喜欢用"很忙"来感动自己，想与做的时间配比悬殊。有的店长甚至连一丁点儿深入思考的时间都不愿意花，任由自己迷失在"很忙"的自我感动里，还自我安慰："餐饮是忙出来的。"忙是必要的，但是要思考和反思应该忙什么，怎么忙，是否忙于"牛鼻子"的事了。

80/20法则提示我们，一定要忙关键的事。李小龙曾说："我不怕练一万招的人，我只怕一招练一万遍的人。"一个放大镜在太阳底下为什么能轻松地把纸点燃？这是因为聚焦。

所以，餐饮店长必须有元时间的意识，学会思考什么是第一，什么是第二，什么是第三。要有抓重点、抓关键问题的能力，因为店长的能力、精力是有限的，要集中时间、精力、能力、人员来抓重要的事，最多抓三件事。

许多餐饮店长看似十分勤快、辛苦，每天都在做"正确"的事，结果却不理想，为什么？因为他们不会排序、聚焦。

三、季规划的1~3件事怎么做

每季度开始前一周确定下一季度的1~3件事，以店长为主，各级管理人员为辅。

每季度结束前的最后一周复盘，总结本季度完成规划的实际情况。对照清晰的季规划目标总结经验、教训，并讨论确定下一季度的1~3件事。

根据每季度市场、客人、对手、员工的实际变化，研讨年规划是否需要调整。

细化每季度的1~3件事。

年规划是团队一年的目标，要有数据标准和详细的文字介绍。季规划就是把年规划分解为每一季度的工作目标，对每件事（任务）的描述要更加具体详细：必须标明每件事（任务）的开始时间及完成时间；必须与各级管理人员讨论确定，达成共识，而且要把任务责任落实到人，这样有利于后面的组织保障和落实执行；必须有完成每件事（任务）的清晰的步骤、标准。

（一）格式

季规划的1~3件事

例：第一件事（第一个任务）

时间： 月 日到 月 日

责任人：

详细说明：

为什么必须做好这件事？

做好这件事的结果标准是什么？

做好这件事的步骤是什么？每一个步骤的时间节点是如何安排的？

店长与责任人在什么时间进行复盘总结？需要在下一季度调整什么事（任务）？

（二）注意事项

店长利用每季度复盘的机会，检讨本季度工作是否符合并有助于实现团队的年规划，是否符合并支持团队的整体规划，是否符合并支持团队的价值观和中长期目标。

至此，我们在打造能持续健康发展的餐饮团队的体系建设中，已完成以下内容：说明团队的中长期目标；说明团队的价值观；说明团队的规划思路；说明团队的年规划，也就是年度任务；说明团队每季度1~3件关键的事。

以上内容，店长与其他管理人员都应清清楚楚；特别是年规划与季规划的1~3件事，还要让基层员工明明白白。

四、常见问题

一是每季度的工作重点太多，一会儿抓营业额，一会儿抓团建，一会儿抓节约，一会儿抓质量，没有清晰地判断这一季度的主攻方向是什么，导致出现什么都抓，什么都没有抓好的局面。

二是每季度的工作重点不清晰，员工像无头苍蝇一样，团队内耗严重——这是团队的大忌。在一个团队里，各种目标、各种方向形不成合力，只能互相消耗。

三是停留在每周、每月就事论事阶段，只盯住这一周、这一月有什么事，该怎么解决，没有清晰的年规划、季规划，没有用季规划去规划、对照每月的工作和每周的工作。

五、案例

案例一

2022年3月底，我去一家上一年及今年一季度业绩很好的餐饮店，在没有通知做任何准备的情况下，组织店长、厨师长、经理及各级主管召开讨论会，给每个参会人员两张白纸，请大家把餐饮店一季度作为工作要点的1~3件事及下一季度的重点工作写下来。我提醒大家，不是要求大家写自己的工作要点，而是写整个餐饮店的工作要点和主抓方向。

收到全部答案后，我又请每个人谈一谈自己的工作要点和主抓方向。结果是大家所写的惊人地一致，一季度、二季度都主抓一件事：零客诉，并且分工清晰。这说明店长和团队管理层的短期工作目标是一致的，这是打胜仗的有力保障。

案例二

2022年3月底，我又去了同一家公司营业业绩较差的一个店，用同样的方法了解大家的工作思路和靶向是否清晰，结果是：

店长认为，生意下滑的主要原因是来店客人不多，建议公司做线上宣传和活动。

厨师长认为，一季度的营业额还行，但毛利率降低，应在二季度抓毛利率，前厅应配合推销毛利率高的菜品。

前厅经理认为，大家在疫情期间工作都很用心，每天都以身作则，辛苦工作，但是公司设计的菜单不合理，应该调整菜单结构；同时后厨出品质量不稳定，出菜速度太慢。在二季度应主要做两件事：一是后厨提高菜品质量的稳定性和出菜速度，二是公司调整菜单。

前厅主管A认为，服务员太少，生意好时根本忙不过来，影响了服务质量，因此二季度的主要工作应是招人。

前厅主管B认为，不能招人，不能加大人工费用，因为疫情会有反复，必要时还要减少人员，毕竟店面首先要活下来。

前厅主管C认为，大家说得都对，应把大家说的都坚定地落实。

在会上，大家各抒己见，争执不下。我让大家停下来，先讨论一下规划与年规划。我启发大家：公司今年对大家的要求是什么？店长说是扭亏为盈，所有人都表示认同。我接着又启发大家：怎样才能打赢扭亏为盈之仗？是不是应做好开源节流工作？大家表示赞成。接着我与大家分享我在开源节流方面的建议：开源就是增加营业额，主要应做好两件事，就是增加进店客人数及提高人均消费水平；节流就是控制成本与费用，主要也应做好两件事，就是用正确的方法保持合理的毛利率水平及合理控制人工费用。

大家兴致很高，就开源节流展开讨论，很快达成一致意见：今年开源工作的重点是增加进店客人数、保持合理的毛利率水平和做好人效工作。进而我又启发大家：我们可以用什么办法且只能用这一个办法来增加进店客人数？结论是：尽全力提升客人体验，切实做到零投诉。具体做法是：在二季度，前厅主抓卫生和礼貌服务，后厨主抓出品的稳定性和出菜速度，同时把这些工作明确到每个季度，并罗列出看得见、摸得着的数字指标及步骤。

接着，大家又讨论了怎样具体抓毛利率和人效。最后，大家明确了二季度的主攻方向、时间节点、责任划分及考评事宜。

上述两个案例说的其实是一回事，即规划指引年规划，年规划指导季规划的1~3件事，而季规划的1~3件事又决定了后面的具体任务分配和人员考核。

第三节　完整的组织制度保障

做好规划之后，最需要做的是用组织制度来保障、促进规划的落地。组织制度保障具体是指为了使规划、年规划、季规划落地而确定怎样排兵布阵，怎样考核，也就是怎样分工，怎样分配任务、确定责任，怎样制定奖与罚制度。

餐饮团队的所有事都是人来完成的，而这里的"人"不仅指个体的人，还指能把人和人连接起来的组织。我们常说的组织能力，就是指店长"捏沙成团"的能力。打造健康持续发展的最强团队需要一个高效的组织，高效与否先看组织能否实现规划。具体内容包括排兵布阵、定任务、做计划、奖与罚四个部分。

专题六　排兵布阵

一、什么是排兵布阵

军队是世界上最严密、最高效的组织，因为其强弱要用鲜血来验证。因此，要学习打胜仗的军队的领导管理窍门，首先就是排兵布阵——就是用谁，打什么仗，给什么权力，安排什么责任。

前面讲的统一全员思想和制订清晰的规划，都是以店长为主要责任人。接下来就要把工作逐渐向下级管理人员及员工传递。排兵布阵就是店长根据自己对管理人员、骨干员工及基层员工的了解和判断，以年规划和季规划的1~3件事为方向，来确定他们的分工和责任。就好像一个大家庭，店长这个大家长要确定谁负责挣钱，谁负责做饭，谁负责买菜，谁负责洗衣服，谁负责打扫卫生，等等。再如，筹建一个后厨班子，谁负责技术，谁负责思想教育，谁负责原料验收，谁负责卫生，谁负责安全，等等。

前面讲过，团队目标是房顶，决定了团队的高度；团队价值观是地基，决定了团队是否牢固；清晰的规划是设计图，决定了团队怎么建。排兵布阵则相当于承重墙，决定了团队的具体做法。具体到餐饮行业，比如是重视促销还是重视客人体验，是重视客人信息反馈还是重视营业额数据，分别由谁来负责，等等。例如，一家餐饮店的年规划和季规划都指向一件事：抓好客人体验，做到零投诉。接下来就得排兵布阵：谁主抓这件事，需要谁来配合，也就是分工。

二、排兵布阵的重要性

下级的执行力很重要，它来自上级的顶层体系设计，既要有统一的思想，清晰的路线图、时间表，还要有组织制度保障，然后才是员工不打折扣的执行。排兵布阵是体系中的关键一步。

（一）排兵布阵起承上启下的作用

军队要打胜仗。我认为可以这样解读"打胜仗"："打"就是行动，就是排兵布阵，就是确定让谁冲锋，让谁断后；"胜"就是思路、规划，就是制胜的策略和团队的整体计划；"仗"就是战役、战斗的确定目标，就是团队目标。

餐饮店长给团队确定目标、制订规划后，就要通过排兵布阵确定任务，明确个人计划，设计激励制度，把规划的任务分解给每一个管理人员（也包括员工）。

排兵布阵（分工）之后，才能制订任务，以及让每一个管理人员设计自己的工作计划和激励制度（立奖罚的规矩）。也就是说，规划决定了组织制度保障，组织制度保障决定了员工的执行能力。这里重申：好的制度能使坏人变好，坏的制度能使好人变坏。弄明白规划后，才知道如何排兵布阵，定任务，定计划，定奖罚。这些组织制度保障工作都弄明白了，才能让下级更好地执行。

（二）排兵布阵是指挥能力的第一体现

我常听有些餐企老板这样说："我们这里缺管理，我们的店长不会管理。"一些忠诚度高、能吃苦、业务能力强的人，当了店长或其他管理人员后，经常出现这些现象：管自己时做得挺好，但一带团队就不行了；店长一个人能忙死，其他人却吊儿郎当；团队士气不高，员工流失严重，团队成长缓慢，任务完成得不好。

有人问我：是不是优秀的店长有一定的特质？比如，这位店长不爱说话，性格内向，是不是不适合当店长？或者这个店长情商低，是不是不适合当店长？

我认为这不是问题的根本。比如，林彪就不爱说话，整天面对地图，没几句话，彭德怀动不动就发火，但你能说他们两位不是好的管理者、好领导吗？林彪、彭德怀天天琢磨地图，每逢大战要察看地形、天气等环境条件，还要搞清敌军的力量及当地的群众基础，然后结合中央的意图、我军的具体目标进行排兵布阵：A军由谁指挥，干什么；B军由谁指挥，干什么；C军由谁指挥，干什么……然后将各军的任务指标具体化，确定时间节点和攻守计划，最后论功行赏。作为统帅，最主要的工作就是在领会上级的规划后排兵布阵，其他的由政委、参谋去完成。

不爱说话的林彪、脾气火暴的彭德怀之所以能当元帅，最核心的原因就是他们有排兵布阵的能力。

（三）改变排兵布阵就会改变行为及结果

大家都知道"屁股决定脑袋"，一个人的位置在哪儿，其思考问题的出发点往往就在哪儿。因为不同的位置代表着不同的职责和权力，所以排兵布阵直接决定了各级员工的工作行为，决定了团队的工作结果。比如，怎样的排兵布阵能让厨师长参与到对客人的体验管理中？怎样的排兵布阵能让前厅管理人员参与到对菜品毛利率的把控中？怎样的排兵布阵能让新菜品卖得好？

总之，排兵布阵是管理体系中的重要一环，是组织制度保障的第一步，这里走偏了，后面的事都会偏。

对店长以下的各级员工来说，排兵布阵才是最接地气的，直接影响到他们的日常工作。

三、如何排兵布阵

（一）先民主后集中

店长是排兵布阵的决策人，要向员工收集用人的意见、建议。但是排兵布阵只能是先民主后集中，店长最终一锤定音——确定由谁来完成什么任务。

（二）排兵布阵的成败在于思考

1. 店长对事（任务）的思考

店长要思考清楚本团队的目标、价值观和规划：本团队的目标是本团队基于公司的使命、价值观和战略所设定的中长期目标，是大任务；本团队的价值观是本团队在完成任务的过程中不能违反的游戏规则；本团队的规划、年规划和季规划是本团队为了完成大任务而确定的打法和短期（年、季）目标，是当下的中任务。要清楚规划与排兵布阵的关系——目标由谁来完成，做到规划要调整，排兵布阵也随之调整。

2. 店长对人的思考

店长对下级员工，尤其是其他管理者要有非常清楚的认识，包括每个人的特长和短板是什么，谁适合做什么，谁不适合做什么，谁擅长与客人打交道，谁擅长与员工打交道，谁适合给员工培训，谁适合做检查工作，等等。

此外，店长还要思考：什么事要分权，什么事要集权；如何让其他管理者有权力，同时怎样做到不失控；什么事必须先解决，什么事可以缓一缓；什么人要盯紧。

（三）调整是有必要的

领导下级是讲感觉的。感觉从何而来？就是要多试、多调整。越试、越调整，就越有感觉。

调整的内容包括：每季度复盘，什么事、什么人在一定时限内做得怎么样？要不要做调整，调整谁？是否需要组织突击小组？是否需要调整岗位设置？是否需要重新分工？比如，本季度有一批新菜品上市，是否在店内成立新菜品推荐突击小组？由谁担任组长？再如，本季度要落地后厨的混岗作业，具体目标是凉菜主管与小吃主管互相学习对方的出品加工，这项工作是否由店长亲自抓？还是把担子全部压给厨师长，或者先由厨师长抓一个月看看效果，再决定是否由店长亲自上阵？

通过不断试错、调整，才能真正找到新规律，让各种人才涌现出来。

四、常见问题

一是在排兵布阵之前没有明晰年规划、季规划。

二是明晰了年规划、季规划，却不知道用合适的人做合适的事。用人、分工死板，不明白餐饮行业是事与事、人与人环环相扣，互为作用的。比如要提升客人的体验，店长只组织前厅经理、主管参与讨论，没让厨师长参与进来，这样就没什么大作用。

三是店长以下的管理人员不清楚自己的主要任务，尤其是每季度1~3件事的主攻方向。

五、案例

某餐饮店长设定了某季度必须完成的三件事：一是为提升客人的体验，尽全力做到菜品零投诉；二是合理提高厨房菜品的毛利率，在不涨价、不改变配份标准的前提下，以前厅合理推荐为突破口，把菜品的毛利率从56%提高到58%；三是新菜品的销售达到每日××份。

相应地，店长排兵布阵，跨部门、跨岗位设立了三个突击小组：

一是菜品零投诉小组，前厅经理任组长，厨师长为副组长，两人承担该小组的主要责任。组员为前厅各级管理人员和后厨各档口主管。每周一上午召开菜品零投诉专题分析会，围绕菜品质量展开讨论，确定对策。

二是前厅提高毛利率小组，前厅经理任组长，驻店会计为副组长，两人承担小组的主要责任。组员为厨师长及前厅其他管理人员。每月12日召开小组专题分析会，围绕高毛利率菜品与低毛利率菜品组合推销展开讨论，确定对策。

三是前厅新菜品推销小组，一名销售冠军主管任组长，一名销售亚军骨干员工任副组长，两人承担该小组的主要责任。前厅其他管理人员及服务骨干为组员。每周五上午召开小组专题会议，围绕新菜品的推销方法展开讨论，确定对策。

店长居中协调、督促各突击小组以各自的任务为导向，以正副组长为首，跨部门、跨岗位，再分工，相互联动。季度末，该餐饮团队在上述三项任务上取得了明显的结果，说明了店长的排兵布阵是能够带来团队行为结果的改变的。

这里再次强调，店长排兵布阵就是为团队规划服务的。店长的排兵布阵能力就是店长的组织协调能力的体现，是店长的一种关键竞争力。

专题七 定任务

我们已经讲解了组织制度保障的第一步——排兵布阵，并且介绍了工作逐渐从店长向其他管理人员传递。接下来我们来看第二步——定任务。

一、什么是定任务

定任务就是店长给每个任务责任人定出具体的数字指标，也就是现在所说的绩效管理。我把团队目标称作团队的大任务，把店长的年规划、季规划称作中任务，店长再把自己的中任务细化为各级管理人员的小任务，后面还要把各级管理人员的小任务再细化为每个员工个人的小小任务，从而形成一个清晰的任务链。

这里说的定任务，主要是指每季度的1~3件事，即店长给下级定的季度任务。

二、为什么要定任务

（一）承上启下

我们是在建立一套清晰、简单、好用的餐饮团队管理体系，定任务是其中一个重要环节。

把店长的年规划、季规划（中任务）传递给其他管理人员，确定每位管理人员季、月、周的小任务。之后还要定计划，即每位管理人员用什么办法去完成任务，如何进行奖与罚，如何进行日常跟进，如何进行检查与考评，以及对人与事的总结。

如果不定任务，团队的目标、店长的规划就会落空，后续的工作也就没有了依据。

（二）任务就是指路牌

每位管理人员甚至每个人或多或少都是任务驱动型，任务指向哪里，大家的行为就会转向哪里。因为任务对应的是奖与罚，决定了大家实际的得与失，所以必须认真考虑任务的导向性。如果任务定得有问题，那么后面的各环节都会出问题。

（三）要质量而不是数量

一线餐饮管理人员工作繁杂，必须每周、每月、每季都有清晰的工作靶向。如果任务模糊，任务过多，主次不分，就会出现天天忙却无效的现象。所以，店长要根据季规划的1~3件事，为每位管理人员设计好季、月、周、日的任务，而且任务不能多，最好也是1~3件事，关键是要保证高质量地完成。这样，积少成多，店长的规划才会高质量地完成。

三、如何定任务

定任务不能由店长一人完成，店长一定要与各级管理人员沟通。定任务也不是店长一时兴起所为，大家必须建立共识。而面对上级交付的任务，尤其是数据任务，下级一般开始时都会抗拒，不理解，所以必须充分沟通，相互理解、支持。

所有管理人员的任务及数据指标都是公开透明的，以便大家相互支持与监督。要以月、季为时间节点进行任务数据复盘，按需、按实际情况进行调整。

店长一定要按之前的排兵布阵（设定的每个人的责任、权力）确定每位管理人员可测量的任务（最好是用数据呈现），并注意以下四点。一是店长给各位管理人员确定季规划的1～3件事后，再帮助他们确定每月的主要任务，还要帮助他们设立每周、每日的任务，并且是数据任务。二是任务要层层压实。店长帮助各级管理人员设定任务之后，一定要监督他们给他们的下级定任务，层层推进，做到人人、天天、周周、月月、季季有任务，而且任务是一脉相承、一个靶向的，确保团队上下同步共进。这一点是打造最强团队的关键。三是店长必须确保下级的任务与团队目标、团队价值观，以及自己的规划、年规划、季规划方向一致，而且是数据目标。四是所有人的任务都要公开透明，让大家知道并且相互监督、相互支持。

四、常见问题

一是店长的方向、任务是清晰的，下级管理人员的方向、任务是混乱的，靶向不清晰，造成内耗。

二是下级管理人员的方向、任务是清晰的，基层员工的方向、任务是混乱的，工作效率低下。

三是下级管理人员和基层员工有任务，但不是以数据来呈现的，在执行任务的过程中容易迷失，且不便于考评，容易使大家对奖与罚产生不同的意见。

四是激励机制（奖罚机制）没有以定任务为根本依据，导致团队内部出现不公平的现象。

因此，店长给下级定的任务一定要简单、直接。

五、案例

案例一

一个高端餐饮店的店长小关把客户分为A、B、C、D四个级别，其中A级是每季消费 10 万元的客户，B 级是每季消费 7 万元的客户。她给三位客户经理定的任务是，要使 A、B 两级客户在当年每季各增加两位，也就是说，C、D 两级客户数可增可减，但是 A、B 两级客户数必须按要求的数目增加。

案例二

一个大众中餐店的店长小白给自己当年第一季度设定的主要任务是一件事：抓好新菜品××鱼的销售，计划一季度销售 450 份。他找来前厅经理，经过一番"讨价还价"达成共识：前厅经理在第一季度的主要任务是销售 510 份（店长给自己留了一手），其中，第一个月销售 60 份，每天 2 份；第二个月销售 150 份，每天 5 份；第三个月销售 300 份，每天 10 份。接着，店长与前厅经理找来三位区域主管，同样定下了季、月、日的任务。然后前厅经理与区域主管一起，向值台服务员确定了他们每个人的日、周、月、季任务。这样就做到了人人、天天有任务，有目标。

案例三

一位赵老板同时兼任店长，他在第三季度的主要工作是抓创新菜品，为第四季度的旺季打下坚实的基础。他在与厨师长讨论之后，给厨师长设定了清晰的第三季度创新菜品的任务：共创出 44 道新菜，其中主食类 11 道，凉菜类 11 道，热菜及汤类 22 道。具体为：第三季度的 12 周，前 11 周为创新周，最后一周为总结周；前 11 周，每周创出 1 道主食、1 道凉菜、2 道热菜；最后一周，老板与前厅、后厨的管理人员确定准备上市的 2 道主食、5 道凉菜和 7 道热菜。

接着，厨师长又与主食主管、凉菜主管、热菜主管及主要技术骨干和采购部主管一起确定了每个人的周任务。到了第 12 周，创新菜品上市就水到渠成了。

专题八 做计划

给各级管理人员定任务之后，下一步就是做计划。再次强调，所谓体系就是一步接一步，环环相扣，直至达到目标，完成店长的规划。

一、什么是做计划

对店长来说，做计划就是在各级管理人员明确自己的任务之后，要求他们把任务转化为可落地执行的计划，也就是实施步骤，特别是从人、时间、配套支持三个角度来描述如何完成自己每季、每月、每周、每日的1~3件任务。

人：完成任务需要用到谁？主要依靠谁？

时间：完成任务的时间节点如何安排？是快还是慢？

配套支持：完成任务是否需要培训支持、设备设施支持或资金支持？

这就好比装修房子，在动工之前，需要与装修公司确定装修方案，确定平面图、效果图、施工图、施工周期、施工预算及付款方式，明确什么时候进水电工，什么时候进木工，什么时候买什么材料，什么时候进家具，等等。有了这个计划，你就可以去做自己的工作了，因为你已经清楚地知道什么时候该去检查、验收什么，什么时候该付什么钱，要付多少，什么时候能完成装修，怎样验收质量。

同理，餐饮团队的各级管理人员在领取自己的任务之后，要制订能够完成任务的行动计划。

二、做计划的重要性

（一）承上启下

体系需要层层推进，店长秉承团队的目标、价值观，设定了自己的规划、年规划、季规划，接着把年规划、季规划传递给各级管理人员（排兵布阵），并明确了各级管理人员的任务。这里就是要各级管理人员根据任务制订相应的计划，做到有路线图、时间表。

有了计划，店长就可以对过程进行监督管理，确定奖与罚，之后天天、周周、月月跟进，抓落实，做到每季度复盘、考核，以及持续改善。后面的环节都需要以计划作为依据。

（二）需要计划来指导工作

餐饮管理人员往往是想干好，想完成任务，但是由于缺乏相关管理知识，在完成任务的过程中，因为头绪多，所以随意性大，做工作没有章法，东一榔头西一棒槌，天天都很忙，却没有效果。

做计划的过程就是对标任务，整理思路，检验执行的过程。做计划的过程是管理人员动脑的过程，要全面分析在完成任务的过程中可能出现的问题、阻碍，存在的有利和不利因素，设计出相应的对策。靠谱的计划是获得靠谱、稳定的执行结果的前提。

各级管理人员在制订计划时，需要与自己的下级员工沟通，进行头脑风暴，集思广益，并得到店长的确认。管理人员要把自己的任务、计划细化成下级员工的任务、计划，带领大家以任务为目标，去完成各自的计划。这是过程管理的关键。

切记，过程管理是获得稳定的结果的前提条件，而做计划是过程管理的起步、开始，是"牛鼻子"。

（三）好的计划是执行的开始，是过程管理的前提

在完整的组织制度保障中，排兵布阵、定任务、做计划和接下来的奖与罚制度，都是打胜仗的准备工作。最后是落地执行。

执行力来自好的计划，计划是执行的依据。但这不代表要百分之百按定好的方案去做，可能会有一些小变化。但是如果没有计划或计划混乱，执行起来肯定是混乱的；即便偶尔有好的结果，也只是运气好而已，而且这会让你产生一种错觉：只要闷头干就行了，不需要什么计划。

有了清晰的计划，奖与罚制度也就清晰了，日常跟进检查（过程管理）、考核（结果管理）和人才盘点就明白清晰了，团队成员就有了公平感，向心力自然就强了。

三、怎样做计划

各级管理人员根据店长与大家经过充分沟通设定的任务，设计执行计划，店长负责检查和反馈。

各级管理人员向店长汇报计划时，要一起分享、讨论计划，相互反馈、完善，最后由店长确定下来。

各级管理人员领到任务之后，要和自己部门的员工一起讨论计划：每个员工要确认本部门一段时间（如月、季）的工作任务；因为计划是完成任务的具体方案，必须以解决实际问题为靶向，所以大家进行讨论时要围绕本团队以往的痛点、经验展开，要根据一段时间内店面的各种记录（如营业日志、营业数据、网评记录等）进行讨论；计划要用"谁负责，谁参与，用多长时间，步骤是什么"这种模式来体现；计划不仅要说明怎么干，还要

明确如何跟进检查，以及用具体文字、数字描述结果目标。

这里特别强调，计划不是不可改变的，但是没有计划绝对不行，因为计划决定和影响店面的奖与罚、日常跟进检查、考评、人才盘点工作。

四、常见问题

一是许多餐饮店长及各级管理人员没有日、周、月、季工作计划，或者只有"伪计划"，或者不讨论计划。只有任务，没有把任务转化为计划，后面的汇报、反馈、检查也就毫无章法，看到什么、抓到什么就说什么、奖什么、罚什么，今天说，明天忘，奖与罚都莫名其妙。

二是浪费了提高员工能力的好机会。任务是看得见的，完成任务需要能力、方法，餐饮人就缺能力、方法。大家讨论计划的过程，就是讨论方法、提升能力的好机会，不重视这件事，就浪费了能达到事半功倍的好机会。讨论并落实计划，比上培训课的实际效果好得多。

三是制订计划不与大家讨论，店长自己就决定了，这是十分错误的。店长既要参与下级制订计划的讨论，还要参与下级与其下级的工作计划讨论。所有的工作都要依靠大家来完成，这就要建立共识，了解真实情况。所以，店长不能不参与，也不能过度参与，在制订计划时，要与员工进行充分、全面的沟通，给予他们必要的引导和指导。

五、案例

案例一 ------------

一位资深且优秀的餐饮店长关于做计划的认识分享

1. 餐饮店长的能力体现就是执行力，而执行力里最重要也是大家最欠缺的是计划能力。做计划是过程管理的起步，是持续执行力和稳定结果的开始。做计划的本质就是设定好完成任务的路线图、具体走法及时间表。

2. 做计划是高效率的保证。高效率意味着我们比过去好，比对手强，用同样的资源可以做更多、更好的事。比如我们的人效、坪效更高就来自周密的计划。

3. 做计划是完成任务的步骤，是汇总、取舍、排序。各级管理人员的计划汇总后，店长就可以从当家人的角度来综合考虑人员、时间、配套支持的分配、取舍、排序。

4. 拥抱变化，变化是永恒的。有计划，甚至有应急计划，店长和各级管理人员就更便于应对变化。

5. 计划是考评下级的重要抓手，合理的计划应该设定两个目标：一个是基本目标，就是店长给下级定下的必须完成的指标；一个是突破目标，就是大家需要跑起来才能完成的目标。能力一般的管理人员完成基础目标；能力强的管理人员再加把劲，去突破更高一层的目标。大家的用心程度如何、能力怎样，不同的计划及后续执行情况，店长可以看得清清楚楚。

案例二

一位前厅经理第二季度的用工计划

某餐饮店的前厅经理小张与店长一起确定了自己第二季度的工作任务：在保证服务质量的前提下，减少两名正式工，探索使用小时工。具体计划如下。

第一周：

1. 评估在什么岗位可以裁掉哪个员工，并制订应急预案。

2. 以小时为单位，查看各岗、各员工的工作量。

3. 判断并确定哪些工作可以让小时工来做，或者小时工要具备什么能力才能胜任，以及相应的SOP。

4. 确定一名优秀主管负责培训、管理小时工。

第二周：

1. 制定小时工用工管理制度、小时工管理负责人的责任描述和小时工用工情况汇报制度。

2. 确定小时工的岗位及职责要求，以及初期用工人数。

3. 了解招聘小时工的渠道及费用，以及国家关于小时工使用的法律规定。

4. 开始进行小时工招聘。

第三周：

1. 开始试用小时工。

2. 经理与责任主管每日总结小时工的工作情况。

....

专题九 奖与罚

我们在前面用不少篇幅介绍了团队目标，团队价值观，店长的规划、年规划、季规划，以及排兵布阵、定任务、做计划，设计了完成目标、规划、任务、计划的路线图和时间表，一切都很完善。但是店长必须明白，一切都需要员工去积极执行落实。员工可能会问："我凭什么按你们的计划做？你们的哪一项计划不是让我多干活？"

对员工来说，如果干得好，他能得到什么激励是最现实直接的。所以，店长在分配任务、完成计划之时，必须制定奖与罚的制度，让每一个员工都清楚地知道干好了能得到什么，没干好会失去什么。

一、什么是奖与罚

要想领导好下级，必须能解读下级，并据此调动下级的工作积极性。如表3-1所示：

表3-1 解读下级双四表

评价下级的四个方面	调动下级工作积极性的四个方面
追求方向：下级的愿景、价值观，即下级的兴趣、爱好，什么能让他兴奋	事业目标及情感
思考方式：下级思考问题的习惯性方式，这取决于其家庭背景、受教育程度和工作经历	合适的工作环境和氛围
业绩结果：下级的工作能力，特别是他近年来取得的工作成果、带来的业绩	成长机会，即发展空间
收入水平：下级现在的收入水平，下级在利益方面的需求是什么	物质利益，即收入水平

调动下级的工作积极性就是激励员工。激励分为精神激励和物质激励。表3-1右栏中的前三项就属于精神激励，表3-1右栏中的第四项则属于物质激励。

奖与罚，就是店长通过有效地利用各种精神激励和物质激励，让下级在工作中明确怎样是干得好，怎样是干得不好，分别会得到什么、失去什么，从而使下级的利益与团队的利益保持一致，去实现团队的目标、价值观，完成年规划、季规划、个人任务和计划。这是打造最强团队不可或缺的工作，也是打造能持续发展的团队的坚强保障。

在这里，我主要讲一讲奖——精神与物质相结合的奖。罚也是打造团队所必需的，但是次要的，而且要讲究方法。

这里说的奖与罚，是指制定奖与罚的制度，指根据团队的目标、价值观、规划、任务、计划的执行和完成情况设立的奖与罚制度，不是指奖与罚的实施。

二、为什么要进行奖与罚

（一）承上启下

店长要打造最强团队，提高下级的执行力，只能依靠体系建设。店长进行了排兵布阵，分配了任务，定了计划，接下来就要定奖与罚（即关于激励的规则制度），让大家知道结果好会怎样，结果不好会怎样。

有了奖与罚制度，接下来才有下级的执行力，也就是开始干——培训、跟进、考评，并在考评中兑现奖与罚，最后还要根据考评进行人才盘点。

（二）奖与罚是指明灯

对员工进行思想教育，给员工设计 SOP 手册、亮点剧本，让员工反复接受专业培训，进行周密的检查，这些都是必要的，但是离开了奖与罚是万万不行的。拿破仑说过："给我足够的勋章，我可以征服世界。"发挥下级的潜能，提高下级的执行力，离不开制度性的奖与罚。

奖，告诉下级往哪里走有糖；罚，告诉下级往哪里走有大棒。再结合思想教育、目标任务、计划、标准、检查等的效果，能形成健康的团队文化。

（三）物质利益的奖与罚是对下级最直接、最实在的认可与纠正

餐饮团队是经济实体，店长要学会用物质利益的手段去激励员工（这里并不是否定精神激励的手段）。

店长要学会综合使用物质激励与精神激励，使员工变得更优秀。只重视物质激励或只重视精神激励都是走不远的。

需要注意的是，奖与罚一定要合理、公正、公平，否则会让员工离心离德，伤害团队。

三、怎样进行奖与罚

（一）奖与罚的确定

在奖与罚的确定上，店长负 50% 的责任，各级管理人员负 30% 的责任，基层员工的意见占 20%。

店长负责统筹精神激励和物质激励的项目资源，也就是设计精神、物质方面能奖什么，奖多少，罚什么，罚到什么程度，何时进行奖与罚，等等。

店长要确保奖与罚瞄准的是规划、任务和计划。

店长与大家讨论奖与罚的制度，达成共识，确定团队一段时间内的奖与罚制度。切记，与大家讨论并达成共识是必须的，因为这事关所有人的利益，事关团队的稳定和动力。注意，奖与罚制度需得到团队 90% 的成员的认可。

店长负责与上级沟通，并要得到上级的认可。

（二）店长向全员宣讲奖与罚的前因后果

一是宣讲奖与罚的前因，让大家明白团队的排兵布阵、定任务、做计划、奖与罚都是瞄准共同的靶子，即团队的目标、价值观、规划、年规划、季规划。

二是宣讲奖与罚的后果。为了实现目标，必须奖好的、罚不好的，让大家明明白白知道什么是好，好了会得到什么；什么是不好，不好会失去什么。

总之，最强团队必须有统一的体系和统一的目标。

（三）怎么奖

奖就是店长要分"蛋糕"（资源）。那么，"蛋糕"大小如何？是用什么做的？怎么分呢？

奖励员工就是正确运用四种资源（手段）激励员工，这四种资源是工资、奖金、表彰（表扬）、晋升。

我在一些餐饮店调研时发现，许多餐饮店对员工的价值（重要性或工作表现）排序和员工的收入、表彰（表扬）、晋升是错位的，不能做到获得好结果给予好回报，严重挫伤了员工的积极性。店长要通过奖与罚的激励制度，通过一次又一次合理地分配四种资源，不断消灭不合理的错位，让员工的价值排序与其收获排序越来越趋于一致。

奖的基本原则是：根据需要，将"271"员工区分开来，区别对待。

下面用表 3-2 来说明该怎么奖。

表 3-2 四种资源分配原则表

四种资源	实施时间	20%的员工	70%的员工	10%的员工
工资	半年	++	+	0
奖金	日、周、月、季、年	++	+	+
表彰（表扬）	日、周、月、季、年	+++	+++	++
晋升	半年	++	7+	0

店长打造最强团队必须做到一碗水端平，但是一碗水端平并不是吃大锅饭，大家干好、干坏都一样，而是公平地做到区分开来、区别对待。也就是说，要把表现好、表现一般、表现不好的员工区分开来，定期进行重要性排序，然后区别对待，让员工的重要性与待遇相匹配而不能错位。这是店长打造最强团队的基本功，是符合人性的领导方式，是店长管理体系中的重要一环，也是可持续的领导方式。

一定要定期对员工进行"271"排序，即确定哪些员工是最优秀的 20%，哪些员工是中间的 70%，哪些员工是最后的 10%。这是奖与罚的基础。

但是，结合餐饮业员工的特点，需特别强调，在餐饮团队运用奖励的激励手段，不能只搞综合奖。例如，某店每月前厅、后厨各评选一名优秀员工。这样的奖励设置不符合餐饮业员工的特点——各项素质都好的员工太少了。为了调动大家的积极性，应该设置各种单项奖，如微笑奖、节约奖、黄牛奖、团结奖、建议奖、好人好事奖等等。

1. 工资

20%类的员工两个"+"：要定期给这些员工按级加工资，而且要多加，因为他们代表着团队的竞争力、风向标。我认为给他们加再多都不为过。

这里建议店长将各岗位员工分级，如分为 D 级员工、C 级员工、B 级员工、A 级员工。再在每一级中分出一等、二等、三等。每一级及每一等员工的工资水平都不一样，由低到高。划分的依据以工作能力和工作表现为主，工龄为辅（在餐饮业，工龄是重要的）。

70%类的员工一个"+"：也要给他们加工资，但金额不能超过 20%类的员工。

10%类的员工一个"0"：不能给他们加工资，但最好也不要减工资，因为减了工资他们就不干了。餐饮业目前招人很困难，所以要想办法强化他们的意识，提高他们的能力。

2. 奖金

建议店长既设置综合奖，如月、季、年优秀员工奖，也设置日、周、月、季、年的单项奖，如提成奖、客人当场表扬奖、微笑天使奖、合理化建议奖、节约能手奖、当日或当周最辛苦奖、委屈奖等，而且每种奖及奖金还要分为一等、二等。

20%类的员工两个"+"：要给他们多发奖金，不管是综合奖还是单项奖，够什么条件就按什么奖。

70%类的员工一个"+"：也要给他们发奖金，标准与20%类的员工一样。

10%类的员工一个"+"：这些员工一般不会获得综合奖，但是有可能经过教育，有个别员工在某一方面表现出进步，可以给予单项奖或进步奖及奖金。

3. 表彰（表扬）——精神激励

表彰与表扬本义是一样的，都是赞美好人好事。表彰的力度、强度更大一些，更正式一些。表扬要天天用，周周用。当然，要是天天、周周都能被口头表扬，员工就应每月、每季、每年被表彰，还要发奖金和涨工资了。

表扬分为个别单独表扬和公开当众表扬，店长可酌情运用。表彰就是当着团队所有成员的面，在有仪式感的背景下，公开赞美员工的优秀之处，起到激励个人、引导大家的作用。

20%类的员工三个"+"：要多多表扬、表彰这些员工，因为他们的工作表现中应被表扬、表彰之处很多，因为他们付出得多且有好的结果；不要怕他们因被表扬而骄傲，要让他们习惯在团队中被表扬、表彰，他们习惯性地干得好，就要让他们习惯"好人有好报"，习惯"雷锋不会吃亏"。

70%类的员工三个"+"：也要多多表扬、表彰他们，这一点与20%类的员工一样，因为希望他们向20%类的员工转化。

10%类的员工两个"+"：餐饮业员工的特征之一是变化快，尤其是进步快，一旦哪天思想通了就有可能日进千里。所以对10%类的员工不能放弃，要用放大镜看他们的进步和闪光之处，一旦发现，立即给予表扬甚至表彰，给他们指明方向，引导他们进步。

4. 晋升

店长要为20%类的员工提供学习、晋升、成长的机会，优先考虑对他们的培养和提拔。在晋升提拔这方面不要有顾虑，谁都是一步步成长的，给这些员工成长的机会，就会留住他们的心，也会为后来人树立榜样，便于打造风清气正的团队氛围。

此外，店长还应把晋升的机会扩大10%，给予"7+"员工。"7+"是指70%类的员工中排名最靠前的人。这类员工有一个特征，就是表现虽不突出，但还不错，组织能力较强或文化程度较高，在员工中有一定的威信或者有一技之长。这样的员工应被重视，酌情给予晋升。

对"7+"员工要格外重视，因为他们也是好员工，只是比20%类的员工差一点。他们是未来的希望，是20%类员工和基层管理者、骨干员工的备选人。同时，相比于20%类的员工，"7+"员工更容易产生失落感，所以店长要多关心、鼓励他们，多辅导、指导他们，让他们进步得更快。

店长对下级管理人员、基层员工要酌情定期（一般不能超过一个季度）进行"271"排序，让员工都有机会进步。

5. 奖励说明（谈话）很重要

奖励的目的不仅是激励表现好的员工，还要显示公平，更重要的是在团队里设立风向标、指明灯。店长要公开讲解被奖励员工好在哪里，是怎么做的，为什么要这么做，为什么给予这样或那样的奖励，让大家心服口服，令大家统一目标，学习先进，向先进看齐。

奖励谈话是店长与被奖励员工之间进行的一对一谈话，主要目的是告诫被奖励员工不要骄傲，指出其工作中尚有不足之处，应如何提升。

注意，奖励谈话是十分重要且必要的，应由店长亲自来做。

6. 店长还需明白的几点

（1）奖励得好，会使员工产生动力和向心力；奖励得不好，不仅会增加成本，还会损伤员工的斗志和工作热情。

（2）物质奖励必须建立在团队营业收入和利润的基础之上，要做到团队收入、利润增长与员工工资、奖金、收入的增长成正比。业绩是决定"蛋糕"大小的基本要素，没有业绩，哪来奖金？

（3）员工的业绩（表现）、价值观和学习能力，决定了其获得四种资源的多少。

（4）团队想要什么、奖什么，要有针对性，奖项要简单透明，让员工一下子就能搞明白并行动起来。不要模糊复杂，让员工感到困惑。

（5）奖励要有刺激性，要能拉开距离。

（6）针对前厅、后厨的不同岗位，设置不同的奖项。

（7）管理人员的奖励周期可以长一些，以月、季、年为好。基层员工的奖励周期要有长有短，以短为主，以天、周、月、季为主。

（8）不能只重视奖金、表彰（表扬）、晋升，还要重视工资分级，因为餐饮业员工更重视工资。

（四）怎么罚

要做到：奖多，罚少；以奖为主，以罚为辅；奖占90%，罚占10%，但不能不罚。

先立法（制度），再宣讲，后处罚。针对餐饮业员工的特点，处罚员工首先要明明白白地罗列出条款，即具体做错了什么事，怎样处罚，不能任由上级随意处罚。有了立法（制度），不能马上开始处罚，要安排宣传讲解，让大家明白立法处罚的缘由，即为什么一定要处罚。最好先试行一段时间（比如一周、一个月），再开始处罚。立法了，讲解了，试行了，确定了执行处罚制度的时间，就要一碗水端平，谁犯错处罚谁。

处罚员工有如下方法及原则。

方法：批评、警告、罚款、降级、劝退、开除。

原则：明确哪些是轻微错误、较严重错误、严重错误，及造成后果的程度，并制定相应的处罚规定，要条条明确。员工犯错轻微，没有造成不良后果，以批评为主；员工犯错较严重，没有造成不良后果，警告或罚款；员工犯错严重，没有造成不良后果，罚款、降级或劝退；员工犯错轻微，造成了不良后果，罚款；员工犯错较严重，造成了不良后果，罚款、降级或劝退；员工犯错严重，造成了不良后果，罚款并开除。

注意：有规定，才处罚；没规定，不处罚。所以要赶紧立法，设定处罚力度。处罚也要像奖励一样，明确程度。

处罚员工，必须进行处罚前后的谈话。处罚前谈话，是要给被处罚员工讲清处罚的原因及处罚的必要性，并向员工解答其不理解之处。处罚后谈话，是指做被处罚员工的思想工作，鼓励被处罚员工放下包袱，轻装上阵。

总之，奖与罚制度就是旗子，旗子分为红色、黑色，与团队的目标、价值观、规划、任务、计划有关。红旗代表着指南针，黑旗代表着悬崖。

四、常见问题

一是有的团队不重视奖与罚制度的设计。

二是奖与罚没有与团队的目标、价值观、规划、年规划、季规划、任务、计划等相结合。

三是奖与罚设计得不清晰，员工不知道，不明白，或看不懂。

四是奖励没有做到"271"分类，没有做到区分开来、区别对待。

五是奖与罚不鲜明，没有做到重奖重罚。

六是能力强或干事多的人所得到的与其他人一样。

七是奖励与业绩多少没有挂钩。

八是不重视奖励说明谈话机制和处罚前后的谈话。

九是奖励设计粗糙，只有综合奖，不设单项奖。奖励过少，奖励面太窄，起不到使大多数人振奋的作用。

五、案例

案例一

一家餐饮店的奖励思路

1. 我们团队需要各式各样的"雷锋"。
2. 决不能让"雷锋"吃亏。
3. 多设奖项，让各式各样的"雷锋"都得到奖励。
4. 帮助"雷锋"整理经验分享稿，由"雷锋"亲自讲解，店长讲评，启发团队所有人。

案例二

一家餐饮企业的五条红线及其处罚

1. 后厨员工偷吃、偷拿食材、菜品，不论价值大小，第一次照价赔偿并处罚100元，第二次劝退。

2. 前厅员工与客人争吵、动手，起冲突的，不论什么原因，一律劝退或开除（除非客人有违法行为且即将或已经造成个人人身伤害、企业财产损害），严重者报警。

3. 前厅、后厨员工贪污受贿，一律报警并开除。

4. 前厅员工侵占、偷拿营业款、酒水饮料，第一次退赔企业损失并罚款100元，第二次劝退，严重者报警。

5. 员工之间动手打架，除非是制止对方的违法行为，否则一律劝退或开除，造成对方人身伤害的必须报警。

第四节　落地执行

经过前面介绍的三大环节的 9 项专题技术，可以完成打造可持续团队工作的 25%，那么其余 75% 的工作是什么？就是抓落地，拿结果。

在这一节，我们将学习 3 项专题技术：跟进检查、考评、人才盘点。这 3 项专题技术用来检查前面三大环节是不是做到位了。

成名于日本、号称"日本质量管理之父"的美国学者戴明先生提出了著名的"戴明环"——PDCA 质量过程管理循环，它是目前各行各业的优秀企业为了持续改善、持续健康发展而广泛运用的管理技术。具体是：

规划环节（P）：包括设定目标和价值观，明确规划，组织分工，定任务，做计划，设立奖与罚制度。

执行环节（D）：执行规划和计划。

检查环节（C）：对执行规划和计划的情况进行检查，收集执行过程中的情况和信息，并将执行情况与前期的规划、计划进行比较，提出改进方案。

总结环节（A）：总结执行、检查得好与不好，分析实际结果与预期情况的差异，总结经验，改善偏差，并为下一步的规划做准备。

前面所讲的 9 项专题技术其实都属于 P（占 25%），接下来我们将用相当多的篇幅，通过跟进检查、考评、人才盘点来完成 D、C、A（占 75%）。

专题十　跟进检查

我经常问餐饮店长一个问题：除了抓员工的思想，做好计划外，抓下级的执行力靠什么？有的说靠培训，有的说靠开会，有的说靠奖罚，有的说要盯住、跟进，有的说靠检查。

我总结为靠跟进检查及考评。

一、什么是跟进检查

跟进检查是执行力的第二步,第一步是前9项专题技术之和。

店长跟进检查是过程管理,主要指店长通过抓各级管理人员排兵布阵后的任务进度和计划完成情况,来实现季规划和年规划。

下级的执行力必须有上级的跟进检查。下级执行就是店长过程管理的开始,目的是拿结果(稳定的结果)。

下级的执行力=店长设计(9项专题技术)→跟进检查(过程管理)→考评结果。

我们已经把店长的规划(年规划和季规划),通过排兵布阵、定任务、做计划、设立奖与罚制度,转化为每个管理者(或每个员工)的个人任务。接下来店长不能放松,要盯住每个管理者每日的具体行动是否都在正确的轨道上,能否按计划、路线图、时间表去执行和完成任务。

具体来说,餐饮店长的跟进检查有三个密不可分的内容:培训、开会和检查。

培训:主要指思想培训(经常性的思想工作)、专业知识培训、专业技能培训,做到天天、周周、月月都有培训。

开会:主要指每日例会、每周周会、每月月会,做到天天、周周、月月都有会。

检查:主要指日检查、周检查、月检查,各岗位有各自的检查重点,做到天天、周周、月月都有检查。要反复查,查反复。

这里特别强调,跟进检查是店长最重要、最烦琐的日常工作之一,也是本章中占篇幅最多的专题。

二、跟进检查的重要性

打造团队必须靠体系,靠系统。跟进检查是这个体系、系统真正落地的重要一环。

餐饮行业的特点决定了跟进检查的重要性。餐饮店"各领风骚三五年"的根本原因是各种质量不稳定。为什么会不稳定?因为从业人员综合素质低,人员流动性大,行业竞争激烈,客人的要求不断提高。怎么办?只能靠跟进检查来保障日常质量的稳定,并针对跟进检查中发现的问题来思考如何改善、创新,这是餐饮店能够持续健康发展的重中之重。

（一）承上启下

跟进检查的主要任务是店长带领各级管理人员，通过培训、开会、检查等方式跟进各级员工任务、计划的完成情况。没有跟进检查的过程管理，不去抓任务、计划完成的进度，那么店长的年规划、季规划就是空话。同时，跟进检查也是用实践来检验团队的目标、价值观、店长的规划是否靠谱，店长排兵布阵、定任务、做计划、设立奖与罚制度是否需要调整。

通过跟进检查，店长能看到各级管理人员和基层员工（主要针对各级管理人员）的工作表现、工作状态、工作能力。店长通过"人"去"做事"，通过"做事"对"人"进行判断。

各级管理人员为了完成自己的任务、计划，应围绕任务、计划对下级员工进行培训、召开会议、做检查。

认真、高效的培训、开会以及真实的检查，会为团队进行各项考核、持续改善、做人才"271"排序提供扎实的判断依据。

做不好跟进检查，就不可能做好考评、人才盘点。

（二）可以解决员工的思想问题及会不会干的问题

通过开会可以解决统一方向、安排工作、总结工作等问题，通过检查可以知道培训、会议有没有效果，问题出在哪里，下一步的培训、开会该解决哪些问题。

三、如何跟进检查

（一）把握好跟进检查的四大要素

跟进检查的本质是抓住细节，快速做出反馈和反应。餐饮管理的难点是因为细节多，环节多，用人多，手工操作，所以各项工作执行得慢，任务完成、结果呈现困难大。出路只有一条，就是以细和快治慢，把握好跟进检查的四大要素。

1. 跟进检查的频率

跟进检查的频率就是在一定时间（天、周、月）内进行跟进检查的次数。比如，多长时间培训一次，多长时间开一次会，多长时间检查一次。餐饮员工的好习惯是如何养成的？我认为主要靠的是高频率的反复跟进检查。

2. 跟进检查的准确性

跟进检查的准确性是指跟进检查的内容要有标准，要围绕任务、计划，按标准内容和方式展开；不能任务、计划等靶向是南，培训内容是东，开会说的是西，检查的又是北，让大家一头雾水。

3. 跟进检查的具体内容

跟进检查的内容要明确，具体目的是让大家清楚团队在培训什么，开会要求什么，检查什么，减少大家的误会。

4. 跟进检查的时效

跟进检查的时效包括：什么培训必须立即进行，什么会必须在什么时间开，什么检查不能耽误，什么培训、什么会、什么检查可以缓一下。

（二）跟进检查以各级管理人员为主，店长为辅

店长负责排兵布阵，负责给各级管理人员定任务，帮助各级管理人员针对任务做出各种计划。如果店长把这些工作做好了，那么在跟进检查环节，店长的工作只占30%，各级管理人员的工作占70%。换句话说，此时各级管理人员是在按计划自动运转，按各自的分工、任务、计划进行培训、开会、检查。

（三）培训

我把餐饮行业的培训分为三类：思想意识培训、专业知识培训、专业技能培训。

思想意识培训是指企业文化培训，团队的目标、价值观和店长的规划培训，职业生涯规划培训，情商培训，等等。解决的是员工的思想意识问题，目的是使思想统一。这类培训要以周、月、季为时间单位，由店长、公司培训师来进行，必要时可以外聘老师。另外，经常性的思想工作也属于思想意识培训（这方面内容将在第四章详细介绍）。

专业知识培训是指菜品、酒水知识，各项工作标准、流程，奖与罚的制度，有关客人的常识，节约常识、方式，沟通常识，销售常识等内容的培训。目的是解决员工的专业素质问题，提高员工的专业知识结构。这类培训通常以周、月为时间单位，由各级管理人员、店长来进行，公司培训师辅助，必要时可以外聘老师。

思想意识培训和专业知识培训十分必要，能使员工明确工作目标及"为什么"的问题。

专业技能培训是指培训员工怎样做具体工作，怎样做动作，了解第一步是什么动作，

第二步是什么动作……解决的是员工完成工作目标的具体方法、步骤、动作等问题。这类培训必须天天进行，周周进行。

专业技能培训比较枯燥，天天进行培训，每次培训时间不宜过长，可利用早、晚例会进行，每次3～5分钟，主要针对的是近期工作中出现的具体问题，由各级管理人员按专业分工主持。另外，对个别专业技能差的员工，要天天利用休息时间为其补课，直至其掌握专业技能。

周周进行专业技能培训，是指以周为单位，按计划反复对各级员工进行全面系统的专业技能培训，目的是让全体员工系统地掌握各岗位所需的专业技能、技术，同时尽量掌握其他岗位的专业技能，争取早日实现混岗作业、一人多岗，培训出更多的全能员工。

以周为单位进行系统的专业技能培训，店长要主抓，要重视。至少保证每周一次，一次不少于45分钟，要常年坚持。此外，店长要根据跟进检查中发现的情况，有侧重点地调整周培训计划。周培训计划是店长打造团队的重要抓手。

（四）开会

我把餐饮团队所开的会分为每日例会、每周进度会、每月启动会。

1. 每日例会

每日例会就是一日的三个会：早例会、晚例会、收档小结会。

早、晚例会是餐饮店两个饭口开市前的例会，一般有三个重点：总结前一个饭口工作中问题产生的原因，讲清危害，培训怎么办，注意事项是什么，此外还要表扬好人好事；布置当下饭口的主要工作，如销售目标、任务、沽清、急推、预订、VIP情况；激发员工的活力、激情，使员工可以快速进入工作状态，营造良好的团队氛围。

收档小结会主要由管理人员参加，一般有两个重点：由各级管理人员收集、汇总、汇报各自部门、区域当天的"坏人坏事"及好人好事；店长带领大家分析"坏人坏事"并制订整改措施，总结好人好事的规律、经验，协调各部门之间的工作配合，为第二天的工作打下坚实的基础。

2. 每周进度会

每周进度会比每日例会、每月启动会更重要。每日例会是就事论事，有偶然性，解决的是一两天的问题。每周进度会不一样，7天内同样的问题反复发生，说明团队有得病的初期症状了，要赶紧治。如果等到一个月后再分析、总结、制订方案，效率就太低了。一年有52周，一季有12周，召开每周进度会是确保任务、计划落地的最重要的方式。每周进度会是任务、计划进度的测量计，是调整进度的关键点，也是总结前7天的工作、确定后7天工作步骤的良好契机，店长要积极召开每周进度会。

每周进度会的要点如表3-3所示：

表3-3 每周进度会要点表

管理要点	具体分析	具体改善对策
数据总结	本周过程数据总结； 数据反映的问题与亮点； 教训、经验分享	
客人盘点	本周客情分析； 本周客人痛点分析； 本周客人赞扬分析	
员工盘点	本周员工思想、行为、动态分析； 本周员工痛点分析； 重点员工分析	
质量盘点	本周菜品好与不好分析； 本周店面功能好与不好分析； 本周服务、卫生好与不好分析	
对手盘点	本周对手亮点分析； 本周对手缺点分析	
总结下一周工作要改善的重点内容：数据结果跟踪什么？每日例会安排什么内容？每日培训的重点是什么？每日检查的重点是什么？需要上级在哪些方面给予支持？重点工作的责任人是谁？时间进度是如何安排的？		

这里特别强调，每周进度会要处理三件大事：数据总结→原因分析（客人、员工、质量、对手）→改善重点（每日例会、培训、检查、数据结果）。

（1）数据总结。店长首先要对各位下级管理者过去一周的工作数据进行客观分析，也就是检查任务、计划的数据结果，如营业额、客诉率、考勤、退换菜等。对数据达标者给予表扬、奖励，并鼓励其分享经验；对数据不达标者进行批评，并由其本人进行初步分析。

（2）原因分析。由店长带领大家分别就客人、员工、质量、对手四个方面查找原因。数据结果好与不好，必有其原因、规律，店长需在每周进度会上有针对性地展开讨论，对症下药。

（3）改善重点。店长在每周进度会上除了要进行分析、总结，更重要的是从每日例会、培训、检查三个方面明确下周的工作重点和结果数据的设定。这周的事情已经过去了，如何改善下周的工作才是重点。

这里需要注意两点：

一是最好全员都参加每周进度会。许多餐饮店的每周进度会都只是管理人员参加，结果会开完了，对策也有了，员工却都不太清楚。所以，我建议全员参加每周进度会，让员工知道领导在想什么，想干什么，想怎么干，这才是落实、执行规划、计划和制度的核心要点。

二是要有完整的记录。店长要详细记录每周进度会的内容和情况，形成会议纪要，并及时下发给每个管理人员，令其按每周路线图、时间表去工作，同时要告知每个员工。店长还要将每周进度会的记录、纪要用文件夹保存好，以便在每月启动会上及今后对照、分析、使用。试想一下，如果一位店长一年有52个周进度会记录、纪要，年底时总结一年的收获，其好处不言而喻。

3. 每月启动会

召开每月启动会的目的是让团队所有成员"共同看见"，这是每月启动会的核心，就是要触动员工的心灵，让他们发自内心地拿下任务，完成计划。这就需要店长带领各级管理者走心、有温度地进行表达。

（1）做回顾，这是每月启动会的第一步。

颁奖环节：店长要亲自总结上个月的亮点，对表现好的优秀员工（包括单项优秀员工）进行表彰，树立标杆。店长通过颁奖，将优秀员工的闪光点放大，让团队所有成员共同看见，以此激励团队的其他成员努力奋进。

温情时刻：就是要营造家的氛围，让辛苦了一个月的所有员工都感受到温暖，比如在每月启动会后进行员工聚餐。

（2）讲目标，这是每月启动会的第二步。

一是要讲为什么而努力。主要是宣讲团队的目标、价值观，店长的规划、年规划、季规划，再次统一员工的思想，使员工明确团队的目标及为什么设定这个目标。

二是要讲如何去做。在这个步骤中，不需要展开长篇大论，一定要聚焦核心点。比如，上个月我们成功在哪里，哪里有不足。

（3）提状态，这是每月启动会的最后一步，也是核心目的。这是为了帮助员工把工作状态提起来。比如设立下一个月的竞赛机制和誓师仪式。

（五）检查

这里讲的检查，是店长对各级管理人员的工作所做的检查。先看一个案例：

有一次我去一家餐饮企业做调研，这家企业的一位店长因家中有急事请假7天，我就自告奋勇去当这家店的代理店长。我一到任就规定，每位管理人员要在每天晚上22：30之前给我发送一份按照我设计的格式做的工作日报。这个规定执行的第一天，厨师长在23：30才把日报发过来，我立即给他回复了一条微信："从明天起，如无特殊情况（有特殊情况要报备），22：30之前必须把日报发给我，超时我会按团队迟到的规定处理。"

我把他的日报看完后，又给他发了一条微信："你的报告没有按我规定的格式填写，没有填写退换菜的数量、责任界定、原因分析、处理意见，这样是不行的。必须按我的规定执行。别怕麻烦，假以时日，你会知道今天麻烦的好处的。"

这是我通过日报对厨师长的工作所做的检查及反馈。

懒惰是人的天性，这次这位厨师长迟发日报，不按规定填写日报，如果我没有及时进行检查、反馈，那么他可能就会得寸进尺，会在心里得出"领导是在摆花架子，不重视日报"的结论，此后我安排的写日报制度就会逐渐被废弃。相信许多店长都有类似的经历。

下级的行为底线就是店长的行为底线。这位厨师长没有及时发送日报，且不按规定填写，就是在试探我的管理底线。如果我不介意他发送日报的时间，不检查日报的内容，没有及时反馈，他就会继续试探，直到突破我的所有底线。

下级不一定会做你希望他做的事，但一定会做你反复检查的事。

所以，我及时并明确地给了他两条回复，并在第二天的管理人员收档会上专门以这件事为例，向所有管理人员再次申明写日报的要求及必要性。直到现在，这家店还在严格执行日报制度。

检查必须由两个程序组成：先检查，再及时反馈。只有检查，没有反馈，等于没有检查。检查是看下级做了没有，做得如何。反馈是告诉下级，他做得怎么样，好在哪里，不行在哪里，为什么不行，该怎么改善，并使其日复一日地循环。这是过程管理的关键一步。

店长检查员工的日常行为不难，难在检查各级管理人员的日、周、月工作。我认为店长除了要检查下级的日常行为之外，还必须做三大检查：日报检查、周报检查、月报检查。

1. 日报检查

我在很多餐饮企业建议推行管理人员写日报制度，刚开始时阻力很大，因为大家不愿写，认为大家都开每周进度会和每月启动会，都要写周报、月报，日报没什么好写的，写起来太麻烦，也没有实际意义。大家也不太会写，把写日报当成了记流水账，没有写出重点。店长不重视也不会抓这项工作。

我在实战中最大的感受是，一定要通过日报在每日的过程管理中把控下级的工作，并及时给下级创造进行反馈和思考的条件。日报是一个有效的检查手段。

（1）日报检查有三大价值：

①日报检查是"照妖镜"。企业不养闲人，有些管理人员工作拖沓，甚至在混日子，光靠店长盯是盯不过来的。日报检查可以让店长每天都清楚地知道哪些人在认真工作，哪些人在偷懒，所以日报是店长进行事前管理的重要抓手。下级当天的工作用一二百字就可以概括，店长从中既能看出下级的工作进度和工作态度，又能提高效率，及时给出指导建议。

②下级与店长的工作重点往往存在差异，日报检查能够及时纠正这种偏差。店长对团队有清晰的规划（年规划和季规划），对重点工作的方向清楚而坚定，这是店长应具备的素养。但是下级管理者不一定能够像店长那样做到工作重心不偏移。比如，店长要求持续抓向客人推荐新菜的工作，有的主管抓了一段时间后发现推荐工作不好干，就自作主张不干了。这种判断往往是草率的，未经店长同意就随意停止推荐新菜是十分错误的，因为客人接受新鲜事物往往有一个过程。店长通过下级的日报可以了解其工作方向、状态好坏，并及时给予指正。

③日报能让下级管理者总结、反思自己的工作，店长可以根据日报里反映的情况给下级员工提出建议。餐饮团队面对的最大挑战是市场不断变化，新的问题、新的情况层出不穷，需要店长与下级共同摸索，不能指望仅靠店长一个人的想法与经验就能解决。通过日报，可以在团队工作中建立一种长效、可持续的反思复盘机制，让大家的新思维、新活力积极涌现，从而促进团队成员共同进步，这也是店长管理能力的最好体现。

除此之外，日报检查还是一个数据采集过程。汇总一个部门、区域一段时间的数据，店长就可以据此及时调整任务、计划，促使团队长期持续健康发展。

总结一下：过程检查既可以成为下级管理者升职加薪的筹码，也可以成为店长工作的抓手。所以，下级用心写日报，店长用心检查日报才是王道。

可喜的是，越来越多的餐饮团队接受了日报检查制度，许多店长也掌握了这项技术。虽然还是有形式主义的日报，但是从原来的应付到现在的有思考、有内涵、有方法，许多餐饮团队在迅速成长，关键是团队的目标达成率越来越高。

（2）日报检查具体怎么做？

日报写作模板如图 3-1 所示：

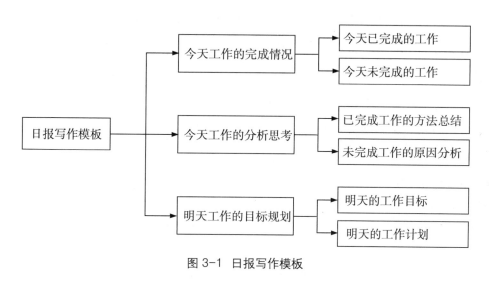

图 3-1 日报写作模板

根据这个模板可知，日报主要由六部分构成。下面我一一讲解该怎样写才算写到位。

一是今天已完成的工作，由两部分组成：第一部分是完成的主要事项及证据，不用写日常的基本工作，要写重要工作；第二部分是花费的时间。

完成的主要事项是指下级当天抓了什么事，有什么结果。证据是指有结果的数据和谁能证明下级抓了这件事。花费的时间就是下级在这项工作中投入的时间。有些岗位的工作是碎片化的，通过时间的分配，店长可以清晰地知道下级的时间分配比例及工作的侧重点。

二是今天未完成的工作，是下级对今天工作的查漏补缺，下级需要把一天的工作梳理出来，然后将完成的事项划掉，剩下的就是未完成的事项。未完成的工作相当于一个小的总结和补充，方便下级了解明天需要做哪些事。

三是已完成工作的方法总结。在完成一项工作的过程中有什么收获，积累了什么经验，可以通过日报梳理出来。这一点十分重要。

四是未完成工作的原因分析，其实就是下级先分析客观原因，然后归因于内，从主观上找出克服困难的方案。在列出明天的解决方案之前，有一个反思的过程：分析问题→把问题产生的原因分解为客观原因及主观原因→从主观（自己）的角度罗列解决问题的方案。下级需要充分分析遇到的困难和问题，先找客观原因，再找主观原因。在这个过程中，下级可以发散地想一想自己还能做什么，然后在第二天的工作中去验证。下级越能归因于内，他解决困难和问题的思路就越多。这一点也十分重要。

五是明天的工作目标和工作计划。写这部分内容时，下级需要好好理一下思路，不用把明天的所有工作都写进去，而要写出明天主要抓什么事、时间要求、目的，以及数量和质量要求。

团队的日报模板就是店长管理思路的体现，靶向是季规划的1~3件事，下级的任务、计划。运用日报模板就像摸着石头过河，店长每日在与下级的互动中，带领大家不断摸索，不断调查，并不断优化日报模板。

下面是我在一家餐饮店做代理店长时厨师长写的一份工作日报的摘要。

案 例

徐某某的工作日报　　2021-09-18　　22：25

一、今天的工作

主抓工作：9：00—10：00，在未打招呼的情况下突击检查了验收工作；10：10—10：30，对三号灶厨师进行了专项一对一培训，解决他接连三天被客人投诉菜品过咸的问题。

未完成工作：因为今天生意红火，所以没有抽出时间与新进小工谈心。

二、今天的收获分享

1. 发现验收工作漏洞明显。

（1）关于杭椒的验收。员工只是查看了袋子里上面部分的杭椒质量就直接称重。我把袋子里的杭椒全部倒出，发现有一部分是不能用的。所以我当时就规定，以后验收必须打开包装，逐个查看。

（2）菜籽油缺斤少两。已要求员工必须认真负责，并详细记录。

2. 对新进师傅一定要进行专项检查及培训。三号灶厨师来店里不到一个月，因试菜时感觉不错，所以疏忽了对他的培训及检查，以后一定注意。

3. 未与新进小工谈心，有生意红火的原因，主要还是因为忙忘了，以后要注意。

三、明天的工作计划

1. 除日常工作外，我要主抓三件事：与新进小工谈心，掌握其思想动态；继续突击检查验收工作，查漏洞；对初加工组进行突击检查，查其工作状态及漏洞。

2. 具体计划：9：00—10：00，检查验收工作；10：00—10：30，检查初加工组的工作；14：20—15：00，与新进小工谈心。

（3）店长对下级所写的日报要进行检查与反馈。

①制度保障。让下级依靠积极性和自主性写日报，很难长期有成效。制定必要的日报标准和日报制度是必不可少的。日报制度也就是奖罚制度，奖认真的，罚不认真的。对认真写日报或日报写得超出标准的下级，店长要给予奖励，让他们保持积极性；对那些把写日报视为负担，敷衍了事的下级，店长一定要进行处罚。比如，我在做代理店长时规定，不发日报一次罚款200元。

②积极反馈。店长让下级写日报，店长就必然睡得更晚，因为要花时间阅读日报并做出反馈。店长要想使工作有持续的好结果，就必须每日抓、抓每日，辛苦勤奋是必须的。店长要一一回复各位下级的日报（如前厅经理、厨师长的日报），写得好的，要当即给予积极反馈；写得有不足之处的，要立即给予指导。这样下级会意识到，店长是认真的，店长也很用心、很辛苦。下级及时得到店长的肯定或指正，也有利于第二天工作的顺利开展。

③结果呈现。无论是奖与罚还是指导，最终目的都是在下级写日报、店长检查反馈日报的基础上，完成大家的任务、计划，做好季规划的1~3件事。

日报只是一种手段，让下级通过日报看到自己以任务、计划为靶向，在总结、思考、沉淀的过程中有所收获，有所成长，才是最重要的。

店长有效管理的表现是围绕团队目标和价值观完成自己的规划。要想得到结果和收益，店长一定要让下级管理人员掌握结果思维：结果大于过程，结果验证过程；过程以结果为靶向；能复制的结果是好结果，有过程的结果是好结果。

首先，店长要培养下级管理人员的结果思维，让他们通过写日报发现和分析每日工作中存在的问题，并通过写日报培养责任心和敬业心，从而习惯于日日将工作进行完善或改进。其次，店长进行日报检查后要及时向下级反馈，树立一个标杆，让下级知道结果是日日过程管理的积累，直至做到能复制结果。

这里特别强调，对店长来说，最困难的不是规划，不是定目标，而是盯规划、目标的落地。那么,盯规划、目标落地的底层逻辑是什么?是没有日哪有周,没有周哪有月。如果每天的工作抓不住、抓不透,就必然影响一周、一月的工作,甚至一季、一年都会不断出状况,这也是我特别强调日报检查的原因。

日报检查是日事日毕的开始,店长抓牢下级的日报,也是盯规划、目标、任务、计划落地的开始。日事日毕,日清日高。

2. 周报检查

在每日工作完成之后,店长需要设立一个周目标,以周目标的累加去完成月任务目标和月计划。周报检查是推动周目标完成的最佳方式。

(1)为什么要做周报检查?其意义如图3-2所示。

①站在店长的角度。有的店长问我:"我手下的管理人员每天写日报,我要看;再让他们写周报,我再看,是不是浪费时间和精力?"店长看下级管理人员的周报绝不是浪费时间,而是店长最基本的管理动作。下级工作中的问题及店长自身工作中的问题都能通过周报反映出来。在管理团队的工作中,店长切勿用身体的忙碌去掩盖思维的懒惰。

工作复盘:就是店长对上周的工作进行总结和提炼,在这个过程中,店长既要对自己上周的工作进行复盘,还要对下级上周的工作进行复盘。

目标检核:通过下级的周报,店长可以清晰地对下级周目标的达成情况和下级按计划推进工作的进度进行检核。如果偏离了这一点,周报就没有真正的价值可言。

问题辅导:通过下级的周报,店长可以对下级出现的问题进行辅导,并且给予必要的支持。

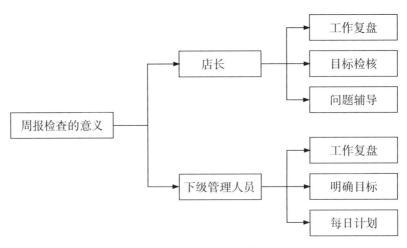

图3-2 周报检查的意义

总之，作为店长，如果你不希望每天都被琐事缠身，想进一步优化自己的工作，那么我建议你一定要认真落实周报检查，让自己及下级进步更快。

②站在下级管理人员的角度。

工作复盘：写周报的过程就是对本周工作的复盘，在这个过程中，下级会对问题的关键点进行反复思考，同时会结合日报总结出什么问题有什么规律，什么问题是偶然的，什么经验可以复制，这是周复盘最大的好处。

明确目标：通过写周报，下级可以围绕店长的季规划以及下级自己的任务、计划来明确自己的周目标，有了周目标，才知道自己一周的前进方向。

每日计划：周报可以帮助下级将自己的任务、计划分解成周目标、周计划及日目标、日计划，这样下级就会清晰地知道自己每天要做什么，要达到什么目标。

（2）如何做好周报检查？

写周报是一个总结、提炼、反省的过程，是促进下级成长，使其完成任务的方法。店长要做好周报检查，需做到：

①明确周报与日报的区别。

日报是下级以具体的事为目标进行工作总结。周报是下级以具体任务、计划的完成情况（如数据）为目标进行周复盘并明确下周的目标。例如，在前文的案例中，厨师长的日报抓的是验收这一具体的事，而周报则需要总结抓了7天验收工作后有什么样的数据变化，对当月提高毛利率有什么具体的贡献，以及在下一周还要抓什么事项，目标结果又是什么。

②掌握写周报的模板。

周报检查主要分为两部分：承上，做好复盘工作；启下，明确下周的任务。周报写作模板如图3-3所示。

第一，承上，做好复盘工作，包括两部分：

一是回顾、总结上周完成的工作。

我一直强调，店长的工作是体系性的，就是工作要环环相扣。店长根据公司的企业文化设定本团队的目标及价值观，再据此设定自己的规划、年规划及季规划，然后对下级进行排兵布阵，并确定下级的任务、计划，定好奖与罚的制度，接下来就要对下级的执行落地进行跟踪检查，主要方法是培训+开会+检查。后面还要讲到考评及人才盘点。一步一个脚印，层层推进。只有这样，才能打造出一个健康持续发展的餐饮团队。

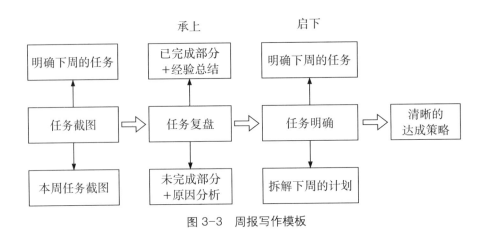

图 3-3 周报写作模板

周报检查工作是抓执行落地的关键一步。在周复盘中，店长带领管理人员首先要对上周完成的工作进行清晰的回顾和总结，对应任务截图中的相关事项，一项一项地确认是否达成了目标。在此过程中，要充分回顾上周所做的工作，并进行深入的反思。

或许有的店长会问：有的员工工作目标不那么明确怎么办？我曾经也有这样的疑问。一次我去日本观摩学习一家餐饮店的后厨管理，这家店的日本厨师长告诉我："我的每一个员工每天、每周都应该有清晰的工作目标，这是我的基本职责。"在他的后厨团队，一个切配师傅每天、每周要切配多少斤土豆、洋葱、肉馅等是有具体数据要求的。这家店的店长还强调，不论是谁，不论什么岗位，每天、每周都要有明确的目标，而且尽量是具体的数字化的目标。没法数字化的，也要尽量具体化。

二是分析、反思未完成的工作。对没有完成的目标，下级既要分析差距，更要给出对策。

另外，店长还要要求下级将每周日常工作中临时发现的问题进行汇报、分析，比如突发意外事件、个人对工作的理解等。这部分内容在周报中不需长篇大论，把问题说清楚就可以。但是这部分内容十分重要，因为餐饮行业的意外很多，而这些意外就是机会。

餐饮行业的高手都是善于从意外、错误中学习的人。不同的人面对意外、错误表现出的状态是不一样的。有的人勇于正视、改正错误；也有的人闭口不谈，有意回避，没有及时纠正错误，以致意外不断发生。

店长要引导下级从意外、错误中学习。恩格斯曾说："无论从哪方面学习，都不如从自己所犯错误的后果中学习来得快。"要善于从每天发生的意外、错误中学习，主动摆脱陈旧经验和思维定式的束缚。每一个餐饮人都是在不断面对意外，不断犯错，不断学习的过程中成长起来的。

第二，启下，明确周目标，包括三部分：

一是明确下周的工作目标。

明确这一点，主要是为了让下级把精力花在最重要的事情上，这样才不会偏离团队目标。比如，"在本周提高2%的营业额"比"在本周增加销售额"更清晰，因为"提高2%"是一个具体的数字目标，对下级有指引和激励的作用。

但是，不切实际的周目标对下级来说却是一种灾难。比如，有的餐饮店也有数字目标，营业额月目标定的是90万，周目标是22.5万，日目标是3.3万。这些目标很清晰，但是正确吗？当然不正确。因为这家店平常的日平均营业额只有1.6万，周目标定为22.5万是店长和下级头脑发热的结果，这样的目标在短期内是不可能完成的。如果天天、周周、日日的目标都完不成，所有人都会产生挫败感，进而把目标当成玩笑。

所以，店长在帮助下级明确周目标时，要让下级感受到这个目标是可以通过努力达到的，既要充满信心，又不能掉以轻心。只有这样的目标才会产生较大的激励作用。

二是明确达成目标的具体方法。

明确周目标后，店长还要帮助下级确定达成目标的方法，以保证工作的有效性和高效性。当然，达成目标的方法不是下级凭空想象出来的，需要店长基于现实情况，根据自己的经验来引导、指导下级，找到合适的方法。比如，列出要达成目标必须做的事，找出要达成目标的"牛鼻子"和最重要的障碍，定出要做的事情的次序及步骤，定出达成目标的进度时间表，确定怎样监督下级执行。

案 例

某餐饮店厨师长的一份周报摘要

结合本月的毛利率目标，本周计划将库存降至周盘点金额5万元以内。

保证措施：按财务出具的上月厨房支出金额前三名的项目逐一抓。经测算，菜籽油库存降至3000元以内，冻货降至2000元以内，调味品库存降至2300元以内……

为了更好地完成下周的工作目标，我将在周一、周二、周三分别进行这三种原材料的日盘点，为完成周任务打下坚实的基础。

在周目标正确的情况下，精准的达成方法和严格的执行能让下级快速成长，养成扎实的好习惯。

三是拆解下周的计划。

下级将周目标拆解成每天的工作任务，明确每天的要事、挑战、突破，再依靠日报进行分析、总结。这样环环相扣的工作程序才符合餐饮行业 100-1=0 的特性。

在拆解下周的计划时，店长一定要让下级划分优先等级，明白关键问题所在——忙而没成效的主要原因就是工作中没有对要做的事划分优先级别。工作都有轻重缓急之分，抓不住主要的事和事的主要矛盾，很容易就会陷入无用的"勤奋"中。

可将下周的工作划分为非常紧急、紧急、正常、可以延后四个等级，这对周工作具有重要的意义。

至此，从承上到启下，形成了下级清晰的下周达成目标策略。

3. 月报检查

月报是日报和周报的指南针。对餐饮店长来说，日报检查是对自己及下级达成目标过程中管理能力的修炼；周报检查能够锻炼所有管理人员把握阶段性目标的能力；月报检查则能够考验店长与下级设定目标并不断超越自我的能力，这是落实好目标检查的底层能力。

店长需明白，自己为完成季规划，对下级进行了排兵布阵（分工），向下级下达了任务，帮助其制订了完成任务的计划。为了执行计划，从日到周也有了相应的安排，但是，没有月哪有周，没有周哪有日？

店长的目标检查，就是以给下级的分工、任务、计划为目标，以月为单位，总结进度、经验、教训，细化月工作要点，把扎实与突破体现在每月、每周、每日的工作中。

月报写作模板如图 3-4 所示，具体方法是：

（1）做月报总结。

月报检查的第一部分是下级对本月目标进行总结，即通过对本月目标和每周目标完成情况的清晰展示，对本月目标及其达成情况进行总结。月报不要做成流水账，不用对每一件工作都进行总结，只需要对月度关键目标的达成情况进行总结，如营业额、桌数、进店人数、人均消费、桌均消费、毛利率、净利水平、员工流失率等。

月总结有两个核心内容：结果总结和过程总结。通常下级在写月报前要对这两项内容进行充分的梳理。例如，一家餐饮店规定每月月报数据统计时间为上月 26 日至本月 25 日，给各级管理人员 4 天时间进行梳理。每月 30 日召开月营业收入分析会，主要围绕营业收

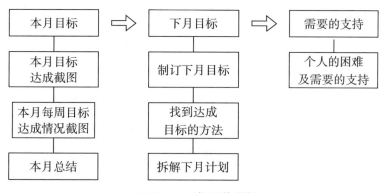

图 3-4　月报写作模板

入情况、顾客情况进行月总结。5 天后，待店面财务报表出来，在大家准备好的情况下，召开月节流分析会。

本月工作回顾总结（结果总结）：本月下级以什么为目标做了哪些事？计划内的事（目标）是否完成？每项工作是怎么做的？

本月工作事项分析复盘（过程总结）：如果目标达成了，有什么经验可以总结？又有哪些提升空间？如果目标没有达成，原因是什么？准备在后续的过程中如何改善？

在这个过程中，店长的指导十分重要且必要。

案 例

某开业满三个月的餐饮店前厅经理的一份月报摘要

工作汇报事项：月营业收入。

预期月目标：完成 100 万的营业收入。

完成情况：实际完成 94 万的营业收入。

结果分析：一是晚市上座率低。午市上座率为 100%，晚市上座率为 60%，这说明在周围上班的客人已知道本店，并有一定的回头率，而周围的居民并不了解本店。我想用发传单的方式广而告之。二是人均消费偏低，计划人均消费为 70~80 元/人，实际消费是 50~60 元/人。经研究发现，午市、晚市客人经常点家常菜，本店的特色招牌菜及大菜点击率过低。计划加强招牌菜、大菜的销售工作。

店长点评：

发传单成本低，但是传单上设计什么内容，需不需要配套促销活动，在哪里发传单，什么时间发传单，由谁发传单，如何检视发传单的作用，发多少份传单……这些问题你没有说明白。两天之内要把这些问题的对应解决方案上报给我。

抓推荐菜品很好，但是推荐什么菜，月、周、日任务怎样安排，怎样落实到每个主管、值台服务员身上，推荐话术是什么，奖罚建议是什么，怎样收集客人的反馈意见……这些问题你没有说清楚。同样，两日内把这些问题的对应解决方案上报给我。

总之，你的工作有明显提升，抓住了关键问题。以后要注意，有了目标，关键是要将其细化到方便执行落地的程度。

这个案例启示我们，月报检查要用数据结果说话，数据才是最有说服力的。先是下级围绕数据情况，对自己的月工作事项进行复盘反思，找原因及对策，接着店长根据自己的经验及对季规划的思考，给予下级必要的启发、指导，而且启发、指导要具体，最好也给出数据及具体方法。

（2）设定下月目标。

下级只有设定月目标，才能将其分解为周目标和日目标。这里特别强调，规划与目标的区别在于，规划可以抽象地概括；目标则必须具体和量化，是量化后的规划、任务，不可量化的目标只不过是美好的想法。

理性设定月目标有五大原则：

一是目标要具体且能衡量。要用具体的语言文字和可衡量的数据作为判断是否达成目标的依据。例如，某开业不久的高档日料店的前厅经理将6月份的拓新客目标定为"亲自陌拜150位客户，每周至少陌拜38位"。

二是目标要可达成。设定的目标应该高于现状，同时又要是跳一下能够得着、通过努力能够实现的。

三是要牵"牛鼻子"。设定的具体目标要与总目标密切相关。比如，前面所举的日料店前厅经理设定的陌拜客人的目标与月营业收入的总目标是密切相关的，而且是决定性的工作。

四是要明确时限与责任人，这也是设定月目标的关键。

五是要用自己的新高或标杆的新高来定目标。

尽管在设定月目标时要遵循"可达成"的原则，但也不能过于保守。店长要切记：完成别人完成不了的任务，永远是职场人的生存法则之一。所以，不断突破是月报检查、月目标设定的铁律。

"自己的新高"是指下级盘点自己上一年中每个月的目标任务，找到其中的最高目标任务，然后超过那个目标任务值。

"标杆的新高"是指店长要以本店、本企业或外企业的先进标杆的新高来给下级设定目标。店长要相信榜样的力量是无穷的。店长在月报检查中要准备标杆、标杆的新高及标杆厉害在哪里的相关资料，让下级参考这个标杆的最厉害之处。

采取这样的方式帮下级设定目标后，再以终为始，盘点达成目标的方法。

请店长仔细看一看下级月报中的目标是不是符合以上原则，如果不是，那么就不能算是真正意义上的目标。

（3）找月工作方法。

月报检查的第三部分是找月工作方法，也就是店长与下级一起找到达成目标的方法、路径，即用什么方法、步骤来保证月目标的达成。光有目标绝对不行，没有实现目标的具体方法就等于没有目标。

我总结了许多优秀店长的经验，有三个小心得：

一是每天特别重视早晚例会。餐饮店的早晚例会是为了让下级管理人员和基层员工了解团队昨天是什么情况，好在哪里，不好在哪里，今天要做什么，为什么要做这些。店长一定要亲自抓每天两次、每次10～20分钟的例会，这件事对一天的工作来说是"牛鼻子"。如果把它汇到一个月，就是全体员工每一天的一个行动目标变成了整个团队一周、一个月的行动目标。不重视早晚例会的店长是不明智的。

二是确定过程。下级管理人员确定月目标后，店长每天都要查看下级完成任务的进度情况。确定下级的工作过程就是店长的过程管理，便于店长及时发现问题或推广经验，及时调整人员安排、方法，让团队完成目标。

三是奖优罚劣。通过奖优罚劣，激励大家找到完成任务、践行计划的方法，从而顺利达成目标。只有通过奖优罚劣，才能让员工知道谁拿到了结果，应被奖励，谁没有拿到结果，应该在哪些方面努力。这就逐渐变成了团队的习惯。

（4）拆解月计划。

月报检查的第四部分是拆解月计划，也就是分解月目标。其结果是千斤重担人人挑，人人肩上有指标。常用的是剥洋葱法，即像剥洋葱一样将月目标分解成若干小目标，再将每个小目标分解成更小的目标，就这样一直分解下去，直到分解为每个人、每小时、每半小时该做的工作。这样就形成了每一个下级管理人员及每一个基层员工的月、周、日工作闭环。

（5）给予必要的支持。

下级提出自己需要店长的支持，这是店长发现下级的具体困难及思路偏差的好机会。因为到了这一步，下级已"无路可逃"，只能直面目标，反复思考自己应该如何做，困难是什么。这时候下级说出的困难就是下级真正担心之处或是下级思路偏差的关键点，店长一定要真诚地给予帮助，协助剖析，给下级支持和勇气。

四、常见问题

一是店长对跟进检查的认知不全面，没有理解跟进检查＝培训＋开会＋检查。

二是店长的跟进检查仅仅是在工作现场对下级的行为进行检查，没有做到对下级的日报、周报、月报进行检查，不重视检查下级管理人员的工作思路与其工作进度的关联性。

三是不重视对下级进行思想教育和专业知识的培训，只重视专业技能的培训。

四是培训不是天天、周周、月月都进行。

五是不重视开会，没有开好各种例会。

五、案例

案例一 - - - - - - - - - - - - -

某大众餐饮店厨师长、前厅主管的周报（周复盘）摘要

一、厨师长的周复盘

1. 上周验收检查工作目标：抽查2次。

2. 实际完成情况：抽查了6次。

3. 距离目标差距：超额完成4次。

4. 经验总结：共发现13个验收工作的漏洞，均在日工作中制定了相应的SOP，相信对月毛利率会有很大帮助，以后要注意反复抽查。

二、前厅A区域主管的周复盘

1. 上周销售目标：8.5万元。

2. 实际完成情况：9.1万元。

3. 距离目标差距：超额完成0.6万元。

4. 经验总结：在值台服务员缺一人（请事假）的情况下，我加强了菜品推销工作，按每日日报的标准加强了大菜专项培训，共培训3次，且每日复盘。上周销售张某某增加了0.4万元，刘某某增加了0.3万元，曲某某增加了0.2万元，唐某某减少了0.3万元，其他员工基本持平。下周将对唐某某进行专项辅导。

案例二

某高档餐饮店销售经理的周报（周复盘）摘要

某高档餐饮店的销售经理小白，2022年3月第一周计划达到10万元的销售额，实际上只达到6万元。下面是她在周报里分析的问题和提出的对策。

上周我完成了60%的销售目标，经复盘反思，我发现了三个严重问题：

第一，工作中有偷懒心理，周一至周三销售额下降明显，我没有在周一及时复盘，找对策，还存在严重的侥幸心理，指望周四到周日冲刺。虽然周五、周六销售额增长迅猛，但前三天过低，为时已晚。

第二，没有认真抓转介绍，尤其是周五至周日。周一至周三，我在转介绍工作上也比较松懈，成功率非常低。

第三，周一至周三几乎没有回访老客人，一整周一次也没有外出拓新客。

针对以上三个问题，我有以下三点对策：

第一，每天午市和晚市结束前，分别跟踪一次数据变化，把周目标转化为日目标及每日的午市、晚市目标，及时对比，一旦发现偏差，立即采取补救措施。

第二，坚决做到每日进包间，扎实落实预订客人的转介绍工作，做到给每位客人发名片，尽量多加客人的微信，促成转介绍。

第三，每周至少回访老客人两次，至少外出拓新客一次。

特别强调，专题十"跟进检查"内容较多，但充分体现出"慢＞快"的底层逻辑，即通过每月、每周、每日的培训、开会、检查，用"慢"的方式逐渐培养各级员工良好的工作习惯，为以后的"快"打下坚实的基础。

专题十一 考评

前面讲解了过程管理——跟进检查，接下来谈谈结果管理——考评（考核）。

一、什么是考评

考评就是对下级员工一个阶段（如月、季、年）的表现进行总结，给予正式的评价，并按照制度进行奖罚。

我认为，以月为时间单位对餐饮员工进行考评是合适的。考评就是结果管理，店长要以月为时间单位对下级管理人员及基层员工的工作结果进行正式的表态：谁做得怎样，哪里做得好，哪里做得不好。除了对大家进行评价之外，还要把大家放在一起进行"271"排序，谁该受到奖励，谁该受到惩罚，做到区分开来，区别对待。

考评是店长与下级正式对话的机会，用来讨论和帮助下级成长，表达对他们的期望，鼓励他们和团队一起发展。

二、为什么要考评

（一）承上启下

我不断地强调承上启下，就是在反复提醒店长，打造持续健康发展的最强团队是一个完整的体系。前面已经讲了10个环节，接下来我们要用考评及人才盘点使这个体系形成闭环。

在考评环节，店长要进行阶段（月）总结，对下级管理人员及普通员工一个阶段（月）的表现给予正式的评价，并论功行赏，进行奖与罚（以奖为主）。

做好跟进检查和考评是后面进行人才盘点的前提和基础，也会为将来的组织制度保障工作提供经验和教训。

（二）一手抓人，一手抓事

店长通过人去做事，通过事来判断人，因此要一手抓人，一手抓事。

考评这个环节，就是要基于对前一阶段（上个月）每个人做事的跟踪了解及目标达成情况，给予每个人正式的评价，说清楚他哪里做得好，哪里做得不够好，是"2"类员工、"7"类员工还是"1"类员工，并给予激励。

考评就是要把人和事结合起来，人和事就像一枚硬币的正反面，是分不开的。

（三）论功行赏才是根本

要打造团队文化，光想着统一并提升大家的思想是不行的。有了思想，就有了大目标与小目标，有了分工与计划，然后有了奖与罚制度，再到日、周、月的跟进，最后要以考评结束。

要想保持餐饮团队的持续健康，使其能持续打胜仗，就要做到对结果负责，论功行赏及惩罚是必不可少的。否则店长的排兵布阵、分任务、定计划、定奖与罚制度及跟进检查就成了摆设，没有了现实意义。

店长一定要让大家知道：你工作辛苦了，我可以拍拍你的肩，给你加油打气，甚至教你怎么干；但是，最后没有成绩，就没有"蛋糕"分给你。

如果不重视这一点，团队在下级管理人员及基层员工眼里就变味了。

（四）事关员工的成长

考评给了店长机会，让店长和员工坐在一起，以员工为中心，坦诚地讨论他们的表现及下一步可提升的空间，促进他们成长。

（五）教育团队所有人

考评的过程就是教育团队所有人的过程。团队所有人通过自评、大家评、上级评，表彰先进，处罚落后，不断接受正反两方面的教育，达到树正风的目的，起到促进团队健康发展的作用。

三、怎样考评

（一）考评以店长为主，各级管理人员为辅

考评事关团队的基础，稍有不慎就会使团队内部出现矛盾及冲突。在考评这件事上，店长既要民主又要集中，在民主的前提下，决定考评结果时要大权独揽，尽可能地确保真实、公平、合情合理。

（二）确定合理的考评周期

针对基层员工，考评周期要短、中、长结合，即天天有小考评，周周有中考评，月月

有正式考评，季度或年度要有更隆重的考评。

天天小考评：针对每天出现的好人好事及"坏人坏事"给予表扬和奖励、批评和处罚。

周周中考评：针对一周内连续出现的好人好事及"坏人坏事"给予表扬和奖励、批评和处罚。

月月正式考评：针对一个月内出现的好人好事及"坏人坏事"，召开全员参加的月总结大会，进行正式的表彰、处罚及批评。

季度或年度隆重考评：以季度或年度为单位坚持的好人好事是十分不容易的，必须给予隆重的表彰；季度或年度中重大持续的"坏人坏事"必须严肃纪律，予以惩戒。

针对管理人员，考评周期以月、季或年为单位。

（三）确定考评内容

考评内容根据奖与罚制度设定的内容而定，要多设立奖项，扩大奖励面。

（四）及时进行坦诚的考评谈话

考评的奖与罚不是最终目的，让受奖的员工、没受奖的员工和挨罚的员工明白自己为什么被奖或罚，下一步该怎么办，才是考评的最终目的。所以，店长要根据日、周、月跟进检查的情况，及时指出下级管理人员及基层员工的日、周、月表现状况的好与不好，并为他们指引方向，教授方法，及时加油打气，令他们不断进步。

每日、每周做好过程管理，及时培训、开会、检查、谈心，坚持坦诚的作风，及时对下级进行表扬与批评。平时把这些做好，到月、季、年的正式考评时，就会减少意外，因为平时就是这么评价的。

所以，做好过程管理才有好的结果管理。

（五）店长进行月考评的具体程序

月考评是严肃正式的，必须在考评程序上给予保证。考评程序为：自评—同伴评—直接上级评—店长评—核定奖与罚—店长进行有关奖与罚的面谈—表彰—存档。

自评：每个员工都必须针对自己一个月的表现，结合奖与罚制度，给自己打分，进行评价。这是每个员工进行自我对照、自我检查、自我激励、自我批评、自我复盘、自我教育的过程。员工总结一个月来自己哪里做得好、哪里做得不好，并提出下一步的打算。

同伴评：一个部门、一个区域或一个班组的同伴坦诚地围绕个人表现，对照奖与罚标准进行相互评价，这是同伴之间相互学习、相互教育、相互提高的过程。大家相互提出对方哪里做得好、哪里做得不好，以及对对方下一步的期待。

直接上级评：自评、同伴评是基层员工民主评议的过程，一方面让大家自己进行总结教育，相互进行总结教育，另一方面确保不存在不公平现象及冲突隐患。直接上级评是集中决定的开始，直接上级根据下级每个月的表现，对照奖与罚标准，确认下级哪里做得好、哪里做得不好、哪里需要提高。

店长评：店长要参加同伴评，认真听取大家的意见，要与各级管理人员讨论每个员工的表现，结合自己的日常观察记录、检查记录，根据奖与罚制度，确定本月奖与罚的名单——坚持"271"排序，坚持区分开来，区别对待，确定好奖与罚的细节。

核定奖与罚：为了体现一碗水端平，在店长评之后，要安排一次民主决策活动——由除店长之外的各级管理人员和选举出的几名基层员工组成核定小组，由前厅经理或厨师长任协调组长，结合奖与罚制度，最终确定奖与罚的名单与细节。

店长进行有关奖与罚的面谈：这是考评中最重要的一步。考评的是过去，下一步的巩固和改善才是考评的真正目的。所以，店长要把面谈工作做实，做到位。店长要尽可能多地与员工进行有关奖与罚的面谈，不要局限在受奖或受罚员工的范围内，因为店长的目的是让大家一同进步。尤其要做到与"2""1""7+"（指"7"类中表现好的员工）类员工的面谈。

要注意的是，店长要带着员工的直接上级与员工进行面谈。面谈的程序：首先，向员工公布奖与罚的结果；其次，让员工进行自评；再次，店长与员工的直接上级明确指出员工的好与不好之处以及为什么；最后，讨论员工下一步的行动指南。

表彰：在下月第一周周末（用一周时间完成前面的考评程序），店长主持召开正式的月总结表彰大会，当众公布先进员工名单并为他们颁奖，同时也要当众宣布惩罚事项——只讲惩罚结果及缘由，可涉及部门，不涉及个人姓名。

存档：这是考评的最后一个程序，一是为了以后的季度、年度考核有依据，二是为人才盘点做准备。店长要在电脑里存好这些考评资料，这些日积月累的考评记录，对个人、对团队、对企业都是非常重要的资料。（我们在客人、供应商、菜品等方面也应进行考评，并存好历次考评文件，这些都是真正的财富。）

至此，也许有的店长会认为：我一个月有那么多工作，这样的考评程序是不是太复杂了？但是店长要扪心自问：店长的最终职责是什么？是业绩。业绩从何而来？是员工干出来的。员工为什么能干出来？是因为员工有积极性。员工的积极性从何而来？奖罚考评能够公平落实是其中的重要因素。此时你还认为考评麻烦吗？

四、常见问题

一是店长及其他管理人员对考评工作不够重视。考评工作直接影响着团队价值观的落地，以后的规划、任务、计划的执行，以及员工日日、周周、月月的表现。

二是考评的自评、同伴评、直接上级评、店长评、核定奖与罚、店长进行有关奖与罚的面谈、表彰、存档等程序不完整。

三是店长不重视面谈工作，造成与下级员工的脱节。

四是没有真正做到区分开来，区别对待，造成团队风气不正。

五、案例

2021年6月，我帮助一家餐饮企业在其旗下的一个单店搞试点，与店长一起设计出一套"前厅全能工"考评制度。该制度实行了6个月，取得了明显的效果，自2022年开始逐步推广。该制度分为三部分：设计原则、图表和使用说明。

一、设计原则

1. 给全能工较高的奖金。

什么是全能工？简单地说就是什么都能做的员工（能够做到一人多岗）。就是通过设计考评制度，来评定能执行多项作业的全能工，而且能不断地培养出更多的全能工。让员工变得全能，就可以提高餐饮团队的人效，提高单店的生产力和利润。

2. 考评制度简单易懂。

餐饮团队进行奖罚考评，不能不注意透明性和公平性，不能仅限于全能工。简单地说，就是考评制度一定要设计得让大家一看就清楚会做哪几样工作就能拿多少奖金。只有具备透明性和公平性，才能让大家产生积极性。

3. 考评制度要让个人能力可视化。

必须将考评制度设计成能够看出某员工可以胜任某项工作。这类员工个人能力信息在排班、提高人效方面很有帮助。也就是说，员工个人能力若能可视化，店长就能以最有效率的组合来排班，来确定用工人数。这种将员工个人能力及表现可视化的表，称为员工能力表现表。

4. 员工能力表现表要方便管理人员操作，所以采用分项打分制（以周为单位）。

二、员工能力表现表和考评结果表（针对前厅员工）

员工能力表现表

部门：前厅　　员工姓名：刘××　　入职时间：×年×月

考评人：张××　　考评日期：×年×月×日

0分：没做到。 1分：已做到。 2分：做得很好，可以成为别人的榜样。

注：本周一次没做到就视为没做到，0分。

类别		内容	自评	直接上级评	店长确认
（一）思想观念	1	能够背诵团队目标、价值观，并能举例说明	1	1	1
	2	能够让客人开心	0	1	1
	3	没有与同事发生语言、行为冲突，与同事相处和谐	1	1	1
	4	积极参加周培训，学习认真，笔记连贯清晰	2	2	2
	5	积极参加周会，并发表实在的意见	1	1	1
	合计		5	6	6
	达成率		50%	60%	60%
（二）工作态度（纪律）	6	遵守打卡制度和店内的其他规定	2	2	2
	7	周六、周日、节假日不请假	2	2	2
	8	不迟到、早退和无故缺勤（出现1次即为0分）	2	2	2
	9	上班时能够很有精神地向同事、顾客打招呼	2	1	1
	10	能够切实做到报告、请示、联络、商量	2	1	1
	11	能够干脆地服从命令（可善意地提出建议）	2	1	1
	合计		12	9	9
	达成率		100%	75%	75%
（三）门迎	12	能够注意到客人上门，并迅速以微笑迎接	1	1	1
	13	能够熟练使用十字礼貌用语	1	1	1
	14	能够掌握客人的预订、来客人数，并为客人带位	2	1	1
	15	能够正确使用排号机，不发生错误	2	2	2
	合计		6	5	5
	达成率		75%	62.5%	62.5%

续表

类别		内容	自评	直接上级评	店长确认
（四）手持点菜机的操作	16	能够熟练使用手持点菜机	2	2	2
	17	能够正确输入日期、早晚市、来客人数、台号	2	2	2
	18	能够保管好手持点菜机，并及时充电	2	2	2
	19	能够在手持点菜机上记录客人的资料（标明是否会员及客人的喜好等）	1	1	1
	合计		7	7	7
	达成率		87.5%	87.5%	87.5%
（五）点菜	20	能够完美地回答客人关于菜品的提问	1	0	0
	21	能够面带微笑地按照规定话术向客人推荐招牌菜、急推菜，并及时告知沽清等	1	1	1
	22	能够准确地复单	1	1	1
	23	能够合理地推荐菜品，不过度推销	1	1	1
	24	能够针对老人、小孩提出点菜建议	1	1	1
	合计		5	4	4
	达成率		50%	40%	40%
（六）自制饮料	25	能够迅速且正确地调制出本店的两款自制饮料	2	2	2
	26	能够做好饮料料理台的准备、整理和卫生工作	2	2	2
	27	能够做好饮料料理台的库存管理和盘点	1	0	0
	合计		5	4	4
	达成率		83.3%	66.7%	66.7%
（七）传菜	28	能够对厨房出品做传菜前的检查	2	2	2
	29	能够遵守"热菜趁热""凉菜趁凉"的铁律，迅速传菜	2	2	2
	30	能够按指令准确地传菜及进行外卖打包	1	0	0
	31	传完菜后能够主动将备餐台上的空餐具带回	1	1	1
	合计		6	5	5
	达成率		75%	62.5%	62.5%
（八）席间服务	32	能够适时地进行二次推荐	1	1	1
	33	能够谨慎地撤下空餐盘、空杯子等	1	1	1
	34	能够主动为客人更换骨碟及斟酒、添菜	1	1	1

续表

类别		内容	自评	直接上级评	店长确认
(八)席间服务	35	能够主动巡视自己负责的区域,及时对客人的需求做出应答,及时催菜并确认上菜完成	1	1	1
	合计		4	4	4
	达成率		50%	50%	50%
(九)收银	36	结账前一定会给客人行礼	2	2	2
	37	能够提醒客人本店的促销活动	2	2	2
	38	能够熟练、准确地为客人结账,含微信、支付宝、刷卡、现金、折扣、团购等	2	2	2
	39	能够熟练处理发票事宜	1	1	1
	合计		7	7	7
	达成率		87.5%	87.5%	87.5%
(十)送客	40	能够很快察觉客人要买单,并快速为客人取账单	2	2	2
	41	能够切实检查客人的剩余酒水,检查客人是否有东西忘记拿了	2	2	2
	42	能够主动提醒客人使用代金券,或提示客人本店后续的促销活动,吸引客人再次光临	1	0	0
	43	能够将客人送到门口、电梯口、楼梯口	1	1	1
	44	能够面带微笑向客人道谢	2	2	2
	45	能够快速小心地收台、摆台	2	2	2
	合计		10	9	9
	达成率		83.3%	75%	75%
(十一)清洗及公卫	46	为避免损坏餐具,动作小心谨慎。因清洗而损坏餐具,本项为0分	0	0	0
	47	能够积极看待清洗工作,并认真做好公卫工作	0	0	0
	48	洗手间卫生工作合格	0	0	0
	合计		0	0	0
	达成率		0	0	0
(十二)接电话及预订	49	能够很有精神地接电话,(用普通话)报清楚店名和自己的姓名	1	1	1
	50	能够正确说明包席、套餐的菜品及价位	1	1	1

续表

类别		内容	自评	直接上级评	店长确认
（十二）接电话及预订	51	能够准确、有效地做好预订工作	0	0	0
	52	重要包席、预订或客人有其他客人能及时转交给上级处理	0	0	0
		合计	2	2	2
		达成率	25%	25%	25%
（十三）包席应对	53	能够充分掌握包席的菜品内容，并在上菜后用一句话介绍主菜、招牌菜	1	1	1
	54	能够及时调整餐台空间，及时上菜	0	0	0
	55	席间若有客人要求追加菜品、酒水，能及时与上级确认	1	1	1
	56	能够主动询问客人是否需要打包，并及时为客人将剩余菜品打包	0	0	0
		合计	2	2	2
		达成率	25%	25%	25%
（十四）客情客诉处理	57	能够如实向上级报告真实情况	2	2	2
	58	能够诚心诚意地向客人道歉，不使客人火气增大	0	0	0
	59	能够在下一次例会上与同伴分享自己关于客诉情况的心得体会	1	1	1
	60	能够主动将客情、客人的意见和痛点向上级反馈	0	0	0
		合计	3	3	3
		达成率	37.5%	37.5%	37.5%
（十五）骨干作用	61	能够负责前厅瓶装酒水、物品的管理和订货	0	0	0
	62	能够团结同伴，听同伴诉苦，积极正面引导同伴	0	0	0
	63	工作热情，精力充沛，是其他员工的榜样	1	2	2
	64	能够辅导新进员工、小时工	0	0	0
	65	能够积极主动地为店面的发展提出建设性建议	1	2	2
		合计	2	4	4
		达成率	20%	40%	40%
总合计			76	71	71
总达成率			58.5%	54.6%	54.6%

考评结果表

部门：前厅　　姓名：刘××　　入职时间：×年×月

考评人：张××　　考评日期：×年×月×日

类别	达成率（%）	合格标准(%)	合格与否	奖金（元）	店长确认
思想观念	60	70	不合格		
工作态度（纪律）	75	70	合格	20	
门迎	62.5	70	不合格		
手持点菜机的操作	87.5	70	合格	20	
点菜	40	70	不合格		
自制饮料	66.7	70	不合格		
传菜	62.5	70	不合格		
席间服务	50	70	不合格		
收银	87.5	70	合格	20	
送客	75	70	合格	20	
清洗及公卫	0	70	不合格		
接电话及预订	25	70	不合格		
包席应对	25	70	不合格		
客情客诉处理	37.5	70	不合格		
骨干作用	40	80	不合格		
本周奖金合计				80	

三、使用说明（针对前厅全能工）

1. 员工能力表现表共设定了15个类别，分别是思想观念、工作态度（纪律）、门迎、手持点菜机的操作、点菜、自制饮料、传菜、席间服务、收银、送客、清洁及公卫、接电话及预订、包席应对、客情客诉处理、骨干作用。

这些类别中不只有工作技巧，还有思想观念和工作态度（纪律）。重要的是，思想观念中纳入了具体行为，也就是员工的基本行为准则；工作态度（纪律）则包含上班的时间规定，员工的精神状态、是否服从命令及节假日贡献。

其余类别则包含店面要求前厅各岗"重视的事"，并将之细化后的内容，这些"重视的事"慢慢使本店与其他店产生差异。

2. 要针对各类别、各项目依序进行自评、直接上级评、店长确认。当自评与直接上级评或店长确认的结果不同时，店长一定要通过面谈将理由反馈给员工本人。

3. 设定各类别的合格标准及打分标准。

（1）每个类别有三个分值：

0分：表示没做到。

1分：表示已做到。

2分：表示做得很好，可以成为别人的榜样。

注：本周各类别一次没有做到就记0分。

每个类别满分为该类别项目数×2分，如思想观念，满分为5×2=10分；合计得分为各项目得分之和，如思想观念，自评为1+0+1+2+1=5分；达成率为合计得分÷满分×100%，如思想观念，达成率为5÷10×100%=50%。

（2）设定各类别的合格标准（可自行调整）。本店规定，除骨干作用这一类别设定合格标准为80%，其他类别做到70%就算合格。

4. 确定各合格类别的奖金。只要员工达到合格标准，就以合格的单类别为单位，给予员工奖金，在周统计会、月表彰会上兑现。每周每类别合格给予奖金20元，合格的类别越多，奖金就越高。在上例考评结果表中，该员工有4个类别合格，本周全能工奖金为80元。

明确定出做到什么事就发多少奖金相当重要，因为这样会使员工产生"我也想学会其他类别的技能"的动力。试想一下，如果员工把15个类别都学会，且都达到合格标准，每月就会有1200元全能工奖金，员工一定会有动力。设计和落实这样的考评制度，团队中就会形成培育全能工的机制。

5. 员工能力表现表清楚地显示出各个类别的达成率，让员工能够了解自己的能力水平。也就是说，这个表能够显示出员工的综合素质，可以让员工了解自己目前能做什么，不能做什么。更重要的是，店长要依据这个表拟定每个前厅员工的后续培养计划。

6. 每周进行考评后，一定要根据员工能力表现表和考评结果表与员工进行面对面谈心，设定下周考评前要达到哪些目标。每周如此不断地重复，才能真正培养出更多的全能工。

感叹员工难培养，全能工更难培养的店长，说穿了，一是怕麻烦，二是缺乏培养全能工的制度设计。各位店长可以认真琢磨上面的案例，结合自己店的特点对内容项目做增减，在各自店里试行一下。

专题十二 人才盘点

在落地执行环节，我们已经完成了跟进检查及考评两项内容。接着我们来进行人才盘点——之前多以事为中心，下面专门以人为中心。

一、什么是人才盘点

如果将一个团队比作一家超市，人才就相当于其中的货品。与超市的货品盘存类似，人才盘点需要弄清团队现在有哪些人，根据工作的需要，人员应该如何配置，需要什么样的人，谁合适，谁不合适，该重用谁，该淘汰谁，该招什么样的人。因此要把人才像货品一样盘齐、盘活。

"盘点"在餐饮行业更多指的是前厅和后厨的原料、物品的库存盘点，包括有什么，缺什么，原料物品的品质，原料的保质期，库存金额是多少，等等。

餐饮行业的库存盘点工作是十分重要的。例如，在一家知名快餐店，店长助理及出品主管轮流负责库存盘点，两个月轮换一次。在这两个月里，即使店长助理或出品主管休假不当班，也要晚上10点回来盘点。按品类的重要性，盘点分为日盘点（只盘点重要的）、周盘点（盘点所有的）、月盘点（盘点所有的）。盘点结果直接影响进货数量和每天的生意。此外，盘点工作还影响着每天、每周、每月的成本核算，包括浪费率、毛利率，最后反映在利润报表上。所以，盘点是餐饮团队十分重要的工作。

在这里，我们把盘点的思路用在人身上，应该以每个员工为单位，每季度开一次专题会议。在会上，店长和其他管理人员围绕季规划的执行情况，梳理各级员工的综合表现，看一看哪些员工属于"2"，哪些员工属于"7"，哪些员工属于"7+"，哪些员工属于"1"，还缺什么样的员工，并设计相应的行动方案。这就是人才盘点。事是人做的。这就好比打牌时我们会根据牌面理出打牌的思路，不断通过抓牌、理牌、换牌，一步步调出一手好牌，最后打赢每一局。人才盘点就相当于抓牌、理牌，目的就是要调出一手好牌（人才），帮助团队实现年规划和季规划。

二、为什么要进行人才盘点

（一）好事是好人干出来的

对店长来说，好事就是完成了自己的规划、年规划和季规划，最终取得了优异的业绩。

优异的业绩来自团队员工的敬业度，而店长及其他管理人员管理水平的高低决定了员工的敬业度。注意，是员工的敬业度，而不是员工的满意度。餐饮店为员工提供优质的员工餐和良好的住宿条件，每天还给员工发水果，管理人员关爱员工，等等，这些都与员工的满意度有关。而员工的敬业度指的是员工的工作能力与其工作的匹配程度和员工对工作的投入程度。我们也强调员工的满意度，但目的还是想提高员工的敬业度。

员工的敬业度决定了客人的忠诚度和餐饮团队的成本管控。客人的忠诚度比客人的满意度重要，因为客人会因忠诚而不断复购和不断进行转介绍。员工敬业还意味着浪费、人浮于事现象大幅减少，能使团队的成本费用控制在合理范围内。团队的收入增加，成本费用合理，利润就会增加。

利润增加、收入增加、成本费用可控是店长要做到的好事，但好事是有滞后性的，这些好事是店长的管理水平、员工的敬业度和客人的忠诚度在一段时间内融合后的结果。简单地说，店长的管理水平高，1~3个月就会反映在员工的敬业度上；员工的敬业度高，1~3个月就会反映在顾客的忠诚度上。依此类推，会依次反映到营业收入、成本费用管控上，最后体现在利润上。

以上提醒我们，人和事是不可分割的，好事终究需要一群好人来干。思路、规划、模式再好，想得到持续的好结果也离不开好人。

（二）人人都有惰性，必须定期"敲打"

在团队管理中，随着时间的推移，团队中的每个人都有可能产生惰性，除非你一直坚持跟进检查考评，坚持进行人才盘点，每季度持续进行"271"排序，坚持区分开来，区别对待，持续给予每个员工适当的压力。

1. 每季度、每年让优秀的员工冒出来

请问，是谁代表了一个团队的竞争力？当然是前20%的员工。70%的员工代表着团队的平均水平，10%的员工代表着团队的落后水平。对手挖人，一般都会瞄准"2"和"7+"类员工，没人会挖其他类的员工。

作为店长，在这方面你有一笔清楚的账吗？你的团队的总人数乘以20%，得到的数就代表着你的最有竞争力的员工的数量。他们是谁？思想、工作状态如何？走了多少？还有谁要走？只有通过人才盘点，店长和各级管理人员才能有效梳理自己手下的人才，把人才盯紧、看牢，同时让优秀的员工冒出来。

2. 把不合适的人找出来，把不合适的人的不合适之处找出来

店长要通过工作表现、业绩、员工价值观把"1"类员工找出来，把"1"类员工的不足之处亮出来。只有这样，才能让"7"类员工和"1"类员工警醒，才能真正打磨出团队的好风气。

当然，只找出"1"类员工还不够，还必须给他们讲明利害关系，指明改进的方向，讲清改进的步骤、方法和时限，并且也要盯紧、看牢。

（三）逐步形成自己团队的人才观

通过日、周、年的培训，以及开会、检查、每月的考评、每季度的人才盘点（"271"排序）和每年度的总结，店长和各级管理人员及员工就能逐渐对什么是人才达成共识，形成自己团队的人才观，知道自己团队需要什么人才，哪些人好用，哪些人必须提高，哪些人不能用，等等。

三、怎样进行人才盘点

（一）人才盘点的依据

打造持续健康的团队的体系是一脉相承的，有了前面的环节、专题技术，才能做好人才盘点。

思想统一：团队的目标、价值观是人才盘点的大方向。

规划目标统一：店长的规划、年规划、季规划是人才盘点要瞄准的靶子。

组织制度保障：有清晰的排兵布阵，明确的任务、计划和奖与罚制度，就有了十环的聚焦。

落地执行：有系统的日、周、月的跟进检查，用精准的月考评兑现奖与罚，就有了射中十环的压力与动力。

以上都是人才盘点的依据。

（二）人才盘点的时间

不建议餐饮企业以年度为单位进行人才盘点，因为餐饮企业的员工流动性大；应每月考评，兑现奖与罚，每季度进行人才盘点，让优秀的人冒出来，让不合格的人感受到压力和前进的拉力及推力。

（三）人才盘点的分工

对下级管理人员，以店长亲自盘点为主（占70%），厨师长、经理为辅（占30%）。对厨师长、经理的盘点，由店长一人操作。

对基层员工，由店长组织筹划（占30%），各级管理人员具体操作（占70%）。

（四）盘点谁

店长亲自盘点左膀右臂——厨师长和前厅经理。店长带领厨师长和前厅经理盘点其他各级管理人员。店长带领各级管理人员盘点员工中综合素质最优秀的20%和最差的10%。店长带领各级管理人员盘点团队中的技术骨干，就是团队中做菜的"匠人"和做服务的"匠人"，这些人往往有技术，但不太好领导，一定不要忽视了他们。

厨师长和前厅经理盘点手下其余70%的员工，结果由店长审定。

（五）盘点什么

双轨制盘点，就是从业绩（结果）和员工价值观表现两个维度进行盘点，两个维度的盘点各占50%。

有的店长错误地认为员工只要能干活，能出业绩（结果），其价值观不重要。从短期来看，盘点员工的思想、价值观、心态似乎对团队发展没有明显的作用。但是团队要想持续健康发展，对员工思想与价值观的盘点就显得十分重要了。业绩（结果）是明显的，但业绩（结果）一定是建立在员工的思想、价值观之上的。价值观与业绩（结果）一样，必须盘点。

盘点员工的价值观，不是听员工喊没喊价值观，喊的声音大不大，而是要看员工能否说清价值观，是否践行了价值观。比如，在前面考评环节的案例中，员工的价值观就被列在员工能力表现表中。

（六）怎样盘点——人才盘点执行三部曲

准备：首先根据日常的培训、开会、检查及月考评，整理好员工每季度的工作表现、工作业绩（结果）、践行价值观的表现，以及员工的基本资料，如入职时间等；然后，根据人才盘点的分工，各级管理人员对自己负责盘点的下级进行评价，包括下级的优点、缺点、排序（"271"）及下一步打算。

讨论：店长组织各级管理人员讨论对每一个员工的评价。

行动：讨论员工时，要确定这个员工下一季度的改善路线图和时间表，一定要白纸黑字地记录下来，并在日后跟进。

这里特别强调，人才盘点不是一堆表格、文字，而是借助表格、文字进行的讨论和付出的行动。没有讨论，没有行动，人才盘点就没有意义。

四、常见问题

一是相当多的餐饮团队没有进行人才盘点，或者人才盘点只是走形式。

二是人才盘点过于复杂，不实用。店长可以从员工的价值观、业绩（结果）的双轨角度，通过跟进检查和月考评，以季度为单位对下级管理人员及员工形成看法、评价，看法、评价要简单、真实。

三是人才盘点是打造持续健康团队体系建设的最后一环，所以必须以前面的11个专题技术为基础。这是许多餐饮团队进行人才盘点所欠缺的。

五、案例

我有一个朋友是一家面积近3000平方米的餐饮店的老板，同时兼任店长。该店开业6年来生意一直不错，我分享一下他的经验。

他一年主要做6件事：前四件事是在每季度最后一个月的后半个月，天天扎在店里，哪儿也不去，亲自抓人才盘点；第五件事是在每年的11月到12月，天天扎在店里，一手抓人才盘点，一手抓年度复盘，总结经验、教训，规划第二年及第二年每季度的1~3件事，同时根据人才盘点的结果进行排兵布阵，监督下级，定任务，做计划，调整奖与罚制度；第六件事是四处游学，参观先进的餐饮企业，与先进餐饮企业的管理者沟通，并且上课学习，不断反思自己。

他说:"我通过看、听、学,反思自己,通过对比先进,整理思路,打造健康的体系,打造可持续的团队。通过'用人'完成'做事'——人才盘点才是我的秘诀。"

至此,我们学习了目标、价值观、规划、年规划、季规划、排兵布阵、定任务、做计划、奖与罚、跟进检查、考评、人才盘点等12个打造持续健康发展的餐饮团队的专题技术,并形成了一个闭环,为餐饮店长展现了一套打造团队的管理体系,希望对餐饮店长有所帮助。如图3-5所示:

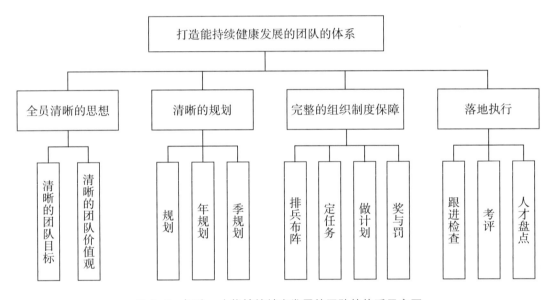

图 3-5 打造一支能持续健康发展的团队的体系示意图

第四章　打造员工都说好的团队

前面我从体系的角度讲了怎样打造一支持续健康发展的餐饮团队。在上一章中，我一直强调事在人为、人在事前。

餐饮店长的"事"就是持续出业绩，业绩从何而来？从开源节流而来。许多餐饮团队都十分重视开源节流，不断运用各种线上线下的定位广告、促销活动及不断创新菜品的经营方式来吸引客源，增加消费，同时在管控费用方面研究出许多好的标准和方法。但是，不要忘了，这些技术、标准和方法都离不开员工日复一日的落地执行——一切成果都是员工行为结果的积累。

许多餐饮店营业额不稳定，成本费用过高，品质不稳定，员工流失率高，根本原因不是没有好的传播技术、好的菜品结构和好的标准等，而是招不到人，招不到合适的人，留不住人，更谈不上调动人的积极性了。

事在人为。在上一章中我们只是简单地讲了有关人的问题——人才盘点。在这一章中，我们要着重讲人，系统地讲一下怎样打造员工都说好的团队。

第一节　什么是员工都说好的团队

一、"员工都说好的团队"的含义

（一）员工

要想实现餐饮团队的追求，第一要素是员工。餐饮团队最大的财富是员工。几乎所有餐饮团队都这么说，但是又有多少餐饮团队真的是这样的呢？

我认为，要在"员工"这个词前面加一个限定语，即"认真负责和管理有效的"，也就是说，不是工资表上所列的所有人都算团队的财富。要成为餐饮团队的财富，员工需要做到认真负责，否则就会成为餐饮团队的累赘。

所以，我们这里说的员工是指认真负责的员工。

（二）都说好

员工做到了认真负责，那餐饮团队需要做什么呢？与员工认真负责相匹配的，是餐饮团队管理有效。不然，即便招来的员工或培养出来的员工都是认真负责的人，团队若没有恰当的管理机制来确保对员工的有效管理，也无法让员工变成餐饮团队的财富。为此，餐饮店长必须建立自己团队的人力资源管理机制，确保认真负责的员工都说团队好。

有效的人力资源管理机制是指合适的店长及其他管理者通过合适的思想工作、骨干培养、专业培训、重点关爱员工、作风培养、竞赛、荣誉体系等方面，让合适的员工对团队产生向心力。

"都说好"，就是用机制处理好一组矛盾——尊重员工的个性需要与餐饮团队集体奋斗之间的矛盾。前面讲过，一支餐饮团队是由20%的优秀员工、70%的中间员工和10%的落后员工组成的，"都说好"，具体来说就是通过有效的管理，让所有员工或20%和70%的员工在团队里开心地工作，并成为能为餐饮团队创造财富的员工。

在有效管理的前提下，认真负责的员工是餐饮团队最大的财富。那么，领导好这笔最大的财富就是餐饮店长的基本职责。

（三）团队

所谓团队，就是一种为了实现某一目标而由相互协作的个体（人）组成的正式群体。团队的意义是合理利用每个成员的知识和技能协同工作，解决问题，达到共同的目的。

简单地说，团队就是为了达成共同的目标而相互协作的一群人。也就是说，为了让人相互协作，必须有共同的目标，并建立便于大家达成目标的机制，这样才能形成一支坚强有力的团队，一支最强团队。

从餐饮店长打造团队的角度来理解，最强团队有两个要点：

一是团队有统一的思想，大家有共同的目标和价值观。比如，大家都有利他精神、责任意识、敬业精神、创新精神、团队精神。

二是团队有合理的利益分配机制，能让团队与员工个人形成利益共同体，让认真负责的员工多劳多得。

总之，员工都说好的团队，就是指一群认真负责的员工在有效的管理下，形成思想统一、分配合理、有凝聚力和战斗力的团队。

二、为什么员工都说好的团队重要

市场机会、团队、技能和产品是餐饮团队成长的主要牵引力量。这四种力量之间是相互作用的：市场机会牵引团队，团队牵引技能，技能牵引产品，产品牵引更多、更大的市场机会。加大这四种力量之间的牵引力度，促使它们之间良性循环，有助于餐饮团队的成长。

所谓市场机会，就是指客人的需求和客人痛点，也就是市场需要什么样的餐饮团队给客人解决什么样的问题。市场机会是餐饮团队成长链条中的源头。错失了市场机会，餐饮团队必会失败。

可是，餐饮市场有那么多的机会，餐饮团队不可能把每一个机会都把握住，让每一个机会都成为团队成长的动力。那么如何将机会转化成团队成长的动力呢？这就需要一个传动机制，就好比要将油箱中存储的汽油变成汽车行驶的动力，需要经过发动机、变速箱和转动的轮胎相互配合才能最终实现。

在餐饮团队的牵引力系统里，最后一个力量是产品。这里所说的产品指的是餐饮店提供给客人，用于满足客人需求的任何东西，如菜品、服务、环境、品牌、价格等。产品是连接餐饮团队和客人的直接桥梁。餐饮团队能够获得成长、把握机会，最直接的原因是客人说你的产品好。最强餐饮团队的一切优势，包括出色的技术、服务、出品，以及强大的品牌等，最终都必须融入产品，传递给客人，让客人体验。

餐饮团队牵引力系统的第一个力量是市场机会，最后一个力量是产品，意味着餐饮团队要致力于提供可以让自己把握市场机会的产品。这之间的两个关键性的传动力量是技能和团队。

缺乏技能，就不可能有好的产品。我们总希望面对客人的时候可以骄傲地说："来我们店就餐吧，我们是最棒的。因为我们的厨师技能好，服务员技能好，装修设计师水平高……"这说明技能牵引产品，没有好的技能就很难有好的产品。

而技能又依赖团队，因为团队的优秀程度决定了技能水平的高低。技能必须靠团队承载，不可能有离开团队而独立存在的技能。

追溯源头，只有优秀的团队才能把握住机会。所以员工都说好是最强团队的标配之一。

那么，怎样打造员工都说好的团队呢？除了要做到本书前三章所讲的内容外，还有三步要做：招对人，强大人，进行生活团建。

第二节　招对人

招对人是打造员工都说好的团队的开始。

一、什么是招对人

我经常给餐饮店长讲市场机会、团队、技能、产品之间的相互作用，特别强调打造餐饮团队是餐饮店长最重要的基本职责，招对人是打造团队的根本。但是，许多店长不以为然。就像一位店长对我说的："老师，您讲的都对，道理是这样的，但是现实是我们招不到人，不好招人。在这种情况下，谈什么打造团队！另外，招人这种事，关键在于老板、企业要给政策，人力部门要给力。我们店长的主要精力要投放到业务上，所以在招人上我们心有余而力不足。"对此，我不以为然。

说招不到人是夸大事实，毕竟这么多的餐饮店还是有员工的。但是，不好招人的确是现实情况。不好招人是制约餐饮行业发展的严重问题，如果不解决这个问题，餐饮行业难有质的提高。但是，这个问题非常复杂，既涉及投资人的使命、价值观和政策、方针，也涉及成本费用结构和分配结构，还有餐饮职业经理人（店长等）的专业管理技术的原因。

在这里，我想从餐饮店长的角度来分享我的思考：在现有条件下，我该怎么办？能否从自己的专业角度探索出路？也就是说，归因于内。作为一名店长，我在招人、招对人方面能否做得更好？毕竟，现在的市场机会我们还是要想尽方法去把握的。

餐饮店长在招人时常犯四种错误：

第一，抱着"是人都是员工"的想法盲目招人。很多店长为招人的事所困、所急，碰到来应聘的人，就抱着"是人都是员工"的想法将人招进来。在需求岗位的特征、要求、职责，岗位需要什么样的人，所需员工的基本素质、基本心态（价值观）、技能等方面没有设定任何标准，只是为了招人而盲目招人。

第二，对有一定从业经验的"空降兵"有过高或不合理的期望。许多店长会因"空降兵"有一定的从业经验，而对他们期望过高。结果，"空降兵"到岗后，或因"水土不服"，或因不适应团队文化而最终离开。例如，近年来一些餐饮企业热衷于招从某些优秀餐企离开的员工，但是这些人中能真正"落地生根，开花结果"的却寥寥无几。

第三，招够人后就停止招聘。很多店长为空缺的岗位招到人后就停止了招人，完全不考虑所招的人能否稳定地工作，能否适应本团队的要求等问题。所以，即使招到了人，招人的工作也不能停下来。餐饮团队需要天天面对客人的更高要求和激烈的市场竞争，以及本行业固有的员工流失率高的特点，所以应该从增强团队实力的角度进行招聘，而不是急于补充人的空缺，这样既浪费钱又浪费时间。

第四，招到不合适的人后将就使用。有的店长明知招到的人不合适，但苦于无人可用，考虑到时间成本、精力成本、费用成本，还是硬着头皮用。这是店长招人时容易犯的最大错误。

一般来说，对新招的人，在一个月内店长就会发现他是否合适。一旦发现招错了人，店长必须马上劝退他，拖得越久，其破坏力就越大。不合适的人就像病毒一样，会影响整个团队的士气、文化，影响客人的体验，把客人往竞争对手那里赶。

无论什么时候，都请店长牢记：招人的时候永远别急，也别妥协，你是在给你的团队打基础，餐饮店是个天天要留住客人的地方，别为了短期的安逸而牺牲了长期的利益。

那么，什么是招对人呢？

招对人就是在恰当的时间把合适的人放在能满足其发展的岗位上。只有招对人，才有可能让对的人说团队好，因为大家相互合适了才会好。

招对人是店长的事。在有的餐饮企业，经常会出现这样的场景：人力部门招来的员工工作一段时间后，不符合岗位要求或自动离职了，人力部门和店长互相推诿。这是不正常的现象。招人是店长的事，人力部门只是起辅助作用。店长必须把大量的时间和精力用在招对人上，因为店长的业绩是对的人干出来的。店长要为自己的业绩负责，就必须从源头抓起。

招对人是店长知道自己需要什么样的人。店长要清楚自己要招什么样的人，就必须认清团队的目标、价值观和规划。对店长招对人起决定作用的，其实就是团队的目标、价值观和规划。店长只有做到规划清晰，才能决定用什么样的人、如何进行分工等，最后再确定招什么样的人是对的。

在此，我向店长们提几个问题，帮助店长们梳理一下对招对人的理解：你是否清楚地知道自己团队的目标和价值观？你是否清楚地知道为了实现这个目标，遵循这个价值观，所需要的团队人才的构成方式？你是否清楚地给所需人才进行了素质画像？你能否清楚地对现有员工进行人才盘点？你是否清楚地知道当员工能力不够时应该怎么办？对这五个问题，如果你不能很快地回答，那么你可能正处于不知道自己要招什么样的人的困境。

我在这里说的招对人，不仅是指人员的招聘，而且是指餐饮团队成长的路径：为了在竞争中脱颖而出，必须有好的产品品质，而好的产品品质需要人才来打造。因此，店长要根据团队的需要，筛选并培养出相应的人才，确保团队的成长进步。

二、招错人的成本是巨大的

有一次，我去听课，老师问了一个问题："如何能让猪上树？"有的学员说："给猪讲故事，向猪许下美好的愿景，简称'画饼'。"有的学员说："告诉猪，如果它上不了树，晚上就杀了它吃肉，简称'绩效'。"有的学员说："帮猪减肥，教它技能……"老师说："猪真的能上树吗？要找一种动物上树，为什么一定是猪呢？为什么不能是猴子呢？为什么你们的眼里只有猪？"

一般来说，店长因为招人不容易，就认为即便招错了人也比没人可用强，至多是浪费几个月的时间与工资等。实则不然。招错人最大的风险是错的人会不停地做错事，不停地得罪客人，造成浪费，甚至破坏团队的风气，损害团队的整体利益。请店长们认真思考一下：一家餐饮店的种种问题，比如出品质量不稳定，服务、卫生质量低下，员工流失率高，员工成长慢，等等，源头是不是都出在招聘上？招错了人，一切都无从谈起。

餐饮企业的确不好招员工，缺员工。但是，餐饮企业难道不缺客人吗？以错的人面对客人，能给餐饮企业带来什么？另外，错的人不但不会说团队好，还会影响整个团队的风气。

那么，怎样做才能招对人呢？

店长招对人不是指直接招对员工，而是指从选强"将"（专题十三）开始，然后招精"兵"（专题十四）。

专题十三 选强"将"

要选强"将"，"将"强则"兵"强。

俗话说"兵熊熊一个，将熊熊一窝"，选强"将"是打造员工都说好的团队的第一个关键点。

一、什么是选"将"

企业最大的资产是人，餐饮团队的成功从招对人开始。招对人分为选"将"与招"兵"，先选"将"后招"兵"。

这里说的选"将"，是指店长和厨师长按一定的程序、方法选拔自己手下的各级管理人员。

二、选"将"的重要性

在竞争日益激烈的今天，企业都强调人才是核心竞争力，但华为的创始人任正非却说："人才不是华为的核心竞争力，对人才进行有效管理的能力才是企业的核心竞争力。"这句话为我们点出了餐饮店长要选"将"的原因。

我在对许多餐饮团队进行调研的过程中发现，大量基层员工离职、工作积极性低、工作能力差都与基层管理者的素质有极大的关系，严重阻碍了团队的发展。由此可见，餐饮团队的核心竞争力不是人才，而是合理配置使用员工（人才）的能力。强"将"往往具备这种能力。强"将"对于餐饮团队能否打胜仗，能否令员工都说好至关重要，餐饮团队（店长）的目标、规划要靠强"将"来执行落地。

一头狮子领导的一群绵羊可以打败一只绵羊领导的一群狮子。

餐饮店长如果不重视选"将"，就会花更多的精力不断地收拾烂摊子。

三、怎样选"将"

（一）最好的选"将"方式是员工推选

1. 员工的眼睛是雪亮的

为什么说最好的选"将"方式是员工推选呢？因为员工的眼睛是雪亮的，员工推选出来的"将"，会更适合餐饮团队当下的发展。

有的店长在选"将"时喜欢自己"钦点"，提拔自己认为优秀的员工，但这样的管理人员往往会过早"夭折"。为什么？因为他们尽管能吃苦，有专业技能，但是缺乏群众基础，不善于"带兵"，最后导致干群关系紧张。

有的店长在选"将"时会招聘"空降兵"，从外部引进"将"，但这些"空降兵"也有许多因"水土不服"而最终"阵亡"。为什么？因为他们不了解团队文化，又缺乏群众基础，只按自己以往的方式"带兵"，最后导致干群关系紧张或脱离实际。

我认为，"将"必须由员工推选，因为员工推选出来的"将"大多是与员工一起在一线奋斗过的人，专业能力强，能让员工心服口服；而且，他们一般具有较强的领导能力与人格魅力，是经受了员工检验并得到员工信任的人。

让员工推选"将"，让员工检验"将"，可以使店长筛选出既能打胜仗，又能掌控局面的"将"，同时为打造让员工都说好的团队打下坚实的基础。

2. 得人心者得天下

员工推选出来的"将"更得员工之心。正所谓"得道多助，失道寡助"，只有有情商、能赢得员工之心的"将"，才能让团队上下一心，才能有效降低员工流失率，让员工心甘情愿地将各项计划、制度落实到位。得人心者得天下，得员工之心的强"将"才更容易带出一个劲儿往一处使的高效率团队。

如果一个"将"（如经理、主管、领班）没有得到员工的心，没有得到员工的拥戴，那么他即使再忠诚，专业能力再强，也无法带领自己的团队进步。管理者强，但团队不强，必将导致 100−1＝0 的结果。

3. 员工推选是店长选"将"的必要程序

员工推选不是指完全由员工投票选"将"，而是指员工推选（投票）是店长选"将"的一个必要程序。

餐饮行业的一线管理者，尤其是经理、主管、领班，工作环节多而烦琐，员工的文化程度和认知水平低，因而不能完全用员工民主投票的方式来选"将"。但是，为了增强基层管理者"得人心"的意识和能力，又应设计民主选"将"的机制。所以我建议，店长选"将"可以用"员工推选＋领导推选"的模式，即员工推选占50％，店长（厨师长）推选占50％。将员工所投的票数与店长（厨师长）所投的票数合计，算出总票数，达到一定标准的人就能当管理者。

（二）年度选"将"

在员工推选的原则下，店长可以将选"将"分为年度选"将"与日常选"将"两种方式。这里先讲年度选"将"。

1. 年度选"将"机制

（1）确定时间。

一般来说，店长进行年度选"将"的时间应在每年的3—4月——刚刚完成一年中最忙的春节接待。

（2）职务清零。

每年到了年度选"将"的时间，团队中的经理、主管、领班都会职务清零，就是清除这些管理者上一年的职务，让其通过竞争获得连任、升职的机会。职务清零的核心是打破管理者终身制，让大家凭借竞争结果上岗。

（3）重新竞争上岗。

在团队内部，职务清零后，原来的管理者必须重新竞争上岗，这对团队来说是一次洗牌，可以让原来的管理者心存敬畏，让更有能力的人通过竞争成为管理者。能力有所不足的管理者要么下来继续打磨，要么迎头赶上，从而在团队内部形成一股向上发展的力量，推动整个团队的成长。即使无人与原来的管理者竞争，他们也要经历这样一次"洗礼"。

在重新竞争上岗阶段，原来的管理者需要述职，并提出来年的工作方向与计划，然后由员工和店长（厨师长）共同投票选出合格的新任管理者。

餐饮团队采用竞争上岗机制，对团队的管理者而言，并非上了岗便从此高枕无忧了，而是时刻要有下岗的危机意识。因此，管理者要始终坚持学习，不断提升自身的能力，否则在第二年的竞争中很难连任，或者会面临诸多尴尬。

我在一家实行年度选"将"制度的餐饮店与一位即将参与竞选的主管沟通时，她对我说："我在这里工作了两年，下岗又上岗两年，一会儿要上台竞选，我还是很紧张。"我对她说："真金不怕火炼，别怕炼，真金就是炼出来的。"

2. 年度选"将"流程（图4-1）

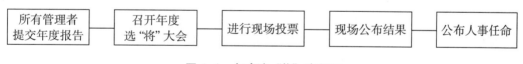

图4-1　年度选"将"流程图

（1）所有管理者提交年度报告。

各位管理者向店长提交年度报告，让店长了解其工作情况及未来的工作思路和计划。一般而言，年度报告不用长篇大论，主要包括三部分：开场白，主要业绩，存在的问题与改进措施。

开场白：各位管理者需要在这一部分说明自己的职位与职责，以及竞选的目标岗位。

主要业绩：这是最重要的部分，必须着重说明，包括是否履行了职责、工作目标是否达成、是否有突出的业绩以及自我评价等。简单地说,就是要回答三个问题:完成了哪些工作?通过何种方式取得了什么成果?对自身的工作评价如何?(如果前面讲的过程管理做得扎实,回答这些问题并不难。)在这一部分,需要用数据说话,用结果说话,以确保年度报告的真实性。

案 例

某餐饮店前厅 A 区主管和凉菜档主管的年度报告中使用的数据表格

2020—2021 年度数据达成及 2021—2022 年度数据目标表

A 区主管

项目	2021年目标数据	2021年实际数据	达成率	2022年目标数据
销售额				
人效				
正式工与小时工人数比				

2020—2021 年度数据达成及 2021—2022 年度数据目标表

凉菜档主管

项目	2021年目标数据	2021年实际数据	达成率	2022年目标数据
销售额				
人效				
退换菜				

存在的问题与改进措施:主要总结工作过程中出现的问题,以及针对这些问题的解决与改进方案。在这部分内容中,需要做到一问一答,重要问题在前,小问题在后,主次要分明。解决与改进方案必须具体,让大家一听就能明白。

通过年度报告,店长可以了解各位管理者的业绩,并对他们进行评判,初步筛选出能力出众的强"将",做好人才储备工作。

(2)召开年度选"将"大会。

在各位管理者提交年度报告之后,要召开年度选"将"大会,让竞选者面对大家进行述职,让团队筛选出合格的"将"。

召开年度选"将"大会时,竞选者抽号排序,轮流演讲,每人不超过10分钟。需要注意的是,在演讲之前,店长(企业)要让竞选者签署承诺书,避免以后出现纠纷。

案例

某餐饮店年度竞争上岗承诺书

我自愿参加＿＿＿＿＿＿在＿＿＿＿年＿＿＿月＿＿＿日举办的2022年度选"将"大会。我述职的职位是＿＿＿＿＿＿＿＿＿＿＿。

1. 当场参加公投员工（所有人）支持票数超过或等于总票数的2/3（66.67%），视为胜任岗位工作，可以发布任命。

2. 当场参加公投员工（所有人）支持票数超过或等于总票数的1/2，但不足2/3（66.67%），视为不能完全胜任岗位工作，可以做调岗（含中短期降职、降薪，以及降职、降薪）处理。

3. 当场参加公投员工（所有人）支持票数低于总票数的1/2，视为完全不能胜任岗位工作，可以做免职或调岗处理。

特此承诺。

承诺人：＿＿＿＿＿＿＿

时　间：＿＿＿＿＿＿＿

（3）进行现场投票。

年度选"将"大会结束后，进入现场投票环节，这是最核心的一步。

在这一环节中，首先要确定总票数，即有哪些人投票及总票数是多少。例如，有的餐饮团队是不分前厅和后厨，全员都投票；有的餐饮团队是前厅投前厅的，后厨投后厨的。

其次要确定员工和店长（厨师长）的票数。因为餐饮企业的特殊性，我建议除店长（厨师长）之外的员工一人一票，员工票数占总票数的50%；店长（厨师长）个人的票数占总票数的50%（餐饮团队可以根据自身的情况调整该比例）。

所有的现场投票都是无记名投票，由公司派人进行现场统计；也可以采取手机线上投票的方式，后台自动统计票数。

（4）现场公布结果。

现场公布结果，即根据规定公布，获得票数超过2/3的人员可晋升（当选），获得票数在2/3以下、1/2以上的人员调岗、降薪或试用一季度，获得票数为1/2以下的人员则无法晋升（当选）。

投票、计票工作要在员工的监督下进行，避免暗箱操作。这样不仅可以提高员工对投票结果的认可度，还有利于团队信任关系的稳固。

（5）发布人事任命。

由店长发布人事任命。这样不仅能够保障所有员工的知情权，还有助于提高人事任命的准确性。

当然，事情没有绝对的，总会有特殊情况出现。如果一个能力强的"将"获得的票数低，店长可以向下展开调研，了解票数低的原因。

店长可以借鉴上面的流程，重新梳理团队员工之间错综复杂的关系，并根据现实情况及时跟进岗位调整，让团队内部关系简单化，实现任人唯贤。

（三）日常选"将"

餐饮团队（店长）日常选"将"是指因人员离职或个别管理者能力不足，需要补充或换"将"而进行的选"将"操作。其流程与年度选"将"基本相同：先确定1~2名候选人，再请候选人做提案报告，提案报告与年度报告内容基本相同。

在餐饮团队，不论是内部候选人还是外部"空降"的候选人，每一个参与日常选"将"的员工都必须做提案报告。提案报告包括候选人以前及近期的工作成果，对团队的贡献，对团队目标、价值观的认识，以及结合本职工作对团队发展提出的一些可行性建议，等等。通过提案报告，店长及员工可以加深对候选人的了解，提高选"将"的质量。

注："空降"的候选人一般是不能直接做管理者的，必须经过不少于一个月的磨合期，然后按日常选"将"的程序参选。

1. 员工现场投票

候选人做完提案报告后，员工进行现场投票。与年度选"将"一样，员工投票占50%（前厅员工和后厨员工可以分开投票），店长（厨师长）投票占50%。获得票数超过2/3的人员可当选，获得票数在1/2~2/3的人员可调岗、降薪或试用一季度，获得票数在1/2以下者无法当选。

2. 发布人事任命

日常选"将"的最后一个环节是店长面向团队所有人发布人事任命，通过公告的形式让日常选"将"变得更加正式。

日常选出的"将",到年度选"将"时,只要在管理岗位工作满一个季度,就必须参加年度选"将"程序。

特别提醒:经员工推选出的"将",对员工都有充分的敬畏。

专题十四 招精"兵"

招精"兵"是团队人才的入口。

经常有餐饮店长向我大倒苦水:"李老师,现在招人真难啊!我们总是招不到合适的人才!"

诚然,如今餐饮行业招不到人确实是一大难题。为什么招人难呢?

从客观上说,中国正在逐步进入老龄化,人口红利时代即将结束,再加上餐饮行业对待员工的薪资结构设计、福利保障制度设计落后于时代,给餐饮团队的人才招聘带来了极大的困难。据我调研,越年轻的员工群体,其在职时间越短。目前,"00后"的平均在职时间是两个月。有位餐饮店长还总结出不同年龄段员工对待离职的不同看法:40岁以上的员工,薪水不高就离职;30—40岁的员工,薪水不高又辛苦就离职;25—30岁的员工,感觉不爽或感觉没有发展空间就离职;25岁以下的员工,想换个工作试一下就离职。

随着时代的发展,员工的诉求越来越多元化,使得餐饮店长不仅面临招人难的问题,在管理方式上也面临挑战。

除了客观因素,餐饮店长招人难在很大程度上还受主观因素的影响,也就是餐饮团队自身存在问题,而且这是造成招人难的主要原因。

许多餐饮店长目前面临以下三大现状:

第一,招不对——标准不清晰。

我经常听有的老板、老总吐槽店长:"你们怎么把这样的人招进来了?"实际上,出现这种情况不能全怪店长。一部分是因为前面说的客观原因;主要原因是企业或店长没有提供清晰的岗位说明书,这就导致岗位人才标准不清晰。如果餐饮团队在招聘时连起码的招聘岗位人才标准都不清晰,得到的结果可能是两种:一种是标准是错的,会排除对的人;一种是没有标准,可能招来坏事的人。

所以,店长在招人之前,一定要有清晰的人才画像,或树立适合自己团队的人才观,然后对照里面的每一个标准来判断所招的是不是对的人,或者把人招进来后需要他恶补什么。

第二，招不到——渠道不匹配。

很多餐饮店长认为招聘就要广撒网，线上、线下火力全开。这样做不仅会使团队的招人成本不断增加，还效果平平。一位餐饮店长对我说："我们每年光是线上招聘平台的年费就要花五六万元。确实有咨询的，也有来应聘的，但是入职的、留下的很少，表现好的几乎没有。"

选择正确的、适合自己的招聘渠道，不仅能招到合适的人才，还能降低招聘成本。而一旦选错渠道，比如，餐饮团队招聘基层员工选择线上平台，不但招不到合适的人才，还有可能导致付出的费用失去意义。

所以，店长要想招对人，就要找到匹配的招聘渠道。店长对招聘渠道的掌控能力，决定了招到对的人的数量和质量。

第三，招不好——识别不准确。

餐饮团队在招人时，往往会因缺人手而不认真识别，忽略了应聘员工的心态（价值观）、性格等是否与团队相匹配，最终的结果是招进来的人要么快速离职，要么长时间错误连连。这是招人时识别不清导致的。

这样的弯路，餐饮企业几乎天天在走。不合适的人，有的教不会，有的成长太慢，导致餐饮团队的服务、出品质量十分不稳定。一方面不断通过花钱搞促销吸引客人，一方面却不断在店里得罪客人，竹篮打水一场空。

我认为，餐饮店长应遵循宁缺毋滥的原则，不要一味追求人数，而应立足于寻找合适的人、能培养的人，也就是招对人。

餐饮店长要想招到对的人，需要清楚地回答四个问题：我想招什么样的人？这些人有什么需求？从哪儿招？如何招？相应地，招对人有四部曲：人才需求、人才画像、人才来源、人才识别。

一、人才需求

这里说的人才需求，不是餐饮店长想招什么样的人，而是指餐饮店长要知道各种类型的员工的需求是什么，这一点在招人难的时代非常重要。至于餐饮团队想招什么样的人，我在后面的"人才画像"中会做介绍。

（一）知道员工的需求是找到、吸引对的人的关键

请看下面四个问题：

问题一：你想在一家两年后就会倒闭的餐饮店工作吗？

我想，答案当然是"不想"。

问题二：你想在一家两年后不知道会不会倒闭的餐饮店工作吗？

不用说，答案也是"不想"。

问题三：你想在一家可以清楚地预见两年后会大幅发展，你自己会加薪、升职的餐饮店工作吗？

想必大多数人都会回答"想"。

问题四：你告诉过前厅、后厨的员工或兼职工、小时工，一两年后企业的发展前景和每个员工有可能获得的发展空间（或涨多少工资）吗？

各位店长怎样看待以上问题？

事实上，问题一和问题二中的"会倒闭"和"不知道会不会倒闭"肯定会让员工感到不安。消除员工的这种不安非常重要。为什么？因为这种不安必会变成怀疑、不信任。

一次，一个高档餐饮店的店长为店里一个优秀服务员要辞职的事来找我商量。这个员工是店长费了很大精力才招来的资深服务员，才入职七天就想辞职。店长问她理由，她的回答是："在这家店一直做下去没有前途。"店长本来非常看好这个员工，所以听到这样的回答深受打击。店长对我说："她非常优秀，特别适合我们店。我为她争取的工资、奖金是相当高的，跳槽去别的店不会有这么多。可是她为什么还要辞职？"

这种现象在餐饮行业很常见。为什么明明收入不算低，员工还想离职呢？

美国心理学家亚伯拉罕·马斯洛曾提出，人类的需求分为五个层次，呈金字塔形。我把这个理论用于餐饮团队，结果如表 4-1 所示：

表 4-1 餐饮员工需求层次表

马斯洛的人类需求 五层次理论		主要内容	餐饮员工的需求
五层	自我价值实现需求	追求、实现梦想的需求	想挑战新高，想成为管理者，想让周围的人刮目相看，想当老板
四层	受尊重的需求	获得他人认可的需求	想被店长等管理者需要，想被客人需要，想被同伴需要，想升职或涨薪

续表

马斯洛的人类需求五层次理论		主要内容	餐饮员工的需求
三层	归属与情感需求	融入团队或在团队中有良好人际关系的需求	想在店里有良好的人际关系，认识更多人，与更多人交往
二层	安全需求	保护自己免于危难的需求	不希望员工餐、住宿条件差，希望免遭上级的白眼，不希望奖金、补助低（或没有），不希望工作条件差
一层	生理需求	吃、住、睡等基本需求	不希望无宿舍，不想吃不饱，不希望基本收入太低或延迟发工资

上文案例中提到的收入，以马斯洛的人类需求五层次理论来说，属于第一层和第二层需求。人类在低层次的需求得到满足后，就会追求高层次的需求（由第一层至第五层）。也就是说，员工有了满意的收入后，追求的是这样的环境：被店长等管理者需要并尊重；在这家店有自己应当完成的目标或获得的发展；在这家店工作，对自己将来的成长和发展有很大的好处。

然而，现实中许多餐饮团队连员工低层次的生理需求和安全需求都不能很好地满足。一些老板、店长觉得把钱花在那上面会增大费用。

我想问一问各位店长：你们在人力上花了多少钱？在人才招聘上投入了多少精力？

为了不增加费用，所以必须花的钱不花→招不来对的人，留不住对的人→客人不满意，导致收入下降以及浪费增加。这是现在许多餐饮团队中出现的人才恶性循环。

今后的时代，连员工的生理需求和安全需求都满足不了的餐饮团队一定会被淘汰！

上文所讲案例中的店长为员工争取了高收入，高档餐饮店的工作环境和条件也良好，那么那个员工究竟为什么要辞职呢？我找那个员工谈话，知道了原来是因为店长一直没给她讲明白对这家店、这个企业以及员工本人未来的期望。我知道这位店长有很多规划，如"如果明年利润再多一点，可以给她加薪；如果她表现好，可以提拔她当管理人员"等等。可是店长只在脑子里这样想毫无意义，更重要的是要不断向员工传达团队和对企业的目标，以及对员工未来的期望。

尤其是现在的员工，不论年龄大小，文化程度高低，都对自己的未来（下一步）会是什么样的，或者自己能有什么样的成长有着高度的要求。

近几年来，我在餐饮行业员工离职原因调查研究中发现，现在的员工对自我成长的渴望竟如此强烈。数据表明，"收入、待遇"排在"自我成长""开心"的后面。

人应该都愿意在能想象到自己未来的样子和成长的地方工作吧。餐饮店长一定要将自己的团队打造成这样的地方，才能招对人，留住人。为此，餐饮店长自身要先设想自己和团队未来的样子和目标。

在现在的用工环境下，餐饮团队必须能够不断招到新员工。下面我讲一讲其中的原则——依据招聘对象分析吸引人来应聘的关键词。

（二）依据招聘对象分析吸引人来应聘的关键词

首先听听两位餐饮店长的牢骚话。

张店长是一家火锅店的店长，他说："我天天在门口摆招聘启事，都一个多月了，却没招到一个人。附近一家竞争对手也在门口摆了招聘启事，招到了好几个新人。我们店的条件跟他们的一样，为什么没有人来呢？"

刘店长是一家日料店的店长，他说："我们店供应的日料食材新鲜，性价比高，前面那家日料店根本不如我们，不知道为什么生意却比我们好。"

乍看这两位店长的牢骚，一个是关于招人的，一个是关于集客的，似乎风马牛不相及，但其中却暗藏着一个重要的共同点。

一家是工作条件非常好却招不到员工的火锅店；一家是产品非常好且性价比高，却吸引不到客人上门的日料店。这两位店长究竟有什么共同点呢？答案是他们没有把工作条件好和产品性价比高的事实传达给求职者和客人。反过来说，这两家店的竞争对手正是因为让别人感受到了工作条件好、产品性价比高，才招到了人、集到了客。

现在的许多餐饮店长一直在努力提高自己团队的管理、沟通水平，而且不断改善团队员工的工作和生活条件。但是，他们是否持续对外宣传了自己的团队对员工很友善呢？

许多餐饮店长往往以为招人属于内部管理的一个环节，其实它与集客一样，营销手段是很重要的部分。思考要将什么内容用什么方法传达给什么人是营销手段中的关键。

店长要先思考"什么内容"和"什么人"。

工作条件好或对员工很友善的团队，其定义因人而异。前面我将马斯洛的需求五层次理论用于餐饮行业，对思考这个问题有很大的帮助。依据我调研的餐饮行业员工的需求，我整理出吸引人来应聘的关键词，如表4-2所示：

表4-2 餐饮行业吸引人来应聘的关键词表

（○表示关键，△表示一般，空白表示无吸引力）

马斯洛的人类需求五层次理论	主要内容	餐饮行业吸引人来应聘的关键词	男学生员工	女学生员工	小时工	中老年员工	年轻新员工	熟练工
五层 自我价值实现需求	追求、实现梦想的需求	员工入股、身股制度					○	○
		企业不断拓店的计划					○	○
		内部提拔机制					○	○
		完善的学习、进修制度	○	○	△	△	○	○
		鼓励创新的制度					○	△
四层 受尊重的需求	获得他人认可的需求	公平的团队考评制度	○	○	△	○	○	○
		定期加薪、升迁制度	○	○	△	○	○	○
		完善的精神激励制度	○	○		○	○	○
		不论资排辈的团队文化					○	○
三层 归属与情感需求	融入团队或在团队中有良好人际关系的需求	有丰富的娱乐活动	○	○	○	△	○	○
		有年纪相仿的同事	○	○	△	○	△	
		定期举办员工团建活动(如近途游玩)				△	○	○
		定期举办聚餐活动	△	△	△	○	○	○
		总有新员工进店				○		
		店长等管理人员有个人魅力	△	○	△		○	○
二层 安全需求	保护自己免于危难的需求	离家或学校近	○	○	○	△		
		女性专用更衣室完善		○	○	△	○	△
		有相关保险				○	○	○
		管理人员和气地对待员工	○	○	△	○	○	○
		有各种奖金、补助	○	○	△	○	○	○
		每周有一天假					○	○
		有法定节假日补助、补休制度				○	○	○

续表

马斯洛的人类需求五层次理论		主要内容	餐饮行业吸引人来应聘的关键词	男学生员工	女学生员工	小时工	中老年员工	年轻新员工	熟练工
二层	安全需求	保护自己免于危难的需求	员工餐丰富可口	○	○		○	○	○
			员工住宿条件好				○	○	○
			有员工申诉制度	△	△				
一层	生理需求	吃、住、睡等基本需求	基本工资（时薪）高	○	○		○		
			有员工宿舍	△	△		○		
			员工餐能吃饱	△	△			○	
			工服好看		○			○	
			工作环境好，工作量能接受	△	○	△	△	△	△
			必要时允许请事假	△	○	△	○	△	△

对照许多餐饮店的招聘启事就可以发现，许多餐饮店主要回应了第一层、第二层的低层次需求，对第三层至第五层的需求，要么没有涉及，要么笼统地一笔带过。

只要求满足第一层、第二层需求的应聘者，由于只看工资和待遇挑选工作，因而有离职率较高的倾向。

今后的时代，餐饮团队在招对人方面，不能不先建立可满足第三层至第五层需求的制度，然后在招人时清楚地传达出"我们团队的工作环境是友善的"或"加入我们就会有什么样的成长"。

讲到这里，我想店长们应该了解了招对人的招聘启事应有的关键词。

（三）针对人才需求，设计必要的招聘广告内容的重要组成部分

接下来，餐饮店长要将"本店是对员工友善的店"宣扬出去，具体来说就是要在招聘广告中写出相关内容。

有的餐饮店能不断招来员工，它们的共同特征是：它们十分清楚各类求职员工并不知道哪个店可以让人成长或工作条件好、对员工友善，所以才要在进店工作前先搞清楚这家店的用工特色。

今后的时代，餐饮人才将会集中到那些能做到并善于宣传自己是如何善待员工，能帮员工成长的餐饮团队。

二、人才画像

明确求职员工的需求后，餐饮店长接下来要进行人才画像。通俗地说，人才画像就是店长把自己想招的人的特征，像画家进行画像一样描述出来，这是招对人的重要环节。

店长进行人才画像，主要有以下目的：

第一，了解各岗位具体的人才需求，并根据这些需求建立人才素质模型，为招对人提供有效参考。

第二，根据人才需求，结合人才画像，选择合适的招聘渠道，设计有针对性的招聘启事，缩短招聘时间，减少招聘成本。

第三，为招对人和人才管理提供决定性依据。

第四，为制订人才培训（培养）计划、思想工作计划提供参考依据。

店长进行人才画像，主要是要明确人才画像的标准和方法。

（一）人才画像的标准

人才画像的标准是指店长从哪些方面或者说围绕哪些方面进行人才画像，如表4-3所示：

表4-3 人才画像标准

几个方面	具体问题
经历、经验，有无从业经验	经历过什么
文化程度及是否参加过专业培训	懂什么，会什么
对餐饮行业是否有兴趣，学习能力，性格特征，反思能力	是否有潜力
心态、价值观，是非观念	喜欢什么，不喜欢什么
打工动机	对未来的想法是什么

（二）人才画像的方法

有了人才画像的标准后，接下来具体进行画像。我建议使用金字塔法。有六个关键词，如图4-2所示：

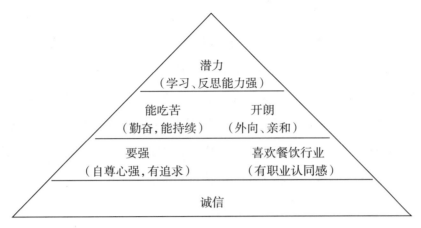

图 4-2 人才画像金字塔法

1. 诚信

"诚"是指对别人有真诚之心、利他之心,"信"可以理解为不骗人。一个人如果不诚信,他的能力就犹如空中楼阁,都是虚幻的。所以,诚信是招对人的基本要求。

2. 要强

要强是指员工要有自尊心,对未来要有想法。对未来的想法可以是模糊的,但一定要有,否则这可能是一个一直就想着混的员工。

3. 喜欢餐饮行业

员工对餐饮行业要不排斥,或有兴趣,或热爱。店长或其他管理人员进行面试时就要测试并开始培养员工对餐饮行业的兴趣,比如向员工询问:当服务员会有什么收获?当厨师的好处是什么?

4. 能吃苦

餐饮工作不适合懒人做,懒人做餐饮工作有百害而无一利,所以一定不能招懒人进店工作。能吃苦是指员工要有吃苦耐劳、勤恳务实的品质,同时抗压能力要强,要善于控制情绪,保持积极的心态。另外还有一点特别重要,就是要能根据餐饮行业的特殊情况工作,比如节假日要上班,工作时间较长,等等。

能吃苦是六大要素中最为重要的,是具有"一票否决"作用的关键词。

5. 开朗

开朗是指员工要乐于与人沟通,并且易于与人相处,能够与客人、同伴、上级和谐相处,建立良好的人际关系。

6. 潜力

潜力是指员工是否愿意并善于学习新知识、新技能，是否有不断进行自我反省、自我批评的能力，这是一名员工将来成为团队骨干或被提拔成管理人员的关键点。

通过对以上六个关键词的描述，我说明了店长招对人的人才画像。当然，能达到这六个要求的新员工少之又少。我发现许多餐饮店长因招人难而没有进行人才画像的意识。招人再难也得有标准，至少应知道招进来的人缺什么，以后怎么补。因此，餐饮店长在招人时要设计好自己的人才画像，让招人工作兼顾道和术的层面。

三、人才来源

店长要想迅速招到合适的人才，必须十分清楚人才来源，也就是知道从哪里招。根据对一些有经验的餐饮店长的经验进行总结，我认为人才来源有"上、下、左、右"四种渠道，如图 4-3 所示：

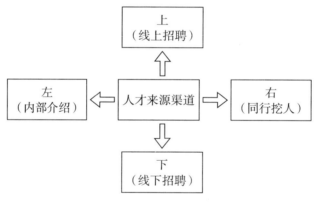

图 4-3　人才来源渠道图

"上"指线上招聘，如 boss 直聘、58 同城等综合招聘平台。

"下"指线下招聘，如在店门口、劳务市场、城中村招聘等。

"左"是指餐饮团队内部介绍。采用这一方式需要建立相应的内推激励机制，营造内推氛围。

"右"是指在同行中挖掘，或通过专业机构挖人，也是线下招聘的一种形式。

我重点推荐下面两种我认为有效且成本低的招人方法。

（一）内部介绍

内部介绍，简单地说就是请团队里现有的所有员工介绍自己的亲朋来工作。团队给帮忙介绍新人的员工发放奖金。这是目前餐饮行业最有效且成本较低的招人方式。当然，我也常听到有店长问："亲朋一起工作，那辞职不也会一起辞吗？"这种现象是有的，但毕竟是少数。

我跟踪调研了一家餐饮企业的8个单店，内部介绍招人是很有成效的。

这家企业实行的介绍制度是，员工介绍进来的亲朋只要工作满4个月，企业就会给帮忙介绍的员工（也在岗）一次性发放700元奖金。当然，每个店录用的人数不一，但平均一个店能成功招到基本合适的员工约为3人，每录用1人的成本只有介绍奖金700元，而且是干满4个月，这比线上招聘效果好得多。关键是所有花费都在干满4个月后才一次性支付。

此外，这8个店用这种方式招的员工一年平均离职率仅为20%。详见表4-4：

表4-4　某餐饮企业8个店内部介绍招工效果分析表

店名	内部介绍录用人数（人）	奖金标准（人/元）	奖金总额（元）	一年离职者（人）	年离职率(%)
A店	5	700	3500	1	20
B店	2	700	1400	0	0
C店	4	700	2800	1	25
D店	2	700	1400	1	50
E店	1	700	700	0	0
F店	5	700	3500	2	40
G店	1	700	700	0	0
H店	5	700	3500	0	0
合计	25	700	17500	5	20
平均	3.125	700	2187.5	0.625	20

（二）发放线下招聘传单附代金券

在餐饮店进行调研时我发现，有些大众消费餐饮店的店长用发放招聘传单的方式取得了非常好的招聘效果。

这种招聘传单除了全面打出招人诉求及给予的待遇外，重点是还附有店面的专用代金券（或折扣券）。这样的专用代金券可以吸引人来店里"探路"，店里的员工也会知道哪些客人是看到了招聘传单而来。此时，店里的员工或管理人员可以与这些客人进行充分的沟通，提高招聘的成功率。

表 4-5 是一份跟踪调研表，是我在一家用此方法进行招聘的餐饮店的实际成果展示。

表 4-5　发放附代金券的招聘传单实际成果分析表

代金券面值（元）	发放量（张）	总面值（元）	实际使用量（张）	实际使用面值（元）	录用人数（人）	平均录用1人的成本（元）	代金券带来的额外消费（元）
20	500	10000	300	6000	5	1200	45000

注：代金券每桌限用一张，仅限菜品、堂食，此外无其他限制。

这家大众中餐店在周围发放了 500 张附代金券的招聘传单之后，成功录用了 5 名员工，而且因为代金券成功地吸引了客人上门，赚到了代金券面值以外的 45000 元营业额。这种招人方式性价比相当高。

在这个例子中，代金券带来了 45000 元的营业额，按 60% 的毛利率计算，就有 27000 元的毛利润，扣除 6000 元的代金券面值和 2000 元的传单制作等费用，还有 19000 元的毛利润，而且招到了 5 名员工。据了解，这家餐饮店近期又在此基础上做了升级，在招聘传单一面印上了"店外人士只要给本店介绍一名员工，工作满一个月，一次性给介绍人 150 元"，同时加上了该店的品牌、餐饮广告，效果很好。

另外，考评制度（奖励机制）很重要。有的店长会产生疑惑：考评制度和招员工有关系吗？从结果上说，确实大有关系。花了成本好不容易招到的基本合适的员工如果很快就辞职的话，就没有意义了。此外，好不容易招到员工却无法转化成生产力，也没有意义。换句话说，好好教育录用的员工，评量其工作表现，以奖励为主，这样的制度非常重要。这一点我在前面强调过，在本章后面的内容中还要讲到。

如果缺少教育培训，考评管理就如同破了洞的筛子，录用再多员工也会一个一个离职。

我想，许多餐饮店长一听到招人，就会想到招人媒体等。但正如我在前面所讲的，最好认真研究有效的、低成本的招人方法。

四、人才识别

招人的最后一个环节是人才识别，就是通过面试招对人。

先讲一个我自己的案例。

多年前，我刚刚当餐饮店长，就苦于人手不够。一天，来了一个应聘者小李，我很想立即录用他，但还是按捺住冲动，先面试再说。我问："你为什么想来我们店工作？"小李说："我没做过餐饮，但有亲戚是做餐饮的，我希望将来我也能开一家餐厅。"我问："你什么时候能上班？"小李说："明天就可以。"我说："好的，那就请你明天早上9点来吧。"小李说："谢谢店长，我会努力的。"

上班第一天，小李一如面试时给我的印象，非常主动、有活力，此后工作得也十分卖力。差不多过了一个月，他的主管来找我，说："店长，小李是新员工，还在学技能，却总是要求周六或周日休假。周六、周日本来就忙，如果老是在周六、周日休假，招他就没意义了。"我说："什么？小李周六、周日要休假？面试时没有提到这件事啊。"我赶紧向小李确认："你周六或周日不能上班吗？"小李说："是的，因为我周六或周日有一份别的行业的兼职。"我说："啊？！这件事你在面试时怎么没说？"小李说："因为您没有问呀。"

这完全是我的疏忽。怎么会发生这样的事呢？有两个原因：第一是我太缺人了，我太急于招到人，不管是谁都好；第二是我欣赏小李的从业动机——将来想开店，而忘了确认其他重要的事。导致我招错了人。

餐饮店长经常会遇到这种招错人的情形。所以，面试时必须彻底确认清楚。我的建议是，结合人才画像，一定要利用面试检查确认表彻底摸清应聘员工的情况才行。面试检查确认表中共有7项应当确认的重点，如表4-6所示：

表4-6　面试检查确认表

应聘者姓名：_____　应聘者联系方式：_____　面试负责人：_____　面试时间：_____

A. 提问项目

项目	提问重点	应聘者的回答
经历、心态与价值观	以前受过什么教育？	
	以前有过什么工作经历？	
	从过去的工作经历中学到了什么？有何体会？	
	过去的工作经历中最讨厌什么？举例说明。	
	前几次辞职的理由是什么？	
	工作、生活中最喜欢什么？为什么？	
	对诚信是怎样认识的？	
	喜欢什么样的上级？反感什么样的上级？	

续表

项目	提问重点	应聘者的回答
应聘动机	为什么要来本店工作？	
	在本店想做什么工作？	
	不喜欢做什么工作？	
	我希望你做××工作，你愿意接受安排吗？	
	你对自己的未来有什么想法？	
	你心目中月收入最低是多少？收入是多少你比较满意？	
	你现在是一个人住，还是……？	
个性	说一下你的性格特点，你认为自己外向还是内向？	
	你的优点有哪些？	
	你的缺点有哪些？	
	平常身体状况如何？在健康方面有什么担心的？	
勤务条件	现在是否有工作，包括兼职？	
	在本店上班后是否还有别的兼职计划？	
	如果被录用，预计什么时候可以上班？能干多久？	
	平日可以上班的时间是几点到几点？	
	周末及节假日可以上班的时间是几点到几点？	
	春节、夏收、秋收时节可以上班吗？	
	未来两个月内有请事假（3天以上）的计划吗？	
	对上班时间和休假有什么要求？	
	是否住员工宿舍？	
加分点	曾在餐饮店干过，有专业基础	
	曾在著名餐饮店干过半年以上	
	确定周末和节假日可以上班	
	是本店菜系的家乡人	
	有笑容、开朗	
	明确表示能吃苦	
	明确表示对餐饮行业有兴趣	

续表

项目	提问重点	应聘者的回答
加分点	感觉有自尊心、好强	
	有学习意识和反思意识	
	感觉很老实	
减分点	过去经常性短期内就离职	
	年龄不合适，过大或过小	
	身体状况不好，或据观察身体状况不好	
	对以前的工作、人、事抱怨多	
	不注意个人卫生	
	即使面试负责人笑着谈话，也无笑容	
	周末、节假日上班有困难	
担心事项	家人是否同意在本店上班	
	家中有老人、小孩，如何兼顾	
	是否适合服务行业	

B. 面试负责人应确认的事项

□关于工资（时薪）的规定	□关于员工住宿、员工餐的规定
□关于上下班时间的规定	□关于休假、请事假、病假的规定
□关于工资发放时间、方式的规定	□关于迟到、旷工、早退的规定
□关于本店的价值观、目标	□关于本店的红线的规定
□关于店长心中理想人选的样子	□关于离职办理的规定

C. 面试负责人的评语

□前厅 □其他 □录用 □后厨	开始上班时间：	□不录用

解读：

①经历与心态、价值观。要确认应聘者的受教育情况和经历，尤其是他（她）的是非观念，对是非问题的思考角度，这是招对人最为重要的一点——尽量招价值观（是非观念）一致或接近的人。

这里特别强调，应聘者的经历十分重要，因为人的能力是经历的产物，而不仅是意愿的产物。

②应聘动机。要认真确认应聘者在待遇方面的诉求，了解应聘者对未来的想法，同时也要明确传达招聘者对他（她）的要求，以防录用后产生纠纷。

③个性。要了解应聘者的个性特点，比如性格、自认为的优缺点及身体状况，便于日后的引导、指导工作。

④勤务条件。事先问明与考勤、上班时间相关的问题，是招对人的关键环节。

⑤加分点和减分点。面试的一方在看人时往往不是偏重正面就是偏重负面，很难客观评断。因此，面试时仔细确认加分点和减分点很重要。

⑥担心事项。关于其他担心的事，也要好好问清楚。

⑦面试负责人应确认的事项。这是面试负责人在面试结束前必须确保应聘者了解的最基本的事项。

事先备妥这样的面试检查确认表再进行面试，能在很大程度上防止招错人，而且能提高面试的效率。还可以将这份面试资料收集起来，日后用来对照实际录用后的表现。

像这样分析资料，就能慢慢积累识别人才的经验，学会辨识适合自己团队的人才。

第三节　强大人

强大人是打造员工都说好的团队的第二步。

通过招对人环节，餐饮店长将对的人招揽进团队，这只是打造员工都说好的团队的第一步。接下来团队要进行人才赋能，盘活人才，强大人才，让人才安心、顺心，让人才创造更大的价值。

什么是强大人？

一位管理学家曾说："数字化时代，时间轴变短，变化的速度在加快，传统的管理方式面临着众多的挑战，沿用多年的管控式管理遇到诸多问题，我们将从命令控制式管理走向授权赋能式管理。"这位专家说的"赋能"，在餐饮行业就是指餐饮店长要明白自己的使命是培养人、强大人，就是赋予员工发动自我引擎的钥匙和能量，使其朝着团队的目标前进。

强大人共有两个专题技术，即建设团校和打造经常性思想工作机制。

专题十五　建设团校

许多餐饮团队不是缺员工，而是缺培养员工、教导员工的机制。那么，餐饮团队（店长）应该如何培养和教导员工呢？要回答这个问题，我们不妨思考一下，军队是如何培养军人的，国家体育队是如何训练运动员的。

强国必须强军，强军必先强校。我国的军校和体校通过实战训练、实战学习、成果导向等方式，培养了一批又一批高素质人才。餐饮团队也可以通过建设自己的团队学校（简称"团校"），或者努力把团队打造成一个培养员工、教导员工的团校，以达到强大人的目的，从而成为一支学习型餐饮团队。

一、什么是餐饮团队的团校

这里说的团校与一般意义上的餐饮团队的培训有很大的区别。

（一）团校要成为餐饮团队的知识管理中心

如今，餐饮团队培训职能的核心，已经从简单的技能培养过渡到综合知识+技能培养。有远见的餐饮店长已经感知到知识+技能管理对团队发展的重要意义。团校要具备知识提炼能力，能够为各岗位构建知识+技能系列图谱：为什么要这么做？这么做的好处有哪些？不这么做的危害有哪些？应该怎么做？怎么考评？目标、价值观、流程、标准等是什么？并对岗位知识+技能系列图谱的升级进行有效的管理，形成餐饮团队的知识管理中心与智慧中心，形成餐饮团队完整的培训流程和知识管理流程，打通从知识、技能的提炼到知识、技能的复制与传播的完整技术路径，以确保餐饮团队能够站在竞争的高点。

（二）团校要成为餐饮团队的案例研究中心

餐饮店天天都会出现各种案例，团校要能够对其中的关键案例进行专题研究，从个案中找规律，提炼案例背后的智慧，完善团队的知识+技能体系。

（三）团校要成为培养骨干员工、管理人员的大本营

（四）团校要有自己的品牌课程

团校要有适合自己团队的原创品牌课程。餐饮团队之间竞争的焦点是与众不同的产品，与众不同的产品来自与众不同的知识和技能。也就是说，团校让自己的员工掌握了与众不同的知识和技能，自然就做到了与众不同，吸引客人也就水到渠成了。

所谓品牌课程，有三个评判标准：一是这门课程有良好的口碑，员工学完后能感受到培训的价值，觉得好用、实用，能给自己带来实实在在的益处；二是这门课程能体现团队的目标、价值观、规划等；三是员工积极主动地学习这门课程。

（五）团校要重视师资队伍

团校的师资就是店长及各级管理人员和骨干员工。餐饮团队的管理人员最重要的使命是培养人，为员工赋能，这一点必须明确——业绩是由有能力的员工干出来的。所以店长要带领各级管理人员，努力提高自己教人的本领，确保各级管理人员在教人的技术上为员工的成长提供必需的服务。

（六）团校要正式、规范

团校要有配套的学习纪律和规定，以及尽可能完善的学习条件，让员工感受到团队对团校的重视。

二、团校的重要性

（一）团校支撑着团队的发展目标和业绩

团队的发展目标和业绩依靠团校培养出的一批又一批认真负责、能力出众的员工来实现和取得。尤其是餐饮行业，绝大多数员工都需要团队提供持续的培训，才能逐渐胜任工作。

（二）团校是团队发展的诊断中心

团校的师资不但要有很强的专业能力，还要像教练、顾问、医生一样，能够从团队的运营全局来发现团队的问题，研究并找到解决方案。同时，还要指导员工落实，以提升团队的运营效果。

（三）团校可以复制人才

团校的作用在于复制人才，特别是高绩效人才。对于高绩效人才，培养比发现更重要，因为对于餐饮行业的员工来说，培养是最核心的。团校通过系统科学的培养模式，能加速人才的成长，以满足团队的需要。

（四）团校能营造团队的学习氛围

营造餐饮团队的学习氛围是团校的重要工作。激发团队的学习动机，培养团队的学习习惯，往往比学什么更重要，也更有挑战性。而这一点是许多餐饮团队所忽视的。

（五）团校能沉淀团队的智慧

一个餐饮团队一定有大量成与败的经验和教训，聪明的店长一定会从中提炼出适合团队发展的养分，也一定会通过团校来传播这些养分。

三、怎样打造团校

（一）打牢团校基础的三件事

当餐饮店长明白团校能给团队的成长带来无穷的好处时，就会思考如何建设团校，第一步是什么。

我认为，打造团校应先做三项地基式工作。

1. 管理者要成为促进员工成长的教练

在餐饮团队中，教练就是店长，就是各级管理人员，因为他们有能力帮助员工快速成长，这也是他们的使命。一个优秀的管理者是通过成就别人来成就自己的。所以一个好的餐饮管理者必须是一个好的教练。一个能担任餐饮团队团校教练的管理人员至少要达到以下标准：

（1）要有服务员工、成就员工的强烈使命感。

我认为，餐饮一线管理人员能成功的秘诀只有一个，就是服务他人、成就他人。餐饮团队的教练不是日常管理中的控制者，而是服务者。餐饮团队的教练最大的作用在于帮助员工成长——业绩是一个个员工干出来的。所以餐饮团校的教练也要有成就员工的胸怀和使命感，要有强烈的服务员工的意识，成为帮助员工在个人绩效、个人成长等方面更优秀的服务者、促进者。

（2）要有"向我看齐"的意识和能力。

教练是员工的镜子、榜样，教练要在知识、态度、行为、专业上让员工信服，要敢于对员工喊"向我看齐"。

（3）教练要掌握理论+方法。

教练必须有一套接地气的理论+方法。有的餐饮管理者只会方法，看似能帮助员工快速掌握怎么做，但是没有理论的支撑（比如，为什么必须这么做），很难找到规律，形成体系，使得员工不懂如何灵活变化，不能持续。只有掌握了理论+方法的教练，才能让员工掌握持续落地的方法，并形成体系，加速整个团队的成长。

（4）教练与员工像师徒。

教练与员工如同师傅与徒弟。教练是员工在餐饮行业或这个团队的领路人，不仅可以让员工快速熟悉、认识团队及行业特性，还可以加快员工的成长速度，缩短员工的成才周期。就像海底捞等企业一样，让骨干员工、管理者成为员工一对一的师傅。师傅帮助员工快速适应工作，迅速成长为好员工，为企业夯实了基础。

能成为教练，是对管理者提出了更高的要求。也就是说，管理者不能仅仅会管理、业务能力强，还必须会教，会讲，会激发。正如一位餐饮老总所总结的：一般的店长会教方法；合格的店长不仅会教方法，还能讲出为什么必须用这种方法；优秀的店长不仅会教、会讲、还能示范，并对员工说"向我看齐"；真正厉害的店长不但会教、会讲、能示范，还能激发员工的热情。

2. 把经验教训变成接地气的教材

我在餐饮店调研时经常发现一种不好的现象：一些餐饮店的管理人员制作员工培训教材时经常是"拿来主义"，从过去自己当员工时的资料中抄来，或直接照搬照抄网上、书上的制式教案。这样做出来的教材不接地气，枯燥无味。

我说的接地气的教材，是指团队将本店或本企业优秀员工的经验、标准、智慧，与网上、书上、以前的优质资料结合起来，进行总结归纳，形成适合本团队特点的，员工能听懂、易执行的教材，用以培养接地气的人才。

餐饮团队之间的竞争，归根结底是看谁学得快，适应得快，跑得快。团队学习能力是团队的核心竞争力之一，是不可或缺的。这意味着餐饮团队的团校在开发培训教材时要与时俱进，要接地气，培养出对的人才。

3. 搭建教学矩阵

餐饮团队的团校要想使员工的学习效果好,必须搭建教学矩阵。所谓教学矩阵,就是团队的教学内容、方法、过程和结果评价等形成的统一的整体,简单地说,就是一个教学体系。餐饮团队的教学矩阵包括店长要学什么,经理要学什么,服务员要学什么,厨师要学什么,大家怎么学,谁是教练,如何评价教学效果,等等。

表4-7所示是一家餐饮店的店长为自己的团校设计的教学矩阵。

表4-7 某餐饮店2021年度团校教学矩阵

教学对象	教学内容	教学形式（方法）	教练	教学频次	教学效果评定
店长、厨师长、前厅经理	怎样开源,怎样节流,价值观、心态,怎样搭建管理体系,怎样提升领导力,等等	听课+观摩+讨论+试错+总结	外部培训课老师	每年一次	季度业绩数据
			店长级培训课老师	每月两次	
			标杆企业及主要竞争对手（观摩）	每月一次	
前厅和后厨的主管、领班、储备干部	怎样管控产品质量,怎样"带兵",价值观、心态,等等	听课+讨论+执行比赛+总结	店长、厨师长、经理	每月两次	客诉数据、销售数据、员工流失率、员工能力检查表
			公司主管	每月一次	
			外聘老师	每季一次	
老员工、骨干员工	价值观、心态、业务技能提升,等等	听课+讨论+执行+总结	店长、厨师长、经理	每月两次	客诉数据、销售数据、员工能力检查表
			优秀主管	每月两次	
新员工（含兼职工、小时工）	价值观、心态、业务技能掌握,等等	听课+师傅指导+总结	主管、领班	每周一次	店长、厨师长、经理评定
			老员工、骨干员工	每天指导	

这家店的团校教学矩阵是根据"分级治人,分段治事"的思路搭建起来的。店长将团队分为四个级别,每个级别都有对应的教学内容、教学形式、教练和教学效果评定方法。

（二）团校教学矩阵的应用

有了教学矩阵的基本框架,餐饮团队的团校如何应用呢?下面结合表4-7的团校教学矩阵进行具体讲解。

这位餐饮店长根据教学矩阵,将团队员工分为四个组:领导组、管理组、骨干组和新兵组。针对不同组别的员工确定了不同的教学方案。这些教学方案是打造员工都说好的团队的关键所在。

1. 新兵组

新兵组是指餐饮团队的新员工、兼职工、小时工。这里说的新员工是指入职两个月以内的员工。

（1）教学目的。

①使新员工适应团队环境、工作，增强新员工的自信心，留住新员工。

②逐步导入团队文化（团队目标、价值观），让新员工逐步了解、适应团队文化，统一思想。

③让新员工掌握基本的工作技能。

（2）教学内容（以前厅服务员、后厨小工为例）。

①自信心培养。这是新员工教学中最重要的内容，因为餐饮行业新员工离职率最高是在两个时间节点：一是入职头七天，二是入职一个月后。离职的主要原因是新员工不适应陌生环境，担心胜任不了工作。因此，店长要安排骨干员工和老员工在心态方面天天对新员工进行一对一辅导，每周安排主管或领班进行一次不少于30分钟的心态培训。主要内容：什么是自信心？自信心有何重要性？什么是压力？如何增强抗压能力？什么是意志？意志有何重要性？如何增强意志力？

②团队目标、价值观培养。主要内容：客人的体验是指什么？为什么说客人的体验为王？为什么说客人是餐饮行业的衣食父母？为什么利他即是利己？什么是舍得？集体与个人的关系如何？个人收入与团队业绩的关系如何？团队业绩由什么构成？团队不能触碰的红线是什么？团队的奖与罚制度是怎样的？等等。这些培训一般要在新员工入职前两周内完成。

③基本技能培训。主要内容：前厅人际关系常识，餐厅安全工作常识与规定，餐厅卫生要求与规定，前厅员工待客礼节常识与规定，后厨员工对基本食材的认识，前厅员工的服务流程与六大基本技能，后厨小工的基本工作技能，纪律管理规定，团队考勤管理规定，员工的个人权益，等等。这些内容新员工要在入职两个月内掌握。

（3）教材与教学方法。

这家餐饮店团校的教材主要来自四个方面：店长在线上平台搜索、选择得到的资料，对团队历年来优秀教案的提炼，成功人士的案例，向外界专业人士学习所得。

教学方法是讲授+案例分析+示范。

（4）教练。

团队除了安排主管、领班给新员工培训外，店长、厨师长还亲自挑选骨干员工和老员工，对新员工进行一对一的师徒式教学。老员工教新员工，传帮带，新员工易于接受；而且老员工有一些接地气的经验，能让新员工快速进步。

（5）教学效果评定。

这项工作由店长主抓。一是根据新员工的日常表现进行评定；二是在新员工入职满两个月时进行笔试或口试，要求成绩必须达到 90 分以上。

2. 骨干组

骨干组是指团队中工作满两个月以上的员工。针对这些员工，这家团校的教学安排如下。

（1）教学目的。

①提高员工的情商和心态调整能力。

②提升员工的价值观认识，进一步统一思想。

③提高员工的岗位专业技能及混岗作业能力。

④强化和提高员工的节约、反浪费意识及能力。

（2）教学内容（以前厅服务员为例）。

①情商（心态）培养。主要内容：什么是情商？情商与智商的关系如何？怎样进行自我激励、自我克制？怎样面对挫折、失败？怎样与同事打交道？怎样与客人沟通交流？客人的常见需求有哪些？你能从工作中学到什么？你学到的东西对你未来有何帮助？餐饮工作的乐趣有哪些？等等。

②价值观培养。主要内容：什么是敬业？敬业是为了谁？什么是责任心？有责任心有何好处？怎样做是有责任心，有敬业精神？如何理解"提高自己的收入的前提是提高自己的价值"？客人复购的原因及对策有哪些？怎样认识忠诚、服从？为什么要团结互助？怎样做到团结互助？为什么要遵纪守法？怎样理解公司、团队的目标及价值观？等等。

③岗位专业技能及混岗作业培训。主要内容：熟练掌握岗位专业技能能给自己带来什么好处？为什么要能做到混岗作业？怎样观察客人，并倾听客人的诉求？关于菜品、酒水的常识及主打产品的知识有哪些？推荐话术有何技巧？十字礼貌用语如何运用？怎样进行职业化妆？个人卫生、餐具卫生、环境卫生的要点是什么？如何进行二次推销？服务中常见错误出现的原因及其对策有哪些？其他各岗位需要掌握哪些基本技能？怎样带新员工？

等等。

④节约、反浪费培训。主要内容：怎样提高自己的工作效率？节约用水、用电的注意事项有哪些？开关空调、饮水机的规定及电器保养要求有哪些？低值易耗品的使用有何规定？各类开关的使用规定有哪些？员工餐和员工宿舍反浪费规定有哪些？等等。

关于以上内容，需长期反复培训。

（3）教材与教学方法。

针对骨干员工和老员工的培训，以团队内部积累的经验为主要内容。教学方法是先讲解，然后组织大家讨论，分享个人心得。同时，管理者在日常工作中要跟进检查是否落地执行，并不断进行纠正、总结。

（4）教练。

店长、厨师长、经理亲自备课、讲课，同时在主管、领班中选拔经验丰富、演讲能力强的主管、领班参与教学。

（5）教学效果评定。

所有骨干员工、老员工每月必须参加团校组织的考试，成绩不得低于90分。管理人员根据跟进检查结果及考评结果做培训效果评定。

3. 管理组

管理组是指前厅和后厨的主管、领班及储备干部。

（1）教学目的。

①不断提高管理人员的情商，尤其是抗挫折能力。

②不断提升管理人员的人生观、价值观认识。

③提高管理人员的质量管理能力。

④提高管理人员的销售管理能力。

⑤提高管理人员管控成本费用的能力。

⑥提高管理人员带团队的能力。

（2）教学内容（以前厅管理人员为例）。

①情商（心态）培养。主要内容：面对挫折该怎么办？怎样与上级打交道？批评、处罚员工的三部曲是什么？奖励、表扬员工有哪些注意事项？怎样与后厨员工交流？与职能部门人员打交道有哪些注意事项？怎样处理突发事件？怎样做到洗耳恭听及能说会道？等等。

②人生观、价值观培养。主要内容：什么是人生观？人生观有什么重要性？应该有什么样的人生观？餐饮管理人员绝对不能做哪些事？为什么要勇争第一？怎样做到坚决服从和有执行力？如何处理家事与公事的矛盾？为什么要感恩企业和上级？为什么要感恩员工？管理人员必须遵循怎样的保密原则？为什么说没有功劳的苦劳毫无意义？等等。

③质量管理培训。主要内容：为什么说体系、机制是质量管理的根本？前厅工作质量管理体系怎样搭建？工作计划怎样做？日、周、月跟进检查怎样操作？如何进行总结、分析？怎样开好每日例会、每周周会？团队的奖与罚制度、考评工作的规定是什么？怎样进行人才盘点？各类管理用表如何使用？等等。

④销售能力培训。主要内容：怎样理解"营业收入＝消费人数×人均消费额"或"营业收入＝桌数×桌均消费额"？怎样进行推销工作管理？怎样做好大客户信息分析？如何做好VIP服务与销售？怎样陌拜客人？怎样进行大众点评、抖音的日常维护？怎样提高员工的推销能力？等等。

⑤管控成本费用能力培训。主要内容：什么是人效？怎样提高人效？毛利率、毛利润与前厅销售有怎样的关系？前厅如何操作能够提高毛利率、毛利润？前厅成本费用反浪费重点抓什么？怎样抓？等等。

⑥带团队能力培训。主要内容：什么是威信？怎样树立威信？怎样进行新员工、老员工及临时工的日常管理与培训？怎样关心、关爱员工？怎样对员工进行思想教育？怎样培养骨干员工？怎样招聘员工？等等。

关于以上内容，需长期反复培训。

（3）教材与教学方法。

教材为本店编制的《管理人员手册》。参考书有《人性的弱点》《绝对成交》《鼎泰丰自述》《服务就要做到极致》《海底捞你学不会》等。此外还有本店内部积累的案例分析及成熟教材，以及外部教学App或教学资料。

教学方法主要为听课+讨论+执行比赛+总结。

这里重点讲一下执行比赛。所谓执行比赛，首先是一定要考——通过理论考试和现场提问环节，考核管理组成员是否掌握了知识要点。其次是必须将所学、所考内容应用到日常工作中。最后是赛，就是通过月业绩比赛，激发管理组成员学习、应用的热情，加速他们的进步。

（4）教练。

公司的专业培训师，以及店长、厨师长、经理亲自上课，并外聘合适的老师。

（5）教学效果评定（见前面的"执行比赛"）。

4. 领导组

领导组是指店长、厨师长、前厅经理。

（1）教学目的。

①提高店面领导的业绩。

②提高店面领导的领导力。

③提高店面领导搭建团队管理体系的能力。

④提升店面领导的价值观及其对本行业发展趋势的认识。

（2）教学内容。

①开源节流培训。主要内容：怎样吸引新客人进店？怎样提高回头客进店的频率？怎样吸引、维护大客户？怎样做好 VIP 接待？本店的特色是什么？如何推广？怎样做好宴会、主题包席服务？怎样提高人均消费？如何进行排队管理？怎样进行大菜、主菜销售分析（交叉 ABC 分析）？怎样分解销售任务？本店成本费用的构成比例是怎样的？怎样提高翻台率及包间、大台的使用率？如何抓节假日销售？淡季的应对手段有哪些？怎样合理管控库存、验收、储存等工作？怎样进行退换菜及折扣管理？怎样摊薄房租？怎样进行综合毛利率管理？怎样解读损益表？等等。

②领导力（含搭建管理体系的能力）培养。主要内容：为什么说餐饮行业的领导力等于影响力？怎样招人？怎样统一团队员工的思想？怎样关爱员工？怎样搭建人才梯队？什么是 PDCA？PDCA 如何应用？如何搭建本团队的管理体系及管理流程？怎样进行考评和人才盘点工作？本店团校建设工作如何进行？

③价值观及行业发展趋势培训。主要内容：半年来餐饮行业的发展有什么新特点？本行业头部品牌提倡什么，反对什么？本公司的企业文化有什么变化？竞争对手的主要动向是什么？怎样面对个人得失？怎样不断提高自己的思想境界？

（3）教材与教学方法。

教材是公司编制的店长、厨师、前厅经理的《铁三角手册》。参考书有《向毛泽东学管理》《鼎泰丰自述》《曾国藩》《高效能人士的七个习惯》《海底捞你学不会》《赢》《锁定高端》等。此外还有公司积累的经典案例和资料，外部教学 App 和教学资料，以及客人反馈的信息。

教学方法是听课+观摩+讨论+试错+总结。其中最重要的是观摩和试错。

观摩,是指到行业标杆企业消费,现场体验其优秀之处,以及盯住主要竞争对手,以月为单位,去竞争对手店进行消费,现场体验其好与不好之处。

试错,就是对听来的和体验到的信息进行讨论,整理出试错方案,在本团队进行创新试验,并在总结经验和教训的基础上不断创新、突破。

(4)教练。

教练包括外聘老师、公司的专业培训师、标杆企业、竞争对手和客人——客人永远是最好的老师,客人的反馈信息是最好的学习内容。

(5)教学效果评定。

领导组的学习效果主要反映在季度、年度综合业绩上。

专题十六 打造团队经常性思想工作机制

管理,主要是管理员工的行为,而员工的行为受其思想的支配,所以管理员工要先管理其思想。在一定的物质条件下,思想起决定作用,能够改变事物。

餐饮店长要明白,员工思想进步是一切工作进步的前提。钱不是万能的,况且店长在用钱激励员工方面权力(资源)有限,所以,店长要更加重视对员工的思想教育,让思想教育成为店长手中的有力武器——做员工思想工作的能力是店长的核心工作能力。切记,思想教育永远不会过时。

前面我提到的团队文化、目标、价值观等,都是思想工作的内容。下面我讲讲怎样打造餐饮团队经常性思想工作机制。

一、什么是经常性思想工作

(一)集中性思想工作与经常性思想工作

对餐饮员工的思想教育一般分为两部分:一部分是集中性思想教育,即集中性思想工作;一部分是经常性思想教育,即经常性思想工作。二者的异同如表4-8所示:

表 4-8　集中性思想工作与经常性思想工作的异同

项目		集中性思想工作	经常性思想工作
不同点	时间	相对集中，如每月两次的全员教育培训课	随时、随人、随事进行
	形式	以全员集中上大课为主要形式	以分散、小型、一对一的谈心教育为主
	内容	侧重于价值观、心态、人生观、职业道德、服务意识、质量意识、节约意识等理论知识	具体解决团队成员的各种现实想法问题和实际问题
	主要操作者	外聘老师、公司专业人员、店长、厨师长、前厅经理	店长及各级管理人员、骨干员工
相同点	目的	提高团队成员的思想觉悟，保障、促进团队任务完成	

（二）集中性思想工作的操作建议

每月至少进行一次，固定时长（不少于一小时），全员参加。形式要正规、严肃。最好由外聘老师、公司高管和店长主讲。

进行集中性思想工作之前，店长要根据团队目标、价值观及上月或本月员工的整体思想动态和共性问题，确定好教育主题及内容。

正式讲课前，店长（主讲人）首先要讲清本次集中教育的目的、意义和主要内容，对员工提出明确的学习要求。

所讲的内容要理论与实际相结合，不能走过场或只读理论知识，一定要有针对性地解决员工思想上的共性问题。

讲课后要组织员工讨论、分享，并制订具体的整改措施。

（三）经常性思想工作是指什么

在餐饮行业，员工流失率较高，经常导致老员工少，新员工多；再加上员工自身学习能力较差，一些店不重视培训教育，且工作细节多，还要面对各种各样的客人，所以，餐饮店长及各级管理人员经常要面对许多问题、矛盾。而且这些矛盾、问题往往是"一人一事"。显然，"一人一事"的问题不能靠集中性思想工作来解决，只能靠店长及各级管理人员经常性思想工作和日常管理工作来解决。

经常性思想工作侧重于对员工思想的引导，日常管理工作侧重于对员工行为的规范，二者的对象都是员工，二者是密不可分的，是餐饮管理人员管理员工的两大抓手。离开了经常性思想工作，日常管理工作就会缺乏思想基础，容易导致简单粗暴；离开了严格的日常管理工作，如检查、考评、奖罚等，经常性思想工作就会缺乏约束力，也就难以产生效果。只有将两者结合起来，做到管中有教，教中有管，才能使二者相得益彰。

经常性思想工作是指餐饮行业的管理者（以下以店长为代表）根据员工在日常工作中遇到的"一人一事"或现实问题，而不间断地、有针对性地进行思想疏导工作，是对集中性思想工作的补充和深化，是提高餐饮团队员工思想觉悟最有效的工作。具体来说，经常性思想工作有以下基本任务和主要内容。

1. 基本任务

经常性思想工作的基本任务是发扬员工的积极因素，克服员工的消极因素，做好员工的思想激励和转化工作。也就是说，经常性思想工作的基本任务分为两个部分：一是肯定、鼓励员工的工作积极性；二是清除员工中存在的不好好工作的消极现象，不断将消极因素转化为积极因素。

2. 主要内容

经常性思想工作渗透于店面日常的学习培训、工作和生活之中，它的内容既非常广泛，又有一定的不稳定性，概括起来大概有以下六个方面。

（1）贯彻、执行企业经营理念、方针、制度中的思想工作。企业经常会根据市场的变化或主要管理人员的变动调整一些任务、政策、制度，或是发布新的制度。这些变化或变动往往与员工的工作习惯、利益有着密切关联，因而极易引起员工的思想变化和情绪波动。经常性思想工作就是要及时了解员工对企业方针、政策、人事变动的反应、认知程度和执行中存在的问题，有针对性地进行宣传、解释，消除员工的思想疑虑，提高员工执行的自觉性。

（2）执行各岗位、各项工作任务中的思想工作。经常性思想工作要针对员工各种不同的工作表现、思想反应，不间断地进行宣传动员和教育鼓动工作，调动起各岗位员工完成各项工作的积极性和创造性。

比如，某餐饮店的店长小周很会利用周边的事教育员工。小周要求所有员工上班期间都必须戴好口罩，可是由于餐饮工作时间长，一些员工对戴口罩很有意见，甚至有的员工不好好按标准戴口罩。小周发现这个现象后，针对前厅的几名员工做了一项富有成效的思想工作。她告诉这几名员工，几个月前，有一位感染了新冠病毒的客人到某店去吃饭，因为员工没戴口罩，结果全部被感染；另一个店也有新冠病毒感染者进店就餐，但因为所有员工都严格按照标准戴口罩，结果无一人感染。她告诉员工，戴口罩不仅是为了遵守店里的规定，更重要的是为了保护自己的身体健康和生命安全。员工由此开始重视戴好口罩，每天还相互提醒。

（3）服从管理中的思想工作。因为餐饮行业有 100－1＝0 的特性，所以许多餐饮店都制定了各种各样的 SOP 和检查来统一员工的行为。这就要求员工严格遵守各项制度、标准，服从上级的检查，严格遵守纪律。经常性思想工作就是为了不断教育和帮助员工正确处理个体与集体、纪律与自由、严格管理与耐心说服教育、尊重上级与爱护下级、服从命令与坚持个人看法等方面的关系，及时解决上下级之间、同伴之间、前厅与后厨之间、个人与集体之间的矛盾，以巩固和提高团队的战斗力。

（4）"一人一事"的思想工作。这里所说的"一人一事"，主要是指员工个人的某些特殊问题造成其思想、情绪不稳定的情况。餐饮行业的员工，因文化程度不高，遇到如恋爱、家庭、婚姻、生小孩、晋升及一些不便公开的问题时，容易上头、着急。经常性思想工作要因人、因事而异，通过各种灵活有效的方法，做好员工的思想疏导工作，使员工逐步树立正确的价值观、人生观，学会用正确、合法、合理、合情的观点和方法处理个人的各种现实问题。

（5）表扬奖励和批评惩罚中的思想工作。表扬奖励和批评惩罚，既是发扬积极因素，遏制和克服消极因素的一种手段，也是经常性思想工作的重要内容。在日常工作中，要帮助员工正确认识得与失、奖励与惩罚、对与错、荣与辱，激发员工的荣誉感、上进心，既使先进员工能够正确对待表扬和奖励，保持荣誉，帮助后进员工前进，也使后进员工能够正确对待批评和惩罚，吸取教训，学习先进，赶上先进。

（6）面对客诉时的思想工作。客人投诉往往有许多不确定性，容易给员工造成巨大的压力，进而影响员工下一步的工作状态。进行经常性思想工作，要做到关于每个客诉都与相关员工交流，引导员工归因于内，以正确的心态、从正确的角度看待客诉，总结客诉的原因，从而在以后的工作中做得更好。

二、经常性思想工作的重要性

海底捞特别重视对员工的经常性思想工作。海底捞的员工入职培训时所学的第一句话是"双手改变命运"。海底捞的正式员工要经常宣誓或做对照检查："我愿意努力工作，因为我盼望明天会更好；我愿意尊重每一位同事，因为我也需要大家的关心；我愿意真诚，因为我需要问心无愧；我愿意虚心接受意见，因为我们太需要成功；我坚信付出总有回报。"

海底捞员工的誓言就是一个极为出色的思想教育材料，它不断地提醒员工：对一个人来说，改变命运的出路只有一条，那就是勤奋；别人不能干的活儿我能干，别人不能吃的苦我能吃，因为只有勤劳才能致富。

海底捞的生意好，是因为客人都说海底捞好，也因为海底捞的员工工作更认真、更勤劳。海底捞的员工为什么工作更认真、更勤劳？不仅是因为这样会有较高的收入，更是因为员工的思想觉悟高。创始人张勇在创业初期就坚持用"双手改变命运"这一思想教育员工，员工也在不断践行这一思想。

所以，我认为海底捞的核心法宝是员工思想统一、步调一致。

经常性思想工作是餐饮行业管理者的看家本领、立命根本。

案例

某中餐店的店长为落实公司提倡的"客人都说好"的理念，在店里推行客人不满意就退换菜的制度。在全体管理人员讨论会上，厨师长认为这项制度不可行。他认为：若菜品有明显问题，如有异物，给予退换没问题；但是若客人说咸，而后厨是按标准加工的，那么凭什么退？损失算谁的？

店长要推行这项制度，实际上已经得到了老板的同意。但是店长并没有强令厨师长执行，而是一连三天反复找厨师长谈心，在表示理解厨师长的顾虑的前提下，向厨师长重点解释"餐饮生意的本质是客人下一次还来""吃亏是福""利他就是利己"的价值观及其重要性。最终厨师长在周会上当众表态，坚决支持客人不满意就退换菜的制度。

这项制度执行的头三个月，店长几乎每天都与厨师长、前厅经理专门就此事进行沟通谈心，反复说明其重要性，并就具体案例进行具体剖析。后来，这项制度为这家店带来了很好的回报。

从这个案例可以看出，这位店长的领导水平很高。他没有采取对抗强压的方式处理矛盾，而是耐心地通过谈心做通了厨师长的思想工作，让厨师长发自内心地支持这项制度。

还有一位餐饮店长分享了他的经常性思想工作心得：

一般来说，餐饮团队的员工中有八种人：特别上进的、比较上进的，新来的、老油条，一心想走的、思想动摇的，获奖的、受罚的。对这八种人，管理人员必须有计划地主动与他们分别谈心。为确保谈心效果，谈心前，要摸清对方的状态、想法；谈心时，要换位思考，站在对方的角度看问题，感同身受；谈话后，要有记录，并观察对方的行为是否有变化。

餐饮店长有三项重要任务：一是经常找下级谈心，做思想工作，并及时跟踪检查，使员工养成良好的工作习惯；二是提高营业收入；三是合理管控成本费用。店长的经常性思想工作就是为增收节约起持续保驾护航的作用。

三、怎样做经常性思想工作

经常性思想工作的具体做法如图4-4所示：

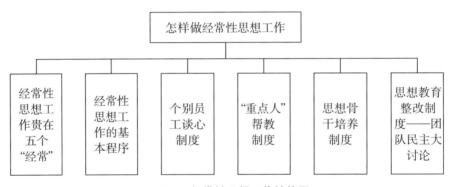

图4-4 经常性思想工作结构图

（一）经常性思想工作贵在五个"经常"

餐饮团队的经常性思想工作贵在"经常"，也难在"经常"。经常性思想工作的不经常，是餐饮店长打造最强团队的最薄弱环节，这是因为：每个员工的情况千差万别；员工的思想问题是隐秘的；员工的错误思想非"一日之功"能解决；员工旧的思想问题解决了，新的思想问题又会出现；经常性思想工作做得不够多、不扎实；店长等管理者认为思想教育工作见效太慢。

抓好餐饮团队的经常性思想工作必须做到五个"经常"：

1. 经常讨论

要把经常性思想工作常态化，列入周会、月会的重要议事日程。经常讨论经营任务、团队发展方向对思想教育工作的要求，经常讨论基层员工的思想动态，经常讨论和分析团队的思想形势，切实加强指导和引导，保证经常性思想工作的力度、方向一致，做到任务明确，分工到人，工作有力。

2. 经常调查

餐饮团队经常性思想工作有直接性、易变性、及时性等特点。只有及时摸清员工的思想动态，才能保证经常性思想工作的针对性和有效性。因此，店长必须深入到员工中，搞好调查研究，真正做到亲知、真知、深知。这就要求店长做到眼勤、腿勤、耳勤、脑勤、嘴勤，真正摸清员工的思想脉搏，有的放矢地开展经常性思想工作。

3. 经常开展活动

要根据思想工作任务的变化和人员变动，随时调整、补充思想工作骨干，保证经常性思想工作有人做，谈心活动不间断。

要多组织"一帮一，一对红"、读书分享、评比竞赛、走访参观、座谈、表彰、聚餐等活动，不断陶冶员工的情操，提高员工的思想觉悟。

4. 经常检查

定期、不定期检查团队骨干对经常性思想工作的重视程度，思想工作骨干队伍是否健全，活动开展是否经常，重点员工和隐患苗头是否清楚，相关规章制度是否落实，发现的问题是否得到解决。做得好的给予表扬奖励，做得差的进行批评惩罚，促进团队经常性思想工作的落实。

5. 经常总结

店长要重视总结那些在实战中管用、现实针对性强的思想教育工作经验，通过总结积累，不断完善，使之系统化、理论化，把团队经常性思想工作提高到新的水平。

（二）经常性思想工作的基本程序

经常性思想工作的基本程序如图 4-5 所示。

1. 及时发现——建立员工思想情况汇报制度

（1）掌握员工的思想情况，包括以下两方面：

一是熟悉基本情况。店长要熟悉团队成员的基本情况，包括个人简历、思想水平、家庭情况、爱好特点、性格气质、身体状况、生活习惯、婚恋情况、人际关系、文化素质、工作状态等。要通过查阅档案、个别交谈、平时观察、询问同伴、家庭联系等多种渠道，深入调查了解，层层汇报、汇总，做到对团队每一个成员的基本情况都了如指掌。

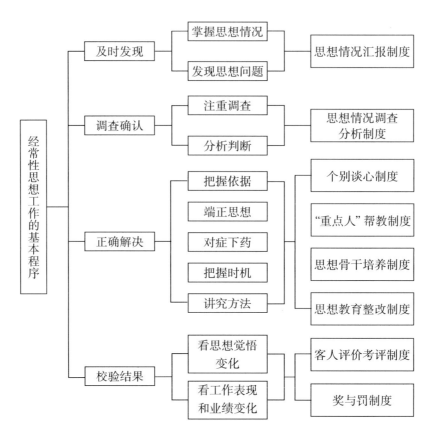

图 4-5 经常性思想工作基本程序图

这里推荐一种行之有效的员工信息卡——员工基本情况表，如表 4-9 所示。

表 4-9 员工基本情况表

编号：　　　××店员工信息卡　　更新时间：　年　月　日　　填表人：

姓名：	性别：	民族：	籍贯：	出生年月日：	
文化程度：	工作岗位：	职务：	入职时间：	正式工或小时工	手机（微信）：
特长及家庭情况					
性格特点					
基本工作情况					
特殊情况					
本月表现（评级）					

注：以月为单位更新。

二是了解动态信息。

思想方面，主要了解员工的打工目的、参加培训的体会、评估奖励、批评处罚、服务意识、质量意识、食品安全意识等心态及认知变化。

工作方面，主要了解员工的工作分配、工作条件、上级管理、同事关系、日常工作表现等情况。

生活方面，主要了解员工对住宿、伙食、家庭、业余生活等的态度和反映。

（2）发现员工的思想问题，包括以下两方面：

一是细心观察。员工的思想变化一定是有端倪可察、有征兆可循的。店长等管理者应该做员工的知心人、思想工作的有心人，留心员工思想的细微变化。通过与员工同吃、同住、同工作、同学习、同娱乐（五同），公共场合听议论、开会听发言、谈心听反映（三听），平时看脸色、工作看热情、吃饭看胃口、睡觉看香甜、工作看成绩（五看），观察员工的点滴变化。如发现异常情况，需层层上报、汇总，进行综合分析，切实摸准员工的思想脉搏。

二是摸索规律。员工的思想活动是有规律可循的。餐饮店经营情况的变化、工作岗位的调整、制度的出台、家庭的变故、人际关系的状况等，都会给员工带来影响，引起员工思想上的变化，进而影响其工作、生活表现。不同地区、不同家庭、不同文化程度、不同时间入职、不同性格的各级员工，往往关注点不一样，引发的思想问题及其程度也不一样。对这些情况，店长要了解、思考、总结，积累经验，探索其中的规律，从而对员工的思想问题做到早发现、早解决，掌握团队思想工作的主动权，逐渐使自己成为打造最强团队的顶尖高手。

店长应要求各部门以月为单位，汇报员工的思想动态。

2. 调查确认——建立员工思想情况调查分析制度

（1）注重调查。

调查内容：问题产生的时间、地点，发生、发展情况，前因后果，主要、次要方面，等等。

调查对象：当事员工的表现、态度，知情同事、现场客人、亲朋好友、直接上级的反映。

调查态度：实事求是，重事实，重证据，反复核实，把问题的来龙去脉弄清楚，切不可带有主观片面性。

调查方法：一对一谈话、集体交流、跟班观察、向骨干员工了解、查阅记录、查看视频等。

（2）分析判断。

集体分析：在掌握员工思想情况的前提下，店长要以周、月为单位（个别情况下可以即时）召开团队思想情况专门分析会，各级管理人员、思想骨干群策群力，共同研究相应对策。

程度分析：针对员工的思想问题，要分析问题有多大，达到了什么程度，有多大范围，占多大比例，是老问题还是新问题，是严重问题还是一般问题，是个别问题还是倾向性问题，需要立刻解决还是冷处理，应该私下解决还是公开解决，等等。

因果分析：员工的思想问题产生的环境与条件，产生的原因，可能会导致的后果和影响。

性质判断：员工的思想问题是偶发的还是思想认识导致的，是有意的还是无意的，是一时的过失还是屡犯的错误。

餐饮店长要以月为单位，对团队的思想情况进行分析总结，将针对员工思想问题的调查结果与分析情况归纳起来，认清其性质，为下一步制订方案、解决问题打好基础。

3. 正确解决

建立个别谈心制度、"重点人"帮教制度、思想骨干培养制度、思想教育整改制度等四大制度（后文会一一详细介绍）。

（1）把握依据。解决员工的思想问题不能信口开河，胡乱许愿。要依据团队的价值观及相关规定，依据餐饮行业的理论知识、前辈案例、读书笔记等来进行。

（2）端正思想。要实事求是，端正态度，以理服人。

实事求是：要从实际情况出发，具体情况具体分析，对不同性质、不同程度的问题，用不同的方法来解决。

端正态度：处理员工的思想问题时，一定要一碗水端平；必须本着帮助员工成长、关心爱护员工的原则，与人为善，循循善诱，绝不能讽刺挖苦、不闻不问；同时还要换位思考，通过说服教育解决问题，尽量少用行政手段（命令、惩罚）压制人。

以理服人：对员工做思想工作一定要有耐心。餐饮行业的员工文化素质较低，戒备心强，固有认知比较顽固。所以要耐心讲道理，反复讲道理，既不能迁就哄骗、随意许愿，也不要动不动就恐吓员工，用纪律压制员工。只有晓之以理，动之以情，让员工心悦诚服，才能真正解决问题，化被动为主动。

（3）对症下药。餐饮店分工很细，如厨房按级别分，有管理者、大工、中工、小工、杂工；按岗位分，有凉菜房、面点房、热菜房、初加工间、洗碗间、库房等。前厅有门迎、收银、公卫、服务员、管理组等。所以，经常性思想工作必须对症下药才会有效。

一是要区分不同的员工，如管理者与员工、技术骨干与普通员工、老员工与新员工、本地员工与外地员工、男员工与女员工、年龄小的员工与年龄大的员工等。

二是要区别不同的性格，如心胸狭窄、性格暴躁、爱钻牛角尖、爱面子、不计后果等。

三是要区别问题的不同表现，如工作受挫心灰意冷，受到表扬得意张狂，受到委屈排解不开，家庭困难悲观失望。

（4）把握时机。解决员工的思想问题，进行现场的思想教育，要讲究时机与火候，既不能太急，也不能太慢。找准思想工作的切入点，效果才会明显。比如，对情绪激动的员工，要先采取冷处理，待其冷静下来再进行思想交流；对比较固执的员工，要先允许他多想一想，待他觉悟时再解决问题；对某些思想问题，可以根据形势，在条件、时机成熟时趁热打铁，迅速开展思想工作。

（5）讲究方法（特别强调）。这里指的是解决思想问题与解决实际问题相结合。员工有物质和精神两种需求，任何一种需求得不到满足，都会影响士气，进而影响工作状态。如果店长只讲大道理，不解决员工的实际问题，思想工作就成了无根之木、无源之水。店长一定要把解决思想问题与解决实际问题结合起来，切实关心员工的生活，注意工作方法。

餐饮店的工作任务就是让客人都说好，令客人反复来消费，替餐饮店反复宣传，使餐饮店持续增加收入，确保持续打胜仗。而经常性思想工作的主要任务和作用，就是确保餐饮店的持续胜利。在餐饮店完成工作任务的过程中，员工会有各种思想问题。经常性思想工作的首要任务就是解决这些思想问题。解决方法讲究的是伴随、渗透、结合。

伴随：是指思想工作伴随每天工作的全过程。比如，每天营业前开的班前会或与个别员工进行的谈话就好比战前动员，鼓舞员工的士气，调动大家努力工作的积极性；营业中，店长不断巡台，在巡台中多鼓励员工，及时化解各种矛盾；营业后，店长要记录营业前、营业中表现优秀的员工，要评奖，总结好人好事等。

渗透：是指思想工作渗透到各专业工作的一切活动中。比如，每周二进行全员大扫除，有的地方好打扫，有的地方不好打扫，在分配任务阶段，容易出现挑肥拣瘦的情况，如果思想工作做得不到位，任务分配就会很困难。又如，店长给前厅各区域分配营业额完成任务，完成顺利的容易轻敌，完成不顺利的又容易泄气。再如，评选优秀，大家都想被评为优秀，搞不好一次评优会影响很多员工的工作积极性。这些问题都得通过思想工作来解决。

结合：是指思想工作要结合员工的实际工作、现实生活展开。具体来说，就是在为员工解决现实问题的过程中，要着眼于提高员工的思想觉悟。

一个周六，我和两个朋友在下午两点左右去一家餐厅吃饭。刚点好菜，就赶上人家开员工餐。开餐之前，店长对准备打饭的员工们说："各位，今天中午给大家每人增加一个卤鸡腿、一个卤蛋！"员工们都高兴地说"好吧"。店长接着说："主要是因为大家昨天晚上和今天中午辛苦了。业绩创新高，关键是零投诉。希望大家再接再厉。今晚所有包间、餐台都已预订，拜托大家了。坚持！我们永远是第一！"

很明显，这是一位有水平的店长，他把员工的工作成绩与思想工作结合在一起，从实际出发，着眼于员工思想觉悟的提高。

有的店长常常想不通：企业给员工的待遇不错，为员工办了不少实事、好事，甚至我还常常自掏腰包；可是钱发了，事也办了，不少员工还是坏话连篇，真是让人心寒。为什么会这样？就是因为做好事时或做好事前后，店长没有做充分的经常性思想工作。

餐饮店长必须熟练运用四大制度解决员工思想中存在的问题。

4. 检验效果

要做好经常性思想工作，必须对标结果、效果。

（1）看思想觉悟变化。做完思想工作后，要再次与员工交流，看他的思想矛盾是否解开，对待工作是否积极，与同事的关系是否比以前更融洽。除了要正面了解，面对面交流、观察，还要通过侧面调查，私下了解员工的思想矛盾是否真正解开。

（2）看工作表现、业绩变化。做完思想工作后，还要看员工做工作是否认真负责，业绩、任务是否圆满完成，对工作的态度是否端正、积极，工作业绩与以前相比是进步了还是退步了，员工是否改掉了以前的不良习惯。店长通过跟进检查、考评、奖与罚来验证经常性思想工作的效果。

5. 参考案例

案例一

某餐饮公司员工思想形势分析机制摘要

一、说明

思想形势分析机制是指对团队员工思想中存在的问题进行汇总、分类、比较、筛选和提炼，使之系统化、条理化，为下一步解决思想问题做好准备。

"凡事预则立，不预则废。"坚持以预防为主是优秀餐饮团队的成功经验。所谓预防，就是依据员工的思想动态，借助逻辑思维分析的力量，对员工思想变化的趋势做出推断、估计，进而有针对性地提出解决方案，提早解决员工的思想问题。

××店 2018 年 12 月 27 日曾出现员工串通好闹罢工事件，搞得时任店长措手不及，非常狼狈。为什么会出现这种状况？就是因为时任店长缺乏一套员工思想形势分析机制。所以，各店必须强化员工思想形势分析机制，具体如下。

二、员工思想形势分析机制图示

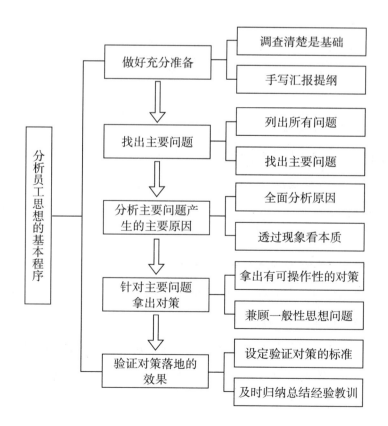

1. 做好充分准备。

（1）调查清楚是基础。在每月固定的员工思想分析会上，要广而告之，明确会议召开的时间，分析会议的主要内容及要求，并通知与会人员提前搞好调查，做好汇报的准备。

主要准备：围绕会议主题或自己认为的重点，了解员工的真实思想反映、倾向性问题，后进员工的表现，以及骨干员工思想工作的开展情况，等等。

（2）手写汇报提纲。参加员工思想分析会，每人都必须有手写的汇报发言提纲。提纲格式如下：

汇报人：　　　　　×年×月员工思想形势分析会提纲　　　　　年　月　日

员工	工作表现		思想问题		分析与建议	会议确认
	好	不好	好	不好		

2. 找出主要问题。

思想骨干把存在的问题列全、列实，然后在店长的组织下，大家进行头脑风暴，确定主要问题和一般性个别问题，如，发生频率高、范围广或者产生严重危害的问题就是主要问题。

3. 分析主要问题产生的主要原因。

找出主要问题后，立即分析其产生的环境、条件、根源，以及可能导致（或已产生）的后果、影响。比如，某餐饮团队整体工作松散的原因是管理组成员设定的标准不高，管理不严；管理组成员管理不严的主因是责任心不强；管理组成员责任心不强的主因是店长管理干部的力度不够，店长有混日子的倾向。

要把主要问题产生的各种原因都列出来，包括自己的原因、客观原因、直接原因、间接原因等，切实把相互作用、相互影响的各种因素都弄清楚，这样才能找准病根。

分析原因时，要注意透过员工表面的行为找到起支配作用的、深层次的真实原因。比如，某炒锅厨师大年初二因客诉菜品质量问题而顶撞了厨师长，甚至推搡厨师长，扬言不想干了。很明显，这个主要的技术人才工作不安心了。思想骨干继续深挖后，发现炒锅厨师是因为前期评选优秀员工时对某项政策不理解而认为厨师长不公平。

4. 针对主要问题拿出对策。

针对影响恶劣的倾向性问题，要立即采取集中教育的方法给予集中解决；对"重点人"或特殊问题，可以采取"二帮一"（一名管理者和一名思想骨干共同帮助相关员工）的方式解决；对个别的或一般性思想问题，可以采取谈心的方式解决。

5. 验证对策落地的效果。

这里建议各位店长掌握以下五种常用的分析员工思想的方法。

定量分析法：是指对员工思想问题的程度和规模范围进行分析和确定。比如，春节前有多少员工思想不稳定？这一点是前厅严重还是后厨严重（规模、范围）？××员工这次被发现有偷吃、偷拿行为，是初犯还是屡犯？他偷吃、偷拿菜品的总价值是多少？

定性分析法：是指对员工思想问题的性质及其类型进行研究和确定。主要是弄清员工的某种思想及行为是先进的、正确的还是落后的、错误的，员工是压根儿就不知道、不懂，还是明知故犯。

因果分析法：是指对员工行为表现背后的思想问题产生的原因和可能导致的后果进行分析，弄清行为表现、思想问题背后原因的相互关系，找到解决问题的切入点。

趋势分析法：是指通过分析员工的现实思想状况，预测和判断个别员工或整个团队思想变化的趋势，摸准员工思想变化的脉搏、规律，增强思想工作的预见性和主动性。

周期性分析法：是指根据员工的思想问题在一定周期内呈现的规律，预测员工在某个阶段、某个时间可能出现的思想变化。比如，员工在春节前、值班时、受批评处罚时、调整岗位时容易出现思想问题。掌握了这些规律，就可以提早布局，防患于未然。

案例二

好沟通带来好结果

某店李店长发现在店里已工作两年的后厨中工张军近三天有点反常，总是低头不语，每次吃员工餐总是第一个离开餐桌。李店长询问与张军同宿舍的员工，了解到张军是从陕西南部山区一个贫困村出来的，一心想通过自己的勤奋努力改变家庭状况。店里有个制度：凡是获得半年度优秀员工的人，即可晋升为储备干部。张军连续两次获得提名，但最终失利，因而灰心丧气，产生了自暴自弃的心理。对此，李店长从关心张军吃饭入手，与张军推心置腹地交流，帮助他分析未能被评上优秀员工的主客观原因，解释了制度的细节，打消了他的疑虑，并帮他拟定了相关改进计划，同时以自己为例，鼓励他遇到挫折要冷静，要自信，要有耐心，让他明白天道酬勤的道理，从而使他重新树立了靶向和决心。在下半年，张军以无可挑剔的表现被评为半年度优秀员工，晋升为储备干部。

本案例归纳总结如下：

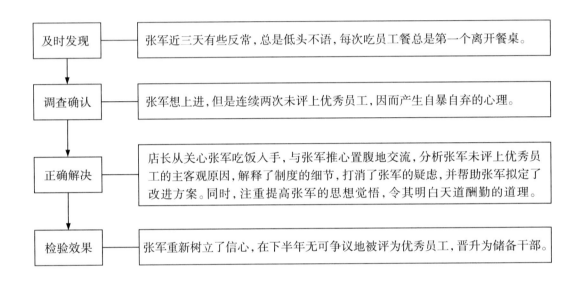

（三）个别员工谈心制度

在餐饮团队中，一旦发现矛盾、思想问题，上级、思想骨干就必须及时和下属谈心。谈心分为两种：一种是定期的，如某餐饮团队规定思想骨干每周，主管、领班每个月，店长每三个月至少要找每个下属员工谈一次话；另一种是即时的，如员工获奖时要谈心，员工被客人投诉、家乡受灾、亲人病故、婚恋受挫、患病受伤时要谈心，员工受批评处罚时更要谈心。

与员工谈心，内容非常广泛，主要包括了解情况，征求意见，听取批评和建议，帮助教育，等等。

这里总结一些有经验的店长的具体谈心要点。

与个别员工谈心的基本程序如图4-6所示：

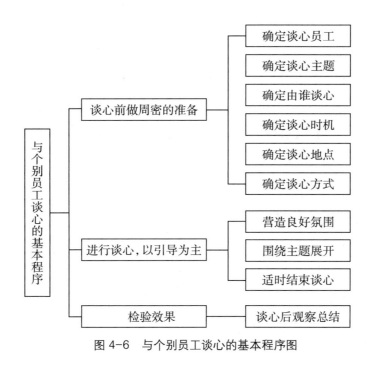

图 4-6　与个别员工谈心的基本程序图

1. 谈心前做周密的准备

（1）确定谈心员工。

就是解决跟谁谈的问题。谈心的对象可以是一个人，也可以是几个人。确定谈心员工后，要弄清以下情况：员工的基本情况，如性格、爱好、家庭情况、近期表现等；是第一次谈心还是已谈过多次。

（2）确定谈心主题。

就是解决谈什么的问题，即明确谈心的目的。有了解情况的谈心，有鼓励进步的谈心，有批评教育的谈心，有布置工作、做动员的谈心，有预防性、慰问性、解释性的谈心。无论是哪一种谈心，谈心者都要把自己要谈的主题想清楚，把谈心的目的弄明白，围绕主题进行谈心，才能收到预期的效果。

（3）确定由谁谈心。

谈心者不同，谈心效果往往会有差别。比如，一个员工有了思想问题，管理人员去谈，可能谈不通，另一个员工去谈，可能谈得通；骨干员工去谈，可能谈不通，与谈心对象感情亲近的员工、老乡员工去谈，可能谈得通。所以，同员工谈心并非每次都得由管理人员出面，有时可指派下级员工、骨干员工去谈，有时也可拜托与谈心对象关系亲近的员工去谈。

（4）确定谈心时机。

就是解决什么时候谈的问题。谈心的时机要恰到好处，过早或过晚都会影响效果。如员工之间的矛盾刚出来时；员工初次犯错产生悔恨时；员工有困难需要帮助时；员工刚刚入职，不熟悉情况时；员工已发过牢骚，心平气和时；员工刚刚获了奖，意气风发时；等等，都是谈心的好时机。

某位有经验的店长告诉我，选择谈心时机一是要"静"，在谈心对象情绪不稳定，心情特别烦躁时不要急于与之谈心，要先想办法让对方平静下来；二是要"松"，在谈心对象特别忙、工作压力大、时间紧的情况下不要找其谈心，要等他工作不忙时再谈；三是要"佳"，在谈心对象疲惫不堪时不要找其谈心，要待对方精神状态好时再谈。

（5）确定谈心地点。

就是解决在哪里谈的问题。与员工谈心，一般是私下进行，就要求有合适的环境。一是要选择相对干净、舒适的地方，而不要在堆满杂物、卫生恶劣的地方；二是要选择可以随便说话、隔墙无耳的地方，而不要在说话不自在、不能敞开心胸的地方；三是要选择无人打扰、比较安静的地方，而不要在大庭广众之下或容易被打扰的地方，因为这样容易被打乱思路，招来别人过分的关注，使谈心对象的自尊心受到伤害，欲言又止。

有经验的店长告诉我："一些管理人员不重视与员工谈心的地点选择，这是没有经验的表现。要知道，人最不容易、最不愿意轻易说出自己的心里话。当我们好不容易让员工放松下来，准备说心里话时，因为地点的问题，员工受到一点儿干扰，都有可能又回到思想斗争中——我还是不说了吧。所以，选择谈心地点十分重要。"

（6）确定谈心方式。

就是解决怎样谈的问题。对餐饮员工进行的有效的谈心方法主要有以下九种：

①自黑自夸式谈心法：谈心时不先指出对方的问题，而是从谈自己的经历开始引起对方的联想，拉近彼此的距离，从而沟通双方的信任情感，使对方从自己的经历中受到启发，引起共鸣。这种方法有利于消除对方的戒备心理和对立情绪，尤其适用于新员工或性格暴躁的员工。

②聊家常式谈心法：谈心时一般从对方的家乡特产、家庭情况、个人兴趣爱好等入手，逐渐引导，引向主题，逐步消除对方紧张戒备的心理，使其产生亲近感，愿意掏出心里话交流。这种方法一般适用于与谈心者不太熟悉的员工或性格内向的员工。

③对比式谈心法：对做了错事而一时不认错或不知错在哪里的员工，不直接指出其过错，而是列举与其过错相仿的事例进行对比，与员工进行分析讨论，使其从中悟出道理，认识到自己的过错。这种方法有利于消除对方的疑虑和抵触情绪，说服力较强，容易促使对方提高认识。

案 例

一位打荷厨师在出菜前理盘时不小心将一块肉掉到了地上，他迅速把肉夹起来吹了吹，放到盘里，准备出菜。炒锅主管发现后，制止了出菜，要求重做，严厉地批评并处罚了打荷厨师。打荷厨师不服气，顶撞了炒锅主管。事后，有经验的店长与打荷厨师谈心，说道："假如你看到同事将那盘菜端给你的亲朋那一桌，你心里会怎么想？你会不会站出来制止对方？"打荷厨师听了，先是不吭声，后来认识到了自己的错误。

④征求意见式谈心法：对性格开朗、上进心强、关心团队发展的员工，采取征求意见的方法，请他们对团队的工作提出意见，或者与他们一起探讨对某个问题的处理办法，这样既能了解更多实际信息，又会使他们感到谈心者比较民主，信任他们，进而产生一种团队责任感和参与感，从而调动起工作积极性，提高团队向心力。

案 例

某餐饮店聘用了附近某国企的下岗职工刘姐。一段时间后，店长发现刘姐工作十分认真，有较强的集体责任感。经了解，店长得知刘姐在国企工作了25年，当过班组长，受过系统的职业教育，个人素质较高。店长在与刘姐谈心时说道："刘姐，您在××厂工作了25年，是我的前辈。在带团队方面，我十分需要您的指导、意见，请您多多帮助我……"刘姐听了，就打开了话匣子，给店长提了许多建设性的意见。店长采纳了其中一些意见，效果很好。后来，刘姐经常向店长提出意见，并逐渐成为店里的骨干。

⑤表扬式谈心法：谈心时不急于指出对方的过失和缺点，而是先充分肯定对方的成绩和优点，继而说明金无足赤、人无完人的道理，在消除对方的戒备、疑惑、对立心理之后，再由易到难、由小到大地指出对方的过失与缺点。这种方法适用于大多数餐饮员工，尤其适用于缺点较多、常挨批评而产生了悲观情绪、失去了进步信心的后进员工。

案例

某店招进一名刚满18岁的男员工小刘。小刘家境不错，是独子，初中毕业后进入社会，染上一身懒毛病，平时工作不认真，对客人不热情，有时甚至顶撞客人，因此经常被批评，甚至被"开罚单"。小刘最近闹情绪，不想干了。主管在与小刘谈心时说："小刘，你很聪明。你对电脑、对大众点评、对抖音的熟悉程度在咱们店数第一。你在抖音上发的关于咱们店的视频效果很好。但是咱们餐饮行业除了要吸引新客人来店外，最重要的是吸引回头客。客人为什么会'回头'？是因为在咱们店体验好。啥叫体验好？就是客人开心。小刘，你家庭条件好，将来也许会自己做生意，做生意的本质就是让客人开心、高兴，下一次再与你合作，这样你才能赚到钱。你现在在咱们店当服务员，就是在学习让客人开心的本事。所以你要耐得住自己的性子，想方设法让客人开心。你很聪明，我相信你一定能做好。"后来小刘真的进步很大。

⑥直截了当式谈心法：对性格直爽的员工，如果采用表扬式谈心法，他们会认为你不直爽，说话绕弯子，装神弄鬼，从而引起不快；如果开门见山，直截了当地指出他们的问题，提出中肯的批评和期望，使其感到内疚，激其猛醒，下决心改正，可能更加有效。但需要强调的是，这种方法只有当自己和对方感情基础较好，相互了解，且对方是直性子时方可使用。而且谈心时要注意选择词语，不可用过于刺激、伤人人格的语言。

⑦迂回式谈心法：对心胸狭窄、性格内向或者容易钻牛角尖的员工，谈心时最忌直来直去、有啥说啥，而应采取迂回婉转的方法，由远及近、由此及彼地慢慢诱导。估计一时难以达成共识时，应注意尽量避免形成僵局，不能把话说绝，而要留有余地，为以后在适当时机再谈心留下余地。

⑧调和式谈心法：对员工的一些非原则性缺点或者员工之间因非原则性问题引起的纠纷，应采用调解的方式与他们谈心，帮助他们消除隔阂，解除误会，化解矛盾。

⑨讨论式谈心法：即鼓励员工大胆地说出自己的见解，相互交流探讨，商量研究，在讨论中找出共同点和不同点。这种方法一般适用于争议大又敏感的问题。例如，某店为了更好地满足客人的需求并增加营业收入，计划在夏季延长一小时营业时间。店长很有经验，没有马上宣布决定，而是利用几次谈心的机会，由店长和厨师长分别与思想骨干和技术骨干进行讨论，通过共同讨论引导大家逐步接受店里的计划，并通过骨干做通了员工的

思想工作，使大家齐心协力展开"夏季攻势"。

2. 进行谈心，以引导为主——与个别员工谈心的常用步骤

（1）营造良好氛围。

开始谈心时，谈心者一定要注意营造谈心的氛围。比如，在室内应主动让座，倒杯茶水，嘘寒问暖；在室外可以边走边聊。

开始的话题根据不同员工和不同情况而有所不同。如，可以从最近的天气谈起，从周围的环境谈起，从衣着打扮谈起，从最近的电影谈起，或者从社会热点谈起，等等。一般来说，应当从对方感兴趣或关心的话题谈起，从双方共同语言较多的话题入手，拉近双方的心理距离，为进一步交流营造良好的氛围。

（2）围绕主题展开。

营造了良好的谈心氛围，拉近了双方的心理距离之后，可以正式进入谈心的主题，这是谈心的关键阶段和谈心活动的高潮。当谈心转入正题后，必须紧扣主题事实，把谈心引向深入，注意观察员工的心理变化，了解其思想认识、建议、要求及打算，在此基础上，表明谈心者的看法，最终目的是求得共识。

首先是端正态度。谈心不是下指令、下达任务、安排工作，不是洗脑、讲大道理，一定要坦诚相待，换位思考，平等相待，彼此尊重，认真倾听对方的意见。表达自己的看法时，要摆正自己的位置，把控自己的心态，一般宜以兄长、大姐、过来人或者小辈的身份与对方交流，不要动不动以领导或真理代言人的身份居高临下地跟对方谈话。

听取对方陈述时注意力要集中，最好是直视对方的眼睛；倾听与记录要合理交替，最好是听听、看看、记记，不要光听不看，也不能光看不记。一般不要随意插话或做与谈心无关的事情。

遇到对方有情绪、说气话、发牢骚或者顶撞自己时，要宽容大度，耐心地说服、解释，切不可唯我独尊，小肚鸡肠。

其次是把握心理。不同的员工有不同的心理表现，谈心时要准确把握他们的心理，针对不同的情况用不同的方法谈不同的内容，能收到事半功倍的效果。

在谈心时，需要重点注意员工的以下四种心理。

第一种是喜悦心理。针对这种心理，谈心时要如响鼓重锤。员工的喜悦心理一般出现在得到表扬、奖励、晋级、晋职的员工身上。这类员工比较容易接受批评，与这类员工谈心时要抓住机会，指出其存在的缺点和不足，同时提出更高的要求或新的工作任务，为其指明新的进步方向，促使其将喜悦心理转化为自我激励心理。

第二种是自卑心理。针对这种心理，谈心时重在开导启发。自卑心理多见于新员工或技能较差的员工身上，以及出现严重客诉，员工受到处罚的情况下。这类员工担心别人的指责和嘲笑，敏感而有戒心，个别员工还有破罐子破摔的念头，并常伴有防御和逆反心理。与这类员工谈心，首先要实事求是地挖掘他们在以往工作中的闪光点，肯定其长处和成绩，使他们看到希望，增强自信心；其次是对他们的缺点、短板、错误的分析要有理、有据、有情，情理交融，既指出其不足，又要表达宽容、包容之情，使其体会到上级的良苦用心及团队的温暖，激发其认识和改正错误的自觉性、积极性；再次是批评要中肯，对其技能短板带来的危害及其错误造成的影响，既要指出严重性，又要帮助分析各种主客观原因，关键是要指明提高或改正的途径和方法；最后是要给予激励和鼓励，告诉他们错误只是暂时的，短板肯定能弥补，只要坚持用心，肯定会进步，激励他们从自卑中奋起。

第三种是悲忧心理。针对这种心理，谈心时要如春风化雨。员工的悲忧心理通常出现在被客诉、家乡受灾、亲人病故、婚恋受挫、家庭出现纠纷、家庭困难、上进受挫、与同事关系不好等员工身上。这类员工精神负担重却难以自我排解忧愁，直接影响了工作、生活。与他们谈心时要侧重安慰、开导、鼓励，化解他们的忧愁，要换位思考，以同情和理解的态度给予他们热情的帮助。对有实际困难的员工，要在条件允许的范围内给予他们经济上的支持。对婚恋受挫或家庭出现纠纷的员工，要热心帮助，出谋划策，排忧解难。对因条件不够而未能上进的员工，要诚心帮助，为其分析原因，指明努力方向。

第四种是恼怒心理。针对这种心理，谈心时要心平气和。员工的恼怒心理往往出现在自认为人格受辱，受到了不公平的待遇，与上级、同事有误会或隔阂的员工身上。这类员工往往情绪激动，难以自制，甚至可能走极端。这时如果强压，容易激化矛盾，导致大家不欢而散。与这类员工谈心时，要坚持冷处理的原则，以"冷"治"热"，以理、以后果制怒。要十分准确地了解问题出现的来龙去脉，掌握真实的一手信息；要反复谈心，以事喻理，分析利害关系，耐心开导，使其逐步认识到自己的问题，平息恼怒情绪，从而圆满地化解矛盾。

最后是表情达意。与员工谈心是语言交流、情感交流、思想交流的双向活动，它通过表情、动作、目光、语言、语调和语气等传递信息并达到目的。表情达意是谈心不容忽视的重要方面。

表情达意一般有五种运用。

第一种是表情的运用。表情是情感的显露，是员工观察谈心者的重要方面。谈心者的表情对员工的情绪有很大的引导作用，直接影响谈心的效果，甚至会影响谈心者在员工心中的威信。谈心时要善于因人、因事、因时恰当地运用表情。例如，当员工认真述说问题时，要表现出认真、重视、关注；当所谈内容十分重要时，要表现出严肃、庄重；当员工怒气冲冲时，要表现出镇定自若，从容发话；当双方交谈气氛友好时，要表现出和颜悦色。总之，要善于针对不同的对象、不同的情况、不同的气氛，恰当地表露出同情感、关注感、冷静感、愉悦感、豪放感、愤怒感等，用表情调节员工的情绪，为谈心创造良好的心理环境。

第二种是动作的运用。动作是一种肢体语言，谈心时动作得当，能起到无声胜有声的作用。员工往往会通过上级的表情、动作来判断上级谈心的诚意、真实性。比如，在与员工谈心时，时而赞同地点点头，能给予对方鼓励；在员工神情沮丧、情绪低落时，握住员工的手，或拍拍员工的肩，能起到传递情感的作用。谈心时动作的恰当运用，一方面可以加重谈心者谈话的语气；另一方面可以影响员工的心理，起到启发和吸引的作用，增强谈心的教育效果。

第三种是目光的运用。一般情况下，谈心者对员工的注视要适当，如果直愣愣地看着员工，会使对方感到不自在；但老是不看员工，又会被认为是冷漠、瞧不起人，有时也会让员工认为谈心者没经验、紧张。谈心时谈心者时而看对方一眼，会使对方感到愉快平和。一般情况下，谈心者的目光应保持柔和自然。

第四种是语言的运用。谈心是需要运用语言技巧的，要根据员工的文化素养、性格特点、习惯爱好等使用不同的语言。与心胸狭窄的员工谈心，语言要柔和一些，如春雨润物细无声；与性格直爽的员工谈心，要开门见山；与文化水平高的员工谈心，语言要文雅；与文化水平低的员工谈心，语言要接地气；等等。谈心时还可以使用幽默的语言，甚至开点小玩笑活跃气氛，使双方感到轻松愉快。

第五种是语调、语气的运用。语调、语气对语言起烘托、加强的作用，尤其是对文化水平不高的餐饮员工来说，上级在谈心的过程中要有意识地用语调、语气来配合语言的使用。因为员工有时不一定能完全听明白上级的语言，往往要借助上级的表情、动作、语气、语调来理解上级的意图。所以，在谈心过程中，首先要注意语调高低轻重的合理使用；其次要适当运用陈述、疑问或感叹等语气，比如对家有不幸的员工可以多用感叹语气。

（3）适时结束谈心。

结束谈心通常有两种情况：一种是谈心成功，应及时给予员工鼓励，使谈心活动在和谐的气氛中结束；另一种是员工的思想一时转不过弯，继续交谈下去员工有不耐烦的表情，这时应该结束谈心，重新谋划，下次再谈。

3. 检验效果

所有的谈心都要看员工的改变，要看实际效果，要总结谈心的经验教训。谈心的效果，有的可以在谈心的过程中检验；有的则需要事后观察，即通过观察员工的思想情绪、工作态度等，了解其是否已经打开心结，是否已经放下包袱，精神状态是否饱满，等等。

对谈心效果好的案例，要总结经验，形成文字记录，便于推广经验。对谈心效果不好的案例，要研究失败的原因，设计新的策略，继续把工作做好。

4. 参考案例

案例一

思想骨干的迂回式谈心法

某店员工小杨，从小就性格内向，他来自贵州山区，进店半年了还改不了浓重的方言口音，有时候会被其他员工学着说话，甚至被开些小玩笑。这对别的员工来说，只是一件小事，笑完就过去了；但是对小杨来说却不同，本来就不善于与人沟通的他觉得人家是看不起他，能不说话就更不说话了，平时上下班也是独来独往。同事们见他这样，也都渐渐疏远了他。与他住在同一宿舍的领班见到这种情况，经常找他谈心，鼓励他融入团队，和大家打成一片。领班语重心长地对他说："小杨，不会说普通话不要紧。我是四川人，刚来西安时一句普通话也不会说，大家也常常开我的玩笑。多多练习就会说了。你看，我现在的'川普'也不错呀。只要你有一颗真诚的心，与大家交往其实并不难。如果你老是与大家隔绝，别人会对你产生误解的。"

领班的话不幸言中了。某天，小杨看见领班新买的电子手表不错，就借过来仔细把玩，爱不释手。到了休假日，小杨一大早就出去特意买了一个一模一样的电子手表。回到宿舍，当他正在欣赏这个心爱之物的时候，同宿舍的一个员工突然说："小杨，你怎么不跟领班说一声就拿他的东西啊？你知不知道今天上午领班发现手表不见了，已经找了半天了。"小杨顿时目瞪口呆，头脑里一片混乱，想跟同事解释，又担心人家认为自己强词夺理；想去和领班说明，又担心同事们认为自己是"自首"。最后他什么也没做，在宿舍里一天到晚魂不守舍，而且见到领班下班回来也装作没看见。看到同事们聚在门外聊天，他就以为是在议论自己。晚上临睡前才听说领班的手表是被另一个领班拿去给员工摆台计时用了，已经还给领班了。小杨不但没有因此放下思想包袱，反而思想负担更重了，他认为同事们都在排挤自己，对自己有偏见。

领班听说这件事后，马上找小杨谈心，问他近期是否有压力，鼓励他说出心里话。这下小杨再也忍不住了，把所有委屈都倒了出来。领班与他进行了深入的交流，详细分析了同事们对他产生误解的原因；对他强调，出来打工肯定是要过集体生活的，大家需要相互了解，千万不能在自己和别人之间筑起一道墙，整日把自己封闭在内心世界；还特别说到，没有多少人会主动理解你，你要想跟大家打交道，遇事一定要主动，主动张嘴，主动换位思考，主动说明情况。

后来小杨主动与同事们沟通，再加上领班也在背后做了很多工作，同事们接纳了小杨，小杨也和同事们建立了融洽的关系。

一晃小杨在这家店已经干了三年，成了这家店的骨干（储备干部）。

这是一个典型案例。领班针对小杨有自闭倾向的特点，抓住有利时机及时对小杨做思想工作，循循善诱，因势利导，成功地运用谈心法帮助他解决了思想问题，使他被团队接纳，与同事们打成一片，并逐渐成为骨干。

从这个案例中我们可以得到以下启示：

一是运用谈心法时要抓住有利的时机。小杨由于平时不善沟通，以至于被同事误会偷拿了领班的手表，而小杨又不会解释，只好闷在心里。这可以说是他心理上最脆弱也最渴望得到别人的帮助的时候。领班抓住了这个有利的时机，对小杨进行迂回式谈心，这对小杨这样的员工来说无疑是雪中送炭，使他在陷入困境时感受到集体的温暖、同事的友爱。再加上适当的引导，就化解了他内心的疙瘩，也唤起了他前进的勇气。在适当的时机讲好道理，可以说是一言值千金。

二是进行个别谈心时要有敏锐的洞察力，把握住对方的心理脉搏。小杨在向领班倾诉时，内心已经意识到了自我封闭的坏处，也渴望改变当时的局面。这时候适当进行外部引导，就会起到推波助澜的作用。

小杨这样的员工的问题，在于与人交往不主动，心里其实是有较多想法的，遇事多疑，容易犹豫。思想骨干如果能及时出手，把准对方的心理脉搏，对好的势头加以鼓励、引导，背后再助一臂之力，就能帮助他走出思想的迷雾。

要特别重视发挥思想骨干的作用。思想骨干与员工朝夕相处，对员工的情况比店长更清楚，一旦发现员工有思想问题，要及时帮助他们解决。作为思想骨干，要带头与员工交流，不仅要在工作上多帮助他们，更要在生活中和他们做朋友。

案例二

面对自卑心理的启发式谈心法

某店前厅员工小曹性格内向，不善言谈，学习能力较差，虽然入职半年一直踏实肯干，又能吃苦，但因专业技能掌握得较差，所以常常出错，一直拖班组的后腿。对此，领班和骨干十分恼火，甚至当众埋怨过小曹。这使得原本就已经十分自卑的小曹成了班组里的另类。有一次，小曹伤心地对作为后厨思想骨干的老乡说："我知道自己能力差，我也着急啊。但是，领班他们总是埋怨我，我真不想干了。"这位后厨思想骨干马上把这一情况向厨师长做了汇报，厨师长立即向店长做了汇报。店长对此十分重视，开始注意观察小曹。当天发现小曹吃员工餐时独自一人，闷闷不乐，店长就走过去，把小曹请到包间一起就餐。店长边吃边对小曹说："小曹，最近我发现你总是不开心，怎么了？有事可以说说吗？"小曹没吭声，只是埋头吃饭。店长又说："你来咱们店半年了，我发现你工作很认真，也能吃苦，很像当年的我。你有什么难处就跟我说，我一定会帮你。"小曹犹豫了一下，低着头说："店长，我想好好干，但是我笨。可我真的想好好干。"

在店长的诱导下，小曹倒出了心中的苦水。得知情况后，店长帮助小曹分析、查找了专业技能差的原因，并告诉小曹，做服务，专业技能一定要过关，他会亲自帮小曹提高专业技能。店长说，很快就会专门安排时间帮助他，让他不要有顾虑，好好工作。

当晚，店长对小曹所在班组的领班、骨干的做法提出了严厉的批评，同时与他们一起对小曹的情况进行了专题分析，认为他的失误在于专业技能不行，而专业技能不行的原因不是他不努力、不刻苦，而是他悟性差一些，缺乏有经验的人的专门指导。

症结找到之后，店长和领班、骨干一起专门为小曹设计了一个个性化的提升方案。这个方案把各项专业技能细化为分解动作，小曹从分解动作练起，把分解动作练熟，再把它们连贯起来。之后，再给小曹分析讲解常见错误。店长还规定，每周给小曹上两次"小灶课"，一次在周一，由店长亲自教，一次在周三，由领班、骨干轮流教。同时店长强调，对小曹在培训、工作中取得的每个微小的进步都要及时给予肯定。

这样的"小灶课",使小曹逐步解决了专业技能差的问题,也使他找回了自信,脸上有了久违的笑容。

小曹本来就思想觉悟较高,再加上大家的帮助,专业技能明显提高。三个月后,他也成为带新员工的骨干。

这个案例给我们的启示是:"树怕伤根,人怕伤心",对能力较差的员工是采取冷处理还是积极帮教,实际上体现了团队对员工的根本态度。冷处理解决不了实际问题,反而容易对员工造成情感伤害,导致员工破罐子破摔,直至离职。而对员工进行积极教育,才是打造最强团队应有的态度、方法。

作为团队的"带兵人",店长要正确对待后进员工,对他们不放弃、不抛弃。通过这个案例,我们发现这位店长在打造团队方面是十分有经验的:

一是信息渠道畅通。后厨思想骨干能及时将小曹的想法汇报上来。

二是反应及时。得知小曹的想法后,店长立即观察了解情况,及时与小曹谈心,掌握一手真实情况,并立即着手解决问题。

三是谈心技巧、"带兵"技巧高超。店长先让小曹吐出苦水,再强调小曹的优点,然后指出专业技能问题必须解决,同时带领领班、骨干设计出一个有针对性的提升方案,取得了良好的效果。

总之,这位店长带员工的经验是:知员工、爱员工、助员工。

案例三

面对悲忧心理的春风化雨式谈心法

某店后厨员工小黄自幼丧父,体弱多病的母亲和他唯一的哥哥在陕西商洛老家相依为命。去年,他休完年假从家里回来后,似乎变得忧心忡忡,精神恍惚,工作时没精打采,经常出错,反复导致退换菜。厨师长、主管多次找他谈心,都被他搪塞过去,不了了之。于店长得知这件事后,凭多年的经验判断小黄必定有什么隐情,遇上了难事。

这天,于店长找到小黄谈心。一开始小黄很不安,以为于店长是因为自己最近表现不好而来兴师问罪的。可是于店长却和颜悦色地跟他聊家常,说商洛的美食、茶叶等。当于店长有意无意地问起小黄的家庭情况时,小黄顾左右而言他,含含糊糊想敷衍过去。可于店长没有放弃,他推心置腹地告诉小黄:"咱们企业是个大家庭,大家团结友爱,守望相助,这也是老板一直倡导的企业文化。有困难千万别一个人硬扛,要相信团队,依靠团队,及时向我们寻求帮助和支持。"

于店长的一席话情真意切,直说得小黄心里暖洋洋的,鼻子酸溜溜的,他终于吐露实情了。原来,小黄的哥哥和女友遇到其前男友故意找事,小黄的哥哥在理论时失手将人打伤,人家报了警,小黄的哥哥被当地警方拘留了,对方扬言要让他被判十年八年。老母亲旧病未愈又添新愁,经受不住这个打击,精神崩溃,身体每况愈下。小黄忧心如焚却又束手无策。他是个自尊心极强的员工,哥哥违法虽属意外,却终究是一件不光彩的事。同事问他,他认为"家丑不可外扬",担心同事会瞧不起自己。沉重的思想包袱压得他喘不过气来,使他无心认真工作,因而连连出错。

了解情况后,于店长安慰小黄不要过于焦虑,并与厨师长商量决定,特批给小黄一周假,让他回家照顾母亲,稳定了他的情绪。与此同时,于店长在征得小黄的同意后,迅速将情况向公司汇报,请求公司给予帮助。公司派行政部经理和法律顾问专门前往小黄的家乡,一面与伤者沟通,一面与当地警方交涉,最终使小黄的哥哥免予起诉,以赔偿伤者部分费用结束了这场纠纷。小黄的哥哥回家了,母亲的病情也稳定下来。这件事在店里只有小黄本人和于店长、厨师长知道。公司悄悄地帮小黄妥善解决了这件棘手的闹心事,小黄恢复了以往的精神,工作起来干劲十足。

这个案例给我们的启示是:关爱员工是打造团队的基础。团队带头人要做好员工的思想工作,必须在平时的工作和生活中扮好慈母、兄长的角色,躬身体察员工的疾苦,与他们建立起真正的友谊,这才是团队带头人树立威信的必由之路,也是其增加自身亲和力、信服力的基础。

这里特别强调以下三点:

一是恪守诚信。于店长正是以其言出必行的诚信作风取得了小黄的信任,使小黄有信心向团队寻求帮助。于店长的经验就是严格为员工的隐私保密,及时主动伸出援手。

二是体察入微。于店长悉心关心员工,有意了解员工的喜怒哀乐,这才抓住了思想问题的苗头,才能进一步对症下药、治病救人。

三是爱之以心。于店长关爱员工,体现出:真心,不作秀,在员工有困难时挺身而出;诚心,实实在在为员工排忧解难;细心,与员工谈心时不放过蛛丝马迹,细致入微;专心,把员工的困难当成自己的困难,不遗余力。

案例四

面对恼怒心理的冷处理式谈心法

某店老员工老宋和新员工小江因为工作琐事发生了争吵，小江年轻气盛，根本不给老宋面子，甚至要动手打老宋。同事把二人拉开后，老宋一直闷闷不乐，越想越觉得窝囊：明明是小江不对，他还是个新员工，当着这么多人的面还扬言要动手收拾我，这是在侮辱我，欺负我……于是下班之后，老宋拿着电动车的车锁去找小江算账。小江看见后吓坏了，撒腿就跑，刚出店门就碰上了李店长。老宋冲过来要动手，李店长及时制止了他，巧妙地解决了问题，防止了事故的发生。

李店长在处理这一事件时，巧妙地运用了个别谈心的方法。他并没有发脾气，而是冷不防抓住了老宋手中的车锁，同时让一个思想骨干带小江离开。李店长把老宋带到包间，给他泡了一杯好茶，他不喝；给他点上一支烟，他也不抽。老宋只是一个劲儿地骂小江，扬言要给小江放血。李店长抽着烟一声不吭，打开手机，把音量放得不大不小，既能听到手机里飘出来的优美歌声，又不影响交谈。很快，老宋的情绪平复下来。接下来，李店长再递烟，他抽了，再递茶，他也喝了。此时，李店长并没有多问老宋与小江之间到底是怎么回事，只是说："有啥事明天再谈，我马上要开班后会。你是'老革命'了，在社会上闯荡这么多年了，遇事要冷静点，多想想后果，多想想家庭。"李店长让老宋回宿舍之后，又安排主管带小江去另一个宿舍休息，并嘱咐主管要安抚小江，与小江谈心。同时，李店长向在场的员工了解了当时的情况。当晚谁也没有再闹事。

第二天一大早，老宋和小江先后来找李店长认错。这时李店长针对他们各自的问题进行了严厉的批评，两个人不仅虚心接受了批评，还在班前会上做了检讨。会后，老宋还主动向小江认错，从此两个人和好如初。

李店长对这件事情的处理是十分正确的。

一是针对特点，做冷处理。李店长对两个员工的性格了如指掌，清楚两个人都是急脾气，处理问题容易上头，吃软不吃硬。因此，当他们都在气头上时，要冷处理。先把双方分开，把事情放到一边，这是使双方迅速消气，避免矛盾再次激化的有效手段。李店长让老宋听音乐、喝茶、抽烟是一种情境转移，是能让人冷静下来的有效办法。

二是针对事理，开导启发。李店长开导老宋的语言不多，但十分有效，关键是指出了打架的后果,点醒老宋用车锁打人可能会给自己的家庭带来什么样的后果,让老宋自己反省。

三是惩前毖后,化解矛盾。李店长处理此事并没有和稀泥,当老好人,而是在双方认识到自己的问题的基础上,对双方提出了严厉的批评,让双方心服口服地当众检讨。既警醒了众人,也令双方和气地化解了矛盾。

案例五

某店长与员工谈心的心得分享

一是要真诚,要实事求是,不能骗人,不能许空愿。

与员工谈心的目的之一,就是取得员工的信任。有的管理者、思想骨干与员工谈心时急功近利,急于求成,说假话,许空愿,哄员工。要知道时间、现实是哄不了人的,与员工朝夕相处的上级是骗不了员工的。一旦员工认为上级、思想骨干哄骗了自己,那么以后的谈心肯定是无效的,而且信任全无。

二是要讲来回话,不能搞一言堂。

谈心是双向的思想交流活动,讲来回话、不搞一言堂是做好谈心的一个先决条件。因为谈心的初心是达成共识,不能急于求成。谈心必须是民主的,而不是我说你听的一言堂式的说教。这就要求谈心者做到平等,尊重员工,尽可能多听员工说话,让员工把心里话甚至牢骚话、怨言都说出来。一般而言,谈心者听七说三比较好。不要强加于人,讲道理要采取讨论式和民主商讨的方式。

三是要目标明确,不能无的放矢。

谈心最忌没有目标,东拉西扯,无的放矢,浪费时间。为了避免这种情况,首先要周密调查,充分准备;其次要突出中心、重点,"对号入座",对症下药;最后要具体问题具体分析,因人而异,因势利导。

四是要坚持原则,不能一味迁就。

谈心的根本目的是通过交流思想,澄清是非,提高认识。为了达到这一目的,在谈心过程中,一方面要尊重员工,理解员工,关心员工,以情感动员工;另一方面要持教育员工、培养员工、改造员工的原则,用正确的价值观、科学的专业知识说服员工,打动员工。

如果只有尊重而没有教育,只有表扬而没有批评,只讲人情而不讲原则,就会使谈心没有效果，甚至助长不良的思想倾向。

五是要循序渐进，不能急于求成。

员工的思想转变，在绝大多数情况下不可能仅凭几句话就能奏效。因此，包括与员工谈心在内的思想工作只能是一个潜移默化、循序渐进的过程。操之过急，拔苗助长，于事无补。要允许员工思想问题的反复，决不能因为几次谈心没有达到目的就断言员工"不可救药""朽木不可雕也"。正确的态度是耐心、耐心、再耐心。

（四）"重点人"帮教制度（"重点人"的思想转化）

餐饮行业是100-1=0的行业，任何一个员工出了问题，客人的体验就会出问题。"重点人"就是指容易出问题的员工，就是后进员工，即"7-"和"1"类员工（"7-"类员工是指70%的员工中落后的员工；"7-"和"1"类员工具体是指思想基础比较差，缺点比较明显、比较多的员工）。要打造最强餐饮团队，店长就要对本团队中思想基础较差、缺点较多的员工做到心中有数，并指定管理人员、思想骨干进行一对一的帮助，实行"三包"（包教育、包管理、包转化），一包到底。

做好"重点人"的思想转化工作，是团队经常性思想工作的一个重点，也是难点。"重点人"思想转化程序如图4-7所示。

1. 弄清问题，找准症结

正确区分"重点人"，切实弄清每一个"重点人"的成因，这是"重点人"思想转化工作的第一步。

2. 关心体贴，以情感人——打感情牌至关重要

（1）满足受尊重的需要。

"重点人"的缺点比较多，因此经常出错，经常受到批评、指责和冷落。正因为如此，这些员工对受尊重的需要比常人更强烈。店长在生活上要对他们一视同仁，关心体贴；在工作上要信任他们；在学习、培训中要关心他们。有成绩要马上表扬，不记旧账，不揭伤疤，批评要讲场合、讲方法，以便得到后进员工的好感和信任。

（2）平等、真诚相待。

"重点人"一般有一种低人一头、被人瞧不起、被人抛弃的感觉，这种自卑心理的背后，隐藏着对平等、真诚的渴求。店长等管理者和骨干员工如果在"重点人"面前表现出居高临下、盛气凌人的架势，总以批评、训斥的口吻说话，就会激起"重点人"的逆反心

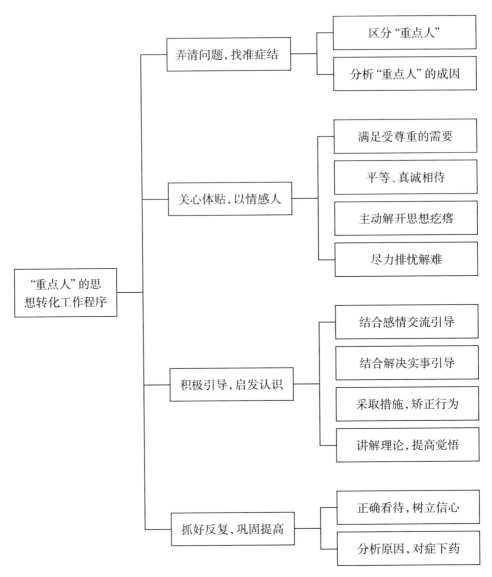

图 4-7 "重点人"的思想转化工作程序图

理。如果能不摆架子,以平等的态度、真诚的感情与他们相互沟通,交流思想,就能赢得他们的好感。

(3)主动解开思想疙瘩。

这里说的疙瘩是指"重点人"与领导有矛盾,关系紧张,不主动与领导交流。其实,从"重点人"的心理来看,他们也不愿意这样,但由于种种原因,他们一般不会主动找领导解开疙瘩,怕领导不理睬,怕自己受冷落,怕别人说自己和领导套近乎,怕别人说自己没个性。因此,店长等管理者要主动从自身找原因,无论是个性、脾气,还是工作态度、工作方法，如果有问题就主动找他们谈心，做自我批评，就能化解矛盾。即使问题在对方身上，也要采取高姿态，主动消除矛盾与误会。千万不要等着员工上门来，不要为了面子而固执己见。切记，凡事积极主动是店长的必备素质。

（4）尽力排忧解难。

"重点人"在团队中一般是少数，有时处于没人"招惹"的状态，不容易得到人们的帮助；而他们的思想问题又常常和实际问题联系在一起，因此他们也渴望得到同事的帮助。如果店长等管理者能把解决思想问题与解决实际问题结合起来，在条件允许的情况下尽可能给予他们帮助，就能使他们感受到领导和团队的关怀，改变对领导的不良态度。

3. 积极引导，启发认识

在建立感情的基础上，要进一步扩大战果，使"重点人"的思想认识进一步提高。

（1）结合感情交流引导。

感情交流的方式多种多样，结合"重点人"的个性，可以采用聊天、聚餐、娱乐等方式。店长要善于使用各种交流方式，向"重点人"灌输为人处世、打工就业的正确道理。

（2）结合解决实事引导。

"重点人"思想问题多，认识水平低，又比较固执，对抽象的大道理往往不感兴趣。针对这个特点，启发觉悟应从解决具体的工作、生活问题入手，利用事实进行教育，帮助他们解决实际问题的同时搞好教育。

例如，某店后厨员工小马平时容易冲动，在一次与老乡聚会时，酒后失手打伤了别人，被警方带走。店长得知后，立即赶到派出所，积极配合警方处理，向对方付了医疗费、赔偿金后带回了小马。店长利用这个机会，给小马讲了如何为人处世、如何面对矛盾以及打人的后果等。小马通过这件事和店长的教导，认识到自己的缺点，表示一定改正。

（3）采取措施，矫正行为。

"重点人"的问题具有一定的顽固性、习惯性。为了增强思想教育效果，在启发、引导他们的过程中，还应采取必要的有针对性的辅助管理措施。

例如，某店员工小杨服务水平较高，工作任劳任怨，但是每天早上睡不醒，隔三岔五就迟到一次，为此常常受罚。后来店长专门安排一名思想骨干住在小杨的上铺，每天早上负责叫醒小杨。坚持了两个月，终于使小杨改掉了这个毛病。

（4）讲解理论，提高觉悟。

"重点人"的转变，最根本的是其世界观、人生观、价值观的改变。餐饮员工普遍没有受过良好的教育，只有初中文化水平在他们中是普遍现象。所以，其正确的世界观、人生观、价值观的形成有赖于餐饮团队不断向他们灌输对社会的正确看法（世界观）、对人生的正确看法（人生观），让他们明白什么是对的、什么是错的（价值观）。

例如，某店刘店长坚持每月亲自给团队员工讲一次大课，主要方式是边读边讲解一些有关世界观、人生观、价值观方面的名著，如《羊皮卷》《人性的弱点》《没有借口》《你在为谁而工作》等。一年下来，员工的素质尤其是后进员工的觉悟不断提高。

4. 抓好反复，巩固提高

"重点人"的突出特点是思想基础差，出现的问题具有明显的顽固性、反复性，因而他们在转变过程中难免会出现反复，这就要求店长有足够的耐心和高度的责任心，这样才能把"重点人"的转化工作做得彻底。

（1）正确看待，树立信心。

有的店长面对"重点人"时常常没耐心，没信心。经过几番教育、紧盯之后，发现"重点人"没有改变，就失去了耐心，甚至决定放弃。有的店长甚至想"大不了再招人"。这种想法是不切实际的。餐饮行业招员工本来就很困难，再加上从业人员整体上综合素质不高，好不容易招到新员工，还要从头培训。培养一个熟练员工需要时间，而培养出来甚至有可能还不如原来的"重点人"。所以店长在面对"重点人"的转化时，一要看到反复是一种不可避免的现象，是前进中的暂停，总体趋势是向前的；二要看到反复的背后隐藏着更大的进步，只要把"暂停时"的工作做通，"重点人"就会向前迈进一大步。

（2）分析原因，对症下药。

餐饮团队中"重点人"的反复是有规律、有原因的，一般有三大原因：

一是思想认识水平低，没有真正提高，简单地说就是思想还在"迷路"。

二是不断受到外界消极因素、信息的影响。

三是自控能力差，长期养成的坏习惯在短期内不能从根本上改变，在一定的条件下容易再次出现。

所以，店长要总结各类"重点人"产生的原因、有何规律及应对的方法，做到对症下药。

5. 参考案例

这里总结一些餐饮店长针对不同"重点人"所做的有效的思想转化工作的经验。

第一类："驴脾气"员工的思想转化工作

餐饮团队中常有一些性格暴躁的员工，他们动不动就发火，撂挑子，对谁都不服，很难管理，有股子"驴脾气"。

对这类员工，店长等管理者首先要摸透"驴脾气"的特点及产生的原因。

"驴脾气"的特点主要表现为：性格粗暴、急躁、反应快、上头快、易冲动、对领导的态度和方法苛求、傲慢自负、好面子、防御心理强、不易接受别人的批评和意见、心胸狭窄、遇到不顺心的事或涉及个人利益时爱斤斤计较、不服输、好胜心强、嫉妒心强、认知水平低、自我修养差、爱吵架骂人、容易动粗。

"驴脾气"的形成既有先天遗传因素的影响，也有后天的影响，特别是后天家长的溺爱、娇惯和管教不力影响最大，使这些人养成了一种放肆的性格，让他们产生了"老子就是老大"的错觉。

当然，这类员工也有很多长处，如讲义气、重感情、有"拼命三郎"精神、干什么事都不服输、有一定的独立工作的能力等等。

针对"驴脾气"员工的特点，对他们的思想转化工作主要有以下经验：

（1）把握规律，多做冷处理。

"驴脾气"员工在发作之前往往有一定的征兆，如脸色阴沉，眉头不展；有的人两手发抖，坐卧不安，摔摔打打。当他们身上出现这些征兆时，要把他们带离集体场合，注意听取他们的意见和想法，或安排与其关系好的同事来陪伴他们，主要是让他们冷静下来，在他们能够理智地思考问题时再对他们做工作。在他们火气正旺时，对他们进行劝说和教育不仅毫无作用，反而会火上浇油。

因此，当他们的"驴脾气"发作时，最好采取以柔克刚、以冷对热的做法，暂时做冷处理，避开其锋芒。

（2）以诚相待，加强感化教育。

人是社会性动物，希望爱他人，更希望被他人所爱，希望有知心朋友，这些是每个人的正常需求。与其他员工相比，"驴脾气"员工一般特别重感情，讲义气，如果你对他好一尺，他就对你好一丈。因此要特别尊重这类员工的人格，避免以轻率的态度和简单粗暴的方法处理他们的一些问题，造成矛盾激化。与他们交往时，对他们要真诚坦率，给予信任，推心置腹，多关心、爱护他们，真心与他们交朋友，这样可以减弱其敌视和防御心理，使其敞开心扉，接受上级和同事们的意见和帮助。

（3）讲究艺术，善于灵活处理。

对"驴脾气"员工千万不能操之过急，而要迂回婉转，在大多数场合下要点事不点人，或"规过于私室"，以避免刺激其情绪。还要把握批评的时机，不要在他们激动时批评他们。平时还要多开导他们，帮助他们认识和改正脾气暴躁的缺点。

（4）避其锋芒，适当委以重任。

"驴脾气"员工既有脾气暴躁的一面，也有大胆敢做的一面。他们喜欢发号施令，支配别人，对富有挑战性的工作，别的员工往往不敢干，他们却敢于接受。由于工作上果敢、有魄力，他们在员工中往往有一定的威信和影响力，如果转化得当，有可能成为管理人员的好帮手、员工中的骨干；若是引导不当，则有可能成为让管理人员头疼的"重点人"。

因此，可以安排这类员工去应对突发事件、挑战性工作，让他们打硬仗，充分展示他们顽强、有魄力的一面。为了圆满完成任务，他们往往会在工作中有意或无意地努力克服自己粗暴、缺乏自制力、粗心等性格弱点。所以，在对他们进行教育转化的过程中，要力求扬长避短，避开其自负和傲气。

例如，某餐饮公司组织旗下20家餐厅进行传菜生技能专项比赛。A店刘店长犯了难。传菜部除领班外（管理人员不能参赛），有7个传菜生，其中4个是新员工，技能不行；3个老员工中，最有把握参赛的是一名骨干，却因家中突然有事，请假回去了，剩下两个，一个技能一般，另一个是技能好但有着典型"驴脾气"的张涛，他最近连续两次当众顶撞领班，影响恶劣。刘店长仔细思考后，决定与领班一起找张涛谈心。他告诉张涛，这次比赛团队想派他出战，因为他专业水平高，又有集体荣誉感，这次比赛是全公司级别的，是为团队及他个人拿第一的好机会。最后，刘店长问张涛："你敢不敢上阵？有没有勇气打这场硬仗？"张涛的"驴脾气"上来了，他毫不犹豫地说："我有啥不敢！整！"刘店长说："好，我就知道你可以！比赛在8天后进行，这几天我和领班每天下午陪你练一个半小时，咱们争取拿个第一回来。"就这样，张涛与刘店长、领班通力合作，刻苦训练，最后果真为A店夺得了第一名。刘店长抓住这个机会，加大了对张涛思想工作的力度，希望能把他培养成骨干。

通过这个案例，我们可以看出刘店长是十分有经验的。他善于发现张涛身上优秀的一面，巧妙地运用激将法，刺激了张涛的"驴脾气"，并且主动帮助张涛巩固、提高技能。最终，张涛取得了好成绩。而且刘店长还要趁热打铁，把张涛培养成骨干。

（5）了解原因，适时引导转化。

"驴脾气"员工之所以火性发作，通常有几种原因：一是与同事相处时结下了思想疙瘩，稍有冲突就会爆发；二是因为工作落后且受到一定程度的轻视，所以对同事的言行特别敏感，稍受刺激，点火就着；三是员工本人确实有错，而上级的工作方法也简单、粗暴。

为此，店长要做好两个转化工作：一是环境气氛转化，一旦发现员工的暴脾气发作，应想办法制止（劝离）与其发生冲突的人，转化紧张的气氛；二是情绪疏导转化，就是引导员工将一时产生的消极、愤怒情绪向积极、平和方面转化，教育他们遇事要冷静，从大处着眼，往宽处考虑。

（6）教其根本，学会自我调节。

"驴脾气"员工说到底还是因为文化修养不够，不知道该怎么制怒，不会进行自我调节。一般情况下，自我调节有两种途径：一种是学会克制，另一种是学会转移。

所谓克制，就是有意识地、理智地克制自己，降低外界刺激在大脑中引起的兴奋程度。例如，某店长在一名"驴脾气"员工的床头贴了一张美丽的风景图片，图片上写着："看一看我，别生气了。"又如，一位店长告诫手下一名"驴脾气"员工，每次快要发脾气时，可以在心里进行自我暗示："镇静，我不发火，我数一二三。"

所谓转移，可以分为两种。一种是心理转移，即把感情和精力转移到其他活动中，使自己没有时间沉浸在愤怒的情绪之中。比如，难以控制情绪时，赶紧出去转转或跑步等，将注意力转移，等情绪平复后再来处理。另一种是环境转移，即立刻离开令人不愉快的环境，避开引发不良情绪的刺激，正所谓眼不见，心不烦。

"驴脾气"员工思想转化工作的基本要求有以下三点：

一是应以表扬为主，不宜使用刺激法。

"驴脾气"员工性格暴躁，吃软不吃硬，比较爱听表扬的话，被表扬一次对他们的激励作用特别大。他们一旦遇到强烈的刺激，容易高度兴奋，不计后果，往往会简单粗暴地处理事情。例如，某店一位主管在大厅与一个员工谈话，这个员工说话不干净，主管说："你敢骂我，你玩得太大了！"这个员工不假思索地回敬："骂你怎么了？老子还打你呢！"说着顺手抄起了椅子……因此，对这样的员工不能刺激，只能疏导。

二是不宜拐弯抹角。

"驴脾气"员工心里存不住话，有时说话欠思考，是直肠子，因此管理人员讲道理、做工作时要实实在在，干脆利落，不要绕来绕去，含含糊糊。

三是必要时也要以刚克刚。

对"驴脾气"员工反复犯的错误或所犯的较大错误，轻描淡写地批评、告诫很难有效果，必须给予强有力的措施，让他们有规矩感。这里所说的强有力的措施，不是指上级粗暴的态度和行为，而是指能引起这类员工心灵震动，令其意识到某些言行是不被允许的措施，如严厉的批评和纪律处罚。

第二类："刺头"员工的思想转化工作

在餐饮团队的日常工作和生活中，店长难免会遇到一些"刺头"员工。所谓"刺头"员工，指的是那些油头滑脑、自由散漫、不愿服从管理的员工。其特点是：大事不犯，小错不断，爱惹是非；自恃是老员工，有一定的技能或道理，不怕批评，尤其是不怕主管、领班；软磨硬泡，不求进步；爱耍手段，拉帮结派。从形成的原因来看，这类员工有的认为老实人会吃亏、受欺负，把违反一般纪律、小小顶撞一下领导看成是有本事；有的将自己所受的批评、处罚，完全归因于领导而故意寻机发难；有的爱钻牛角尖；有的是因为个别管理人员、骨干头脑简单，是非意识不强，疏于对这类员工的管理，甚至纵容他们。

这类员工虽然不多，但给店长的团队管理带来了很大的难度，因为他们不像"驴脾气"员工那样谁都得罪，他们是有一定"群众"基础的。

针对这类员工，思想教育转化工作要点如下：

（1）大胆管理，严格要求。

"刺头"员工顶撞领导，无非是想让领导知道他们的"厉害"，今后对他们"特殊照顾"。对这些人，更要严格按团队的规章制度、标准作业手册来规范他们的言行。对他们的错误，要及时并理直气壮地批评教育，敢较真、碰硬，否则后患无穷。店长要向主管、领班、骨干特别强调这一点。

当然，在具体管理方法上应讲究艺术。一般情况下要因人而异，区别对待。对性格外向的"刺头"员工既要冷处理，又要热处理，如遇其顶撞，要待其冷静下来再处理。对性格内向的"刺头"员工，既要给予严厉批评，又要耐心做好思想工作，以不激发矛盾为原则，使他们从内心感到上级管得正确，管得合理，管得应该。

（2）宽以待人，加强沟通。

大多数"刺头"员工是老员工，有专业技能，头脑灵活，阅历丰富，在日常工作、生活中常利用一些空隙，用一些出格的言行刺激上级，以显示自己在团队中与众不同，从而引起大家的重视。"刺头"员工与管理者之间由此便形成了心理抗衡。"刺头"员工尤其常常针对主管、领班、骨干，不给他们留情面，让他们难堪，令他们头疼、反感。

作为管理者，这时要心胸开阔，宽宏大度，善于控制自己的情绪，决不能对此斤斤计较，怀恨在心，打击报复。切记自己的职责、任务之一就是把员工带好，而不是对抗。反感、对抗、报复只能加深彼此的矛盾，不利于团队各项工作的开展。这些员工之所以不配合，与管理者跟他们的感情不深有关。所以，与他们产生矛盾时，要主动与他们谈心、沟通，不要害怕被他们误以为自己是"胆小、怕他们"；与他们谈心、沟通其实是以柔克刚。当他们给管理者出难题时，管理者要装作若无其事，事后找他们私下沟通，以情感人，以理服人，千万不要给他们"穿小鞋"。对他们提出的批评和意见，要冷静对待，有则改之，无则加勉，并明确告知他们这一点，不要因此耿耿于怀。必要的宽容和让步是管理者走向成熟的表现，有时反而能因此取得工作上的主动。

（3）严于律己，提高素质。

在一般情况下，"刺头"员工的"刺"是有针对性的。从我的观察来看，对真正有本事、有能力的管理者，"刺头"员工还是比较服的。但是有些管理者素质、能力一般，甚至有的还不如"刺头"员工，而且在员工心目中的形象不好，又喜欢指手画脚。对这样的管理者，"刺头"员工打心里不服，容易反感。因此，要管好他们，只能提高自己的能力、素质，谦虚谨慎，不断学习、总结，处处严于律己，要求员工做到的，自己首先要做到，要敢于向员工喊出"向我看齐"的口号。不仅要能说令人信服的道理，更要做令人信服的事情，这样说服教育转化工作才会有效果。具体要做到：

①一视同仁，公道正派。餐饮团队的管理者要树立威信，一个重要前提就是公正、公平。要重视每一个员工的工作成绩、进步，使他们感到上级能一碗水端平，使他们受到尊重和公平的对待，从而更好地调动他们的积极性。要努力学习新知识，如网络知识、社会热点知识，跟上时代的发展。丰富的知识能在无形中提高管理者说话办事的水平，提高管理者在"刺头"员工心目中的威信。

②提高专业技能、管理技术，练就过硬的本领。专业过硬是对管理者的基本要求，管理者在专业技能方面要做到既能组织指挥，又能讲明白，还能做示范。

③培养广泛的兴趣。兴趣广泛、多才多艺的管理者往往深受员工喜爱、尊重，并能在组织活动、开展竞赛时大显身手。

（4）多方观察，发掘宝藏。

对"刺头"员工，绝不能因其不好管理而对他们全盘否定，把他们说得一无是处。否则他们会由怒生恨，横下心来与管理者对抗，造成上下级关系紧张、对立，甚至员工结伙与上级对抗，形成团队管理的僵局。任何事、任何人都是一分为二的。其实，许多"刺头"员工错误言行的外壳下常包含良好的动机，也有些"刺头"员工的消极言行中糅合着积极的成分。对此，管理者要从各方面观察、审视，仔细分析、鉴别，既要从中找出不正确的东西，更要捕捉其中的闪光点。错的就否定，对的必须肯定，只有这样才能破除"刺头"员工与管理者的抗衡心理，使他们真正感受到管理者的真诚、实在，从而痛快地接受帮助、教育。

例如，某店女主管小王深受"刺头"员工小刘的折磨。小刘是个女员工，入职已经两年半了，工作技能突出，与其他员工关系好，只是自由散漫，小错不断，也因此迟迟得不到晋升。而与她同期进店的小王已任主管半年了。小刘对小王不服气，所以时常故意当众顶撞她。

一次，小王检查卫生，发现小刘负责的区域有卫生死角，当即对她提出批评。小刘乱找借口，当众顶撞了小王，气得小王找到店长哭鼻子，坚决要求店长开除小刘。店长了解清楚前因后果后，与小王谈心："这件事，起因是小刘的问题，她一直对你不服气，对你的管理不配合，这是她的不对，我觉得必须处理这件事。这样吧，我给你一张纸，你把小刘的问题、缺点罗列一下。"小王一下子写了大半张纸，罗列了小刘的种种不足。店长又拿出一张纸，对小王说："你平心静气地在这张纸上写一下小刘的优点、特长。"小王愣了一下，想了一会儿，写道："服务技能掌握全面，是个多面手，尤其是菜品、酒水销售能力比较强，销售业绩高，在其他员工心目中威信高，有许多熟客……"店长看完之后，又拿出一张纸，让小王写出开除小刘之后可以顶替她的人员名单，以及店里会有什么样的损失。小王顿时陷入了沉思。店长开导小王："小刘的优点、缺点都十分突出，她脑子活，善于钻空子，同时又因为晋升的问题闹情绪，将这样的员工简单地开除是不合适的。应该克短用长，在坚持原则的基础上，主动与她交心，交朋友。要宽宏大量，多谈心，多关心。就是批评、指正，也要注意方式、方法，保护她的自尊心。对她的优点、成绩要充分肯定，'扬善于公堂，规过于私室'。关键是要破除她对你的对抗心理，把她变成你的得力助手。"小王听了这些话，豁然开朗。

后来在店长的帮助和指导下，小王与小刘的关系融洽了，小刘的心理包袱也解开了，最终成为小王的得力干将。

（5）提供舞台，发挥优长。

像上文中的小刘一样，"刺头"员工大都有一定的优势和长处，比如，有的文化水平高，有的专业技能强，有的在员工中人缘好，有的有文艺特长，等等。店长应有意识地创造机会，提供条件，让他们充分展现才智，令他们有归属感。比如，对文化水平高、专业技能强的员工，给他们机会，让他们参与员工培训，把自己的优点、经验传授给新员工；对有文艺特长的员工，让他们在团队组织的娱乐活动中充分展现才艺；等等。这样才能充分调动他们为团队建设出力的积极性，不仅能促进他们成长进步，培养他们的团队向心力，还能为团队的工作注入新的活力，让更多员工看到希望。

（6）化解矛盾，优化环境。

"刺头"员工一旦与管理者产生矛盾，就会产生逆反心理，形成对立情绪，而且有可能愈演愈烈。即使苦口婆心地给他们做工作，他们也会从反面来理解，把好心看成忽悠、恶意。店长一旦发现这类苗头，一定要高度重视，必须化解管理人员与"刺头"员工之间的矛盾，做好疏通工作，解开他们的思想疙瘩。处理"刺头"员工的问题时，要查清事情的来龙去脉、前因后果，从大局着想，掌握分寸，做到恰到好处，防止偏严偏重。

（7）教管并重，改变脾性。

"刺头"员工表面上什么都不怕，实际上心里是有所顾忌的。有的在主管、领班、骨干面前软硬不吃，而对店长、厨师长却有敬畏感；有的不怕上级，却怕被其他员工孤立；有的内心其实也想上进。作为管理者，应该向这些员工讲明是非不分、顶撞上级、小错不断是一种不成熟的表现，更是缺乏团队纪律观念和不尊重上级及大家的表现，应当下决心改变自己的习惯。对他们要反复谈心管教，帮助他们找出形成错误心理和不良习惯的原因，经常提醒他们，帮助他们增强遇事的控制力。

"刺头"员工思想转化工作有两点基本要求：

一是要善于牵住"牛鼻子"。

"刺头"员工一般都讲义气。有的对主管、领班、骨干没礼貌，但对老师、店长、厨师长却极为尊重；有的不信任领导，但信任"哥们儿""姐们儿"，对知己言听计从。做这些员工的思想转化工作时，要弄清楚他们平时最尊重谁，最听谁的话，对谁最服气。找到了这些人，就能牵住"刺头"员工的"牛鼻子"。请他们帮着一起做思想转化工作，往往能收到事半功倍的效果。

二是要引导"刺头"员工与他人做比较。

"刺头"员工往往自我感觉良好,自视甚高。在日常工作、生活中,要有意引导他们与其他员工比心态、比进步,或者让表现优秀的员工和他们一起工作、生活、交流,使他们逐步认识到自己的不足。当"刺头"员工明白了山外有山,人外有人,就不会再夜郎自大,而变得谦虚谨慎了。

第三类:对家庭发生变故的员工的思想教育

家庭问题种类较多,常见的有天灾人祸,经济困难;直系家属患病、去世;家庭成员之间、家人与外界之间矛盾突出,影响到生活安定;家庭利益或亲属人身受到侵害,需要解决;等等。店长在带团队的过程中,应以极大的热情关心和帮助员工处理好家庭变故,教育员工正确对待家庭问题。具体要点如下:

(1)细心体察,稳定情绪。

入职前就经历了家庭变故的员工,一般自我保护意识和自理能力较强。同时,受家庭变故的影响,这类员工会表现出自卑心理或脾气暴躁。他们一般不愿让别人知道自己的家事,管理者需要耐心通过各种途径了解他们的个人、家庭、身体状况和思想变化,以便及时有效地做好工作。

对在工作期间家庭发生变故的员工,要及时了解情况,体察其思想和心理的变化。员工家庭发生变故时,员工本人通常会出现工作频频失误,以及焦虑、悲伤、暴躁等情绪。此时若思想工作跟不上,员工不仅难以正确对待和处理问题,还容易离职。店长在帮助他们解决家庭问题之前,应首先引导他们稳定情绪,以正确的心态去对待、处理变故。若员工的家庭受到不法侵害,一定要让他们保持理智,弄清原因、是非,通过正当渠道采取正确方法进行处理;告诫他们不能以错制错,以牙还牙,造成新的不幸和伤害。若员工的亲人患病或出现意外,要引导员工面对现实,节制悲伤,自立自强,放远眼光,以自己的实际行动回应亲人的期望。

(2)换位思考,热情关怀。

家庭发生变故的员工特别需要团队领导和同事的关爱。店长要换位思考,感同身受,要情真意切地爱护他们,时刻把他们的冷暖放在心头,实实在在地为他们排忧解难,让他们深深感受到团队的温暖。不论员工的家庭出现了什么问题,店长都要以同情的态度、积极的行动给予他们关心帮助,不能漠然置之,不闻不问。要设法弄清问题的性质、现状和来龙去脉,以便针对具体情况为员工出谋划策,确定帮助解决的方法。员工家庭出现天灾人祸、生活困难时,店长要在教育员工正确对待、节俭顾家的同时,为其进行个人支援、同事捐助，申请公司补助，请求社会救济，帮助其解决部分困难；员工家庭利益受到不当侵害时，店长要及时帮助员工向上级反映，通过法律渠道帮助员工恰当处理；员工家庭成员有病重、去世的，店长除了要安排员工回家照料外，还应采取一定的形式表示慰问，以示团队的关怀。

（3）注意方法，耐心引导。

对家庭出现变故的员工，店长要做到解决思想问题与解决实际问题相结合，严格要求与关心爱护相结合，教育、引导团队的其他成员关心和帮助他们，避免伤害他们的自尊心。餐饮员工处理家庭问题、社会问题的经验、知识、能力一般较为欠缺，当他们遇到重大变故时，店长要在充分理解、同情的基础上，与他们一起详细研究解决问题的办法，让他们清楚该怎么处理，以及不正确处理的危害。要引导员工正确认识生活中发生的变故，帮助他们提高心理承受能力和化解能力，鼓励他们立足本职工作，立志成才，以自己的能力和意志承担起家庭责任。

对家庭发生变故的员工的思想转化工作有两点基本要求：

一是要充分认识到本行业员工应对家庭重大变故的能力较弱。

餐饮行业的员工因文化程度较低，应对重大变故时容易手足无措，简单粗暴。所以餐饮管理者一定要挺身而出，积极主动地帮助员工。

二是要充分保护员工的隐私。

一些员工不愿意让别人知道自己遭遇的家庭变故，所以管理者在帮助员工时要特别注意把握员工的心理，保护员工的隐私。

例如，某店后厨炒菜师傅小王年龄小，上进心强，手艺高，常常获得客人好评，是店里的优秀员工、技术骨干。但是一段时间以来，他连续三次被客人投诉、退菜。厨师长经调查，发现都是责任心缺失带来的问题。厨师长判断小王可能遇到了什么烦心事，于是找小王谈了两次话，却问不出个所以然。而且在此期间小王还是频频出现失误，甚至向厨师长提出了辞职的想法。厨师长马上找到小王的同乡，也是小王最信任的人——本店李店长。李店长下班后约小王去吃烤肉，喝啤酒。几杯啤酒下肚后，小王向李店长倾诉：半个月前父亲打来电话说，母亲与她单位的某人一起吃喝玩乐，甚至几次夜不归家，有时还打骂父亲，父亲想到了死，但考虑到他和妹妹，又不忍心……小王哭着对李店长说："李哥，我不怕你笑话，我都快家破人亡了，我不想干了，我想回去报复那家伙。"李店长拉着小王的手说："兄弟，这是父母的隐私，你不了解具体情况，不便干涉，弄不好会出大事。"

小王在这之后的两天还是情绪低落,甚至称病不上班,躺在宿舍里不吃不喝。李店长持续找小王谈心,给他讲一个人、一个家庭在社会生活中难免遇到这样那样的挫折和不幸,讲年轻人应该怎样对待挫折和不幸,并启发他,解决这样的问题,子女是不便出面的。他告诉小王,自己会替小王保密,同时也会想办法帮他处理这件事。

李店长专门请假回了一趟老家,利用自己在当地的关系,找到了小王母亲工作单位的领导,请其帮助解决小王的家庭纠纷,并且取得了积极的效果。这件事令小王备受感动,工作更加积极了。

从这一案例中可以看出,当员工遇到家庭不幸时,领导要主动出手,动之以情,晓之以理,稳定其思想和情绪,积极设法帮助其解决问题,同时还要注意保护员工的隐私,这样才能化消极为积极。

第四类:对"闷葫芦"型员工的思想教育

"闷葫芦"型员工,通常在日常工作、生活中不爱与人说话,只是埋头工作,性格十分内向,有时十分敏感且固执。这类员工虽然不多事,但是在讲究团队协作、强调客人体验的餐饮行业是不合时宜的,往往会被客人认为服务不热情,被同事认为不合群。管理者对这类员工要善于启发,积极引导。具体操作如下:

(1)留心观察,勤于发现。

"闷葫芦"型员工平时不言不语,老实本分,既没有明显的优点,也没有明显的缺点,不引人注目,但是善于观察别人,比较敏感,容易多心、多疑、小心眼。他们一旦多心,就容易钻牛角尖,认死理。

其实,这类员工的内心非常细腻、丰富,他们比性格外向的员工更渴望得到领导的理解、尊重、信任。因此,管理者不要忽略他们,应该留心观察他们的一举一动,透过现象看本质,掌握其微妙的思想变化。做他们的思想工作时应谨慎小心,观察仔细,及时发现他们心中的忧虑,并给予开导。同时,要引导他们改变思维方式,战胜性格弱点,从狭隘的思维中走出来,开放地面对周围的人和事。

(2)利用活动,开启心灵。

针对"闷葫芦"型员工孤僻、不合群的特点,管理者要鼓励他们参加团队娱乐活动和其他集体活动,让他们在团队活动中感受到友情的真诚和集体的温暖,从而增加工作、生活的勇气、激情、信心,逐渐打开封闭的心灵。

（3）主动接触，耐心引导。

"闷葫芦"型员工一般不愿意也不善于与人交流，遇到困难和挫折，他们一般会选择自我承受、自我折磨。但是这并不意味着他们的心灵是全封闭的。其实，他们也有开放的一面，他们面对自己信得过的人时是开朗的。因此，要想使"闷葫芦"型员工开口，最有效的办法就是做他们忠实的朋友。管理者应主动利用各种机会和他们接触，经常关心他们的工作，体贴他们的生活，与他们聊他们感兴趣的话题，在良好的接触中花时间、精力去引导他们。我发现，在餐饮企业工作时间长的员工，很多都是从"闷葫芦"型员工转化而来的。

（4）慎用批评，避免刺激。

"闷葫芦"型员工容易自责，难以接受批评，特别是对不合理的批评或者讽刺挖苦型批评极为反感。因此，对这类员工进行批评教育时要谨慎，讲究方式方法。一是批评的问题要准确，不要捕风捉影；二是尽量私下批评，少当众批评；三是把握适当的时机，当他们从思想上和心理上认同并接受你时，对他们进行批评和教育才能收到良好的效果。

（5）唤起自信，用其所长。

"闷葫芦"型员工的优点是细心、谨慎，怕出错。管理者要充分利用他们的这一优点，安排适合他们的工作和任务。在工作中，要经常肯定、表扬他们的点滴进步，让他们体会到成功的快乐，激发他们工作的热情和信心。

（6）加强教育，提高素质。

对这类员工要在鼓励、肯定其进步的同时，反复提醒他们，餐饮行业是 $100-1=0$ 的行业，要想在这个行业干好，一定要调整自己的"闷葫芦"状态，主动与客人、同事交流互动；还要不断在实践中指导他们如何主动与人交流互动，提高他们的思想认识及交流技巧。

这类员工一旦能做到与人主动交流，其能力就会大大提高，而且有较强的示范效应。

对"闷葫芦"型员工的思想转化工作有两点基本要求：

一是要避免过重的刺激。

"闷葫芦"型员工一般心眼较小，如受到过重的刺激便会接受不了，容易产生消极的反应。管理者要充分注意这一问题，当他们有过失时，批评的严厉程度、场合、表情、声调都应适度，注意他们的接受能力，重在启发他们思考、认识自己的错误。此外，还要提醒其他员工充分理解、信任他们，主动亲近他们，不要歧视、冷落他们，不要用开玩笑的方式故意奚落、刺激他们，以免给他们造成沉重的心理负担。

二是要多给予温暖、尊重，唤起他们的自信心。

可以多给他们讲一些名人的事迹，或者是本企业、本团队优秀员工的经历，使其从中受到启发和激励，鼓起克服自身缺陷的勇气；鼓励他们把餐饮行业当成毕生的事业，让他们从自卑中解脱出来。

第五类：对常见的餐饮员工四大心理疾病的矫正

餐饮员工多来自农村，受教育程度低。许多员工遇到困难、压力、挫折时没有正确的处理方法，这给他们带来了心理负担，久而久之会形成心理疾病。嫉妒、猜疑、孤独、逆反四大心理疾病在餐饮员工中比较常见，管理者要高度重视。否则不但会影响员工的个人成长，还会影响团队的团结，有的甚至会造成紧张的客我关系。

（1）嫉妒心理及其矫正方法。

嫉妒是对别人的某种地位优势或荣誉心怀不满而产生的一种不悦、自惭、怨恨、恼怒的心理状态，是一种带有负面效应的不健康的情感。地位相同、年龄相仿、能力相当的人之间更容易产生嫉妒心理。这种"见不得别人好"的心理，常常会导致害人又害己的后果。管理者有责任引导员工消除这种不健康的心理。

①引导员工树立正确的人生观、价值观。一个在事业上有追求的人，是无暇顾及别人的事情的。一个人如果没有理想，胸无大志，无所事事，就会以挑别人的刺、议论别人的是非为寄托，正所谓无事生非。餐饮员工普遍文化素质较低，缺乏正确的人生观导向，缺乏正确的价值观约束，因此，管理者要想帮助员工消除嫉妒心理，关键在于引导员工思考自己的职业规划，树立对未来的理想和追求，积极进取，努力在本职岗位上做出成绩。

②让员工全面认识自我。每个人都有自己的优势和长处，一个人在某些方面不如别人，但却可能在另外一些方面做得更好。在所有事情上都超过别人既无必要，更不可能。所以要让员工学会全面认识自我，既能看到自己的长处，又能正视自己与别人的差距，扬长避短，发现并挖掘自身的潜能，不断提高自己。

③培养员工乐观的心态。以自我为中心，由私心支撑和助长起来的狭隘的自尊心是产生嫉妒的祸根。因此，要帮助员工摆脱狭隘自我的束缚，让员工认识到人生就是一个大舞台，每个人都有适合自己的角色，各有各的归宿，要有勇气承认别人有比自己更高明、更具优势的地方，从而重新认识、发现和塑造自己，这样才能使自己从病态的自卑感和嫉妒的泥潭中摆脱出来。

④创造条件，培养和发展员工之间的友谊。许多嫉妒心理是由误解产生的，嫉妒者误认为对方的优势会对自己造成损害，从而耿耿于怀。所以店长要经常组织开展各种互助互利的集体活动，让员工之间、前厅员工与后厨员工之间、管理人员与员工之间、管理人员之间打开心扉，主动靠近，加强沟通，避免产生误会。如果误会产生了，要及时、妥善地消除。

（2）猜疑心理及其矫正方法。

餐饮员工因为不善与人交流，与他人信息交互不畅，所以容易出现猜疑心理。猜疑心理是一种完全由于主观推测、设计和假想而产生的不信任心理，也是一种不良的自我暗示。它会误导员工，使员工不理智地做出判断，无端地制造矛盾和事端，阻碍员工之间和睦相处。

①培养员工诚实守信的作风。诚实守信是人与人交往的必要条件。一个弄虚作假、言行不一的人，在社会上是无法立足的。餐饮团队的每个员工对团队、对同事、对客人、对亲友都应当讲诚实，守信用。员工之间经常交心是完全有必要的，它是达到相互信任的桥梁和纽带。店长更要清醒地认识到，餐饮行业最强调团队协作，所以要引导员工通过交心增进彼此的了解，及时消除误会，从而使员工之间真诚相待，心心相印。

②训练员工冷静克制的心境。人在猜疑的时候，容易被封闭的思路支配，容易钻牛角尖，这时需要冷静的自我克制。要让员工学会一旦出现多疑，就多想几个与多疑相反的对立面，也就是从好的方面去想人和事。只要有一个对立面突破了封闭思路的循环圈，员工的理智就可能及时得到召唤，员工就会发现原来的想法有许多漏洞。

③提倡换位思考，理解他人。猜疑他人，说到底还是自私心理在作怪。管理者要告诉员工"舍得"的道理，给员工讲清什么是换位思考、理解他人；要告诉员工，利他才是最大的利己，帮助同伴、让同伴更开心，不是吃亏，是在造就别人的同时造就自己。

（3）孤独心理及其矫正方法。

有的餐饮员工，尤其是新员工，因个人经历、知识水平、性格等原因，不太会与别人打交道，却又抱怨别人不理解自己，不接纳自己。心理学中把这种心理状态称为闭锁心理，把因此而产生的一种与世隔绝、孤单寂寞的情绪体验称为孤独感。孤独感是新员工离职的主要原因。

①主动和他们交朋友。有孤独心理的员工十分渴望得到别人的友谊和尊重，但又怯于与人交往。管理者要主动利用机会与他们接触，经常关心他们的思想和生活，主动与他们

交流一些他感兴趣的话题,使他们感受到上级对自己的关心爱护,从而打开心灵的大门。

②引导他们做乐观者。引导他们在遇到不顺心的事情时想开点,做到"拿得起,放得下"。尤其是在餐饮行业工作,每天会遇到各种各样的客人,而且工作量大,遇到的困难多,所以更要有一种乐观主义精神。

③多组织团队集体活动。员工之所以有孤独心理,多半是因为集体生活过得少,集体活动参加得少。所以管理者要用集体活动的欢乐冲刷他们心中的苦闷,培养他们对团队集体生活的兴趣和热情,同时使他们通过相互交往,增进对同伴的了解,学习别人的长处,获得别人的真诚帮助。

④帮助他们改掉不良习惯。要克服孤独心理,必须敢于承认自己的弱点。一个人过于清高,往往使人敬而远之。小肚鸡肠,自私刻薄,也会招人讨厌。管理者要正确引导他们认识自己的缺点,勇于接受别人的建议、帮助和忠告;同时,要鼓励他们宽容、帮助别人,不能把别人看扁;努力建立融洽的团队人际关系。

(4)逆反心理及其矫正方法。

逆反心理是指人们为了维护自尊,而对别人的要求采取相反的态度和言行的一种心理状态。餐饮员工的逆反心理是餐饮管理者在日常工作中经常遇到的难题。它像一个反冲活塞,堵塞了教育、管理渠道,使员工对管理者所讲的道理听不进去,对领导的要求往往反其道而行之。管理者要认真了解逆反心理产生的原因、表现形式和危害,研究矫正方法,帮助员工消除逆反心理,增强教育、管理的有效性和针对性。

①要重视复杂的社会因素对员工心理的影响。现在是互联网时代,各种信息充斥于互联网。员工天天看抖音、微信、微博,各种善恶、美丑、是非、荣辱观念不断冲击员工的人生观、价值观,进而影响了员工的思想和行为。

比如,我在一家餐饮企业调研时,见到一个女员工和女店长当众吵架,甚至把女店长气哭、气跑了。后来我找这个女员工交流,问她怎样看待这件事,她说:"现在是人人平等的时代,我觉得店长不对,就要顶撞她,大不了我不干了,无所谓,反正不能委屈了自己。"通过这个例子不难发现,这个员工顶撞店长的主要原因是她认为委屈自己是不行的,她与店长是平等的,该顶撞就顶撞,大不了不干了。这说明她没有形成正确的工作观念和价值观。

所以店长在打造团队的过程中,要特别重视员工的日常思想教育工作,尤为重要的是要帮助员工树立正确的世界观、人生观、价值观,教给员工正确的待人接物的思路与方法，让员工少走弯路。

员工的正确思想不是天生就有的，管理者要善于将理论上的灌输、思想上的引导与行为上的严格要求有机结合起来，用讲解、讨论、批评、说服教育等方法，通过摆事实、讲道理，使员工知道什么是对的、什么是错的，知荣明耻，从而达到以理服人的目的。

②身教法很有用。对员工逆反心理的疏导，一靠讲道理的力量，二靠上级的人格力量。管理者要首先从自身做起，以自己的模范行为感染员工，在员工心中树立起公道、正派的形象，这样才能消除员工的逆反心理。

③感情是基础。员工与上级的对立情绪常常是逆反心理的催化剂。有研究表明，与上级有对立情绪的人发生逆向反应的可能性比没有对立情绪的人要高出四倍以上。因此店长要努力与员工建立情感信任，与他们交朋友，以诚相待，以防出现"台上店长讲，台下骂店长"的情况。要以人为本，维护员工的自尊心，把关心员工、理解员工、尊重员工、体贴员工作为教育和管理员工的感情基础，坚决反对以简单粗暴的方式对待员工。要广泛开展谈心活动，通过情与理结合、教育与服务结合、管理与排忧结合，尽可能地帮助员工解决工作和生活中的实际困难，达到心灵相通，消除各种误会与偏见。

④遇到逆向反应要缓冲。对有逆反心理的员工，在实施心理疏导和教育的过程中，要给对方以充分的思想和心理准备的机会。有些问题需要趁热打铁，有些问题需要冷处理，要区分不同的情况，尽量使思想教育的方式方法与员工的个性特点相适应。

（五）思想骨干培养制度

所谓思想骨干，就是在餐饮团队中起关键带头作用，能够帮助店长给员工做思想工作的人员。餐饮行业难在能够持续稳定地保持生意好。凡是能持续稳定地保持生意好、员工干劲足的餐饮团队，必定有一批顶得住、靠得住的骨干员工。

打造员工都说好的团队，要求有的员工能冲到最辛苦的地方带头干，受到委屈时能沉着冷静。在餐饮行业的员工中，从众现象十分明显，工作辛苦时，只要周围有人带头干，大家便会跟着干；如果有人偷懒、抱怨，很快大家都会散架。

比如，骨干在中国人民解放军这一坚强团队的成长过程中也起到了关键作用。邓小平曾说："过去我们党的威力为什么那么大？打仗的时候我们总是说，一个连队有30%的党员，这个连队一定好，战斗力强。为什么？就是党员打仗冲锋在前，退却在后；生活上吃苦在先，享受在后。这样他们就成了群众的模范、群众的核心。"

结合餐饮团队想一想,一个团队的管理者与员工的思想觉悟不可能一样,总会出现这样那样的思想问题。有了问题如果不能及时发现并解决,必定会影响工作质量。可是前厅、后厨有几十个员工,仅凭店长等几个管理者,就是有三头六臂也难以及时一一解决他们的各种问题。若有一批骨干整天与员工一起工作、生活,平时哪个员工有什么情况,他们就很容易发现;而且同为员工的骨干去做员工的思想工作,更容易收到效果。因此有了骨干,店长就有了依靠力量,就有人帮他说话、做事。几个骨干动起来,每个骨干带动几个员工,"千呼百应",这样整个团队就带动起来了。另外,思想骨干的培养就是为了解决接班人和团队人才梯队的问题。

一直以来,不少餐饮企业都意识到骨干的重要性,都重视骨干培养机制建设。但是因为方法不当,出现了很多问题,常见的有下面两种。

一是急功近利。一家餐饮企业在快速发展时,为了招到人才,福利待遇十分优厚,大批新员工蜂拥而至,企业领导来不及仔细甄别和教导,搞不好就会成为乌合之众。企业经营良好时,问题还不会显现出来;企业一旦遇到挫折、危机,就很容易出现"兵败如山倒"的局面。

二是搞小圈子。培养骨干不是搞小圈子。搞小圈子和家族小团队、带老乡是许多餐饮企业在发展过程中难以避免的现象。小圈子、家族小团队在一定条件下很容易发展成帮派联盟,如果领导不加以关注,团队内就容易出现分裂、对立的情况。培养骨干与搞小圈子最大的区别在于,培养骨干是出于公心,是为了整个团队好,骨干并不会因此而获得多少好处,而要处处起带头作用,为普通员工做出榜样。

培养思想骨干有下列六个程序。

1. 抓好选配,健全组织

(1)及时选配。

餐饮行业的员工流动率比较高,所以经常会出现思想骨干的空缺,需要及时补充。除此之外,对问题较严重的班组,可以临时增加思想骨干。

(2)合理选配。

配备思想骨干时,要注意做到三个合理。

结构合理:要照顾到新老员工、男女员工,做到员工年年变,骨干不断线,经验不失传。

层次合理:既要有管理人员,也要有技术人员、普通员工,防止青黄不接,防止将思想骨干与管理骨干、技术骨干混为一谈。(管理骨干:指的是各级管理人员。技术骨干:

指的是掌握关键技术的人才,也可以同时是管理骨干、思想骨干。思想骨干:可以同时为管理骨干、技术骨干,但是最好有相当数量的普通员工为思想骨干。)

分布合理:各区域、各班组都要有思想骨干。

(3)公平、公正选配。

选配思想骨干的程序为店长提名、员工评议、管理组研究决定、上级备案。即由店长提出备选人员,由员工民主投票选择,然后由全体管理人员综合研判,择优选用,并上报公司备案。

2. 搞好培训,提高素质

(1)培训内容。

①教思想武器。定期组织思想骨干学习企业文化——企业的使命、愿景、价值观、发展史等。企业下达有关决策、制度和上级的指示时,先组织思想骨干学习,使他们先行理解企业、上级的意图。为他们讲解经典的为人处世的理论知识和经典案例。通过面对面传、手把手教、心贴心帮,使思想骨干自觉地把思想武器运用到思想工作实践中。

②教观察方法。教思想骨干在日常观察员工时要做到勤、细、快,如表4-10所示。

勤,就是腿勤、眼勤、嘴勤、脑勤、手勤。

细,就是不忽视、不放过员工任何细微的表情、语言和行为举止的变化,及时发现蛛丝马迹。

快,就是反应要迅速敏捷,及时捕捉员工的思想变化。

表4-10 观察员工方法表

勤		细	快
腿勤	走动观察	全方位,无死角	快速做出反应; 快速分析、总结; 快速记录
眼勤	仔细观察	看表情、语言、行为举止	
嘴勤	勤问,勤听	持续观察并验证得到的信息	
脑勤	动脑琢磨	归纳、分析、总结观察到、听到、问到的信息	
手勤	记录到笔记本上	按照信息类别做记录	

③教调查方法。教会思想骨干调查员工思想动态的基本方法,建立与员工亲属的联系渠道,不定期通过员工的亲属或身边的同事来了解员工的思想动态。如,在员工亲属来店探望时,主动加其微信;主动与员工身边的同事交流,了解员工的思想动态。

④教分析方法。在细心观察、深入调查的基础上，及时对存在的问题做出科学分析。对某个员工、某种思想，应按照弄清情况、找准原因、分析透危害、挖深教训（以往案例）、选准"疗法"、预测趋势的程序进行分析。

⑤教说理艺术。要向思想骨干传授基本的沟通说理方法，如：因人而异法，不能"一刀切""一锅煮"；循序渐进法，遵循人的思想变化规律，切忌简单粗暴、急于求成；寓理于事法，在说理中运用古今中外、本行业的典型事例，使道理深入浅出，让员工乐于接受，从而提高做思想工作的质量。

⑥教谈心方法。说理艺术的提高有助于更好地运用谈心方法。谈心的最好效果就是"润物细无声"。

⑦教汇报要领。思想骨干的重要职责是向上级汇报员工的思想动态。要帮助思想骨干掌握以下几种汇报方式。

概括汇报：汇报所负责的几个员工的整体思想情况，比如"我负责的三名员工上月思想状态良好，工作表现正常"。

重点汇报：汇报重点员工的思想动态或突发的思想变化。

特别汇报：汇报表现突出的员工的思想进步、变化之处。

分析汇报：汇报员工思想动态的规律形成的原因和有针对性的对策。

汇报时要做到"四个讲清"：讲清方法步骤，讲清完成程度，讲清成绩效果，讲清存在的问题及下一步的措施。

（2）培训方法。

①集中授课。主要讲解基本思想武器、基本管理知识及经常性思想工作的基本方法。可以由店长或经验丰富的管理骨干、思想骨干授课，也可以由外聘专家授课。

②以会代训。店长组织思想骨干就团队的典型思想案例进行讨论、交流，大家分享各自的体会、经验、教训，共同研究团队思想工作的对策、方法。

③传、帮、带。重点围绕本团队或兄弟团队的不良倾向、事故案例，组织思想骨干进行"小会诊"，从中吸取教训，得到启示。

传：就是言传，指给员工上课、讲解，传思想，传经验，传技能，传作风。

帮：就是帮助思想骨干分析遇到的困难、挫折，为其指明方向、方法，帮助思想骨干克服困难，完成任务。

带：就是身教，就是带着思想骨干一起干，向其示范自己是怎么处理具体问题的。

（3）培训要求。

①坚持经常培训。店长要有计划、有步骤地组织实施对思想骨干的培训，如：每周培训一次，每次都有侧重；每月考评一次；等等。

②在完成具体任务的过程中提高能力。培训思想骨干的目的，是让思想骨干真正在实战中提高能力。所以要边教他们边让他们练习，通过教他们并给他们下达具体的思想工作任务，让他们做到知行合一。

③依靠管理团队建设思想骨干队伍。店长要善于发挥管理组的集体力量，管理组成员都要积极投入这项工作，把思想骨干队伍建设好。具体来说，就是团队的每个管理人员都要承担培养骨干的具体任务。

3. 抓住时机，敢于压担子

思想骨干是摔打出来的。在培养思想骨干这个问题上，许多餐饮店长是有顾虑的：投入精力吧，怕人才培养出来干不长，跳槽了；不投入精力吧，核心骨干如果素质不高，会制约团队的发展。

日本管理大师畠山芳雄说："无论事业部也好，附属公司也好，让培养对象去做管理工作，然后去考察其管理结果，主要是部门业绩。放手让他们干一段时间，就可以看出来是不是这块料了。"毛泽东曾说："骨干都是在实战中摔打出来的。"

真正的思想骨干不会是在课堂上批量产生的，而是一对一带出来的，是教给思想骨干基础知识后，在实战中用成功的经验、失败的教训培养出来的。

具体来说，给思想骨干压担子要注意以下几点。

（1）压担子的时机。

根据餐饮员工思想变化的规律，在以下时机要及时给思想骨干交任务、压担子：公司、店面的重大或新定政策、制度出台时；店面有新任务时；老员工离职，新员工入职时；员工受奖、受罚，绩效考评出结果时；员工的岗位发生变动时；管理人员与员工、员工与员工之间有矛盾时；员工家中出现状况时；重大节假日时；员工受委屈时；员工休年假、连休归来时。

（2）压担子的方法。

①群压和单压。

群压是指针对现阶段团队中出现的带有倾向性或普遍性的问题（比如春节前员工都想家的问题），向全体思想骨干集中交代任务，提出统一的要求，规定完成时限，并做到中间有"会诊",最后有讲评、总结。

单压是指针对个别员工的特殊思想问题,在深入调查研究和确定工作原则的基础上,有针对性地选派思想骨干去做工作,通常采用一帮一或二帮一的方式进行。

②低压和高压。

低压是指在正常、稳定的情况下或淡季(工作量较小时),对思想骨干提出一些具体要求,给予他们一定的压力,使其持续保持工作热情,做到弦不松、劲不减。

高压是指在营业旺季,处理突发危机、完成较重的工作任务、思想工作量较大的情况下,对思想骨干提出较高的要求,加大思想骨干的工作量,使其在关键时刻发挥作用。

③明压和暗压。

明压是指解决那些公开的、带有普遍性的或反复出现的思想问题时,要广泛集中思想骨干的智慧和力量,明确工作目标、期限,切实对思想骨干形成压力。

暗压是指解决那些不便公开的、涉及员工隐私的思想问题时,采取个别交代的方式,定人、定位、定责、定时做好工作,问题解决后也不公开讲评。

4. 突出重点,科学指导

(1)明确责任。

给思想骨干压担子的同时,要进一步明确思想骨干的责任,实行重点承包的工作责任制,划分责任区,安排"重点人"的承包,明确"重点人"转化工作的重点事项,强化思想骨干的责任心。

(2)科学指导。

①找准员工的思想症结。通过问题会诊、分析判断,使思想骨干明确工作问题出在什么地方。

②道明原因。通过剖析原因,总结教训,使思想骨干认清问题产生的客观原因和主观原因。

③教会方法。区分不同的情况,因人、因事、因时而异,向思想骨干讲解、传授解决员工思想问题的具体方法,增强思想骨干的自信心,提高他们做思想工作的技巧,真正做到经常在思想骨干中"听听数家珍,点点当局迷,说说心里话,帮帮挠头事"。

5. 定期汇报,分析总结

(1)定期汇报。

思想骨干每月必须向店长汇报一次情况,对重点任务要随时进行专题汇报。

店长每月召开一次由管理组成员和思想骨干参加的团队思想工作形势分析会,主要分析思想骨干的工作情况、团队成员的思想动态、"重点人"的思想情况和当下需要解决的倾向性问题,并预测可能出现的思想状况,研究确定下一步工作的目标、方法、步骤。

(2) 全面分析。

对思想骨干的工作,既要从正面给予肯定,帮助他们,从实践中提炼和归纳有用的、值得推广的方法,又要注重帮助他们总结失败的教训,不断改进工作方法。

(3) 鼓励支持。

思想骨干难免会因知识结构不够完善、精力不够充沛等原因在工作中遇到困难、挫折,店长等管理者要及时发现他们畏难、退缩的情况,及时给予热情的鼓励,帮助他们坚定信心,改进工作方法,攻克难关。

6. 健全制度,严格管理

(1) 坚持骨干学习制度。

店长要确保每周对思想骨干做一次专题培训。

(2) 坚持汇报分析制度。

思想骨干每月至少要向店长汇报一次工作情况,并开会进行讨论、分享,店长分析、指导思想骨干的工作。

(3) 坚持总结讲评制度。

店长每月在汇报会上对思想骨干的工作情况进行总结、讲评,每季度、每年年终还要组织员工对思想骨干进行评议,形成完整的工作程序。

(4) 坚持奖与罚制度。

结合思想骨干的工作表现,对他们按优秀、称职、需改进、不称职四个等级做出评定,并进行相应的奖励、批评、处罚,激发思想骨干的工作热情。

7. 参考案例

案 例

某餐饮企业开展"一帮一,一对红"活动指导方案

一、活动说明

"一帮一,一对红"是指一个帮一个,两个人共同进步。这种活动在 20 世纪 60 年代出自解放军,然后在全国推广。本企业在各门店开展这次活动,就是要每两名员工结成对

子——通常是一名较进步的员工（思想骨干）与一名较落后的员工结对子，或者一名有某项特长的员工与一名在这方面相对弱一些的员工结对子，两个人相互帮助，共同进步。

注：本企业的指导方案是此次活动的基本框架，各门店围绕本方案制订各自的落地计划，于×日内上报到人事部。

二、落地程序

（一）科学安排互助对子

各门店安排互助对子时应考虑如下三个方面的因素：

1. 两名互助员工的文化水平、性格、爱好等的相似点或者互补性。

2. 两名互助员工工作岗位的关系，以及二人接触频繁与否。要便于"一帮一"工作的开展，最好是同部门、同区域、同岗位的员工互结对子。

3. 两名互助员工的感情基础和信任度。最好是老乡之间、同龄员工之间、经历相似的员工之间结对子。

此外，对思想上、工作上问题较多、较突出的员工，由能力强的管理人员与其组成对子。

（二）合理安排互助内容

本活动要求的主要内容有四个方面：

1. 引导员工树立正确的人生观、价值观。

有些员工缺乏正确的人生观、价值观的引导，各门店要利用好上季度公司组织学习的"舍得""工作是为了谁""客人的体验为王"这三个思想教育主题，在这次"一帮一，一对红"活动中，首先要让员工在这三个方面的认识有所提高。这是本次活动的关键所在。

2. 提高员工的工作能力和专业素质。

3. 引导员工遵守纪律，养成良好的工作习惯，并相互监督。

4. 引导员工在生活中互相关心和帮助。

（三）灵活采取互助方式

前期在试点门店总结出以下有良好效果的互助方式：

1. 签订"一帮一，一对红"相互帮助、共同进步承诺书。这里特别强调，所谓承诺，是指两个人形成一个小组，合二为一，共同进步。

2. 每天必须安排互助员工相互谈心，总结一天的工作，如下班后10分钟进行每日总结。

3. 区域主管要以周为单位，对本区域各组互助员工的进步情况进行总结，鼓励先进，督促落后。

4. 店长要以月为单位，将本店各组互助员工的进步情况上报到人事部。

5. 各门店每月组织召开主题座谈会，由各组互助员工发言，分享本月的体会。

（四）根据结果总结经验

1. 店长要周密地计划、组织本店的结对子工作，要有明确的关于进步的要求，把开展"一帮一，一对红"思想互助活动的情况作为总结讲评的重要内容。公司每半年对每个门店的"一帮一，一对红"工作总结考评一次，考评成绩与店长、厨师长半年的奖金挂钩。

2. 店长必须每月对店里"一帮一，一对红"的工作进行考评，对活动中表现突出的积极员工及时给予精神、物质奖励。

3. 每周组织思想骨干、积极员工分享经验和教训，管理人员做好传、帮、带。

4. 及时纠正和克服活动中出现的问题。

三、注意事项

（一）要牢牢抓住本次活动的主要目的——提高员工的思想觉悟

1. 管理人员、思想骨干一定要有信心，一定要坚信，只有员工的思想觉悟提高了，企业才会真正拥有战斗力。

2. 管理人员、思想骨干一定要相信，员工之间在思想上互助，心理上靠近，工作上相知，是能够有效提高思想觉悟的。

3. 店长要积极引导，加强谋划，围绕"舍得""工作为了谁""客人的体验为王"三大主题，将员工的注意力引导到履职尽责、眼前与长远、个人与企业、待遇与责任、做人做事、客人至上上来，防止员工的思想误入歧途。

（二）要充分发挥骨干与员工之间思想互助活动的资源优势

1. 要充分发挥思想骨干的作用。

发挥思想骨干的作用，要紧扣"精""帮""奖"三个字。

"精"，指要本着宁缺毋滥的原则，把以身作则、在员工中威信高、乐于助人的员工选为思想骨干，使之与其他员工结成对子，成为管理组了解、掌握员工思想的桥梁和纽带。

"帮"，指要向思想骨干教思路，教方法，着力提高他们做思想工作的能力，协助他们搞好传、帮、带。

"奖"，指对积极努力、取得明显成效的思想骨干要给予充分肯定，并在晋级、发放奖金、外派培训等方面优先考虑他们。

2. 要充分发挥各类技术骨干的作用。

各门店都有专业技术突出的员工，他们是技术骨干，一般在企业工作时间长，对企业有感情。要着力提高这些员工带好后进员工的能力，发挥好他们的作用。

再次强调：公司极为重视"一帮一，一对红"活动，已决定把这个活动纳入公司日常管理项目，望各位店长切实给予重视。

（六）思想教育整改制度——团队民主大讨论

餐饮店管理中最大的短板是卫生、服务、出品质量不稳定。质量不稳定的原因是员工流动率较高，导致人员不稳定，由此必然带来员工思想的不统一：有的员工（占20%）想好好干；有的员工（占70%）随大流；还有的（占10%）就是来混的，不好好干。

店长如果不加强对"7"类、"1"类员工的思想教育改造，团队风气必会江河日下，直至"2"类、"7"类员工都"沦陷"。相反，如果店长重视对"2"类员工的思想巩固，加强对"7"类、"1"类员工的思想改造，使团队大多数人思想统一，风清气正，团队卫生、服务、出品质量的稳定才会有根本保障。

案例一

国民党第六十军改造为解放军第五十军

国民党第六十军，原为滇系军阀龙云、卢汉起家的部队，1948年10月17日起义。为了改造这支旧军队，中央军委选派干部骨干400余人在六十军迅速开展了有步骤的思想改造运动。

先是发动大讨论，让每一个士兵倒苦水。召开军人大会，请最苦大仇深的士兵上台做典型发言，而后转入普遍的控诉运动。绝大多数士兵（包括相当一批军官）都出身贫苦，都有一肚子苦水。控诉运动开始后，往往是台上一人哭诉，台下百十号人跟着流泪。说到伤心处，七尺男儿甚至号啕大哭。

诉苦运动和控诉运动之后，是阶级自觉运动，要求每一个官兵都必须交代自己的全部历史，尤其要反省自己在反共内战期间做过哪些对不起人民的事，对别人的罪恶也要毫不留情地揭发。当时，各营、连均推荐了认识得好的典型登台做示范发言，然后每个连队成立由民主选举产生的讲评组，逐一讲评每个人在运动中的认识、态度和决心，以及揭露、反省问题是否彻底。

在上述三项运动的基础上，部队又进行了战争观念教育、内部团结教育和政策纪律教育，边改造边建设。随着教育的深入，各基层连队普遍成立了士兵委员会，实行经济民主和政治民主，各连队召开的控诉大会一律由士兵委员会主持。

1950年10月，这支改造过来的部队（已命名为中国人民解放军第五十军）加入志愿军的战斗序列。在抗美援朝艰苦残酷的战斗中，尤其是在汉江50昼夜阻击战中，他们在减员近半的情况下，以顽强的战斗作风和辉煌的战绩，博得了毛泽东和彭德怀的交口称赞。

军长曾泽生在后来的总结中说道："为什么在短时间内就能将一支旧军队改造成新型的人民军队？道理很简单。军队的基础是士兵，武器装备大都掌握在士兵手中，只有开展政治思想教育（民主大讨论）工作，使官兵们接受了革命道理，思想觉悟明显提高，他们才会自愿跟着共产党走。"

其实，餐饮企业遇到的问题也是一样的。员工随来随走，有着各种经历的员工组合在一起，必然会存在思想上的差异与冲突，导致管理者与员工、员工与员工难以合作，更何谈质量稳定？

海尔的创始人张瑞敏通过学习毛泽东、解放军的管理经验，成功地打造了一个又一个最强团队。他说："海尔的成功经验是，我们把海尔的思想文化注入每个团队，争取让员工接受我们的思想，并按相应的原则、规范去工作。"海尔的文化注入与毛泽东、解放军的思想改造有异曲同工之妙。

案例二

电视机厂员工从罢工到好好干

海尔集团旗下的黄山电视机厂在创业初期，曾经有一部分员工因企业管理严格而闹事，最后闹到全员罢工的地步。员工们认为：第一，他们忍受着一套严格的企业管理制度的束缚，工作没有自由，他们要为自由而战；第二，海尔集团没有给他们相应的经济利益，所以他们要"革命"，要罢工。

面对闹事、罢工轰动全国的严峻局面，张瑞敏没有惊慌失措，他明白根子在于员工的思想问题。于是他派人组织黄山电视机厂的员工无限期地进行大讨论，什么时候讨论清楚了什么时候再工作。

怎样讨论？先是各班组人人发言，人人讨论；再由班组派代表参加车间讨论；然后由车间派代表参加全厂代表会讨论；最后是全厂全员大讨论。

讨论什么？在市场经济的条件下，员工首先要弄懂一个基本道理：即使是国企的"主人翁"，是不是也得听"上帝"的？谁是企业的"上帝"？那就是广大消费者。不可能是企业生产什么，人民就消费什么。张瑞敏提出了谁给员工发钱的问题："我们的工资是消费者发的，不讲求质量，不生产出好的产品，就不可能得到市场的认可，也就没有人给我们的员工发工资、发奖金、发福利。"

讨论实际上只进行了三天，大多数员工便认识到，再像以前一样吃大锅饭，企业就无法参与市场竞争，就无利可图，活不下去，最终非垮台不可。最后员工们主动复工了，并且都表示要好好干。

餐饮店长在日常教育、管理过程中，难免会遇到部分员工作风松散、团队纪律松弛的现象。对重点、突出问题，店长也可以通过民主大讨论的方式进行全员思想教育整顿。

所谓民主大讨论，是指集中人员在集中的时间学习并讨论重点问题、突出问题、典型问题，发动每个员工查找问题，分析原因，开展批评与自我批评，总结经验和教训，然后在此基础上统一思想，制订措施，边讨论，边整顿、改变，力争不断进步。

1. 民主大讨论前的准备

（1）制订民主大讨论的计划。

餐饮团队的民主大讨论要有计划，计划有两种：

第一种是定期的计划，一般一个月或一个季度定期开一次民主讨论会。

第二种是不定期的计划，主要是针对本团队中最近出现的一些典型问题、严重问题和公司大事，及时组织员工开展民主大讨论。

无论是哪种计划，都要从实际出发，把动机和效果统一起来。

（2）选择民主大讨论的议题。

民主大讨论必须有明确的议题。议题的选择很重要，事关民主大讨论的成败。

议题的选择应根据公司的指示、命令；根据行业的热点话题，如新冠疫情对餐饮行业的影响；根据本团队最近出现的倾向性问题或典型性问题，如怎样认识"客人永远是对的"；根据员工近期关心的问题，如怎样看待混岗作业；等等。

店长对组织民主大讨论、选择议题负有第一责任,一定要善于观察,勤于思考,把议题选准、选好。

议题选好后,店长要召集管理人员及思想骨干,对所选的议题形成统一的认识,同时安排好要讨论的其他环节。

(3) 确定民主大讨论的时间。

民主大讨论一般在周内进行。

(4) 确定民主大讨论的人员范围。

民主大讨论可以在不同范围内进行,在全店、前厅、后厨都可以组织进行。

2. 开展民主大讨论

(1) 引出议题,提出要求。

议题的引出是讨论的开端。店长(主持人)在讨论开始时,要讲明讨论的题目,提出讨论的要求,宣布讨论的现场纪律,然后进入讨论。

(2) 各自发言,展开讨论。

民主大讨论的要点是民主。为了确保民主,必须注意以下问题:自由讨论,畅所欲言,怎么想就怎么讲,对的、错的都要允许讲;店长(主持人)要参与其中,以普通一员参与讨论,不预设立场,不当局外人;注意调节讨论的气氛,特别是当两种意见尖锐对立时,店长(主持人)要做好引导,防止矛盾激化。

(3) 归纳总结,共同提高。

对讨论情况进行归纳总结,肯定好的方面,指出讨论过程中的不足之处;对讨论意见进行归纳总结,得出正确的结论;允许保留不同意见,留待大家思考;对个别偏激的不正确意见,要给予引导和帮助。

3. 组织民主大讨论的注意事项

员工的民主大讨论与店长的集中领导是对立统一的,二者相互依存,相互转化。在民主大讨论中,员工讨论是民主,店长归纳总结是集中,既要发扬民主,又要搞好集中,使二者相互促进,相得益彰。

民主大讨论的关键是员工敢于、勇于开口讨论,所以各级管理人员不要过早表达自己的意见,要鼓励员工讲真话,否则就失去了民主大讨论的意义。

店长等管理者只在三种情况下发言:讨论过程中气氛紧张,充满火药味;作为普通一员参加讨论;最后归纳总结。

4. 民主大讨论中的常见问题及处理方法等

民主大讨论中的常见问题、主要表现、产生原因及处理方法如表4-11所示：

表4-11 民主大讨论中的常见问题及处理方法

常见问题	主要表现	产生原因	处理方法
冷场	店长宣布议题后，长时间无人发言。虽一再催促，大家仍不踊跃发言。即使有人勉强说几句，也冷冷清清，难有效果	①员工不习惯讨论，怕被人笑话，有抵触心理；②因为有领导或不太熟悉的员工在场，感到紧张；③不知从何谈起	①骨干带头发言；②先从大家熟悉或感兴趣的话题说起，再逐步过渡；③进一步解释议题或分解议题
推磨	讨论中出现原地转圈的现象，发言者相互重复，讨论无法深入	①可能对议题不感兴趣，所以应付了事；②店长的讲解不清晰，缺乏启发性，不能引人深思	①再次动员，讲清讨论的意义，提高大家的积极性；②以员工身边发生的真实案例为突破口
争执	大家因为对某个问题的意见不统一而你争我吵，意气用事	①店长没有掌握好争论的尺度；②员工固执己见，容不得不同意见	①店长提前讲清讨论规则——大家各抒己见；②店长好言相劝，控制场面；③求同存异，力求在原则问题上取得一致，在枝节问题上允许保留意见；④放下争议话题，讨论备选的题目

专题十七　生活团建

团队的氛围对员工工作状态的影响不容忽视。团队的氛围直接影响着团队成员的合作关系和默契程度，良好的团队氛围能让员工安心工作，不必为人际关系所累，让员工充满安全感，从而激发出员工的积极性、主动性和创造性。

一、什么是生活团建

美国管理学家罗宾斯在其名著《管理学》中指出：团队是由两个或者两个以上相互作用、相互依赖的个体，为了特定目标而按照一定规则结合在一起的组织。在此基础上，马云对团队的定义是：一群有情有义的人，做一件有价值、有意义的事。

什么是有情有义？有情，指的是大到团队目标，小到团队成员之间的兄弟姐妹之情。有义，指的是团队的价值观、规则和底线。一个有情有义的团队，必定有着彼此信任的基础。

什么是有价值、有意义？有价值，是指为客人创造了什么价值，给客人带来了什么乐趣。有意义，是指打造团队的氛围——团队成员对团队的认可度和归属感，同时成就每个团队成员。比如，我们每个人都可以扪心自问：我对曾经所在的哪一个团队最留恋？我对待哪一个团队像对待母校一样？

要做到有情有义、有价值、有意义，不是一件简单的事，需要能实实在在落地的建（打造）团队的技术方法。前面我们讲了用体系建团队、用思想建团队等，下面讲一讲用生活建团队，即生活团建。

说到生活团建，我经常在朋友圈看到餐饮团队的两种生活团建：

一种是组织旅游活动，拍一些照片、视频发到朋友圈，配上几个字："××店团建"。

另一种是组织集体聚餐，拍几张大家举着杯子、伸着大拇指的照片发到朋友圈，配上一行字："团队一家亲"。

组织旅游、吃饭、唱歌等活动当然属于生活团建，但请各位店长认真想一下：你的团队的生活团建达到目的了吗？

有的店长说，游玩、吃饭时大家都很开心，但第二天问题还是多得很……为什么会这样？做生活团建的想法是正确的，但往往是为了团建而团建。

生活团建不仅是为了把员工聚在一起游玩、吃饭、聊天，而是要创造一定的特殊情境，让员工与员工、员工与上级之间能够有更多的情感交流，更多不一样或难忘的共同经历。这些共同经历将会成为大家关系的纽带，有利于大家在接下来的工作中更好地协作。

二、生活团建的重要意义

马云曾说："能玩到一起，才能干到一起。"一位合格的餐饮店长，必须能让手下员工快乐地工作。马云所说的玩，并不是随意地玩，而是指管理者带着大家有目的地玩。店长在组织生活团建时要清楚，生活团建的目的或重要意义就是取得不一样的结果。

我认为好的生活团建至少有三个目的或意义：

一是打造一个有温度的团队，让团队成员之间能感受到温暖。

二是能让团队成员之间彼此共情，有情感的联结，能把内心深处的东西呈现出来。

三是能打造一个有凝聚力的团队，在团队中形成向心力。

餐饮团队生活团建的作用是让员工都说好，是创造共赢的状态。它的前提是团结，是一群有情有义的人一起做有价值、有意义的事。团结的原因要么是一起工作、生活，要么是有共同的、快乐的经历。作为餐饮店长，要想办法让团队成员共同经历一些事。这些事既可以是工作，也可以是互相尊重、互相爱护、互相帮助的小事，还可以是吃饭、喝酒、唱歌、爬山、聊天等。一个团队如果其成员的共同经历太少，是不可能沉淀出感情，好好"打胜仗"的。

三、怎样进行生活团建

我认为，餐饮团队的生活团建应包含一个基本制度、两个关键点和季度"五个一工程"。

（一）一个基本制度——"尊干爱兵"制度

能否处理好上下级关系，直接关系到一个团队的氛围与战斗力，古今中外的任何组织概莫能外。对此，毛泽东提出了"官兵一致"的原则。从毛泽东处理官兵关系的成功经验中，餐饮店长会得到有益的启示。

1. 端正带员工的根本态度

关于上下级关系处理得好不好，人们通常认为是方法问题。毛泽东在《毛泽东选集》第二卷中说道："很多人对于官兵关系、军民关系弄不好，以为是方法不对，我总告诉他们是根本态度（或根本宗旨）问题，这态度就是尊重士兵和尊重人民。从这态度出发，于是有各种的政策、方法、方式。离了这态度，政策、方法、方式也一定是错的，官兵之间、军民之间的关系便决然弄不好。"

在许多餐饮管理者看来，企业或团队的基础是少数精英，而不是基层员工；基层员工本来流动性就大，不用另眼相看、以礼相待，他们如果干得好，不妨给些奖励，如果干得不好，就处罚或开除。以这种态度对待基层员工，其结果可想而知。

中国人民解放军有句口号："干部只有在战士当中，才能在战士心中。"强调军官要与士兵同甘共苦，打成一片，要同吃、同住、同操练、同娱乐、同劳动；反对干部"离兵"的倾向。这就是"官兵一致"。

餐饮店长带员工的正确态度是什么样的？有两个基本点：一要认识到员工是餐饮团队的基础，二要认识到管理者与员工是一致的。

餐饮团队的基础是员工，餐饮团队的一切力量都来自员工，所有辛苦的工作都是员工完成的，所有的业绩都是员工努力创造出来的。

2. 以情带员工

带员工就要爱员工。人是万物之灵，是讲感情的。尤其是中国人，特别看重一个"情"字，讲究"士为知己者死""为朋友两肋插刀""你敬我一尺，我敬你一丈"。

餐饮店长以情带员工，主要应做到以下三点。

（1）思想上关心。

餐饮团队就像大熔炉。强调从价值观、人生观上关心员工，让他们通过思想教育和工作锻炼，树立正确的价值观、人生观，养成良好的职业道德品质，不断成长。

有一位餐饮店长说得好："带员工主要是靠提高员工的思想觉悟。员工的思想觉悟提高了，员工就带出来了，团队就巩固了。"所以，餐饮店长一定要重视集中性和经常性的思想教育工作。

（2）业务上培养。

餐饮团队也是大学校。在父母、学校老师之后，管理人员是员工的第三任老师。爱员工，不仅要关心他们在团队中的工作表现，还要帮助他们解决实际困难，更要为他们的未来着想，把他们培养成真正的人才。

前面我专门讲了团校建设，就是希望各位店长能把团队办成团校，不断让员工进步，不断培养人才。

（3）生活上关心爱护。

餐饮团队更应该是大家庭。员工远离家乡和亲人来打工，难免会遇到一些困难。在团队中，管理人员和骨干就是他们的亲人，要处处关心和照顾他们，对他们嘘寒问暖，为他们排忧解难。在生活上关爱员工，也包括关心他们的家庭，帮助他们解决家中遇到的困难。把爱延伸到员工的家庭，是优秀餐饮企业的优良传统。

我认为，餐饮管理者时刻关心员工、体贴员工，是检验其管理水平的第一标准。餐饮管理者必须时刻关心员工，帮助员工解决困难，只有这样，才能使团队真正成为一个有温度的大家庭，才有可能吸引员工，才能打造出最强团队。

案 例

一个从来不缺人的餐饮店的店长小刘向我分享了他的经验。他说，他坚信，"打仗靠的是后勤保障"，"兵马未动，粮草先行"，所以他每天都会投入一半以上的精力来关注员工的以下动态，并思考他该做些什么：

员工今天的精神状态如何？

员工病了吗？

值班员工吃好饭了吗？

员工餐有什么状况？剩饭多吗？

员工宿舍的马桶、水管、空调、窗户、窗帘、插线板等有什么状况？

员工家乡受灾了吗？

员工的家庭有什么状况？

员工之间是否闹矛盾了？

员工谈对象进展如何？

…………

有的餐饮店长感到处理不好与员工的关系，对员工批评不得，否则员工会顶撞他们，甚至会闹离职，因而管理起来畏首畏尾。为什么批评不得？原因就在于他们平时对员工的关爱不到位。相反，有的餐饮店长说什么员工都听，是因为平时有感情基础。

餐饮店长一定要有情谊。维系人与人之间的情谊，最重要的不在于表面的言语、行为技巧，而在于真情。言不由衷、虚伪做作的表面功夫很快就会被员工识破。所以，修身是餐饮店长必备的武功，餐饮店长唯有不断提高自己的品德修养，才能得到员工的认可，才能打造出员工都说好的团队。

案 例

餐饮店长一定要有自己的"情感账户"

上文提到的店长小刘，还向我分享了他的"情感账户"经验。

我们经常把平时不用的钱存进银行储蓄，有需要的时候再取出来。餐饮店长的"情感账户"里存储的是与员工相处不可缺少的信任感，是给员工的安全感。

能够增加店长"情感账户""存款"的是店长平时对员工的实在、理解、关爱、体贴、尊重。这会使员工对店长更加信赖，甚至有时店长犯了错或与员工产生了矛盾，也可以用这笔"存款"来弥补。反之，店长对员工粗鲁、粗心、轻视，必会减少"情感账户"中的"存款"，到最后就是透支，店长就成了孤家寡人。所以，店长与员工打交道一定要持续用真情。

店长越是想与员工建立持久的、良性的人际关系，越需要不断存储。比如，亲自给生病的员工送一份可口的病号饭或送上一句真诚的问候等。

餐饮店长每日与员工打交道，所说的话不外乎是"这儿的卫生不合格""你的仪容、仪表有问题""这道菜质量不行"等等。长此以往，"情感账户"很快就会透支。这样员工就不会替店长着想，不会敞开心扉接受店长的建议、指导，因为店长给员工的安全感太少。尽管店长的专业能力强，但因为店长没有"情感账户"或"情感账户"透支了，员工便没有了工作积极性。

设想一下，如果店长注重"存钱"到"情感账户"里，结果会怎样？对员工好一点的机会比比皆是，只要不断"存钱"，"存款"必会增加，"赤字"会越来越少。

切记，存款不会在短时间内剧增。速战速决、急功近利是不现实的。与员工建立和谐的关系需要真情和时间。不要因为员工一时不理解、不以为然，就不耐烦，甚至放弃。千万不要这么想：我为你们做了那么多，你们怎么不领情？没良心！而应坚信：建立、维持人际关系是一种长期的"存款"行为。

不缺人的店长小刘坚信"情感账户"这个概念，所以，他有与员工合作、用真情带员工的工作习惯。

3. 店长员工化

我说的店长员工化是受到了中国人民解放军的"干部下连当兵代职"制度的启发。

1958年9月20日，解放军总政治部做出关于干部下连队当兵的规定，要求全军各级干部除年老、体弱、有病者外，每人每年至少要用一个月时间下连队当兵。下连队当兵的干部编入班、排，归班长、排长领导，与广大战士同吃、同住、同劳动、同操作、同娱乐。期满后，连队应对干部做出评定，干部也要写出有关连队工作经验的总结。

包括许世友、杨成武、邓华等一大批高级将领在内的军官相继下连队当兵。高级将领如此带头，其他干部自然不会落后。这一制度的实行，对于改进干部作风、密切官兵关系、加强基层建设起到了明显的促进作用。

我认为，餐饮店长打造团队的前提是了解下级，而要了解下级就必须深入到员工中。

店长只有深入到员工中，员工化了，才能真正和员工打成一片；员工才敢接近店长，才能把实情和心里话告诉店长，才敢大胆地向店长提建议。如果店长始终高高在上，与下级之间形成隔膜，员工有想法不愿说，有情况不反映，店长就无法实现有效管理。

杰克·韦尔奇主张管理者要"深潜"，要进行"走动式管理"。他说自己每周至少有一半时间花在员工身上，和他们相处，了解他们的想法。

餐饮店长必须明白，与员工保持距离是错误的认识。与员工保持距离，是为了便于"收拾"员工。而与员工打成一片，形成鱼水关系，才是吸引员工、留住员工、调动员工积极性的正路，才是让员工开心快乐工作的根本。

例如，前面说到的小刘店长为了与员工打成一片，在团队中规定：店长、厨师长、经理、主管每周要在员工宿舍住一次，每周周内、周末至少要体验一次员工三餐；每次员工聚餐、组织娱乐活动，管理人员不得缺席；每位管理人员必须有自己独立负责的卫生区域；等等。

4. 落实"尊干爱兵"制度

"尊干爱兵"是中国人民解放军的优良传统，是用以密切官兵关系的一项制度。

餐饮团队上下级之间免不了产生矛盾，而且很多矛盾都是日积月累形成的。所以必须有一套制度，通过一定的活动形式，把这些问题摆出来，误会、矛盾才会及时消除。

参考解放军的"尊干爱兵"传统，我建议餐饮店长在自己的团队制定"尊干爱兵"制度，每季度开展一次"尊干爱兵"活动。活动一般要经历三个阶段。

第一阶段，思想准备。从打通思想入手，充分认识改善管理者与员工关系的重要性。承认团队在这方面存在的问题，愿意开展批评与自我批评，从而创造管理者与员工开诚布公、积极反省的良好氛围。

管理者自己要先想明白，然后表态，欢迎下级提意见，承诺不打击报复。有的餐饮团队为了打消下级的顾虑，常采取"背靠背"的方式。

第二阶段，召开季度"尊干爱兵"专题大会，检讨管理者与员工的关系。由店长亲自动员，号召员工打消顾虑，本着"知无不言，言无不尽；言者无罪，闻者足戒"的态度，对管理者与员工的关系方面存在的问题进行公开批评，要求管理者虚心听取员工的意见，认真反省自己的不足。

第三阶段，制定或改善"尊干爱兵"制度。用正式文件的形式巩固活动成果，确立定期检查、总结的制度，使"尊干爱兵"贯穿日常工作、生活全过程，促进管理者与员工关系的持续改善。

餐饮团队的"尊干爱兵"制度就是用来处理上级与下级的矛盾或防止二者的矛盾激化的。其要点是，用民主讨论和反省的方式发动员工，公开矛盾问题，通过批评与自我批评，达到化解矛盾、增进理解、密切关系的目的。

案例

这里结合一些实行"尊干爱兵"制度的餐饮团队的具体做法，分享一些成功的经验。

一、明确要求

餐饮团队落实"尊干爱兵"制度，开展"尊干爱兵"活动，必须有明确的要求，对上下级关系加以规范。这些要求不能太笼统，必须针对团队上下级关系方面存在的倾向性问题有很强的可操作性。

例如，某餐饮团队在"尊干"和"爱兵"两方面各提出五项要求，即"双五条"。

要求管理者对员工做到：

1. 严格管理，耐心讲道理，关心员工的成长和进步；
2. 了解员工的情况，不得激化与员工的矛盾，并妥善处理；
3. 尊重员工的人格，允许员工申诉，不能打击报复，不能辱骂员工，动手打人者立即开除；
4. 以身作则，工作作风正派、公道，对所有员工一碗水端平；
5. 关心员工的生活、安全、健康，照顾好生病员工。

要求员工对管理者做到：

1. 尊重管理者，服从管理者的要求，明白管理者严格要求是为大家好；
2. 若有过失，诚恳地接受批评，勇于承认并坚决改正错误；
3. 不当众顶撞、不背后议论管理者，有不同的看法可以申诉；
4. 关心、照顾管理者和生病的同事；
5. 关心团队，爱护团队的荣誉、口碑，积极协助管理者做好团队的各项工作。

我参加过几次这家餐饮店的"尊干爱兵"讨论会，"双五条"是大家讨论的主要内容，效果很好。

二、培养和宣扬典型，总结经验

要想开展好"尊干爱兵"活动，必须树立典型，通过先进典型，将管理者与员工的良好关系展现出来，使之变为可知、可感的形象，以便管理者和员工学习与模仿。

例如，某餐饮店长在自己的团队开展了"双三一"活动。要求员工做到"三个汇报，一个依靠"，即向上级汇报自己的困难是什么、困惑是什么、需要什么，坚持依靠团队解决各种困难和问题；要求管理者对员工做到"三个知道，一个跟上"，即知道员工的困难是什么、困惑是什么、需要什么，给员工做思想工作、解决实际问题要跟上。"双三一"活动的开展，进一步调动了管理者与员工的积极性，密切了上下级关系，增强了团队的凝聚力和战斗力。

这位店长每季度都会找出管理者和员工中"尊干爱兵"的典型，让他们分享自己的经验，鼓励其他人向他们学习，逐渐形成了良好的团队氛围。

（二）两个关键点

两个关键点，一是甜蜜点，二是记忆点，就是让员工感动的甜蜜时刻和印象深刻的记忆。中兴通讯创始人之一魏兴民先生曾说："带员工要做到12个字：解读人性，认知需求，创造感动。"

在餐饮行业，"解读人性，认知需求"就是要求餐饮店长了解、理解员工，富有同情心，能够经常换位思考，并从员工的角度出发，在实际工作中通过甜蜜点、记忆点创造性地感动员工。

1. 甜蜜点

甜蜜点就是能让团队员工感动的时刻。在餐饮团队中,最好的甜蜜点就是员工的生日。

事实上，绝大多数餐饮团队都在使用这种方式组织生活团建，但做着做着就成了形式主义。给员工过生日并没有看上去的那样简单，其重点不在于形式，而在于用心、走心，在于甜蜜的情感输送。重要的是，让过生日的员工感受到团队真的用心了，感受到温度。

我在一家餐饮店调研时，刚好赶上一名前厅员工过生日。店长、厨师长带头分别拿出20元，前厅、后厨其他员工（共23人）每人拿出5元，共155元，买了一个小礼物寄给过生日员工的母亲。大家可以想象一下，这名员工的内心会受到怎样的触动。

除了员工的生日，员工的入职纪念日、加薪日、升职日、结婚纪念日等，都可成为甜蜜点。

我在一家餐饮店参加生活团建时，他们团队里有一位干了5年的炒锅师傅，因为工作时间久却没有升职，工作上难免有些懈怠，在一段时间内出品质量不稳定，亟须激励。店长和厨师长找来这位师傅的老乡和几个要好的同事，一共6个人，每个人录了一小段视频，回忆与他一起共事的经历与趣事，并在视频中向他表达了祝福。特别是厨师长专门与这位师傅的妻子取得了联系，请他的妻子和女儿专门给他录制了温馨的视频。厨师长在这位师傅生日当晚，把这些视频放给他看。看到第三段时，他就开始流泪了。看到妻子、女儿的祝福视频时，他更是热泪盈眶。看完视频后，他对厨师长、店长说："老大、店长，我最近状态不好。你俩以后不用管我了，就看我的行动吧。"

这些让团队员工感动的时刻，就是生活团建的要点，是情感的连接，也是"情感账户"的存款。

2. 记忆点

记忆点，就是通过一场团建，在团队员工心中留下长久的记忆片段，如视频、照片等。没有留存就没有回忆，没有回忆就像没有发生。

如今虽然很多餐饮团队也会留下各式各样的团建照片或视频，但大多只是挂在文化墙上落灰罢了。为什么没有达到生活团建的目的，不能引发员工的回忆呢？主要原因是没有进行必要的加工，团队成员之间没有形成互相关怀、互相帮助的氛围。这样的生活团建是失败的。

我长期跟踪调研一家餐饮店的生活团建活动，每季度都参加他们的生活团建活动。有的时候是爬山，有的时候是湖边漫步，有的时候是看电影，有的时候是聚餐、唱歌。每一次团建，每到一个地方，店长都会拍许多照片。回来后，他会将这些照片制作成视频，发给每一个员工。许多员工都会把视频收藏保存起来。店长还会在年度、季度表彰会上播放这些视频，令人记忆深刻。

（三）季度"五个一工程"

季度"五个一工程"很好理解，就是店长在一个季度内，至少要带着团队成员开展一次体育活动，开展一次娱乐活动，进行一次集体聚餐（集体聚餐应每月都有），和每个员工进行一次深度交流，做一件感动员工的事情。

至此，我通过一个基本制度、两个关键点和季度"五个一工程"，讲了餐饮团队应如何进行生活团建。最后，我想强调一下，要想搞好生活团建，店长一定要有同理心。

什么是同理心？说得复杂点，同理心就是站在员工的角度和位置，客观地理解员工的内心感受，并且把这种理解传达给员工。说得简单点，同理心就是"己所不欲，勿施于人"，就是将心比心，即设身处地地去感受、去体谅员工。

店长要通过同理心，把职场做成情场。什么叫把职场做成情场？有的店长听到这个说法会觉得奇怪：工作就是工作，在工作中付出并取得回报，然后获得评价，根据结果得到奖或罚，这不就是工作吗？没有多少店长愿意关注员工的情感归宿。这是一种错误的认识。"职场"一词不能将我们的工作环境全面、丰富而完整地概括出来，其中缺失的因素是什么？职场除了是职业活动场所之外，还应该是情感交汇场所。

大家可以想一下，一天24小时，餐饮员工除了用来睡觉的七八个小时之外，其余时间基本上都在工作。他们的工作时间很长，甚至比与他们的家人在一起的时间还要长。如果你和同事一起工作时感觉不到心灵的成长，感受不到快乐和丰富，无法获得有所成就的喜悦，那么工作就是一件痛苦的事。每天早上睁开双眼，想到又要和这些人在一起，又要看领导的脸色，还要面对一大堆让自己不开心的事情……你哪有动力保持饱满的工作热情呢？难道仅靠提成、奖金、分红吗？难道每个员工都只喜欢钱吗？

如果店长只把团队看成职场，只关注自己的目标，把员工看作资源，这样做的结果是店长与员工是"两张皮"。如果店长把团队看作情场，就会不怕麻烦地用真情关注员工的成长、牵挂员工的喜怒哀乐、创造员工的感动，这样员工与店长才有可能同舟共济。

所以，餐饮店长要在工作场所营造出一种情场氛围——不仅一起工作，还要共同生活，共享开心快乐。在这样的氛围中，员工的心灵是放松的，他们会更加热爱生活、工作、同事。作为餐饮店长，要时刻问自己：团队员工跟着我，我能给予他们什么？这是店长必须思考的。时间就是生命，员工跟着你干几个月、几年，付出了时间与辛苦。作为店长，如果不能用心帮助他们成长，让他们快乐地生活，就是店长失职。

店长要想把职场打造成情场，关键要起心动念，将心注入。起什么心？动什么念？得什么果？如果店长把团队员工当成工具，那他得到的结果只能是各奔东西。团队中的情感是从点滴的真诚开始积累的。店长要真诚地把员工当成自己人，真心帮助员工，用心带员工，从内心走入内心。事不在大小，关键要做到员工心里。

第五章 打造客人都说好的团队

前面我讲了餐饮店长要打造最强团队就要先打造自己，即打铁还需自身硬，还介绍了如何通过体系建设来打造可持续发展的团队，以及怎样打造员工都说好的团队。下面我讲一下怎样打造客人都说好的团队。

"现代管理学之父"德鲁克先生在其众多著作中提到最多也是最有名的一句话是："企业的目的在于创造顾客。"

或许许多餐饮店长都认为餐饮团队运营的目的在于对利润的追求，但我认为这样的认识是不完整的。所谓利润，是指团队未来的经费，是使团队继续下去的经费，是团队存续的条件。也就是说，利润绝不是团队运营的唯一目的。

如果设立团队是为了追求利润，那么店长和员工往往只会考虑提高营业额、降低成本，专心于追求利润而不顾其他，走上直线赚钱的道路。这样就会忘记客人，就会"赶走"客人，就会丧失生存下去的机会。

其实，真正的利润在餐饮团队之外——客人满意，才会有真正的利润，如图5-1所示：

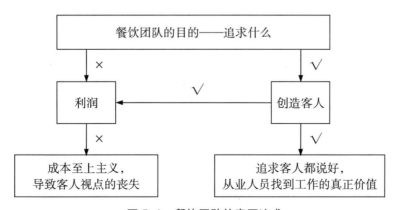

图 5-1　餐饮团队的真正追求

图5-1明确地告诉餐饮店长，餐饮团队必须从客人的价值、需求、期待、现实状况和行为出发，不断创造客人，追求客人都说好，在此基础上才能追求利润。

也就是说，餐饮团队为客人而存在，能否存在下去取决于客人是否说团队好。所以，餐饮店长要带领员工不断了解客人认为什么有价值，客人处于什么样的状况，客人想要的是什么，客人的痛点是什么，客人有什么样的期待，该怎样采集客人的痛点并进行改善，等等。

第一节 什么是客人都说好

客人都说好，是指客人来店消费之后，综合体验好；客人愿意多次来消费；客人主动向亲朋好友介绍餐饮店的好，甚至不断带亲朋好友来消费，也就是客人的支持度、忠诚度高。

一、什么是客人

这里所说的客人，主要是指餐饮团队所定位的主要客人群体。比如，高档餐饮店对应的是高端商务人士的商务宴请，大众餐饮店对应的是大众的亲朋聚会，快餐小吃店对应的是上班族的填饱肚子。

（一）主要客人群体

有的餐饮店长认为：我们团队吸引每一个客人都不容易，每一个客人都是宝贝，不要分主要客人群体、次要客人群体，还是应该先保证我们店的客人总数量。

有的餐饮店长认为：现在是互联网时代，客人选择的余地大，所以没有什么忠诚度可言。

我认为这两种认识都是不对的，是对"客人"这一概念认知得不清楚。

经常有店长有这样的疑问："××店的菜品并不好吃，为什么生意这么好？这很奇怪。"这种疑问本不该有。因为对客人来说，好吃、难吃、好、不好，不只是针对菜品本身的味道或食材；客人对一家店的菜品是否满意，下次会不会再来，取决于菜品的品质与自己的需求是否一致。如果客人吃了符合当次需求的菜品，就会感觉好吃或好；反之就会觉得不好吃或不好。所以，单从菜品的质量来评价一家店是没有太大意义的。

如果你觉得竞争对手明明菜品等很一般，客人却很多，就表示那家店提供的菜品（包括价位、服务、经营方式等）符合客人的需求。另外，如果对自己店的菜品等充满自信，但客人却不多，那有可能是与客人的期望（需求）有差距。

所谓需求，就是肚子饿时想饱餐一顿，有时想吃点有特色的美味，有时要与朋友小聚一下，有时要请重要的人吃饭，等等。出于不同的需求，客人的期待自然也不相同。因此，餐饮店长应该专注于自己团队的特长，了解自己的团队是为了满足哪一类客人的需求或客人的哪一类需求。

任何一家餐饮店，无论在何时何地都有两个无法摆脱的枷锁：

一是时间、空间有限。客人就餐只在早、中、晚的几个小时，而且店面的面积、座位数也是有限的。

二是资源有限。店面的资金、选址、装修水平、人才特长是有限的。

也就是说，谁也不可能持续地把所有客人都吸引住，或者满足客人的所有需求。所以，餐饮店要想活下去，活好，活得强大，就必须做到专、精、深、品。

专：就是指要专业，要细分品类、客群，并"打透"主要客人群体，或满足客人的某一种需求。

精：就是在专业的基础上出精品，打造过硬的品质。

深：就是在出精品的同时，持续改善、改进、创新。

品：只有做到专、精、深，才会有客人都说好，才会打造出品牌，才会有客人的持续信任、传播。

餐饮团队存在的理由是为客人服务，为客人创造价值。同时，餐饮团队的时间、资源是有限的，所以，为了更好地为客人创造价值，需要忍痛割爱，追求并满足一部分适合自己的客人群体。这部分客人群体，就是本团队的主要客人群体。

（二）回头客

餐饮店长明确自己的主要客人群体后，就要带领团队为这些客人提供专、精、深的品质，专注于为客人创造价值，付出团队大爱，令主要客人群体都说好，形成自己的品牌，才能将主要客人群体变成忠诚的回头客（"超级客人"）。忠诚的回头客越多，餐饮团队的生命力就越强，餐饮团队就能活得越久、越好。

餐饮店一日至少有两个饭口（午市、晚市），一年365天，也就是说只有在一年730

个营业时间段都做到生意好,才叫真正的生意好。所以,餐饮店必须有相当数量的回头客不断复购、不断介绍新客人。维护回头客是最有效率的经营方法,因为开发一位新客人的成本是维护一位回头客的5倍。

回头客的高价值体现在两个方面:一是复购率,二是转介绍。

现在有一些餐饮店长热衷于通过大力度的线上线下炒作和促销活动来拓新客、拉回头客,这是对的。我认为适当的宣传、促销活动等营销方式是必要的。但是餐饮店长要明白三点:一是店长自己没有太多的资源(资金、人脉、权限等)去搞大力度的广告宣传和促销活动;二是广告宣传和促销活动的持续效果是有限的;三是所有的广告宣传和促销活动都极易被竞争对手复制。

餐饮店长中的高手,往往会带领团队聚焦在主要客人群体上,全力以赴地把自己团队的价值定位做深、做透,做到独一无二,并不断增强客人的体验,做到超出客人的期望,做到让客人惊喜、感动,令客人都说好。这样,客人的忠诚度就有了,复购率、转介绍自不在话下。

二、什么是都说好

都说好是指消费后的客人,不管是新客人还是老客人,都感觉综合体验好。

餐饮店长经常将"客人满意""客人的综合体验感好"挂在嘴边,但是,究竟该怎么做才能让客人的综合体验感好呢?所谓客人的综合体验感,是指客人在餐饮消费过程中通过五官和思维所获得的亲身感受。客人来到餐饮店,会因餐饮店的品位不同、规模大小不同、档次高低不同而有自己的心理预期,会有对"体验好"的期盼,然后经过实际体验得到自己的真实感受。

要让客人的综合体验感好,最重要的应该是不要让客人的期望落空。

在进入餐饮店消费之前,客人会对店家抱有各种期待,并在付款离开之际看清现实。如果现实超过期待,客人就会惊喜、感动;如果现实和期待一样,客人就会觉得满意;如果期待落空,客人就会深感失望。

不必将让客人惊喜、感动想得太过困难。无论是什么,只要能让客人记在心里或留下印象,只要能针对客人的喜点或痛点,哪怕只有一项也无所谓,不妨努力将其做深、做透,让客人记住这家店的这一点很不错。

当客人有所期待时,如果期待落空,客人就很容易产生不愉快或愤怒等情绪。各位餐饮店长也一样，对于毫不期待的事比较不在乎，相反，如果是有所期待的事却没做到，想必会非常不满、生气。

接着，请好好想一想：光顾自己店的客人到底在期待什么？

例如，美食（与以前相同的好品质、好味道……），良好的服务（招呼客人的能力强），氛围佳（让客人感到舒适），安心感（值得信任），性价比高（让客人有占便宜的感觉），干净（清洁与卫生），迅速（重视客人），丰盛，令人愉快，方便，等等。相信还可以找出许多要素。

这些要素又会因餐饮店种类的不同，而有不同程度的要求。例如，在快餐店等10分钟，客人会感觉等了很久；相反，应该很少有人在正餐店因为等10分钟而大发脾气吧。

那么，在什么情况下客人会觉得期待落空了呢？具体而言，就是与上述期待要素相反的要素。例如，品质与平常不一样；服务不周；菜品良莠不齐；环境特别吵闹，让人不能放松心情；空调不给力或气味难闻；环境凌乱且脏；出菜太慢……

现在的客人，只愿把钱花在令自己满意、开心的事情上。所以，餐饮店长必须了解主要客人群体，有针对性地开展工作。让客人都说好并没有诀窍，能够准确无误地满足每一位客人，甚至做到让客人感动，让他们还想再来，并愿意把这家餐饮店介绍给更多人知道，借此逐渐提高支持度，让客人回流，才是餐饮店长的职责所在。

许多餐饮店长在现今竞争激烈的环境中，总是会对自己做的事是否正确心存不安或疑问。特别是当附近的竞争对手推出大规模的广告宣传、促销活动，或大打价格战时，其他店的店长会更加不安。

餐饮店之间的竞争就像是马拉松比赛，竞争者只要全神贯注地按照自己的步调踏实地向前跑就够了，水平不行的餐饮店迟早会被抛在后头。

在这样的竞争环境中，如果能靠一步步的努力获得来店客人的支持，让来店客人都说好，那么最后一定会得到自己满意的结果。

促销有时是需要的，但它只是招揽客人的权宜之计，绝非长久之计。就算有的餐饮店因附近有对手进行大力度的促销而暂时造成客人减少，只要店长带领团队一如既往地服务客人，获得客人的信任，相信一段时间后客人自然会回流。

充分理解本店的特色，充分掌握客人的喜点和痛点，坚持下去并不断改进，绝不松劲。以这样的方式打造团队，相信一定会有好的成绩。

餐饮店长要努力学会观察、思考、行动：观察，即注意并收集客人信息；思考，即分析、拟定对策；行动，即实践并持续改善。只有这样，才会使客人都说好。客人都说好是一名餐饮店长、一家餐饮店的核心竞争力，是餐饮店深深的"护城河"。

注意：客人都说好，并不是指餐饮团队什么都好，而是指有针对性地做到第一或唯一。

三、客人都说好为什么重要

（一）打造客人都说好的团队是店长获得幸福必须做的工作

我曾问过许多餐饮店长：你究竟为什么而工作？答案形形色色。例如，为了钱，为了安定的生活，喜欢这份工作，做今后的跳板，等等。甚至有人回答：因为找不到其他合适的工作。

上述答案中哪一个正确？答案是：都正确。

像这种动机性的问题，仁者见仁，智者见智。

我们工作的目的究竟为何？我认为应该是为了自己和家人的幸福。这是符合人性的，我们最爱的还是自己与家人。

那么，到底怎样才算是为自己工作呢？

餐饮业属于服务业。如果完全只为自己工作的话，就会斤斤计较眼前的得失，很容易迷失为自己工作的真实本意。服务业的本质在于让客人快乐，让自己获利。

餐饮店长为自己和家人的幸福而工作，具体来说就要全心全意为客人与员工着想，如图5-2所示。

一方面，满足客人需求会提高客人对自己团队的支持度，使客人不断进行复购、转介绍。其最直接的回馈就是营业额增加，最后转化为利润。

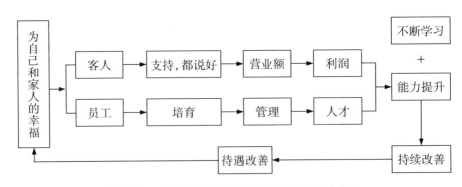

图5-2　为自己和家人的幸福工作的逻辑结构图

另一方面，努力培养员工，不断进行管理（跟进检查、考评及人才盘点），把员工变成"271"中的"2"类，也就是人才。如果餐饮店长能善用人才并创造利润，再加上不断学习，就必然能使自己的能力不断提升、工作业绩持续改善，同时也能使自己的待遇得到提高，最终便能到达使自己与家人更幸福的原点。

对于餐饮店长而言，工作的真正意义就是由上述一连串内容所组成。

在图5-2中，有一个关键点就是能力提升。什么是餐饮店长的能力？我结合本书给出的定义是：通过打造自己的基础能力（第一、二章），有效运用人力（第三、四章），取得客人支持（本章），并设法将客人的支持转化成利润（第六章）的能力。

也就是说，餐饮店长的能力体现在三个方面：一是不断提高自己的修养；二是持续培养人才；三是得到客人的持续支持，并将其转化成利润。

所以，餐饮店长为自己和家人的幸福工作（好待遇）＝能力提升＝不断提高修养＋拥有客人的支持才能确保获利＋栽培员工才能够确保人才。

（二）用客人都说好来明确团队的主攻方向

团队的主攻方向就是团队是做什么的，以什么为目的，以及为什么要这么做，也就是团队的目标与价值观。主攻方向能起到统一团队思想、凝聚员工、培养员工言行习惯的作用，进而使全员向客人都说好的方向前进。

最强团队与一般团队的区别就是从选择主攻方向开始的。不同的主攻方向会让团队与团队之间有天壤之别。

我在本书前言中讲过，本书的底层逻辑之一是"以终为始，以始为终"。用到这里就是指，最强餐饮团队要以客人都说好为团队的终极目标，以客人都说好为团队的出发点，来设计团队的规划并将其落地，这样才能与一般餐饮团队有效区隔。

（三）客人都说好是用来为团队立规矩的

餐饮团队的所有政策、制度、SOP、培训、检查、考评、人才盘点都要以客人都说好为依据才不会走偏。

（四）客人都说好是团校建设的底层逻辑

前面讲过，团校就是培养团队人才的地方。培养什么样的人才？当然是培养让客人都说好的人才。

团校的建设应以客人都说好为靶向选择培训内容，设计培训课程，选择培训老师，并以客人都说好作为验证团校建设质量的标准。

客人都说好对团队梯队人才的培养有决定性意义。

（五）用主攻方向进行管理胜过用标准进行管理

餐饮行业是一个充满细节又时常变化的行业。餐饮团队的标准、规矩、流程特别多，特别琐碎，而且客人的需求又变化多端，员工对此经常记不住，搞不清，不知如何应对。所以，在打造餐饮团队过程中有一个绝招：既要讲清 SOP，更要讲清为什么要定这个标准，其最终目的是什么，这个最终目的就是主攻方向。只要主攻方向能达到，标准是可以灵活掌握的。其实把主攻方向讲明了，制度、标准也就简单了。

如果餐饮团队中的大多数员工都有清晰的主攻方向，所有的言行都围绕着客人都说好，那么大家的工作就会是主动的、自发的，大家会相互提醒，相互影响和促进。这比仅凭制度进行管理有效得多。

（六）客人都说好是最强团队持续最强的根本保障

这些年，在一些餐饮店长中有一种不好的倾向：热衷于线上、线下的广告宣传和依赖促销活动来保证业绩。广告宣传和促销活动是必需的，但是对于餐饮店来说，最好的、最根本的营销还是客人都说好。

美国营销巨匠菲利普·科特勒在其《营销原理》一书中写道："市场营销就是在适当的时间、适当的地方，以适当的价格、适当的信息沟通和适当的手段，向适当的消费者提供适当的产品和服务的过程。"

所谓适当，就是指客人都说好。一个餐饮团队能走多远，能否经得起风吹雨打及时间的考验，全凭客人都说好这个导航仪。

下编　打造最强餐饮团队的思路与技术

第二节　如何打造客人都说好的团队

如何打造客人都说好的团队呢？方法如图 5-3 所示：

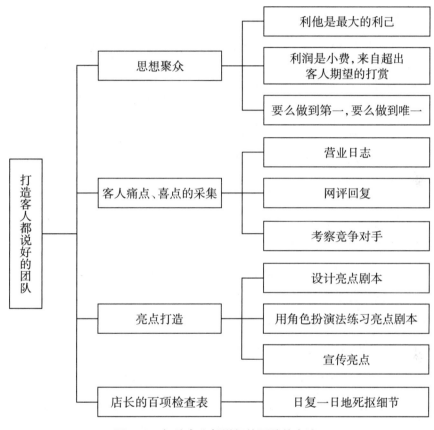

图 5-3　打造客人都说好的团队的方法

专题十八　思想聚众

团队的目标、价值观及主攻方向就是基本思想。最强餐饮团队的基本思想就是客人都说好。

餐饮店长必须明白，在一个餐饮团队中，最有价值的就是主攻方向，就是客人都说好。客人都说好是团队成员之间日常工作、交流的基础、方向，也是团队与其衣食父母（客人）进行日常交往的基础，是用来规范团队所有成员言行的基本准绳，是团队能够成功的根本原因。

一位餐饮店长曾问我:"餐饮行业看似门槛很低,为什么能够持续打胜仗的餐饮团队很少?为何我经常看到的是'各领风骚三五年'的现象?"

我认为,这要从餐饮行业的根本特性来总结。餐饮行业其实是一个很难持续经营的行业,难就难在这个行业十分复杂,所以难以持续打胜仗。

餐饮行业的复杂性体现在哪里?

首先,任何生意的底层公式都是利润=收入-支出,而餐饮店的收入=客人人数×人均消费。也就是说,当客人愿意反复来,愿意多消费时,营业收入就会增加,在合理控制成本的前提下,利润就会增大。那么客人为何愿意反复来消费?为何愿意多消费?答案只有一个,就是客人都说好。反之,如果客人都说不好,那么营业收入必然会减少。

其次,餐饮行业是一个集产品设计、现场加工、现场销售于一体的行业,本来就环节多,管理难度大,再加上从业人员综合素质较低,人员流动性很大,餐饮管理者系统管理水平较低,所以一些环节很容易反复出现问题,放大了100-1=0的效果,最终造成客人体验不稳定,进而影响了店面的收入,出现了"各领风骚三五年"的现象。

要想从根本上避免这一现象出现,必须遵循管理学的一个基本原理:人的言行习惯在很大程度上受人的思想认识的影响。

所以,使团队"上下一条心,万众一杆枪",从瞄准客人都说好这一主攻方向入手,通过统一团队员工的思想,加强思想聚众,再加上若干系统化的方法,就能打造出客人都说好的团队。

餐饮店长用客人都说好这一思想来聚众,一定要给员工讲清以下三个道理。

一、利他是最大的利己

人性是自私的,餐饮员工也一样。餐饮员工上班是为了挣钱,而钱从客人的反复消费中得来,因而客人就是餐饮员工的衣食父母。

利他其实是最大的自私,因为要先舍后得。这个过程有一个周期,舍与得是因果关系。大多数餐饮员工不习惯先舍,习惯先抓。就好比种田,因为没有播种(舍),所以没有收获(得)。反之,如果一开始就从舍上思考,先去想如何为客人创造价值,那么得就会水到渠成。

培养员工的利他之心就是让员工摒弃一己一时之私欲,为客人着想。永远站在客人的角度，永远想着如何让客人开心，是能持续打胜仗的最强团队的核心。要明白，客人开心，自己才开心。

平庸的餐饮团队的思想是：我们团队的价值在于我们创造了高于同行平均水平的营业额、利润。而最强餐饮团队的思想是：我们团队的价值在于客人都说我们好；我们十分清楚，我们希望赚得利润，但是我们更明白，在我们赚得利润之前，必须先让客人开心，让客人说我们好，我们才会有利润。

二、利润是小费，来自超出客人期望的打赏

客人都说好的前提是要真心爱客人，关键是如何体现这份爱。

餐饮店的利润公式是收入（10）－成本（8）＝利润（2）。如果一家店给客人的价值是 8，其成本就是给客人的价值，那么客人为什么给这家店 10 呢？多出来的 2 到底是什么？为何客人明知你要赚他的 2，他还愿意反复给你这个机会呢？

利润来自超出客人期望的打赏，因为这家店的表现超出了客人对本次消费的期望。虽然成本是 8，但客人感到的价值是 10，甚至是 15，所以客人愿意给你 10，这也是性价比的本质。

利润是客人获得超出期望的服务后给餐饮店的小费，这是利润的本质。餐饮店要把小费变成大费，就要全体员工做到一心，持续创造出独一无二的价值，让客人体验好、惊喜、感动，最后不是餐饮店从客人那里"掠夺"，而是客人自愿说："你们店真好，我愿意照单全付！"

当客人心甘情愿的时候，餐饮团队就是得到了，更是得道了，最强团队就打造出来了。

三、要么做到第一，要么做到唯一

要想使餐饮团队的利润增加，全体员工的收入增加，只能靠做难而正确的事，靠给客人提供独一无二的价值。

海底捞的服务是同行的 10 倍好。你能想到、做到的，海底捞比你做得好，做的是第一好；你想不到、做不到的，海底捞想到并做到了，做的是唯一好。这远远超出了客人的期望，所以海底捞能成为中国知名的餐饮品牌。

最强餐饮团队要让利润持续增加，唯一的出路就是做对手不愿做、不想做，但却是客人想要的难而正确的事，也就是为客人创造独一无二的价值。

让我们复习一下最基本的商业思维：你想赚钱，谁给你钱？他凭什么给你钱？你能为他提供什么价值？除了你，还有没有其他人也能为他提供这些价值？他为什么让你而不是其他人为他提供这些价值？你能不能克制住利己的念头，持续提供更好的价值？要想提供更好的价值，你需要如何做？

这是一套最基本也是最管用的商业思维。不管是什么类型的餐饮团队，想要做到最强，都必须回到这一商业思维。

最强餐饮团队，要让客人都说好，要让客人持续选择你，根本在于你要么是第一，要么是唯一。大部分客人都经不起第一或唯一的诱惑。这也是最强餐饮团队与其竞争对手区隔的价值亮点。

在这里我要特别强调：客人都说好在执行落地时，不能走入什么都好的死胡同。正确的理解是：只有本店才有，只有这里才有，这一点本店是最强的，是为你量身打造的。

想做到什么都好的餐饮店，就是什么特征都没有的餐饮店，因为其精力、财力、人力是有限的。

心理学中有一个概念叫"沉锚效应"，指的是人们在对某人某事做出判断时，易受第一印象或第一信息支配，就像沉入海底的锚一样，把人们的思想固定在某处。

锚是用来稳定船舶的铁器，锚沉入海底，船就稳了。

餐饮团队的价值锚（点），就是从客人的角度出发，找到客人对餐饮店做出好与不好的判断的价值锚（点）。有意义的价值锚（点）就是第一或唯一。

餐饮店长应怎样带领团队找到第一或唯一的价值锚（点）呢？

专题十九 客人痛点、喜点的采集

餐饮店长要带领团队找到第一或唯一的价值锚（点），就必须围绕着客人、竞争对手、自己展开。具体地说，就是要做好营业日志、网评回复、退换菜分析、剩菜分析、客诉分析、考察竞争对手等工作，并进行客情分析。

餐饮店长要充分了解哪些人是团队的主要客人群体，这些人有什么痛点、喜点及发生了什么变化，也就是为主要客人群体画像，掌握这些客人的真实想法和消费行为特点。

我们强调客人都说好的前提条件是了解客人是谁。这基本决定了餐饮团队如何定义自己。还有一点也十分重要，即了解客人喜欢什么、不喜欢什么。

我们店的客人是哪些人？他们喜欢什么，不喜欢什么？店长带领团队在摸索具体答案的过程中，有必要确定自己的店面在当地具有的特征和存在的意义，这称为定位。

店长对餐饮店的定位，必须从客人出发，着重思考客人对店面有什么样的评价和期待，进而找出具体而非抽象的答案。

再资深的餐饮店长也不要以为自己了解客人和市场，真正了解客人的唯有客人自己。店长只有询问客人并做好记录（营业日志、客人投诉等），观察客人，试图理解客人的行为，主动查阅客人的评价（网评），才能了解客人是哪些人，他们看中什么，他们的痛点是什么，他们的喜点是什么。

客人很少只是因为你想卖什么菜品他们就买什么菜品。原因之一当然是谁也不会为一个叫菜品的东西付钱，能让客人付钱的是满足感。但是谁也无法制造或提供这样的满足感，你能做的顶多是出售能够助其获得满足感的菜品、服务、环境等。很多时候，店长眼里的质量（产品、服务、环境等）对客人来说也许并不重要，客人唯一的问题是"这对我有什么用？"客人的思路是从他们自身的处境（体验）出发的。

所以，店长的任务就是探究客人为什么要到自己所在的店或竞争对手的店消费。店长的任务是，要么接受顾客的选择理由，要么改变它。但首先店长必须知道并尊重客人选择的理由。

店长要建立系统的管控机制来收集客人的评价。首先是营业日志和网评回复。

一、营业日志

这里说的营业日志不是营业日报，而是每日专门由餐饮团队中负责前厅的员工收集记录客人的评价及由后厨、前厅负责人所做的关于客人说好与不好的回复记录，并立即根据客人的评价进行总结、改善。这里的关键是日复一日。

（一）建立营业日志的目的

建立营业日志有以下目的：

为了更好地落实客人是衣食父母、对客人保持敬畏的餐饮经营准则；

为了实现客人都说好的持续经营目标，确保客人下次还来并进行转介绍；

团队所有成员紧紧围绕客人的意见和喜点，不断寻找团队存在的价值，并持续改善；

为团队设置365日天天体验、天天改善、日清日结制度，形成团队的改善闭环管理模式；

让团队所有成员都清楚，在客人眼里我们有什么不足，令我们"不聋不盲"，保持清醒，在客人眼里我们好在哪里，该怎样将其发扬光大；

便于管理人员进行日、周、月、年的总结和分析，落实数据化管理，同时也是跟进检查、考评、人才盘点的重要依据；

不断与竞争对手拉大距离，加深、加宽"护城河"。

（二）以日为单位的单店营业日志

以日为单位的单店营业日志（以某店为例）的参考格式如表5-1所示：

表5-1　某店营业日志表

店面：　　　　　　2021年5月10日第二周　　　　　　节日：　　　　天气：

上座情况	大厅：午市＿＿＿桌，晚市＿＿＿桌，合计＿＿＿桌 包间：午市＿＿＿桌，晚市＿＿＿桌，合计＿＿＿桌 营业额：午市＿＿＿元，晚市＿＿＿元，合计＿＿＿元					
到岗情况	前厅：应到＿＿＿人，实到＿＿＿人，小时工＿＿＿人，店长休假＿＿＿ 后厨：应到＿＿＿人，实到＿＿＿人，小时工＿＿＿人，厨师长休假＿＿＿ 注：店长与厨师长不得同日休假。					
菜品差评（不少于10条）	序号	时间	台（包间）号	值台服务员	问题（什么菜，怎么了，如何处理）	厨师长回复（原因、处理）
	1	12：40	A区8台	李红英	葱烧豆腐，客人说豆腐发酸，已退菜	收到，天热，豆腐未保存好，已处罚当事人20元
	2	12：48	A区12台	李红英	醋泡花生，客人说花生太酸，已退菜	收到，后厨按正常标准加工
	3	13：10	B区16台	马青青	土豆烧牛肉，客人说温度低，已重新加热	收到，后厨按标准加工，在传菜部放的时间长
	4	18：10	A区2台	牛春红	清炖鸡汤，菜里有一根头发，已退菜	收到，全员分担菜价
	5	18：18	6号包间	张小江	椒麻鸡，味道太淡，已重新加味	收到，新到凉菜师傅未按标准加工，已提醒
	6	18：40	8号包间	李刚刚	米饭，太硬，已换	收到，小吃房将午市剩余米饭加热上桌，已批评

续表

	序号	时间	台（包间）号	值台服务员	问题（什么菜，怎么了，如何处理）	厨师长回复（原因、处理）
菜品差评（不少于10条）	7	19：30	B区17台	马青	泡椒木耳炒肉片，太咸，客人未让退换	收到，5号师傅加工，已提醒
	8	19：32	A区1台	牛春红	酸汤鱼，客人反映鱼片不入味，客人未让退换	收到，2号师傅加工，已检查，按标准加工，下次注意
	9	19：48	2号包间	方雪清	酸汤鱼，客人反映味道太淡，客人未让退换	收到，2号师傅加工，按标准加工，下来总结（一天两次被客诉）
	10	20：21	A区8台	李红英	炒鸡，客人反映味道偏甜，客人未让退换	收到，我加工，按标准加工

签字：　前厅值班管理人：__刘军__　　厨师长：__张小奇__

	序号	时间	台（包间）号	值台服务员	问题(什么事,如何处理)	店长回复（原因、处理）
服务及功能差评（不少于3条）	1	13：10	A区1台	牛春红	客人反映所在位置是空调死角，太热，已赠送两杯自制饮料	收到，设计问题，已向公司反映。明日安装一台空调扇
	2	19：32	2号包间	方雪清	公共卫生员大姐面无表情，说话太冲，已提醒	收到，属实，该公共卫生员是新员工，今日午餐后由刘经理对其进行15分钟的培训
	3	19：46	B区17台	马青	客人反映男洗手间有呕吐物，太脏	收到，一名公共卫生员休假，已提醒公共卫生员及时处理

签字：　前厅值班管理人：__刘军__　　店长：__张斌__

	序号	时间	地点	责任人	问题	检查人
前厅管理人员发现问题（不少于5条）	1	11：20	A区1台	牛春红	窗台上有浮尘，批评一次	刘红丽
	2	11：26	1号包间	方雪清	分酒器、白酒杯未洗净，有酒味，已批评	刘军
	3	13：13	A区1台	牛春红	房间太热，已上报	刘红丽
	4	18：30	收银台	于洪	东西摆放不整齐，已批评	刘红丽
	5	20：45	监控室	刘军	房间太热，有三条电线发烫，已上报。今日公司检查	张斌

签字：　前厅值班管理人：__刘军__　　店长：__张斌__

续表

	序号	时间	台（包间）号	收集人	表扬点	店长或厨师长回复
客人表扬（不多于5条）	1	13：40	A区9台	李红英	清蒸带鱼特别好吃，会再来	收到
	2	18：49	5号包间	张小江	清蒸带鱼、炒鸡好吃	收到
	3	18：56	B区19台	马青青	土豆筋好吃	收到
	4					
	5					

签字： 前厅值班管理人：__刘军__ 店长：_____
或厨师长：__张小奇__

店长当日点评：
1. A区一台空调扇明日到位，请刘军跟踪，明日日报汇报；
2. 监控室太热，电线烫，请刘军务必于明日紧盯公司工程部，及时汇报；
3. 豆腐发酸是食品安全问题，请厨师长盯紧并处罚当事人。

店长：__张斌__ 时间：__5月10日23：00__

（三）营业日志填写规定

（1）营业日志由前厅值班管理人负责填写，必须在每日晚市下班前填写完毕，由店长或厨师长回复（厨师长于第二天中午11点前回复，店长于第二天中午12点前点评）。

①菜品差评，每日填写不少于10条，均为堂食现场征集的客人的意见或收集的客人的投诉。少填写、虚假填写、未按规定填写的，一条罚前厅值班管理人50元。

填写规定为：什么时间，什么台（包间），谁收集的，出现了什么问题，现场是如何处理的。

②菜品差评由厨师长在第二天中午11点前负责填写回复（如果厨师长休假了，则由副厨师长回复）。少回复、不按格式回复、未按时回复的，一条罚厨师长50元。

回复格式：收到，原因是……，处理方式是……

或：收到，经调查，按标准加工。

③服务及功能差评，每日填写不少于3条，均为堂食现场征集的客人的意见或收集的客人的投诉。少填写、虚假填写、未按规定填写的，一条罚前厅值班管理人50元。

④服务及功能差评由店长负责填写回复（如果店长休假了，则由前厅经理回复）。少回复、不按格式回复、未按时回复的，一条罚店长50元。

回复格式：收到，原因是……，处理方式是……

或：收到，经调查，无问题。

⑤店长在第二天中午12点前对前一日前厅、后厨整体客人反馈及内部改善做出综合点评。未按时点评的，一次罚店长100元。

（2）为了能让前厅与后厨更好地执行营业日志制度，要特别规定：所有营业日志反映出的问题（差评），除了菜品变质、有异物、上错菜、顶撞客人、管理人员巡查，一周内发现同一问题出现三次以上（含三次）等事项外，均不对当事责任人做出经济处罚。

（3）服务员、公共卫生员、传菜生、门迎、收银员收集的问题、差评，被采纳一条，月考评积分增加0.5分；收集的好评，被采纳两条，则月考评积分增加0.5分。

另，表扬（好评）允许空白，即可以不用填够5条。

（4）厨师长在参看营业日志或给予回复时应注意：

①端正态度，要明白菜品差评不是故意挑后厨的毛病，而是为了帮助后厨不断进步。

②菜品差评是前厅员工收集的客人的个人意见，是参考意见，不是要立即按客人的个人意见改变加工标准。

③对客人的意见不认同或认为不正确也是正常的。

④一定要注意，客人不约而同或在一段时间内集中反映同一问题，厨师长要马上警觉起来，并与公司行政总厨进行沟通。

⑤若要改动出品标准，必须征得公司行政总厨的同意，并提前告知店长。

⑥厨师长收到差评后，经过分析、判断，在每日例会上要向后厨员工通报，并从后厨自身查找问题，与相关责任人交流差评信息，确定整改对策。关键是要让后厨所有人知道并牢记一点：客人时时在监督大家。

（5）营业日志的填写、回复、点评必须字迹工整、清晰，负责人必须签字。

（6）所有人应注意，营业日志以日为单位，一个月一本，不得缺页、少日期。营业日志如有残缺，要在考评中重罚店长。

（7）营业日志每日放置于收银台1号抽屉，便于公司督导部门随时检查。

（8）店长参加公司例会时，须携带当月营业日志本。

（四）营业日志信息分析、处理要求

（1）厨师长必须每日一上班就认真阅读菜品差评意见，并立即查证，分析可能的原因和可能的责任人，并确定对策和处理方案，监督处理意见的落实。

（2）厨师长尽可能于当日及时从前厅值班管理人处了解相关菜品的意见（差评），并及时查证。

注：厨师长及时就意见（差评）与当事员工进行交流十分必要。即便后厨加工没有问题，也要与后厨员工保持交流，这样可以培养后厨员工对客人的敬畏之心，并使其形成习惯。

（3）厨师长要特别重视收集客人关于菜品的好评，并归类总结，因为其中包含着客人说餐饮店好的直接原因。

（4）营业日志中记录的客人的好评与差评，是对后厨所有员工进行考评的重要依据，是进行人才盘点的重要依据，也是培训员工的重要依据。

（5）店长及前厅各级员工须明确，虽然菜品质量主要由后厨负责，但它却是关系到前厅、后厨所有人的头等大事，可以说是餐饮团队的命根子。当店长及前厅各级员工发现某些或某类菜品被客人多次反映或有变质现象时，必须警觉起来，有重点地持续收集客人的反馈并及时上报，帮助后厨彻底解决问题。

所以，凡退换菜，前厅服务人员必须上报前厅值班管理人；凡剩菜超过一半，必须上报前厅值班管理人；凡菜品有变质、异物，也必须上报前厅值班管理人。前厅值班管理人要及时将情况告知厨师长。

（6）店长根据服务及功能差评问题和巡查情况，进行查证、分析、追责，并立即进行培训、改善并持续追踪，同时向前厅员工宣讲主要问题。

（7）店长要重视客人对服务、功能、菜品的好评意见，对其进行归类、分析，以发扬光大。

（8）店长与厨师长带领各级管理人员，以周、月为单位，整理、汇总、分析营业日志，并确定对策。

①以周为单位，审视每日整改的效果。

②以周、月为单位，发现并分析差评、好评出现的规律，更好地总结团队深层次的问题与优点。

③不断理解主要客人群体的特点、需求，为客人进行精准画像。

案例

某店厨师长在店面周会上的周营业日志汇总分析表

周营业日志汇总分析表

填表人：	厨师长：张小奇	2021年5月第二周	9日至15日

一、上周菜品差评合计70条

其中，主要问题如下。

反映变质问题2条：10日，葱烧豆腐，豆腐发酸；

11日，黄鱼烧豆腐，豆腐发酸。

反映异物问题4条：9日，鸡毛菜，有头发；

10日，清炖鸡汤，有头发；

12日，杂拌什蔬，有苍蝇；

13日，双椒鸡，有线头。

反映太咸问题11条：……

……

经调查，凉菜部的主要问题、原因、责任人是……

整改处理：……

效果：……

热菜部：……

小吃房：……

验收：……

建议采购：……

二、所需配合和支持

需前厅配合：

需报公司支持：

三、上周客人表扬合计22条

其中，主要集中于清蒸带鱼、炒鸡、椒麻鸡……

主要心得：……

店长点评：……

（五）公司对单店营业日志的要求

（1）日常抽查单店营业日志的落实执行情况，如发现不按规定执行的，重罚店长。

（2）以月为单位，店长将本店月营业日志汇总分析表于次月3日前上报总经理。

（3）店长每次参加公司会议，必须携带营业日志。

二、网评回复

这里说的网评回复，主要是指对线上 App 中客人的各种评论及时给予回复，比如对大众点评、抖音、美团外卖、饿了么外卖等线上平台上客人的评价进行回复、总结。

（一）网评回复的目的

（1）为了更好地落实客人是衣食父母、对客人保持敬畏的餐饮经营准则。

（2）为了实现客人都说好的持续经营目标。

（3）为了在线上平台展现客人至上的良好形象。

（4）紧紧围绕客人的"槽点"和喜点不断寻找团队存在的价值，并不断将其优化。

（5）让团队所有成员都清楚，在客人眼里我们有什么不足，令我们"不聋不盲"，保持清醒，在客人眼里我们好在哪里，该怎样将其发扬光大。

（6）从竞争对手的网评中收集、分析客人的喜点和"槽点"，使自己不断进步。

（7）便于管理人员进行周、月总结分析，落实数据化管理。

（二）网评回复的具体操作（以某店大众点评回复制度为例）

（1）对大众点评上的好评与差评，必须每天、每条都及时给予回复。回复时间为14：30—16：30，以及21点以后。

（2）大众点评上的好评与差评统一由店长回复，其中涉及菜品质量的问题由厨师长进行二次回复。

（3）针对三星以下的差评回复，不得出现千篇一律的复制粘贴现象。如客人投诉什么菜、什么事，店长必须就具体事情给予有针对性的回复（厨师长也一样）；超出自己权限的，可以回复"您的批评我已收到，我会马上向厨房（或公司）通报……"

例如："您好，我是本店店长×××。您反映的鱼香肉丝偏咸的问题我已收到，我马上与厨师长对接此事。谢谢您！正是因为有您和其他顾客的监督，我们店才能走到今天。""您好，我是本店厨师长×××。收到您反映的鱼香肉丝偏咸的问题，我会立即与相关师傅对接。谢谢您的提醒。"

（4）针对四星以上的好评，由店长统一回复。回复不得出现千篇一律的复制粘贴现象，必须做到客人表扬什么，店长就解读什么。

例如，客人说××菜非常好吃，店长可以回复："您好，谢谢您的表扬。××菜的主料我们选自……期待您再次光临！我是店长×××。"

（三）以周、月为单位，总结大众点评上的客人评价

案 例

某店店长的周大众点评分析表

填表人： 张斌　　　　　店　　2021 年 5 月第 二 周 9 日至 15 日
一、上周大众点评上的评价合计 8 条 其中，五星好评 5 条：表扬牛春红服务好 2 次； 　　　　　　　　　　　表扬菜品（清蒸带鱼）好吃 1 次； 　　　　　　　　　　　表扬整体好，没有具体说人和菜的 2 次。 四星好评 1 条：希望加强洗手间卫生。 一星差评 1 条：反映收银员服务态度差，经调查是客人要求打折后再免去零头，收银员未同意。 半星差评 1 条：客人只说"太差，再也不来了"，给客人回复，未见客人反馈。 二、客人对竞争对手的好评与差评分析（略） 我的分析与对策： 1. 按规定，每条好评给予 3 元奖金，牛春红获得 2 条好评，应当给予 6 元奖金。 2. 清蒸带鱼获好评 1 条，给后厨奖金池加 10 元。 3. 前厅经理立即制订洗手间卫生整改方案（营业日志中也要有所反映）。 4. 前厅经理对收银员进行专题培训（下周内）。 5. 客人网评反映竞争对手××店门迎礼节礼貌差、餐厅卫生差，我们也要特别注意。

三、考察竞争对手

店长从客人出发，要做到建立系统管控机制，来收集客人的痛点和喜点，不但要知己，还要知彼，也就是充分了解竞争对手。

我认为最强餐饮团队要做到比竞争对手还要了解竞争对手。因为餐饮行业是一个群体（众多餐饮店）在为客人提供服务，满足客人需求的不是只有你一家餐饮店，你天天都面对竞争对手。你要在群体中把自己团队区隔出来，让客人一下就能看到你的亮点，记住你，选择你，重复选择你，传播你。

价值锚（点）的本质就是要区隔开竞争对手。竞争对手能逼你进步，逼你更强，竞争最后让更强的团队胜出。

在互联网时代，其实客人比你更了解你及你的竞争对手。今天的客人想吃肉夹馍，当他打开大众点评，输入"肉夹馍"三个字时，整个城市的各种肉夹馍店的信息都可以展现在他眼前。

有的餐饮店长很可怜，站在自己店里踌躇满志，指手画脚，闭门造车。殊不知，客人因要自掏腰包，对你的了解甚至超过了你自己。客人既可以到店体验，更可以通过手机反复对比你与你的竞争对手的好评、差评、收藏数、价格、特色、得分、浏览量、评论数、活动等。最关键的是，就算客人选择了你，体验之后，可能会根据自己的感觉给你好评、差评，甚至骂你。

所以，在互联网时代，马太效应越来越凸显，厉害的餐饮团队会更厉害，失败的餐饮团队会更失败。

所以，现在的餐饮店长要"迷信"品质第一、客人体验第一。最强餐饮团队应从上到下一条心，要用心纯洁、简单——我们就是对客人好，死心塌地地对客人好，还要能让客人看到、体验到，并与竞争对手区隔开，做到第一好或唯一好。

要与竞争对手区隔开，就要了解竞争对手。你的竞争对手是谁？客人喜欢它什么？它的唯一、第一是什么？最厉害的一招是，要重点关注对手的缺点、劣势，这才是你最大的机会。

竞争对手给客人的喜点我们要学习，但是更要把竞争对手给客人造成的伤害（痛点）找出来，用大字把它们一一列出来，挂在墙上，刻在脑子里，天天想，找到对策，马上试验、总结，并放大招来执行。

要找到伤害、痛点、喜点，最古老、最有效的方法是做竞争对手的现场客人，最现代的方法是在线上查看客人给竞争对手的评价。

一句话：必须站在客人的角度来感受哪些是客人的受伤点、痛点。客人的受伤点、痛点就是有价值的差异点，是最牛的区隔点，是最强餐饮团队应该刻意打造的亮点——哪些方面我们做到了第一，哪些方面我们做到了唯一。

所以，餐饮店长要想打造客人都说好的最强团队，就必须全面了解竞争对手，给竞争对手画像，尤其要找到其"丑陋点"，将对手的"丑陋点"变成自己的亮点。这样成为最强团队的概率就大多了。

（一）考察竞争对手的具体目的

（1）了解竞争对手有什么新餐饮品类和新思路出现，未来可能的竞争形式有哪些具体变化。

（2）站在主要客人群体的角度，判断谁是竞争对手，分析他们的优势和劣势是什么。

（3）思考如何与竞争对手竞争，做到你有我优，我是第一。

（4）思考如何与竞争对手区隔，做到差异化，做到唯一。

（二）考察竞争对手的具体方法

（1）不要一天考察过多的店，否则会"消化不良"。

（2）事先在大众点评、抖音、小红书等线上平台了解竞争对手的特色活动、客人评价及各项数据（人均消费额、评论数、收藏数、评分、好评数、差评数、网友推荐菜、营业时间等）。

（3）如果竞争对手有自己的官网，可以到其官网上了解其经营思路。

（4）确定考察的重点（尤其是差评、好评较集中的地方）。

（5）检视竞争对手的店面外观，如门头、招牌、看板、门迎等，分析哪些是优点、哪些是短板。

（6）检视竞争对手的店内环境、客人群体及优点。具体包括如下方面：

①是开放式厨房还是封闭式厨房，是否有吸引客人的现场加工部分；

②散台与包间的比例，大小台的比例；

③客人群体的特点；

④上座率或翻台率如何；

⑤前厅、后厨的空间比例配置；

⑥用工多少及用人结构；

⑦客人动线与员工动线。

（7）认真检视竞争对手的菜品。具体包括如下方面：

①所有菜品的分类；

②重点菜品是什么，口味如何，分量如何，价位如何；

③各档口出品的比例配置；

④酒水单及自制饮品；

⑤重点（招牌）菜或客人点得多的菜品的呈现方式、出品速度、食材特点、价格水平等；

⑥周围客人的剩菜量；

⑦明显的短板。

（8）了解其卫生水平如何，亮点是什么，短板是什么。

（9）了解其待客服务的亮点是什么，短板是什么。

（10）注意听周围客人的评价，了解有关竞争对手的各种网上评价。

（11）从舒适程度、卫生水平、出品质量、价格水平、服务水平、成本控制六个方面梳理竞争对手的薄弱环节。

根据以上内容写出考察分析报告，制订对策。

专题二十　亮点打造

假设你现在要外出吃饭，有没有哪家餐饮店让你很喜欢？你有没有可以向别人推荐或夸耀的店呢？如果有的话，你是怎样知道这家店的？

有的人可能是通过大众点评、抖音等线上平台知道一家店的，但更多的人第一次去某家餐饮店消费是被亲朋好友介绍去的。去之前，他们会说："这家店的……很好，我带你去试一试。"然后你就被带去了。体验之后，果然不错，你就会情不自禁地也向亲朋好友介绍这家店，并带他们去光顾。这就是口碑营销。对于餐饮店长来说，线上、线下真实的口碑营销才是最有效的，成本低，靶向准，效果好。

口碑营销的关键是口碑。那么，什么是口碑？

一位朋友带我去一家他念念不忘的日本料理店，他在我面前提过几次这家店的烤布丁特别好吃。刚一入座，服务员就熟练地问："您好，要不要尝一尝本店的烤布丁？"朋友赶紧说："先来两个烤布丁，其他的等会儿再说。"

很快，来了一位厨师，拿着一个托盘，托盘上放着一个沙漏、一支喷枪（燃气枪）、两个盛着布丁的碗和两小袋白糖。厨师说："烤布丁在这个小沙漏的沙子漏光之前就会完成。现在我开始了。"说完，他将白糖撒在布丁上，扣动喷枪的扳机，将枪口冲着白糖开火。火焰的喷出和声音让我惊讶，还引起了旁边客人的关注、围观……我还没有吃，就听到隔壁桌的客人说："服务员，我也要这个。"

我品尝了烤布丁。也许是因为受到厨师现场表演的影响，我感觉特别好吃，超过了我以前吃过的任何一家的烤布丁。刚好我第二天要请一位亲戚吃饭，心想一定要带他到这儿来，让他也尝尝这家的烤布丁。

这就是口碑营销。

口碑营销，又称"卖点营销""亮点营销"。所谓亮点，是指餐饮店具备了最好的或前所未有、别出心裁、与众不同的特点，也就是要么是第一，要么是唯一，并将其转化为客人认同、喜爱的利益和效用，进而达到吸引客人，让客人说好，建立品牌的目的。

一个餐饮团队在面对竞争对手时，胜出的必要条件就是创造只有在本店才有的特别体验，就像前面说的烤布丁。烤布丁我吃过不少，其实味道也都不错。但第一次吃到在我面前用喷枪烤出的好吃的布丁，对我来说是第一或唯一的体验，这就是吸引我并让我说好的亮点，也是我向亲朋传播的口碑。

餐饮店长不可能像老板一样，动用资金、人脉，花钱去打广告，做有力度的促销活动来吸引客人。优秀的餐饮店长要有能力用低成本的方法让客人都说好。亮点打造技术就是餐饮店长的看家本领。

我认为，餐饮店长的亮点打造技术分为四个方面：打造亮点的机会在桌面上；设计亮点剧本；用角色扮演法练习亮点剧本；宣传亮点。

一、打造亮点的机会在桌面上

（一）小细节的累积造就客人的好体验

经常有人问我："生意好与不好的餐饮店区别在哪里？"我常以餐饮店收空盘来举例说明。

生意一般的餐饮店，要把客人吃完的空盘收走时会问："不好意思，打扰一下，这个空盘可以收走吗？"

糟糕的店家的员工则会突然跑来问："这吃完了吗？"然后唐突地把盘子收走。

我体验过的生意持续好的店家的员工绝对不会这样做。他们会微笑着说："先生，您对今天菜品的口味还满意吗？"听完客人的感想后才会征得客人同意将空盘撤走。他们询问客人的感想，目的是拉近与客人之间的距离，希望提高客人的满意度，收集客人的反馈，或是为二次推荐做铺垫。

事实上，多问这一句，真的能拉近彼此之间的距离，同时也的确可以起到提醒客人是否需要加菜的作用。

而那些唐突地把盘子收走的员工，其目的只是收空盘，这样的氛围很难让客人有好感或追加消费。这虽然只是小细节，但是冒失地收走餐具的店与听完客人感想才收走餐具的店，就是在这些小细节的累积下，产生了生意好坏的巨大差异。

这也是餐饮店的经营窍门。这些常规的小细节上的差异，关系到客人体验的好坏，关系到几个月后生意是好还是不见起色甚至一蹶不振。

生意不好的店的员工，只是将每一分、每一秒的工作干完。生意好的店的员工，则会确立让客人都说好、让客人开心这样的目标，不动声色地按 SOP 工作，同时又与客人都说好的目标连接起来。

（二）如果没有客人都说好的目标，客人的体验就不会好

多年来，我跟踪了许多生意持续好的餐饮店，其共同规律是渴望做到客人都说好，并且一点一滴去做，最终才能达成目标。只要全体员工意识到必须做到客人都说好，在与客人接触的每一个瞬间、每一个细节上都追求第一或唯一，形成与众不同的亮点，就必会为店面带来更多的客人。

只需在与客人接触的每一个瞬间、每一个细节上多一点"小动作"，完全不需要额外的费用，这瞬间与细节就会变得不一样，就会成为餐饮店的亮点。

例如，有的餐饮店的员工把客人称为哥或姐，而海底捞的员工则把客人称为哥哥或姐姐，一字之差，带给客人的感受是不一样的。

客人都说好对于最强餐饮团队的每一个员工来说，就是自己非做不可的事。所以，店长要带领大家，共同以客人都说好为目标，思考当下应该做好哪些瞬间、细节，打造什么亮点。

（三）创造让客人觉得这家店不错的瞬间亮点

客人都说好的体验要点就是接触的瞬间亮点。在白热化的餐饮店客人争夺战中，店长最重要的是带领大家把握眼前的难得有缘相会的客人，制造出完美的接触瞬间，来提高客人的回头率。

定位、广告、活动、价格、装修等都是现在餐饮企业战斗的集中点。可是对于餐饮店长来说，真正有效的突破口是靠与客人接触瞬间的亮点来增加客人。

例如，在前面讲的现烤布丁的店里，我与朋友点了一份组合生鱼片。我们将生鱼片吃完后，店长走上来说："您好，两位觉得生鱼片怎么样？"我回答："很新鲜，不错。"店长微笑着说："我把垫在下面的白萝卜丝和紫苏叶再加工一下，两位再尝尝好吗？"不一会儿，店长将白萝卜丝和紫苏叶做成蔬菜沙拉端上来，这是又一次的第一或唯一。

这里最为重要的是，这类生意好的店会十分留意客人的桌子、盘子，有策略地让员工与客人互动，进而取悦客人。若把这样的优点不断发扬光大，就算不打广告战、价格战，也能让客人开心、满意，甚至惊喜、感动。

如果能让客人经常产生这种瞬间亮点的感受，客人自然会说这家店好，也就会像被店家引导般再度上门并做转介绍。

二、设计亮点剧本

（一）从免费的辣椒圈说起

餐饮业属于传统服务业，从业人员与客人接触的机会非常多。乍看之下微不足道的小事，甚至是每一次的接触，都有着重大意义。

店长想让客人都说好，提高客人的回头率，就必须提高员工的工作水准，只做好基本服务是不够的。

将许多人不以为意的日常接触提升为完美互动，真正打造出团队的瞬间亮点，已成为餐饮店长的重要课题。

案 例 ------------

让人生气的辣椒圈

有一次，我带几位朋友去一家较为熟悉的粤菜馆。刚一入座，值台服务员就去准备茶水，另一名服务员则面无表情，很随意地用五个手指罩着小碟，将两份开胃小菜辣椒圈放在桌上，同时冷冰冰地说："免费的辣椒圈。"说完转身就走了。

我很不高兴，叫来店长投诉。店长对我解释，因为是上免费小菜这种简单的工作，所以让新员工来做。

我生气地指出，辣椒圈是最早端出来的菜品，把第一道菜的供应视为不过是简单的工作，能让客人高兴吗？

我又问店长："上辣椒圈，给新员工培训了吗？"店长说："培训了，我给她们示范了一次，之后就让她们试着做了。"

没有餐饮工作经验的新员工只是看了一两次就上手服务，很有可能是做不好的。客人是为了享受美食体验而来，却遇到新员工随意的服务，这样的服务必会招致客人不满。

许多餐饮店得罪客人，就是因为存有"供应辣椒圈是简单的工作"这种心理，完全忘了 $100-1=0$ 的道理。对客人来说，供应免费的辣椒圈不是简单的工作，辣椒圈毕竟是店家最早端上来的菜品，尽管它是免费的。

不管是不是免费的，客人都在接受服务，开始体验。既然是第一道菜，就应该提供最完美的服务。

（二）从最简单的工作做起——亮点剧本来自实战中的细节性工作

亮点打造，就应该从供应免费的辣椒圈这样的工作开始，除此之外别无他法。

许多餐饮店长、员工都想提供优质服务，却效果平平，为什么？就是因为没有把供应免费的辣椒圈这种小事、琐事做到第一或唯一，没有把小事、琐事做成自己与众不同的亮点。而恰恰是眼前的平凡小事、细节、瞬间，经过不断地打造、累积，最终带来了差异。这才是生意持续好的餐饮店的窍门。

例如，某著名品牌的烧烤店的一位店长创造性地在本店用看板的形式，向顾客提示免费菜品的出餐要求，如图5-4所示：

```
免费稀饭、小菜、西瓜的出餐要求
稀饭四不上：
太稀不上，太稠不上，凉了不上，烧糊不上
小菜三不上：
长短不一不上，味道不对不上，店长没尝不上
西瓜四不上：
夹生不上，熟过不上，不甜不上，太薄不上
```

图5-4 某著名品牌的烧烤店的免费菜品出餐要求看板

不幸的是，许多餐饮店长只会想如何利用有效的方式尽快得到结果，而忽视了最重要的事，以致为了速成到处找爆点、"猛药"。

我想提醒追求速成的店长：你是否想过，客人会因为你提供免费的辣椒圈而觉得你的

店很不一样？

如果你没想过，那么可以试想一下：一家餐饮店连赠送辣椒圈及免费的稀饭、小菜、西瓜这样简单的事都能做到如此用心，对客人来说就是一种惊喜的体验。

那么，如何改善与客人的每一次接触，将平凡的接触转化为完美的互动，形成让客人都说好的亮点呢？

（三）怎样设计亮点剧本

一般的餐饮团队都会有 SOP。SOP 就是将餐饮工作流程加以规则化的东西。清洁或加工菜品原料一类的工作是比较容易规则化的，但前厅服务却很难规则化。而且越是人均消费高的店，对特色服务、个性服务要求越高。特别是在市场竞争如此激烈的今天，客人的各种要求越来越高，使得普通意义上的 SOP 的局限性显现出来。

要让客人体验好，不论是个人的服务技巧还是团队的服务亮点，都必须做到细致且可视化，便于所有员工及时提高服务水准。

1. 仔细检视员工与客人的接触，区分难易度

要让客人有最好的体验，首先必须掌握员工与客人接触的每一个环节，例如预订或来电询问、门迎接待、带位、入座、点菜、上菜、席间服务（添加酒水、理台、二次加点菜、清洁洗手间等）、结账、送客、客诉处理等。对这些环节，店长们都熟悉，但关键是在这些环节中怎么做到与众不同。让客人都说好的机会就藏在这些环节中。

其次，店长要分析各环节的难易程度，安排好哪些环节由新员工负责，哪些环节由老员工负责，哪些环节必须由管理人员负责。

最后，从难度较低的层次开始改善，慢慢改善到高难度的环节，应该就可以营造出令客人开心的服务现场了。

2. 亮点剧本的制作方式

这里以值台服务员的亮点剧本为例。以往值台服务员的 SOP 是把各种服务程序、步骤用最大公约数的方法进行规范化，这是一种基础性的规范。我提倡的亮点剧本是在基础性的规范的基础上，综合考虑员工与客人接触的个别场景，做到令客人开心的第一或唯一，以及订立相对应的言行准则。

所以，亮点剧本像是某种导航系统，行动前先在导航中输入目的地，就能沿着最短路径在最短的时间内到达终点。在使用导航系统的过程中会慢慢记住路线，最后还能找到一些更便捷的小路。

亮点剧本还像提前准备好的剧本，是为必定会到来的瞬间做准备，在平时练习时使用。因为是为了在各种情况（场合）下都能实现完美互动而做的练习，所以亮点剧本一定要有针对性，针对不同的服务情境。比如，接触因突然下大雨而全身淋湿的客人与平日进店的客人应用不同的对策。再如，对两位拿着行李匆匆进店的客人与三位拿着两瓶白酒进店的男性客人的接待方式是不一样的。又如，当客人问："这道菜会不会很辣？"大部分员工都会认为客人不爱吃辣，所以回答："是的，很辣，不爱吃辣的话不太推荐。"但是，又不是所有如此提问的客人都不爱吃辣，而且很多爱吃辣的客人反而会兴致勃勃地问："真的很辣吗？"所以，这时候应该先反问："您爱吃辣吗？"了解客人的真实想法。如果知道客人爱吃辣，还可以告诉对方："我们这道菜是可以加辣的。"这种处理方式能让客人和员工都觉得舒服。

制作亮点剧本不要只写台词，而要将了解客人意图的思考写进剧本中，给员工设计一种情境，以使员工了解客人的真实意图，并以让客人满意、开心为目的。

一个完整的亮点剧本，应以做得最好的员工为原型，以某种情境为前提，详细写出流程、动作、台词、表情、音调等。

下面我以四个实战案例来展现亮点剧本。

案例一

某粤菜馆供应免费辣椒圈的剧本摘要

1. 情境

免费辣椒圈是该店呈现给客人的第一道菜，是给客人的第一印象，全员必须重视，必须做到让客人"一见钟情"。

2. 剧本

（1）辣椒圈的准备。

①必须检查的事项。

②必须用托盘。

（2）如何走到餐台。

①表情。

②姿势。

③走路仪态。

（3）在哪个位置站定。

①表情。

②举止。

（4）如何开口说话。

①表情。

②语调。

③台词。

④肢体动作。

⑤手势。

（5）辣椒圈碟的端法。

（6）辣椒圈碟摆放的位置。

①眼神接触。

②放法。

③放的位置。

（7）介绍辣椒圈。

①视线。

②台词。

③语调。

④表情。

⑤肢体动作。

⑥手势。

（8）离开餐台时的语言及动作。

①台词。

②表情。

③动作。

案 例 二

某大众中餐店待客用语亮点剧本

1. 说明

（1）要让客人觉得服务周到的条件很多，发自内心的感恩之情和溢于言表的待客用语是最重要的元素。

（2）即使是说同一句话，有没有用心差别很大。有时不仅无法说到客人心里，还会给客人留下坏印象。

（3）平日就要注意自己的待客用语。

（4）平常就要思考与客人交谈时的用语是否适当。

（5）绝对不能以平常与熟人说话的方式与客人交谈。尊重客人也是尊重自己，能提升自我价值的只有自己。

（6）对客人礼貌，客人也会客气地回应你。

（7）待客服务，用字、用词十分重要。例如，给客人上米饭时，绝不可以说"这是您要的米饭"，应说"这是您点的米饭"。

2. 情境

（1）与客人交流有两点最重要：以敬畏的心态和清楚地与客人交流。

（2）问候、应答务必爽朗而清晰。

（3）检查待客用语的使用与态度是否恰当有三个要点：

①脸上是否带着微笑。

②每个动作是否细心周到。

③够不够专心于同一个动作。

例如，上菜时边放餐盘边报菜名就是不够专心。或许大家会认为，同时完成多项工作比较好；但边上菜边报菜名很不礼貌，也很不卫生。

一个动作完成后再继续下一个动作，才是礼貌的，也不会出错，动作也会更好看、更流畅。而且细心地完成每一项动作，客人才会觉得服务专业周到。

比如，上菜时先停住脚步，观察一下客人的情况，再跟客人说："不好意思，打扰了。"然后走近餐台，将餐盘摆在桌上，这样既可避免干扰客人聊天，也能避免与突然站起的客人发生触碰，尤其是有小孩在场时。

3. 剧本

将下列待客用语说完后再做动作，会让客人听得心里舒服。

（1）欢迎光临。

感谢客人愿意在这么多家店中挑选、光临本店。这是与客人首次接触，一定要面带微笑，眼睛要注视着客人，以开朗的声音欢迎客人。此外，这句问候语也能提醒其他员工，有客人上门了。

（2）好的。

当客人与同事有事找你时，尽可能以开朗的声音回应（一定要面带微笑）。"好的"是一句万用回应语，建议多多使用。

（3）感谢您，我明白了。

客人点单或者你有事麻烦客人之后，可以试着清晰地用这两句话回应。

（4）好的，马上为您服务；好的，我马上回来；好的，我明白了。

客人可能得等一分钟或十秒，所以要充满朝气地回应客人。

要让客人知道你听懂了他的要求。

绝不可以说"请等一下"，本店严禁说这句话。

（5）久等了。

这是上菜时说的台词。

若是客人要点菜，则可说："真是抱歉，让您久等了。"

（6）不好意思，打扰了。

这是去到客人桌边时说的台词。走到桌边对客人来说是一种打扰，所以记得用爽朗的声音问候客人。这句话可避免客人突然站起来或发生触碰。

（7）不好意思，麻烦您了。

请客人帮忙完成服务员分内之事时，可用这句话感谢客人。

（8）非常抱歉。

不小心帮客人点错菜或是客人有抱怨，以及不小心对客人失礼时，要及时低头，客气地说这句话。低头道歉时要先停两秒后再抬头，以表示自己道歉的诚意。

（9）感谢惠顾，期待您再次光临。

请以感恩客人光临，也希望客人再次惠顾的心情说这句话。

记得鞠躬表示感谢时停两秒后再起身。

这句话可让其他员工知道马上有桌子要空出来了,记得告诉排队的客人会马上帮他们带位。

案例三

某餐饮店销售经理待客情景亮点剧本

1. 待客情景

一位常客带着一家人走进餐饮店。

2. 错误应对

"欢迎光临,里面请。"

"李总,欢迎光临,里面请。"

"您好,哪位点菜?"

3. 错误解析

"欢迎光临,里面请。"这是餐饮服务人员的常用语。在任何客人到来时都说"欢迎光临",显得太机械化,没有个性。大部分客人听到这种话,都不会有任何感觉。尤其是一名销售经理面对常客说出这句话,显得十分业余。

"李总,欢迎光临,里面请。"对熟悉的常客,任何一名销售经理都必须认识他,称呼他的姓氏是必然的。但是否做到这一点就可以了呢?不是的!一定要让常客找到一种被尊重的感觉,更要让李总的家人感到本店对李总的重视。所以不能只是简单地说"李总,欢迎光临,里面请",这样无法让常客感受到餐饮店对自己与众不同的接待。

"您好,哪位点菜?"这也是固定、机械的话术,没有体现出对常客的个性化服务,会让常客感到失落。同时,也没有有意识地针对家庭用餐提供相应的点菜策略,辜负了常客将家人带到本店来消费的好意。

4. 接待思路

销售经理要有能力提供有针对性的个性化接待服务。个性化接待服务就是根据客人不同的需求,提供超出客人期望且有针对性的服务。只有让客人感到是第一或唯一的差异化服务,才能让客人惊喜、感动,才能真正打动客人的心。

就本案例而言,个性化或差异化的要点有两个:

一是李总是常客,销售经理应该用行为和语言让客人第一时间就找到格外被尊重的感觉。比如，销售经理亲自到店门口为李总及其家人打开车门并致以问候。

二是常客是带着家人来消费的，家庭成员中一般会有老人和小孩，因此销售经理不能使用"李总，欢迎光临"来应付客人；而必须提供差异化、个性化的服务。比如，为他们安排有洗手间的包间，针对老人、小孩说一些赞扬的话，等等。

针对这样的客人，进行菜品推荐、服务时要采用家庭策略，就是在服务的时候把焦点集中在老人和小孩身上。比如，推荐适合老人、小孩吃的菜品；提醒厨房上菜要快，尽量让老人、小孩能品尝到每一道菜；老人一般比较注重价格，因此结账时尽量小声告诉其子女，以免老人心有不安；提醒服务员上菜时避开老人、小孩；等等。

5. 语言话术

销售经理："李总，您来啦！见到您太高兴了。我专门在这里等您呢。里边请。"

销售经理："李总，您来啦！有一阵儿没见您了，您肯定很忙。今天还带着家人一起。这是爷爷奶奶吧？气色真好。"

销售经理："李总，欢迎您！这是嫂子吧？气质真好。这是您女儿吧？太可爱了！"

销售经理："老人家，您的身体看起来真棒！您经常锻炼吧？"

销售经理："李总，您来得真巧，我们周一才推出了一道新的特色菜，本来还想给您打电话，请您来品尝一下，帮我们提点建议呢。可贵人就是贵人，不请自到，真是太好了！"

销售经理："李总，老人家和孩子有什么忌口的吗？咱们店适合老人的菜有……，适合小朋友的菜有……"

6. 注意事项

（1）针对常客，一定要在第一时间就让他们有一种格外被尊重的感觉，更要让他们身边的同行者感受到。

（2）家庭客人用餐时，赢得老人及小孩的心就赢得了一切。

（3）销售经理要牢记：有笑容就有财气。任何时候与客人交流，都得有发自内心的笑容。

案例四

某餐饮店服务员推荐菜的话术亮点剧本

1. 方法：富兰克林成交法

富兰克林成交法，就是把餐饮店的某一特色菜品的优势、特点、劣势等都罗列出来，让客人参考，以便客人做出决定。

例如，菜品活渡鳜鱼，它的优点是什么，它是哪里的特色菜，分量如何，风味如何，感觉如何，它的劣势在哪里，向客人一一说明，让客人知晓。如，它是四川名菜，选用的是活鳜鱼，不用油炸，在开水中煮熟，再浇上师傅秘制的豆瓣泡椒汁，口味特别好，鱼肉Q弹；它的缺点是，因为是用活鱼现做的，需等20分钟才能上菜。这样就把菜品的优势、特点、劣势都介绍出来了，点不点由客人决定。

2. 操作要点

（1）必须试吃。

厨师长整理出特色菜品的特点，店长组织服务员、前厅管理者试吃。与此同时，启发大家把自己的感觉与厨师长介绍的特色相互印证，形成员工体验的亮点。

店长请主要客群中的客人代表试吃，印证客人喜爱的亮点和客人认为的缺点。

（2）形成推荐话术。

店长根据试吃结果决定推荐话术。推荐特色菜品的话术应至少从分量、风味、感觉、吃法等四个要素中挑出三个进行说明。

分量就是菜品量的多少，适合几人享用，以及主、辅原料分别是什么，有什么特点。如菜量比较大，适合二至四人享用，主要原料是内蒙古西乌旗的羊肉，等等。

风味就是味道。如清爽的酸味、麻辣的滋味、不腻的甜度等等。

感觉就是感官享受。如外皮酥香，内里滑嫩，嗞嗞作响，冰凉沁骨，很蓬松，很筋道，Q弹，等等。

吃法就是品尝特色菜品时要注意的要点。如，趁热品尝，用勺子把肉与汤汁一起舀着品尝，用粉丝裹着虾品尝，加热5分钟后再品尝，等等。

3. 话术模板

服务员："先生，我们这道菜的特点是……它的缺点是价格略高一点。这道菜许多客人都喜欢吃，它也是我们店的招牌菜。尽管有同行模仿，但我们还是有绝活的。"

服务员："先生要考虑鱼吗？鱼是我们店的主打菜。您比较喜欢什么口味呢？我们这儿有麻辣味、泡椒味、豉香味、清蒸味、红烧味。要是喜欢清淡口味的，可以尝尝我们的招牌菜清蒸××鱼。"

服务员："这道菜选用的虾仁在我们店有严格的规定：每斤120粒。这道水晶虾仁有四个亮点：一是亮度高，二是透明感强，三是脆度大，四是Q弹。这道菜尽管不便宜，但利润很薄,因为虾仁进价高一些。这是我们店的招牌菜。"

4. 注意事项

(1)服务员推荐的菜品一定要经过试吃,这样才有真实的感觉,是真实的推荐。

(2)一定要站在客人的角度设计话术,而且要真实,让客人在品尝之后觉得没吃亏、没被骗。

(3)在客人品尝过菜品之后,记得问客人:"您觉得味道如何?"

服务员把自己尝试过的特色菜品介绍给客人,客人会享受员工的真实介绍,这已足够了,点不点由客人决定。

以上四个案例都是站在客人的角度,以实战为依据,以客人都说好为目标,以第一或唯一的差异化、个性化服务为手段设计的待客亮点剧本。有了这样的剧本,餐饮店长接下来就应该用角色扮演法,让员工反复练习。

三、用角色扮演法练习亮点剧本

餐饮店长定下亮点剧本后,要让员工反复练习。有效的练习方法是角色扮演法。

(一)什么是角色扮演法

角色扮演法即设定某个场景,让员工分别扮演客人与员工,让员工在模拟场景中练习如何接待客人。同时,员工要以自己的观点(或是角色的观点)将感想或应改善之处提出来讨论。最后,由店长、管理人员进行点评、指导。

角色扮演法不枯燥,且最大限度地贴近实际,员工通过日复一日的反复演练,能有效提高专业水平。这样才能实现与客人的完美互动,才能让客人都说好。

(二)角色扮演法的操作要点

(1)店长是编剧兼导演,根据亮点剧本分派角色——谁扮演客人,谁扮演员工(如门迎、服务员、传菜生等)。

角色扮演中扮演客人的角色尤为重要,最好由管理人员或熟悉接待服务的老员工扮演客人,因为扮演客人的人必须能真正模仿出各类客人的想法和表现。

(2)表演现场在自己的店里,店长事先做好道具准备。

(3)店长在进行角色扮演训练前,要先进行剧本讲解。

①讲解剧本的情景设计是针对什么场景或什么案例的。

②讲清接待的判断标准,即追求客人的满意、开心。

③讲清每个角色的动作、动线、话术、表情。

(4)召集除演员外的其他员工作为观众观看表演,并向他们讲清表演的过程、要求。

①要求观众认真观看细节,并记录自己的见解、感想,做好分享的准备。

②要求观众不能嬉笑,不得干扰表演,允许发表意见时,积极发言。

(5)店长可适时暂停表演,尤其是演到重点环节时,让演员分享自己刚才的表演心得:为什么这么说、这么做?目的是什么?让观众分享各自的看法、建议,甚至上台示范。在这个过程中,店长要鼓励演员和观众多说、多分享。

(6)店长点评总结。角色扮演现场热闹,大家容易分散注意力,所以店长最后要一锤定音,把大家的兴奋点拉回到剧本的中心思想、主要目的上,把到底谁表演得好,好在哪儿,不足之处是什么,该怎么想、怎么做,需特别注意之处及原因,向大家交代清楚。

(三)使用角色扮演法的两个注意事项——放不开与太放得开

1. 演员和观众放不开

(1)由易到难。

刚刚开始在团队中进行角色扮演法演练时,可以从比较简单的服务环节练起。比如,怎样向客人问好,行进时遇到客人该怎么办,怎样给客人倒水,等等。

由易到难,由简单到复杂,由一个个环节到连贯起来。

(2)由老到新。

刚开始时,许多员工都不好意思进行表演与分享。这时,店长要亲自上阵,带领管理人员和骨干先进行表演,分享示范,再让老员工带新员工表演,逐步让大家轮流表演、分享。

2. 演员和观众太放得开

我在观摩一些餐饮团队的角色扮演演练时,经常发现有场面失控的现象。如,"客人"与"员工"争吵起来,观众嬉笑、议论而干扰表演,演员过度表演,不按剧本表演,等等。

此时店长一定要扮演导演的角色,调控现场氛围,把失控变为可控。

角色扮演训练,就是把随处可见的与客接触反复练习,让新老员工习惯剧本要求,进而达到面对客人时自然而然。

四、宣传亮点

亮点就是品牌，品牌就是客人的口碑。任何一家餐饮店的品牌都是由一个或若干个亮点组成的。这些亮点可以是招牌菜，可以是特色服务，可以是与众不同的环境，甚至特别干净也是重要的亮点。

有了亮点之后，店长必须利用自己的资源，把亮点包装起来向客人宣传，让路过的客人看到、听到，让回头客在店内体验、记住并传播，如图5-5所示：

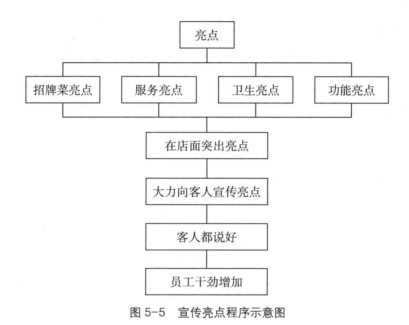

图5-5 宣传亮点程序示意图

（一）招牌菜亮点宣传

1. 店外宣传

作为客人，首先注意的是店面的外观，再选择进入自己中意的店面。那么客人是凭借什么来判定一家店的好与坏的呢？无疑是那些吸引客人眼球的美味。

线上、线下能够传递美味这一信息的方法有许多。站在餐饮店长的角度，比较实惠的方法是做广告条幅或巨幅看板。

（1）大力宣传本店畅销且有特色的菜品。

条幅、看板上要宣传具体的菜品才有实际意义，因为客人见惯了大家都在用的广告套词，而且客人的选择往往聚焦于具体吃什么。而畅销且与众不同的特色菜，就是客人支持率高且容易记住、传播的菜品，这些菜品就是店面真正的亮点。

（2）条幅、看板的内容十分重要。

菜品名、令人有食欲的照片、价位是基本展现。关键要把风味、食材、口感特色写清楚。

（3）每月或每季要更换条幅、看板的内容。

对于菜品来说，季节性无疑是重要的，这就需要店长按季节更换招牌菜品。

2. 店内宣传

单凭店外的条幅、看板宣传亮点菜品还不够。要让所有客人都看到，要反复刺激客人进店就点客人都说好的菜品，还要利用店内柱子、墙壁、餐台上可利用的空间，反复宣传自己的亮点菜品。

（注：关于招牌菜的详细内容在第六章第二节中还会重点介绍。）

（二）服务、卫生、功能亮点宣传

一定要让进店的客人看到、体验到服务、卫生、功能上的亮点。

例如，某店把为客人免费提供的稀饭、小菜、水果的出餐要求设计为店内宣传页，张贴在店内。

又如，某店要求所有员工在上班期间必须按标准佩戴口罩。

再如，某店把A.O.史密斯净水设备安装在客人就餐区的墙上。

专题二十一 店长的百项检查表

店长为确保接待工作符合客人的要求，应抓好基础性工作的基本工具。抓好服务并不只是抓好感动服务、惊喜服务，客人最需要的其实是基础服务。百项检查表是指为抓好基础服务，各级管理人员必须分工检查的100个项目，如表5-2所示。各位店长可根据自己的实际情况添加或变更检查项目，但对一般的店面而言，这些项目已经足矣。

表5-2　某店（百项）基本情况检查表

注：分三个档次进行打分评价。
做得很好，1分；满足最低要求，0分；存在不足，-2分。
每周选一日进行打分（或每日打分一次）。

关于店面整体的硬件		关于服务与员工（态度、行为、谈吐、知识、技术等）	
检查项目	评价	检查项目	评价
1. 店门口附近的道路要打扫干净		1. 全体员工精神饱满	
2. 招牌、门头没有损坏之处，没有文字模糊不清的情况		2. 工鞋十分重要，必须保持干净	
3. 外墙壁没有污损，店面外观整洁		3. 工服始终保持干净，无脏污	
4. 店面清理得很干净		4. 不留长指甲	
5. 店门口没有垃圾，看上去很整洁		5. 谈吐礼貌，活泼开朗，使用普通话	
6. 店门口、店内的灯没有损坏		6. 被叫后，使用"好的"清楚地回答	
7. 停车场地面干净		7. 严格执行洗手规定，确保手部干净	
8. 吧台、陈列柜干净整洁，样品无污损		8. 有随时收拾、整理物品的习惯	
9. 椅子上、餐桌下无垃圾、灰尘		9. 掌握了在门口迎客的方法	
10. 店内外无蜘蛛网		10. 迅速注意到进店客人并及时应对	
11. 没有害虫		11. 掌握了点菜的正确方法	
12. 坐垫无脏污		12. 掌握了上菜的正确方法	
13. 装饰品经过整理，无灰尘		13. 能够熟练使用电脑	
14. 墙壁、玻璃窗擦得很干净		14. 掌握了结账的正确程序	
15. 卫生间的备品得到补充		15. 掌握了送别客人的方式	
16. 店面座机使用正常，经过擦拭		16. 掌握了理台的正确方法	
17. 电脑周围收拾得很整齐		17. 掌握了翻台的方法，能迅速清扫并摆台	
18. 店内张贴的广告无污损		18. 随时关注用餐客人	
19. 空调能正常使用		19. 能够对菜品、酒水进行详细介绍	
20. 预订台干净整洁		20. 能够对营业时间、活动等内容进行说明	
21. 盆栽及其他绿叶植物干净整洁		21. 了解团队的目标、价值观、规划	

续表

关于店面整体的硬件		关于服务与员工 （态度、行为、谈吐、知识、技术等）	
检查项目	评价	检查项目	评价
22. 餐桌、椅子没有松动现象		22. 熟知看板、用具的摆放规定	
23. 后门无垃圾		23. 不交头接耳	
24. 后门处的门扇擦拭干净		24. 时常整理备餐台等	
25. 小库房收拾得整齐		25. 了解照明、开水机、空调、音响的操作方法	
小计		小计	

与菜品、酒水相关的事务		店面运营	
检查项目	评价	检查项目	评价
1. 随机抽查菜品，确认味道		1. 遵守开档时间	
2. 菜品分量始终保持在一定的水平，不忽多忽少		2. 营业前准备充分	
3. 菜品、酒水温度合适		3. 员工配置合理	
4. 上菜时间适当，符合规定		4. 餐台、备餐柜上的调料盒保持整洁	
5. 做到先点先上菜		5. 菜谱（单）无脏污	
6. 装盘符合规定		6. 管理人员不断巡台	
7. 完全确保验收工作按标准执行		7. 员工服从管理	
8. 经常确认客人剩菜的情况并上报		8. 管理人员定期检查洗手间	
9. 餐具无脏污，无破损		9. 口布、桌布经常清洗，始终保持干净	
10. 鲜料预估量（采购量）适当，没有多余、浪费和沽清		10. 使用小时工、兼职工	
11. 初加工管理符合要求		11. 认真设计了应对排队客人的方法	
12. 冰箱、冷库的温度符合规定		12. 制订有客人遗失物品的处理方案	
13. 厨房中没有出现故障的器械，无安全隐患		13. 餐台预订程序使用正确	
14. 每个菜的制作都很认真		14. 开发票程序符合规定	
15. 厨房操作台、地面无垃圾		15. 每天按时写日报	
16. 菜板、刀具、抹布每日消毒		16. 营业日志、网评回复正常	

续表

与菜品、酒水相关的事务		店面运营	
检查项目	评价	检查项目	评价
17. 冻货、干货、调味料库存量适当		17. 每日练习角色扮演法	
18. 无过期食材、酒水		18. 每天认真开早、晚、收档例会	
19. 每周清理一次冰箱、冷库		19. 员工无迟到、缺勤现象	
20. 精加工无浪费现象		20. 客人投诉处理及时、恰当	
21. 半成品无超期使用		21. 即使没有客人，也遵守闭店时间	
22. 注意泔水桶的管理		22. 收档卫生工作符合要求	
23. 厨房内无食品安全隐患		23. 按规定执行防盗措施	
24. 餐具充足，周转顺利		24. 每周进行ABC销售分析	
25. 冰镇酒水充足		25. 有危机应对预案，并让员工熟知	
小计		小计	

定期进行上述百项检查工作，死抠细节，就能有效提高店面的基本服务水平，有效培养员工的好习惯，有效保证客人的基本体验。

案 例

门店存亡，店长有责
——喜家德店长的一天（摘要）

（摘自微信公众号"小时餐饮时报"2019年1月29日文）

为什么差不多的门店，业绩却相差甚远？为什么同样是建设团队，工作氛围却相差那么大？其中的关键就在于门店的运营者——店长。

喜家德，在全国有500家门店、8000多名员工。邓文君所在的喜家德门店，在山东济南，店面面积150平方米。2018年冬至这一天，她带领伙伴们将营业额冲刺到济南区第一名，打破了历史纪录。

邓文君说：一个生机勃勃的门店的背后，一定有一个阳光、动力十足的店长。因此，店长的第一职责就是把自己的团队经营成"阳光团队"：

（1）自己先成为榜样，想让别人做到的就得自己先做到，拥有阳光心态，采取阳光行

动,才能上行下效;

(2) 把自己当老板;

(3) 对团队成员,不是高高在上地管理,而是真心实意地帮助;

(4) 让想平庸的人没机会平庸,团队氛围的营造尤其重要。

以下是邓文君店长一天的工作。

邓文君说:我常常告诉我的伙伴,有了充分的准备,打仗就赢了一半,把一切可能出现的不确定扼杀在充分的准备中。因此,邓文君到门店的第一项工作就是检查,一项一项过,遇到问题立马解决。为一天的经营,要全力以赴做好基础准备:检查备料,检查切配,检查卫生。她还说:看到问题可以指出来,但一定要先为自己的团队打气、鼓劲。

9:50

晨会前,小伙伴们说说笑笑,互相整理仪容仪表,放松心情,为迎接一天的工作做好心理上的准备。

邓文君说:各岗位之间的配合,对工作效率和顾客体验都有直接的影响。有些伙伴会认为,只要把自己岗位的工作做好就行了。其实不然,一个门店就是一个整体,顾客体验是立体、全方位的。

活力晨会——每天对标。

店长:伙伴们,大家早上好!

伙伴们:好!

店长:喜家德虾仁水饺——

伙伴们:好吃!干净!

店长:口号——

伙伴们:东北水饺的代表,全国真正突破500家门店。

店长:水饺是什么?

伙伴们:生命!生命!生命!

店长:水饺的标准是什么?

伙伴们:白胖!白胖!白胖!

店长:面案伙伴,水饺怎样又白又胖?

面案伙伴:面管好,边捏牢!

店长:煮饺伙伴,水饺怎样又白又胖?

煮饺伙伴：三不煮——漏油不煮，夹馅不煮，开口不煮，焖锅10秒！

店长：前厅伙伴，水饺怎样又白又胖？

前厅伙伴：三不上——不热不上，不胖不上，开口不上。

10：00 试吃水饺

喜家德上下的共识：企业能走多远、活多久，取决于消费者的复购率和产品口碑。为保证品质，喜家德全国500家门店的500位店长每天雷打不动必做的一项工作是试吃水饺，每次最少试吃6个。

晨会过后，邓文君试吃了6个水饺，主要关注两点：

（1）水饺馅的汤汁够不够足；

（2）水饺馅料是不是"抱团"，紧实不散的馅料才算合格。

记者算了一下，喜家德店长一年最少试吃了2190个水饺！

10：00—11：00

邓文君说，她的工作时间节点这样分：上客前，在后厨把控出品；开餐后，在前厅关注每一位进店顾客。

揪剂子有标准：一个剂子重10g，上称每把4～5个。喜家德规定：不允许累加上称，一把一堆。

剂子揪完必须搓圆，这是喜家德的硬规定。

原因是：

（1）保证剂子封好口，不吸收空气中的水分；

（2）保证饺子皮的筋道；

（3）面案使用起来方便，不粘连。

密封盒上下有两张吸油纸，好处是保证剂子不吸收多余的水分而使口感产生偏差。

邓文君说：喜家德的严要求在行业内是出了名的，500家门店的产品之所以能有同样的品质，就是因为这些不能打折的硬要求。

煮饺子有标准。下饺子时，45度倾斜着倒入饺子，顺时针搅动两圈后盖上锅盖。煮饺岗位对水饺进行二次检查，有"三不煮"原则：水饺漏油不煮，夹馅不煮，开口不煮。用计时器定时，肉馅水饺煮4分钟，素馅水饺煮3分半钟。到时间后，饺子不能立马出锅，要继续焖锅。邓文君说：焖饺子皮，口感更好。

11：00—14：30

午餐上客，店长转战到前厅。在邓文君的理解里，流动的店长才是好店长。她说，店长一定要走近顾客，只有和顾客在一起，才能发现顾客的需求，然后通过快速迭代的方式，给顾客带来最佳的体验感受。

要随时关注团队的状态：团队的状态是不是高涨？微笑是不是充满诚意？动作是不是干净利索？上菜速度如何？邓文君说，整个团队的状态要时时刻刻看在店长眼里。

邓文君介绍，2018年喜家德的新动作之一，就是开始了外卖。外卖水饺目前有四种：麻辣虾饺、韭菜鲜肉水饺、喜三鲜水饺、西芹肉水饺。和堂食水饺不同，这四种水饺是专门针对外卖研发的，馅料是特制的，最大的特点是汤汁少，顾客拿到时最大限度地保持了最佳口感。

现在，邓文君店里每天外卖的营业额不断增加。她说，她和团队在不断研究如何提升外卖顾客的体验感。

"七上八下"的外卖水饺专属打包盒：喜家德的外卖打包盒也是专门定制的，分为上下两层，下面一层放8个水饺，上面一层放7个水饺，每一个水饺都有自己专门的位置，保证不会粘在一起。

你留意过喜家德的员工是怎样擦桌子的吗？在喜家德，员工把擦桌子也当作一种表演，用一干一湿两块抹布以"W"形快速擦干净桌子。你的眼睛跟上了吗？邓文君对自己团队擦桌子的速度表示满意。

15：00—15：30

就餐高峰期结束之后，恰巧遇到山东区域经理张旭巡店。他正以喜家德一贯的单刀直入的工作方式召开管理组会议。张经理给记者留下深刻印象的一句话是：喜家德不冲营业额，只冲100%的顾客满意度！

张旭经理：

（1）在冬季，一定要确保饺子汤、热饮的温度；

（2）热菜端上餐桌之前，自行检查是否带热乎气；

（3）关注顾客就餐时的微表情，从细小的表情体察顾客的满意度。

"菜品的热乎气""微表情"等喜家德自造的行业术语，记者还是头回听说。

15：30—16：00

喜家德全天不闭餐。午餐高峰期过后，大家坐在店内稍做休整。这时，邓文君找来小伙伴深度聊天。

邓文君说，作为店长，她要成为员工的知心姐姐，他们如果有苦恼，随时都可以跟她聊。每天的工作中员工的哪怕一点小表情、小情绪，都有可能产生影响，她要把其中的不安因素消灭在萌芽阶段。

20：00

一天结束后，邓文君与管理岗位的伙伴们开始进行一天工作的复盘。她说：把放心、美味的水饺带到全世界，是我们的使命和愿景。在这个平台上，我们踏踏实实做好每一天的工作，服务好每一位顾客，愿景、承诺就都能实现。所以，每一天我们都要不断精进、事事复盘。用心做餐饮，顾客看得见！

第六章　打造能赚钱的团队

前面我们讲了打铁还需自身硬、打造能持续的团队、打造员工都说好的团队、打造客人都说好的团队，最终还是为了打造能赚钱的团队。

第一节　怎样正确理解"能赚钱"

"能赚钱"就是有利润，有合理、合适的利润。我们常说的经营就是能赚钱。

尽管一家餐饮店能否赚钱、能否持续赚钱涉及许多因素，有些甚至是餐饮店长不能左右的，但是作为餐饮店长必须明白，优秀的餐饮店长是能够实现或超越目标营业利润的人。营业利润包括每天的营业利润、每周的营业利润、每月的营业利润、每年的营业利润。通过一天直至一年的经营，能够按照原定的计划实现或超越目标利润的店长，才能称为优秀店长。

优秀店长是这样工作的：无论何时何地，都在不断考虑与营业利润相关的点点滴滴的问题；归因于内，思考怎样利用现有条件或创造条件去完成和超越目标利润；必须在一定期限内完成目标营业利润，否则就应"下课"；为了获得营业利润，时时刻刻都要考虑应做什么、应向上级建议什么、应反复做好什么、应向上级反复建议什么，经常考虑店面的现状、对手的动态和应坚持改善什么；努力学习，缩小差距，找出突破口，全力以赴解决问题；以身作则，努力成为员工的榜样。

一、什么是合理、合适的利润

有很多人认为"营业收入－支出＝利润"。但这是营业收入××万元与支出××万元相减剩下××万元的计算方式，是会计的思维，不是经营的思维。

另有人认为"营业收入－利润＝支出"。这种思维就是营业收入应该有××万元，而目标利润是××万元，所以支出必须控制在××万元以内。这比前面的"营业收入－支出＝利润"更有利润取向性，很容易陷入为了获取利润一定要控制支出的简单思维。所以即使短时间内会有利润，也难以持续。因为支出的目的在于提升店面对客人的吸引力，在于提高营业收入。过度控制支出，就会降低对客人的吸引力，反而会降低营业收入。这样一来，就不得不进一步控制支出，最终陷入"营业收入下降—削减支出—营业收入再次下降—不得不进一步削减支出"的恶性循环。

正确的思维是"利润＋支出＝营业收入"。店长的经营思路、计划应该从设定目标利润开始。就像前面提到的，支出（食材成本＋经营费用）是为了提升对客人的吸引力、提高营业收入而产生的必要的支出。根据必要的利润与必要的支出得出必要的营业收入，由此去设定规划与经营办法，才是店长正确的经营管理之道。

即，餐饮店长实现营业利润的正确思考顺序为利润—经营费用—毛利额（食材成本）—营业收入，如表6-1所示：

表6-1 餐饮店长的正确经营思路与错误经营思路对照表

正确的经营思路	错误的经营思路
思考事情和行动总是围绕利润第一的原则	没有把利润放在第一位
非常重视效率（投入和产出的比例），即"支出（食材成本＋经营费用）÷利润"	没有深刻理解支出与利润之间的平衡关系
有时候考虑未来的更大收益，选择吃小亏占大便宜——合理的支出是必需的	只知道节约，陷入恶性循环
毛利额才是核心，为此总是在寻找营业收入和毛利率之间的最佳平衡点	没有把毛利额放在更关键的位置，要么偏重营业收入，要么偏重毛利率，没有找到"营业收入×毛利率"的最佳平衡点
深刻理解营业收入提高解千愁的道理——一切从营业收入开始	只满足于现有营业收入，没有提高营业收入的独到见解

二、餐饮店的利润标准表

餐饮店的利润标准表如表 6-2 所示：

表 6-2　餐饮店的利润标准表

70％以内（食材成本、人事费用、房租）	食材成本和人事费用在60％以内，其中，食材成本在40％以内，人事费用在20％以内		食材成本	经营费用	毛利额	支出（90％以内）	营业收入
		人事费用					
	10％以内	房租					
20％以内	5％以内	水电气费用					
	5％以内	促销费用					
	10％以内	折旧摊销					
		其他费用					
		利润（10％以上）				利润（10％以上）	

说明：

某店 2021 年 10 月的营业收入为 100 万，利润为 10 万，食材成本为 40 万，经营费用为 50 万。

利润＝营业收入 100 万－食材成本 40 万－经营费用 50 万＝10 万。

经营费用＝人事费用 20 万＋房租 10 万＋水电气费用 5 万＋促销费用 5 万＋折旧摊销及其他费用 10 万＝50 万。

结合上表，必须记住如下公式：

①利润＋支出＝营业收入（营业收入－支出＝利润）；

②支出＝食材成本＋经营费用；

③毛利额＝营业收入－食材成本；

④营业收入－毛利额＝食材成本；

⑤营业收入＝食材成本＋毛利额；

⑥利润＝毛利额－经营费用；

⑦经营费用＝人事费用＋房租＋水电气费用＋促销费用＋折旧摊销＋其他费用；

⑧食材成本＝（上月末库存＋本月进货）－本月末库存；

⑨成本率＝（食材成本÷营业收入）×100％＝1－毛利率；

⑩毛利率＝（毛利额÷营业收入）×100％＝1－成本率；

⑪食材成本＋人事费用≤60%；

⑫食材成本＋人事费用＋房租≤70%；

⑬其他支出≤20%。

三、能赚钱的四个"牛鼻子"

"牛鼻子"一：营业收入提高才能解千愁。

实现营业利润的最根本的前提是完成营业收入，可以说利润是从营业收入开始的。也就是说，餐饮店长打造能赚钱的团队的第一抓手就是提高营业收入。

"牛鼻子"二：正确解读分析损益表。

店长要想实现营业利润，必须学会解读店面支出、店面损益表、店面经营结果分析表及单日结算表。

"牛鼻子"三与"牛鼻子"四：最重要的支出是 FLR（F 即食材成本，L 即人事费用，R 即房租）。

通过利润标准表，店长须明白，最大且最重要的支出是 FLR。无论什么样的餐饮店，FLR 的合计支出都不应超过营业收入的70%，其他费用不应超过20%，这样就会有10%的净利润。也就是说，按比例控制好 FLR 支出，获得利润的概率就比较大。餐饮店长要打造能赚钱的团队，就要管控好 FLR 支出，尤其是 F 和 L 支出。

因为房租（R）一般不用餐饮店长决定，所以在此不做过多解读。

第二节 如何做能赚钱

专题二十二 提高营业收入

在这一专题中，我将通过八个要点，来介绍餐饮店长如何运用低成本技术提高营业收入。

一、提高营业收入的七个思路

餐饮店长提高营业收入的方法，可以围绕下面的公式展开：

营业收入＝来客人数×人均消费额

来客人数＝［开拓新客＋（回头客×回头率）＋回头客口碑介绍新客］×同行者人数

人均消费额＝点菜（酒水）份数×单品单价（菜品、酒水的平均单价）

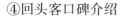
④回头客口碑介绍

即，营业收入＝［①新客＋（②回头客×③回头率）］×⑤同行者人数×（⑥点菜数量×⑦菜品平均单价）

大家都知道，营业收入＝来客人数×人均消费额。但是真正操作起来并不是这么简单。根据营业收入的分解公式来看，来客人数为新客与回头客人数之和，回头客则因重复光顾的比率而增减，还有就是每次客人有几个人同行。

新客有两种：一种是路过时被门头吸引或被广告吸引而来的客人；另一种是口碑客，可能是回头客介绍或因线上口碑评价好而来。

同行者人数是指不论新客、回头客，一次就餐来多少人。

人均消费额被分解成点菜数量和菜品平均单价。点菜数量是指每位客人平均点菜数，如每人平均点 2 份或 2.5 份菜品。

菜品的平均单价是将所有菜品的价格相加，再除以菜品品种计算出来的数字。也就是要考虑如何提高客人点菜的平均单价。

因此，要提高营业收入，店长须思考并践行以下七点：

（1）为了增加一般新客，该怎么做？

（2）为了使客人成为回头客再度光顾，该怎么做？

（3）要提高回头客的重复光顾率（复购率），该怎么做？

（4）为了增加口碑介绍（转介绍）新客，该怎么做？

（5）为了增加同行者人数（客人一次进店消费同来几位），该怎么做？

（6）要合理提高每位客人（每桌客人）的平均点菜数量，该怎么做？

（7）要合理提高客人点菜的平均单价，该怎么做？

二、使用矩阵体系思考，排除简单奋斗主义

为了提高店面的营业收入，店长每天奋斗、努力、吃苦是理所应当的。但是努力的方向错了的话，或是陷入单纯依靠意志的简单奋斗主义的话，将达不到预期的效果。

例如，有的店长说，为了争取新客，一定要在待客服务上狠下功夫。乍听之下似乎言之有理，但是仔细分析就知道，改善待客服务与增加不知道本店的新客入店或增加路过本店的新客入店没有什么因果关系。它倒是与增加回头客口碑、转介绍，或因网上好评而来的新客数大有关系。

与增加不知道本店的新客和增加路过本店的新客入店有关的，是加强门口和门头招牌展示、水牌展示、员工展示、发放传单、线上广告或促销活动，而不仅仅是改善待客服务。

许多餐饮店长认为，只要足够努力就必定能成功或者营业收入差是因为不努力，只要能做出好吃的菜或提供优质的服务，客人就一定会源源不断，等等。

那么，餐饮店倒闭是否就是因为努力不够或菜品难吃、服务极差？不是这样的。有些餐饮店尽管自信且努力，做出了相当不错的菜品，但还是倒闭了。重点不在于努力与否，而是有没有对症下药，以及努力奋斗的方向是否正确。如果没有对症下药或努力奋斗的方向不对，那就是南辕北辙，再怎么努力也得不到成果。

要想提高营业收入，除了前面说的七大要点之外别无他法。店长所有的对策必须瞄准、集中在这七大要点上，店长必须明确店面所面临的收入问题出在这七点中的哪一点，然后寻求对策并试验。店长们为提高营业收入，也采取了许多经常性的动作，如抓卫生、搞促销、做宣传、抓服务、做推销等，但收效甚微。店长必须提前弄明白自己的方法具体对七大要点中哪部分有效，对哪部分无效。这就要用到矩阵体系思考法。

具体来说，如表6-3所示，纵向列出了七大要点，横向列出了对应的方法（动作），对于七大要点的各项目，有效果的方法用"√"标出，有一些效果的方法用"△"标出，没有效果的方法用"×"标出。

店长在做每日工作总结时，不断用此表进行横向分析，就能够逐渐找出对提高营业收入有用的方法，努力奋斗的方向也就会逐渐明确。

表 6-3　提高营业收入矩阵体系表

七大要点	店长的方法（动作）												
	狠抓店内服务	狠抓菜品质量	大力推销新菜	调整门头、展示架	每日抖音宣传	大众点评好评数	狠抓店内外卫生	周末增加大台	店长进包间服务	生日宴特殊服务	分区下达推销任务	在周边发传单	其他内容
获得新客源	×	×	×	√	√	√	△	×	×	×	×	√	……
增加回头客的数量	√	√	√	×	√	√	√	√	√	△	△	×	……
提高回头客复购率	√	√	√	×	√	√	√	√	√	√	△	×	……
通过口碑转介绍获得新客	√	√	√	×	×	√	△	√	√	√	×	△	……
增加同行客人人数	△	△	△	×	△	△	△	△	△	△	×	×	……
增加客人点菜数量	△	△	△	×	△	△	×	△	△	△	√	×	……
提高客人点菜的平均单价	√	√	√	×	√	√	△	×	△	√	△	×	……

三、提高营业收入的绝招——逻辑表

（一）营业收入不佳的原因分析逻辑表

2021 年 7 月初，我应邀参加了一家餐饮企业的季度经营复盘会。这家企业有 8 家直营店，其中一家店（甲店）出现了营业收入连续下滑的现象。会上，老板不断地对甲店店长发脾气、质问。

老板："你是怎么回事？你必须在三个月内让营业额恢复到以前的水平。你弄清楚营业额下滑的原因是什么了吗？"

甲店店长："我觉得一是受疫情影响，二是因为附近新开的同品类××店抢走了不少客人。"

老板："疫情？谁不受疫情的影响？你说的××店真的很火吗？"

甲店店长："他们的生意是很火，不过我一定会想办法把客人抢回来。"

老板："三个月内一定要恢复营业额！"

甲店店长："放心，我一定会努力的。"

会后，我找甲店店长沟通。我问他准备用什么办法抢回客人，他告诉我，他还没想好，他正在研究对手的促销活动。

我经过调研，认为按甲店店长的思路不会使营业额在三个月内达到以前的水平，理由如下：

（1）营业收入下滑的原因不明确——要准确分析现状。

甲店店长以新开业的××店作为自己营业额下滑的理由，但事实并不是这样的。经过实际走访，那家店距离甲店有10分钟的车程，人均消费为150元左右，而甲店的人均消费为80～100元。更重要的是××店的生意不算火，开业头一个月火爆是因为在抖音上做了宣传及配合了"49.9元当100元花"的活动。

甲店店长看到对方开业搞活动，头一个月生意火，就认定这家店生意兴旺，而不正确分析自己店的内在原因，根本无法找到正确的对策。

（2）一味表决心是不行的——要有行动计划。

甲店店长除了想模仿对手店的宣传与活动外，只是在表明一定会拼的决心。可是，只要没有迅速进行原因分析并拟定正确的对策，营业额就无法在三个月内提高。

（3）缺乏一套验证行动效果和进度的机制——逻辑系统。

甲店店长弄不清楚营业额下滑的主要原因，也没定出具体的行动方案，更没有验证行动进度的机制。仅凭精神上的努力，是达不到业绩提升的目的的。必须建立一套原因分析逻辑系统，将营业收入下降的原因细分出来，针对各种原因分别制订解决方案。

营业收入下降，可以对照前面讲的营业收入提高的七大要点进行细致分析。我分析后得到的结果如表6-4所示：

表6-4　营业收入下降原因分析逻辑表

问题一	问题二	问题三	问题四	原因分析
营业收入低	客人少	新客少	一般新客少	1. 对路过门口的客人吸引力不够
				2. 不重视线上宣传
			口碑介绍新客少	3. 不重视亮点包装
				4. 不重视大客户开发
		回头客少	回头客复购率低	5. QSC水准太低
				6. 不重视会员制度
				7. 缺乏个性化服务
				8. 没有再来的诱因
				9. 缺少大客户
		错失销售机会	同行者人数少	10. 周末不重视小台变大台
			满座后翻台率低	11. 收台慢，等待服务差

续表

问题一	问题二	问题三	问题四	原因分析
营业收入低	人均消费额低	点餐单价低	推荐能力差	12. 没有大菜销售意识
		点餐数量少	上菜慢	13. 后厨加工速度太慢
			没有进行二次推销	14. 没有追加点菜的意识

我用一天的时间为甲店店长找出了14个原因，其中特别强调：

一是对路过门口的客人吸引力不够。门口没有特色菜品看板和菜单，客人不了解店里有什么特色菜品、菜品价位如何。

二是未能争取到周边单位的大客户。大台及包间的使用率太低，消费额也很低。

三是缺少再来的诱因。半年前曾有吸引客人下次再来的代金券，不知何因已停止发放半年，不少客人在抱怨。

四是上菜太慢。据了解，菜单更新后上菜变得很慢，客人抱怨增加。

我特别提醒甲店店长："你在现场，应该比我更容易找到问题的原因。针对原因制订系列对策，逐一试验，就会有营业额的增长。"

（二）提高营业收入的行动逻辑表

利用原因分析逻辑表将出现问题的原因细分之后，接下来要针对原因确定具体的改善行动，并定出执行时的目标数据，把问题、原因、行动、目标数据全部汇总在一张表上。我把它叫作行动逻辑表，也可称为任务计划表或KPI表。

接着前面的案例，经过三天的调研，我请甲店店长、老板、厨师长、前厅经理和其他管理人员一起召开提高营业收入讨论会。大家在会上各抒己见，一起制订了解决各种问题的行动方案。

会上，对营业收入下滑的原因进行了深层次的挖掘，更进一步确定了针对各种原因要采取的具体行动，并为行动设定了目标数据。另据店长表示，每天可以看到有不少客人在门口及马路对面来来往往，但他们从未采取过主动揽客的行动。会议开了整整三个小时，共罗列出16个行动项目，如表6-5所示：

表 6-5 某店提高营业收入的行动逻辑表

问题一	问题二	问题三	问题四	原因分析	对策	行动	目标数据
营业收入低	客人少	新客少	一般新客少	1. 对路过门口的客人吸引力不够	利用门口员工及看板,诱导客人产生上门的冲动	在客人上下班时间发传单、品鉴代金券,设置特色菜看板	每天发放三次,门口加上看板
				2. 不重视线上宣传	提高大众点评评分	积极与客人互动,争取高分好评	每天三个高分好评
			口碑介绍的新客少	3. 不重视亮点包装,未形成口碑	包装特色菜亮点及亮点服务	设计特色菜话术,设置免费自助小吃区	10 张特色菜海报及自助区亮点看板
				4. 不重视大客户开发	拜访周边的单位客户	以店长、厨师长为首,成立拜访小组	一周拜访两次
		回头客少	回头客复购率低	5. QSC 水准太低	狠抓卫生及礼貌服务	采用卫生检查表及培训十字礼貌用语	卫生:一日三查。礼貌:每日 15 分钟培训
				6. 不重视会员制度	与公司协调会员制度,积极增加会员人数	增加会员人数	每日 10 名
				7. 缺乏个性化服务	针对聚会、特殊人群提供个性化服务	生日聚会和战友、同学聚会的气氛打造	不少于 5 个特殊服务模板
				8. 没有吸引客人再来的诱因	主动在客人结账时告知活动,发代金券	餐台上摆放下月活动单及发放代金券提醒	消费满 100 元发一张 10 元代金券
				9. 缺少大客户,大客户回头率低	店长、厨师长提供 VIP 服务	立即设计 VIP 服务流程	店长、厨师长进 VIP 包间,至少一次
		错失销售机会	同行者人数少	10. 周末不重视小台变大台	周密计划午市、晚市,周末大小台转化	晚市、周末增加大台	小台变大台
			满座后翻台率低	11. 等待服务太差	提升等待服务水平	增设一名主管专项负责	流失客人不多于 10 人
				12. 收台太慢	严抓收台速度	经理进行专项培训	收台、摆台时间为 45 秒
		点餐单价低	推荐能力差	13. 不重视大菜销售	健全大菜销售机制	店长亲自主抓	大菜销售占比至少为 50%

续表

问题一	问题二	问题三	问题四	原因分析	对策	行动	目标数据
营业收入低	人均消费额低	点餐数量少	上菜慢	14.后厨加工速度太慢	检讨上菜慢的主因	超过规定时间处罚当事人	25分钟内上齐菜
			没有进行二次推荐	15.推荐品种不全	服务员主动引导客人	以凉菜—热菜—汤品—主食为序,培训员工	全员执行
				16.没有追加点菜的意识	培养员工的二次推销意识	询问是否加菜、加酒	全员执行

也许有人会说"要全面实施这16项太难了""分得太细,不便于落地"。的确是这样。但是行动逻辑表本来的目的不是要一次执行所有设定的行动项目。大家一起讨论营业收入低的问题,本身就应思考全面、分析细致,把所有可能存在的问题都找出来,然后经过头脑风暴,决定要采取哪几个行动,这才是重点。

餐饮店营业收入不会因为某一个对策就持续上升,重要的是在餐饮团队中形成一个所有成员自主讨论问题的机制。至于具体执行哪一个行动,则需灵活掌握。

甲店店长在会议上综合大家的意见,设定了四个行动方案:

第一,对路过门口的客人吸引力不够—在客人上下班时发传单、代金券—每天发三次。

第二,不重视大客户开发—以店长、厨师长为首成立拜访小组—一周拜访三次。

第三,没有再来的诱因—餐台上摆放下月活动单及发放代金券—消费满100元发一张代金券。

第四,不重视大菜销售—店长主抓大菜销售机制—大菜销售占比提升至50%。

满三个月时,我请甲店店长汇报结果,甲店店长神采奕奕地告诉我:目标达到了,并且自己又将16项原因扩展到28项,正在制订后面三个月的行动方案。

四、网络上的口碑改变了餐饮店的集客法则

随着大众点评、抖音、小红书等App的普及,餐饮店以往的集客法则逐渐改变。消费者不再是只能单方面接收餐饮商家发布的信息,取而代之的是"大V"发布的信息和实际去过店里的客人的评价。这是大势所趋。网络上的口碑评价是这个时代餐饮店集客的主要手段。我坚信,抱着口碑评价是未来主要集客手段这样的心态经营,是现代餐饮店长的明智选择。

一些传统餐饮名店业绩陷入低迷，在我看来，不是店方不努力，主要原因是网络的普及带来的影响。

比如，你上班的地方有两家餐饮店，其中一家其貌不扬，尽管每天经过，但你对它一无所知，因为有所担心，所以一次也没有光顾过；而这家店的旁边是一家传统名店，所以你会经常光顾。然而在当今网络时代，如果对前一家店好奇，可以立即打开手机查询，只要看一看大众点评、抖音等 App，看看去过的人的评价，就能立即得到可信度高的信息。

在未来，我们每一位消费者所看重的"情报来源"，将会愈来愈偏向于自己信任的"特定人"，尤其是与我们一样的普通消费者对店家的评价。只要人们发现自己感兴趣的店在线上评价良好且真实可信，就会毫不犹豫地去尝鲜。当消费者开始习惯如此选择后，不重视线上口碑的传统名店被选中的概率就会降低。

随着各类与美食相关的 App 和网站的普及，客人对店家自己发出的信息的反应急剧延迟、钝化。换句话说，以往"王婆卖瓜，自卖自夸"的时代已经过去。从这一点来看，今后餐饮店长要想加强集客能力，唯一的途径就是锲而不舍地努力提升客人的满意度，令客人都说好，随时想办法提升基本的 QSC 标准及个性化服务，并不断深挖、创新，以此获得良好的口碑。

站在餐饮店长的角度，就算没有大额广告投入及大力度的促销活动，只要能端出好菜，真诚待客，确保食品安全，重视网络评价，客人都说好的口碑就会通过消费者自己及网络传播开来，自然会达到集客的效果。

没有人能阻挡时代的变化。餐饮店长尽早顺应潮流，谋定而后动，才是必须做的事。

五、店门口是吸引新客的最佳阵地

线上、线下的口碑是餐饮店主要的集客方式。然而，在线上、线下的口碑传开之前，还必须想其他的办法。能用来集新客的媒介，大概可分为四种：店面外观、线上广告（大众点评、抖音、小红书等）、店面传单及电梯广告等、线上线下口碑传播。

现在的消费者几乎不会只参考一种媒介就上门消费。比如，路过新开业的店，会用手机搜一下；如果在路上收到了传单，会用手机搜一下；在电梯里看到广告，会用手机搜一下；听到某个"大V"宣传，也会用手机搜一下；就是感兴趣，来到店门口，也会看菜单验证一番……

既然客人不会听信单一媒介的言论而采取消费行动，就必须把四种媒介组合起来使用，以达到集客的效果。这四种媒介里又以通过店面外观宣传的集客效果性价比为最高。

店面外观是重要的集客媒介，因为所有路过店门口的人都是潜在的消费者。以店面外观为媒介吸引新客的重点是：在店门口，通过设计、员工行动、摆放等，充分引起路人的兴趣、关注。

当我们和陌生人初次见面时，什么东西能唤起我们的好感？第一印象中分量最大的就是外观。感觉干净、时尚、有特点，是让人提起兴趣的关键。餐饮店也是一样，如果店面外观平平淡淡，便无法引起客人的关注。相反，如果店门口有吸引客人的人、事、物，潜在客人自然会增加。

餐饮店长没有办法解决开店之初老板定好的门头设计，但是可以通过以下办法来提升店面外观的效果：

一是门迎要热情、阳光地在店外引客、迎客。人是最容易吸引人的。餐饮店门口的门迎要有亮眼、洁净、整齐的着装，大方、开朗、热情地向路过的客人介绍本店的特色，必要时店长也要亲自上阵。

二是店门口一定要干净卫生。试想一下，如果店门口、橱窗卫生很差，能吸引客人进店吗？

三是店门口要有菜单展示及特色菜品看板（特色菜品看板的质量一定要高，要清晰、诱人），明确地向客人介绍本店的风味、价位及特色招牌菜。

四是店门口在夜间要明亮、醒目，才容易吸引客人。

六、要特别重视发传单促销

假如一家餐饮店生意平平，在网络上没有形成好口碑或口碑平常，店门口又陈旧老化，菜品、服务也没有办法在短时间内大幅提升，老板又不准备花钱在线上、线下做宣传或搞活动，又该怎样集客呢？

如果店长能冷静客观地审视自己的店面，并得出上述结论，那么一定不能躺平！加强低成本促销和提升客人的体验，依靠自己的团队想办法突破困境是唯一的选择。

关于怎样提升客人的体验，前面已经讲过很多，这里重点讲一下低成本促销。

餐饮店生意平平，意味着收入低，综合实力一般。如果在此情况下店长躺平，是不会有任何奇迹产生的。同时，因为生意平平，大概率没有更多的资金来做宣传和搞大力度的促销活动。我建议的出路是低成本促销，即用发传单加小力度的促销活动，挨家挨户去拜访促销。

例如，每天下午2：30到4：30之间，一定要花两个小时到方圆两公里以内的地方拜访，天天如此。拜访时要有介绍特色菜品的传单、纸质菜单及代金券，或免费品鉴菜卡。店长要亲自带队，拿出精气神，面带微笑，自信满满，靠双脚走访周边小区、单位。别小看这件事，如果能长久坚持这种拜访，必定会让客人数增加，而且店面付出的成本极低。

人天生有打动其他人的力量，只要能向对方表达自己的真诚，那么总有一天，你拜访过的客人一定会上门消费。

虽然上门发传单是一种陈旧的集客方法，但是，总比躺平要好，更何况你的店面也在改变。一定要让新老客人知道你、想起你，更何况这是低成本的促销（可参看第一章第二节的案例"杨小丽'抓'客人"）。

发传单促销的关键是坚持大量发放，只要态度认真、内容设计合理，假以时日必会有客人凭单（券）来消费。

七、招牌菜是集客、增加收入的有力武器

假如你现在想去外面吃饭，你附近有四家餐饮店，甲店的饺子很好吃，乙店的辣椒炒肉很牛，丙店的肉夹馍绝了，丁店虽然菜品挺多，但却味道平平，没有什么主打的招牌菜。那么你肯定会在甲、乙、丙店中选择一家。除非你赶时间，不愿在需要排队的甲、乙、丙店中做选择，才会走进丁店。

餐饮行业的特点是没有招牌菜的店肯定赢不过有招牌菜的店。"好吃""特别好吃""从未吃过这么好吃的""一般般""难吃"等评价，在客人当场体验之后，就会一传十，十传百，马上大家就会都知道。

有一道或几道招牌菜的店和菜品丰富却全都口味平平的店，通过客人之口，很快就会拉开甚至10倍的距离，这就是所谓的宁缺毋滥、以一当十。我认为对于中小规模的餐饮店来说，几道招牌菜就可以决定整个店的命运。所以，只有那些拥有经得住考验的招牌菜的店面，生意才会持续好。

（一）招牌菜的重要作用

能吸引更多的新客人。

有利于店面品牌的形成。

能让更多的客人回头复购。

能带来更多的现金收入，增加店面的利润。

能给团队员工更大的自信心。

能拉大与竞争对手的距离。

(二)用交叉 ABC 分析法找出招牌菜

根据菜品销售份数、营业额、毛利额、毛利率的排行，将菜品分为 A 级、B 级和 C 级，再以月、季、年为单位进行分析，叫作交叉 ABC 分析法。交叉 ABC 分析法用于分辨哪些菜有人气、营业额高、毛利额高、毛利率高，以及哪些菜人气差、营业额低或好卖但毛利额低等。

交叉 ABC 分析法是餐饮店长必须掌握的专业技术，它对确定招牌菜、更换新菜、菜品推销、成本控制有着巨大作用。

特别注意，使用交叉 ABC 分析法时，一定要分类进行。比如，中餐店一定要针对凉菜、热菜、主食进行分类分析（品种单一的快餐小吃店可以不用分类）。如表 6-6、表 6-7 所示。

1. 怎样划分 ABC（以某店为例）

表 6-6　某店热菜交叉 ABC 分析法的分级标准表

群组	分级标准			
	销售份数	营业额	毛利额	毛利率
A 组	销售份数前 10 名的菜品	热菜营业额前 10 名的菜品	毛利额前 10 名的菜品	毛利率在 60% 以上的菜品
B 组	销售份数 11—35 名的菜品	热菜营业额 11—30 名的菜品	毛利额 11—35 名的菜品	毛利率为 54%～59% 的菜品
C 组	销售份数 36—40 名的菜品	热菜营业额 31—40 名的菜品	毛利额 36—40 名的菜品	毛利率低于 54% 的菜品

注：该店热菜为 40 道。

表 6-7　某店月度热菜 ABC 分级表

____年___月___日至____年___月___日　　店名：_____　　店长：_____

	菜品名称	销售份数		单价（元）	营业额		占比（%）	毛利额		毛利率	
		数量（份）	级别		金额（元）	级别		金额（元）	级别	数值（%）	级别
1	酸辣土豆丝	945	A	12	11340	B		8	C	66	A
2	香嘴鱼	710	A	98	69580	A	13.6	59	A	60	A
3	酸汤鱼	630	A	68	42840	A	8.4	37	B	54	B
4	大烩菜	618	A	32	19776	A	3.9	21	B	65	A
5	红烧肉	589	A	48	28272	A	5.5	29	B	60	A
6	手撕包菜	586	A	18	10548	B		11	C	61	A
7	农家炒土鸡	533	A	88	46904	A	9.2	45	A	51	C
8	土豆烧牛肉	521	A	58	30218	A	5.9	36	B	62	A
9	麻婆豆腐	496	A	16	7936	B		9	C	56	B
10	铁板虾	451	A	58	26158	A	5.1	36	B	62	A
11	鸡汤鲈鱼	389	B	78	30342	A	5.9	49	A	63	A
12	双椒鸡捞面	361	B	48	17328	A	3.4	30	B	62	A
13	烧三鲜	355	B	38	13490	B		25	B	66	A
14	豆角茄子	351	B	18	6318	B		11	C	61	A
15	豉油生菜	336	B	22	7392	B		13	B	59	B
16	铁板豆腐	318	B	26	8268	B		18	B	69	A
17	酸辣白菜	306	B	28	8568	B		18	B	64	A
18	泡姜炒牛肉	287	B	38	10906	B		23	B	61	A
19	炝炒莴笋	280	B	22	6160	B		13	B	59	B
20	辣炒花蛤	245	B	35	8575	B		21	B	60	A
21	农家小炒肉	232	B	32	7424	B		19	B	59	B
22	海鲜汇	201	B	68	13668	B		39	A	57	B
23	石锅凉粉	183	B	32	5856	B		23	B	72	A
24	肉勾鸡	171	B	88	15048	B		51	A	58	B
25	清炖羊肉	153	B	128	19584	A	3.8	75	A	59	B
26	黄鱼烧豆腐	141	B	48	6768	B		27	B	56	B

续表

	菜品名称	销售份数 数量（份）	销售份数 级别	单价（元）	营业额 金额（元）	营业额 级别	占比（%）	毛利额 金额（元）	毛利额 级别	毛利率 数值（%）	毛利率 级别
27	清炒菠菜	140	B	22	3080	B		13	B	59	B
28	上汤娃娃菜	123	B	26	3198	B		16	B	62	A
29	肉末蒸蛋	108	B	16	1728	C		10	C	63	A
30	锅包肉	83	B	46	3818	B		29	B	63	A
31	诱惑虾球	71	B	58	4118	B		35	B	60	A
32	莲菜炒肉	62	B	32	1984	C		19	B	59	B
33	宽粉毛肚	47	B	58	2726	C		31	B	53	C
34	重庆辣子鸡	33	B	78	2574	C		45	A	58	B
35	豆花牛肉	28	B	48	1344	C		32	B	67	A
36	甲鱼烧鸡	17	C	168	2856	C		105	A	63	A
37	黑胡椒雪花牛肉	15	C	118	1770	C		76	A	64	A
38	魔芋烧鸭	13	C	78	1014	C		53	A	68	A
39	农家土鸡蛋	9	C	36	324	C		23	B	64	A
40	泡萝卜炒粉条	8	C	26	208	C		17	B	65	A
合计		销售份数：			营业额：510009 元						

ABC 分级是分别依据菜品月（季、年）的销售份数排行、营业额排行、毛利额排行及毛利率水平高低对菜品进行分级。

（1）销售份数排行就是客人点击量排行，代表着本店客人菜品消费喜好程度。销售份数排前 10 名的为销售份数 A 级菜品，是吸引客人到店的主要原因，是成为招牌菜的主力。表 6-7 中销售份数为 A 级的菜有酸辣土豆丝、香嘴鱼、酸汤鱼、大烩菜、红烧肉、手撕包菜、农家炒土鸡、土豆烧牛肉、麻婆豆腐、铁板虾。

（2）营业额排行就是单品菜对店面收入的贡献程度。营业额排前 10 名的为营业额 A 级菜品，也是能成为招牌菜的重要菜品。表 6-7 中营业额排前 10 名的菜品合计营业额为 331002 元，占热菜总营业额 510009 元的 64.9%，对店面收入贡献极大，可以说是"店家喜爱的菜品"。表 6-7 中营业额为 A 级的菜有香嘴鱼、酸汤鱼、大烩菜、红烧肉、农家炒土鸡、土豆烧牛肉、铁板虾、鸡汤鲈鱼、双椒鸡捞面、清炖羊肉。

（3）毛利额排行是指单品菜的毛利数据，毛利＝售价－成本。例如，香嘴鱼的毛利为售价98元－成本39元＝毛利59元。菜品的毛利额是十分重要的，甚至比毛利率还重要。例如，一道售价100元的菜，假如毛利率只有51%，即成本率为49%，应该说毛利率较低；另一道菜售价只有30元，毛利率却高达70%，应该说毛利率较高；但是售价100元的菜，毛利额高达51元，售价30元的菜毛利额却只有21元。当然是毛利额高的菜品更重要，对店面利润贡献更大。所以，店长在实际工作中既要重视菜品的毛利率，更应重视实实在在的菜品的毛利额。

打造招牌菜，毛利额也是需要考虑的重要因素，因为毛利额是店家获利的关键。

一般而言，售价高的菜品毛利额比售价低的菜品毛利额要高，所以有经验的餐饮店长都十分重视售价高的菜品的推荐工作。

表6-7中毛利额为A级的菜有香嘴鱼、农家炒土鸡、鸡汤鲈鱼、海鲜汇、肉勾鸡、清炖羊肉、重庆辣子鸡、甲鱼烧鸡、黑胡椒雪花牛肉、魔芋烧鸭。

（4）毛利率水平排行是根据店家设定的目标毛利率，对菜品的毛利率高低进行排序。毛利率水平高低是选择招牌菜的参考因素。

2. 怎样用交叉ABC分析法找出招牌菜

一家餐饮店的招牌菜不是商家提前设定好的主打菜。任何能成为招牌菜的菜品都必须经过客人的点击量和消费金额来印证。某单项菜品客人的点击量高、营业额高，若还能够有较高的毛利额，或者在毛利率不错的同时又是该店的独特菜品，这就是皆大欢喜的招牌菜。也就是说，一家餐饮店的招牌菜应该是"销量最好、营业额最高、毛利额较高、毛利率不错且与众不同"的菜品，最起码也应该是"销量最好、营业额最高"的菜品。

所谓用交叉ABC分析法找出招牌菜，就是在ABC分级的基础上，把销售份数、营业额、毛利额、毛利率四项的A级菜品分别挑选出来，再进行合并比较，找出4A菜品、3A菜品、2A菜品。哪道菜的A越多，说明这道菜就是皆大欢喜的招牌菜。如上例中的四A菜只有一个——香嘴鱼。香嘴鱼月销售份数达710份，日均销售近24份，排名第二；同时，营业额贡献69580元，占热菜总营业额的13.6%，排名第一；另外，毛利额高达59元，排名第四；毛利率为60%，也达到了A级。它是名副其实的4A菜品，是当之无愧的招牌菜。

另外，3A菜品中的红烧肉、农家炒土鸡、土豆烧牛肉、铁板虾、鸡汤鲈鱼，2A菜品中的酸汤鱼，也是招牌菜的备选菜品。

特别强调，招牌菜必须是"销量最好、营业额最高且与众不同"的菜品。一般而言，

"销量最好"的大都是大众菜品,如表 6-7 中的酸辣土豆丝、手撕包菜、麻婆豆腐等;"营业额最高"的多为价格较高的菜品;"与众不同"十分关键,只有"与众不同"的菜品才是有效吸引客人的关键。在这三点都具备的基础上,若能有较高的毛利额或毛利率水平,皆大欢喜的招牌菜就自然而然地出现了。

表 6-7 中的酸辣土豆丝是销量冠军,月销售 945 份,平均一天销售近 32 份,按说是客人最喜爱的菜品。但是这道菜不能成为招牌菜的主要原因是它太大众了,几乎所有的餐饮店都在卖,不属于"与众不同"。且营业额水平为 B 级,毛利额为 C 级,所以一般不会把酸辣土豆丝设定为招牌菜。除非餐饮店的酸辣土豆丝炒得特别好吃。

表 6-7 中的酸汤鱼,销售份数是 A 级,排名第三;营业额也是 A 级,排名也是第三;而且这家店的酸汤鱼做法和口味独特;毛利额是 37 元,在 B 级中排行靠前;只有毛利率水平偏低,在 B 级中排最后。综合来看,这道菜也可以设定为招牌菜,不过在推销时可以考虑组合其他毛利率高的菜品一起推荐,以弥补其毛利率低的不足。

3. 交叉 ABC 分析法的其他作用

交叉 ABC 分析法可以单项使用,也可以任意组合使用。常用的组合是"营业额与毛利额或毛利率交叉分析",主要目的是增强店面的获利能力和更换菜品,以及找出需推销的菜品。具体方法如图 6-1 所示(以营业额与毛利额交叉分析为例):

图 6-1 交叉 ABC 分析法

纵轴为单品毛利额的 ABC 分析,横轴为单品营业额的 ABC 分析。

结合表 6-7,甲鱼烧鸡、黑胡椒雪花牛肉、魔芋烧鸭是营业额 C 级、毛利额 A 级的菜品,即 CA 菜品,也就是说营业额低但毛利额水平高。对这类菜品要加强宣传促销,积极收集客人的意见,必要时改进配方,提高口感。

香嘴鱼、农家炒土鸡、鸡汤鲈鱼、清炖羊肉是营业额 A 级、毛利额 A 级的菜品，即 AA 菜品，也就是客人和店家都喜爱的菜品。对这类菜品一定要严抓品质，保证供应，轻易不得沽清，同时要做到桌桌必推荐，必要时利用看板、桌卡、桌纸及线上宣传等方式加大宣传力度。

营业额 A 级、毛利额 C 级的菜品，即 AC 菜品，也就是营业额较高但毛利额贡献不大的菜品。表 6-7 中没有 AC 菜品。以 BC 菜品酸辣土豆丝为例，这样的菜品往往是客人比较熟悉且点击量高的，应该保留，起到吸引客人的作用。要抓好这类菜品的品质，但可以不重点推荐。若毛利率较低时，可以与毛利额高或毛利率高的菜品进行组合推荐。不过，这类菜品不宜在菜单中设计过多，否则会影响毛利额、毛利率。

肉末蒸蛋是营业额 C 级、毛利额 C 级的菜品，即 CC 菜品，也就是营业额和毛利额都低的菜品。这样的菜品除非有特殊作用，一般情况下是需要调换的对象。

另外，ABC 分析法也可以单项或组合使用。如要了解客人的喜好，要盯住销售份数排行进行 ABC 分析；要提高毛利率，可以进行营业额与毛利率的交叉分析，重点是找出营业额高但毛利率低的菜品，要么与毛利率高的菜品进行组合销售，要么提升价格或调整进货价。

（三）用八个技术动作推广招牌菜

招牌菜能够决定餐饮团队的命运，所以餐饮店长要有一整套技术动作来确保招牌菜的推广，让招牌菜真正起到拓客、集客、锁客、增加收入和利润的作用。一般而言，推广招牌菜必须掌握以下八个技术动作。

1. 万众一心，全员重视招牌菜

招牌菜的推广是餐饮店长最重要的工作之一。一家餐饮店的好与差在很大程度上取决于店长，这是毋庸置疑的。所以，餐饮店长要格外重视招牌菜的推广，并且身体力行，率先示范。

此外，店长还要教育全体员工，让所有员工都认识到招牌菜能够决定团队的生死，拉开与对手的距离，关系到个人的利益，万万不可轻视。

2. 确保质量，确保供应

（1）确保质量。店长和厨师长要重点抓好招牌菜的品质，从原料标准设定、采购、验收、初加工、精加工、存放、专人炉灶加工、传菜等环节入手，为招牌菜打造各种严格、细致的 SOP 及奖罚制度，做到每个步骤、细节均有标准和责任人。并且每日进行反复跟进检查，定期点评，落实奖与罚，坚决做到不合格的招牌菜不能出厨房，不能给客人端上桌的铁律。

（2）确保供应。原则上招牌菜在营业时间内不能沽清。所以，后厨要与前厅密切配合，根据每日销售目标确定原料预估准备量和即时精准增补准备量，并且后厨与前厅要不断提高预估量的准确性。

3. 在营业现场突出招牌菜

餐饮店长要充分利用画板架、店长推荐桌卡等形式，在营业现场突出招牌菜，要使从门口路过的客人能看到、进店的客人能反复看到招牌菜的宣传。

（1）画板架就是画家在写生素描的时候用的一种支撑画板的架子。一些餐饮店长利用画板架进行招牌菜推广，尤为见效。

画板架最大的好处是与客人的视线在同一水平线上，客人很容易就能看到它，大大吸引了客人的关注。画板架上招牌菜的宣传内容重点是招牌菜的独特之处和能消除客人顾虑的一句话，比如菜名、菜价、原料特点、口味特点、加工特点、来自何地，再附上诱人的图片等。重点突出吸引人的图片和菜名。

利用画板架推广招牌菜，不能有"客人都已经知道我们店里的特色了"的心理，而要有"客人可能忘记了""新客人不知道我们的招牌菜"的心理，利用店面内外各个可用空间，设置招牌菜的画板架。

（2）充分利用桌卡与墙上张贴的海报。

用画板架起到吸引客人眼球的作用，这还不够，还要利用墙上张贴的海报和餐桌上的餐卡或桌卡，用文字、图片在上面细致说明招牌菜的与众不同。

例如，西安某陕菜店利用店面墙上张贴的海报和餐桌上的桌卡，推出了"店长推荐信"，自信地向客人介绍该菜品原料的特色、加工调味的特色方法，如图6-2所示：

> 本店招牌菜——凉拌荞面饸饹
> 　　本店的凉拌荞面饸饹，以秦岭山区特有的苦荞为主要原料，色泽黄亮，绵软筋韧，清香利口，降气宽肠。调味料选自蓝田的黄芥末粉、秦椒、秦蒜，以及特别熬制的关中农家柿子醋汁，口味独特，是桌桌必点的招牌菜。
> 　　敬请品尝本店的招牌菜——凉拌荞面饸饹。
> 　　　　　　　　　　　　　　　　　　　　　　　　店长敬上

图6-2 某陕菜店餐桌上的"店长推荐信"

4. 让服务员用两个话术大力推荐招牌菜

（1）第一话术——推荐时的话术。

服务员推荐招牌菜的话术一定要由店长与厨师长共同确定，要围绕味道好展开，重点突出原料好和独特的烹饪调味方法，即推荐招牌菜的话术＝介绍原料特色＋介绍加工（调味）特色。例如，前例"店长推荐信"的内容就是该店服务员的推荐话术，其基本模式就是罗列原料特色和加工（调味）特色。

（2）第二话术——客人品尝时的话术。

光有推荐时的话术还不够，一定要有客人品尝招牌菜时为其讲解正确吃法的话术。因为店家的目的不仅是推销招牌菜，更重要的是让客人品尝出招牌菜的好吃及与众不同之处，并实现客人间的传播。

例如，前例中的服务员在上凉拌荞面饸饹时对客人说："这就是本店的招牌菜凉拌荞面饸饹。各位在品尝这道菜之前，要用公筷把饸饹上面的蒜末、调味醋汁与饸饹搅匀，吃的时候要先蘸汁，吃一口不要马上下咽，让饸饹在口中多停留三五秒钟，享受黄芥末呛和冲的感觉，同时体味一下芥末味、柿子醋味、秦椒、秦蒜组合的香辛味。这种菜像极了我们老陕人的性格特点——说话直，不拐弯抹角，即使有时有点冲，但是对人实在。"

大家可以品味一下这位服务员第二话术的厉害之处。

另外，店长也应根据条件，为招牌菜设计一些独特的上菜仪式，以引起客人的好奇和注意。

5. 利用媒体宣传促销招牌菜

餐饮店长要充分利用线上美食平台（如大众点评、美团等）、社交平台（微信、微博、抖音、小红书等）以及线下传单来宣传自己店的招牌菜。

6. 收集客人的意见，不断微改善招牌菜

店长要特别重视客人关于招牌菜的每一句评论。要求员工在客人点击招牌菜并品尝之后，主动收集客人对招牌菜的评价；关注餐桌上招牌菜的剩余量（好吃的菜肯定会被一扫而光）；及时把关于招牌菜的好评与差评报告给店长。店长收集评价后，把客人的评价整合起来，与厨师长共同讨论该怎么坚持，该怎么微改善。这是完善招牌菜的关键。

7. 用销量、营业额来激励员工，验证结果

要推广招牌菜必须调动员工的积极性。

一方面，全店上下要有每天、每周、每月的招牌菜销售任务。完不成任务，有人要受罚；完成任务，甚至超额完成任务，一定要奖励，还要全员奖励。把员工的利益与招牌菜的推广结合起来。

另一方面，招牌菜的销量、营业额的高低说明了招牌菜的品质与店长抓招牌菜推广工作的效果如何。所以店长要每天、每周、每月、每季、每年通过招牌菜的销售结果来验证自己工作的成效如何，不断总结经验和教训，确保招牌菜起到招牌的作用。

8. 重视新招牌菜的产生

再好的招牌菜都有被客人吃腻的可能性。所以，餐饮店长要重视交叉 ABC 分析法，不断根据交叉 ABC 分析法的结果，找出潜在的招牌菜。要在公司的统一安排下，尤其重视新菜品的推广。更多的招牌菜往往产生于潜在的招牌菜和新菜品之中。

八、"超级客人"是店长增加店面营业收入的秘密武器

（一）什么是"超级客人"

就你个人而言，有没有哪家餐饮店让你特别喜欢，喜欢到你会经常带朋友去光顾？一开始是好朋友带你去，几次之后，你也喜欢上了这家店。之后你会向亲朋推荐这家店，并不断带亲朋来体验。你就是"超级客人"。

"超级客人"就是一群深爱某家餐饮店，并不断带新客人去光顾的客人。任何一家生意兴隆的餐饮店，一定拥有他们的"超级客人"。

特别强调，"超级客人"不是指回头客、熟客、消费能力强的客人或是帮忙做口碑宣传的客人，而是指会把新客人特地带到店里体验的客人。

有一次，我的好朋友带我去了一家他向我夸赞了很久的餐饮店。在店门口，店长满脸笑容，对我的好朋友（也是店长的"超级客人"）说："真是太谢谢张哥了，今天你带来的这几位老哥是第一次来本店吧？"接着店长对我们几个新客人说："张哥真的一直都很照顾我们，常来光顾我们店。几位老哥要是感觉好，下次再来找我就行。我叫黄小兵，叫我小兵就好。"

在就餐过程中，招牌菜的确好吃，小兵店长对我们几个新客人格外照顾，我的好朋友张哥看到我们满足的样子也很开心。用完餐走的时候，我对张哥说："这家店真不错，性价比挺高，我一定会再来的。"张哥听了，满足的微笑立刻浮现在脸上，也许心里在想：嗯，下周我要带谁来呢？

如果一家餐饮店有很多像张哥这样的客人，不用说，这家店一定很强。培养出自己的"超级客人"，将"超级客人"带来的新客人培养成下一个"超级客人"，然后他们会再带新客人上门。像这样的"超级客人"不断增加，餐饮店自然而然会朝着生意兴隆的方向大步前进。

也就是说，餐饮店长要让自己的店生意兴隆，营业收入不断增加，"超级客人"是必不可少的。同时，培养"超级客人"的技术手段就是优秀餐饮店长的秘密武器。

因为工作性质的原因，我在就餐过程中仔细观察了小兵店长的言行。我发现尽管店里生意很好，但小兵店长一直会跟不同的客人聊天，而且把对话内容"塞进"自己的脑子里，下次这个客人再来时，就可以继续上次的对话。

我在就餐过程中对普宁豆酱烧黄鱼这道菜特别感兴趣。小兵店长就与我聊普宁豆酱的话题。后来过了两周，我带朋友去时，小兵店长竟然给我准备了一瓶普宁豆酱，还有他自己写的食用注意事项，令我大为感动。

我认为，小兵店长最厉害的地方就是主动了解客人，同时也能让客人了解他是什么样的人。而现在有许多餐饮店长刚好相反，与客人距离太远。

（二）培养"超级客人"的九个步骤

第一步，店长要时刻有朝气且笑容满面，主动与客人打招呼。

（1）店长有朝气且笑容满面，用自己快乐的样子去感染客人。

（2）以轻松愉快的语调询问客人"您是第一次来我们店用餐吗？"一定要积极主动地与陌生客人交流，这样可以拉近与客人的距离。

（3）时常准备一些针对新客人、回头客、"超级客人"的惯用话术，并不断修正和练习，如此才能给客人留下深刻印象。

（4）时刻留意客人的喜好与痛点，并记下这些喜好、痛点，下次就能更容易地与客人交流。

（5）给自己起一个好听好记、平易近人的称呼，如"小兵"或"小兵店长"。

（6）记住并准确称呼客人，让客人感到"我已是这里的常客了"。

（7）店长被"超级客人"介绍给朋友时，一定要说感谢的话，还要重复"您下次再来时就找我，叫我……就好"。

第二步，培养"超级客人"的重点是缩小距离感。

所谓缩小距离感，也就是要一步一步拉近与客人之间的距离。

（1）请记住，培养"超级客人"的诀窍是：对于第一次来店的客人，在拉近彼此之间的关系时，所使用的方式非常重要，这是培养"超级客人"的关键因素。

第一次上门的客人，大部分都是抱着试吃的心态，还不能算是这家店真正的客人，应该说是试吃客。这也意味着客人试吃之后，如果感觉不错就会再来，反之就没有第二次了。这也说明了桌桌推荐招牌菜的重要性。

客人会经历从试吃客到回头客到"超级客人"的演变过程。所以店长要尽可能快地让试吃客变成回头客，然后再将其培养成"超级客人"。重点是尽快。为此，店长针对试吃客的营销是不可或缺的。

许多餐饮店长看重的营销，通常针对的是从来没来过的准客人。但我认为，对店长而言，最好的办法是将目标锁定在第一次来店的试吃客。

（2）所谓尽快，就是指店长要下功夫与客人互动，尤其是来过一次的试吃客再次光临时，要有"啊，这个客人又来了"的感知，并主动上前交流，逐渐与客人熟络起来。

当然，和应对第一次来试吃的客人不一样，在应对第二次来店的客人时，要有第二次的方式；对于第三次来店的客人，在交流和推荐菜品时，也要有进一步的交流方式，直到他们成为"超级客人"。

所以，为了达到这个目标，最重要的是要在短时间内让客人反复来用餐，至少要在两个月内来三次，而且在第一个月内就要想办法让客人来第二次，这是决定能否将其培养成"超级客人"、给客人留下深刻印象的关键因素。现在许多餐饮店长都嫌麻烦，以忙为借口离客人远远的，这样如何能培养出"超级客人"？

如果你不确定客人是不是第一次来，那就直接问"您是第几次来我们店？"只有这样，才能逐渐记住客人。餐饮店长要身体力行，带动其他管理人员、骨干员工一起行动，尽可能从更多的客人第一次进店开始，在2~3个月内培养出"超级客人"。

第三步，一定要采取"近身战"。

对于第二次光顾的客人，不可用第一次的方式来接待。第二次必须比第一次更进一步了解客人，必须更贴近客人，让他们有所感受，他们才会很快再次光顾，才能增加来店的次数，并且缩短每次来店的时间间隔。

（1）店长的"近身战"与"距离战"。

"近身战"是指店长和目标客人之间要保持近距离接触、直接接触。可以根据不同客人的特点，采取相应的待客交流方式。主要包括：要记得客人的脸，要培养与客人之间的

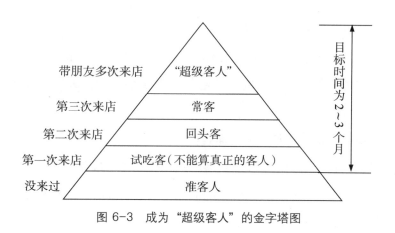

图6-3 成为"超级客人"的金字塔图

关系,慢慢让客人喜欢来店并与自己熟悉,最后使其变成"超级客人"。如图6-3所示。

"距离战"是指店长和客人很少直接接触,与客人保持距离,把所有客人都当成"同一张脸"的待客方式。这是现在许多餐饮店长以客人多或太忙为由的通常做法。

(2)胜出要靠"近身战"。

餐饮店长不能寄希望于老板通过不断花重金在线上平台或线下媒体投放广告,或不断采取大力度促销活动来达到吸引客人的目的。店长要用面对面接触客人的方式,"一个一个客人来抓",在接待客人的同时,缩短与客人之间的距离,和客人之间建立起个人关系。这在网络时代是非常重要的。

例如,前面提到的黄小兵店长的"近身战"方法。我在就餐过程中,对服务员说要一碗煮得软一点的酸汤面,小兵店长马上就走过来问我:"李老师,是不是酒刺激胃了?我亲自给您调一碗'温柔型'的酸汤面。"酸汤面上来后,我一尝,果然"温柔"、舒服。当我们出门要走的时候,小兵店长还专门对我说:"李老师,您下次再来的时候如果还想吃面,只要给我说一声'跟以前一样',我就会记得把面煮软一些,并按这次的方法调味。"这就叫"近身战"。小兵店长通过与我的"近身战",一次就让我成了他的朋友,好厉害!

我认为餐饮店长打"近身战"应有的基本态度是:

①每天抽出时间打"近身战"。抽出相当的时间,以面对面的方式接待客人,客人会有明显的反应的。

②不要惧怕任何竞争对手,只要每天与客人进行优质"近身战",一定可以胜过竞争对手。

③要把"近身战"打到第一与唯一。

④要能感动客人,让客人能立即记住你,记住这家店,并产生替你宣传的冲动。这里再次回忆一下中兴通讯创始人之一魏兴民先生说过的话:"解读人性,认知需求,创造感动。"带员工如此,待客人也是一样。

第四步,利用共同话题记住客人的面孔。

我经常问餐饮店长:你能记住多少位客人的面孔、名字及尊称?记住面孔不难,记住名字就有些难了。可是,如果你看到顾客的面孔,若不能说出"这是爱吃普宁豆酱烧黄鱼的李老师"这样的"近身战"语言来接待客人也是不行的。

如果没有技巧去记住客人,那么一般而言,能记住30位客人可能已是极限了。我的经验是使用关键字。

使用关键字是指要认识客人并制造出彼此间共同的话题,也就是利用店长与客人之间的"近身战",找出共同语,并记住客人。可以通过一边回想客人的面孔,一边写上客人的名字(尊称)及共同语,用这样的方式来和记忆建立连接。

这一招我是向小兵店长学的。后来我与小兵店长熟悉了,就向他询问他是如何记住这么多客人的。他笑着说:"其实不难,我在第一次见您之后,就在手机记事本上记下了您的尊称,还特别注明了三点:一是您是张哥的好朋友;二是您爱吃普宁豆酱烧黄鱼;三是您一喝酒就想吃'温柔'的酸汤面。这样反复记忆就记住您了。"

第五步,以现场询问法收集意见,拉近距离。

现场询问法就是指客人在店里就餐时,店长(或其他管理人员)要尽量做到主动询问客人的就餐体验。现在许多餐饮店都不这样做。但是这种做法却是增加回头客的必要手段,更是培养"超级客人"的必需步骤。

首先,在询问客人时,一定要亮明身份,主动打招呼。同时,要把握好询问的时机,一般是在客人就餐完毕准备买单时。

其次,掌握询问客人体验的话术。效果比较差的询问话术是"好吃吗?""我们的菜品如何?""服务好吗?"这样的询问一方面容易使客人"说谎"或用"好、不行、不好"这样简单的语句来回答。我认为店长询问客人的体验,要记住以下三件不可以做的事:

第一件,不可以让客人说谎。所谓让客人说谎,就是让客人为难。明明不好吃,但为了照顾店长的面子,还得说"不错"。例如,询问客人"××菜好吃吗?"之类的问题。

第二件,不可以让客人需要思考才能回答。例如,询问客人"今天我们的菜品如何?"

这到底是在问哪一道菜呢？应该把范围缩小到最想听意见的菜品上，比如问"铁板虾仁的温度如何？""鸡汤是不是滚烫？"这种问题便于客人回答。又如，将询问"服务员服务得如何？"改成"服务员接待时有笑脸吗？"总而言之，要询问客人具体的问题。

第三件，不是每个客人都需要询问。对所有的客人都用"近身战"是不可能的事，与其将精力分散，不如对本店的主要目标客人群体进行集中的"近身战"。强调一下，餐饮店长不能以忙为借口而不用"近身战"，再忙也要从一个、两个、三个客人做起。

这里举例说明询问客人体验的三种类型，如表6-8所示：

表6-8 三种询问客人的方法对照表

类型	问题	效果
不好	鸡汤好喝吗？	易使客人说谎
	本店的菜品如何？	易使客人在回答时产生困扰
好	鸡汤的温度如何？	询问的事情很明确
非常好	鸡汤是不是滚烫？	能让客人记住店家的特色，了解店家对于"滚烫的鸡汤"的特色诉求，并且容易让客人记住

第六步，用微信、短信的方式提醒客人再次光顾。

与客人拉近距离，适时留下客人的手机号或微信号，并与客人适时互动是十分必要的。

（1）在什么时间点利用微信、短信与客人互动。

一般而言，客人在餐饮店体验之后会有三种记忆：

第一种，24小时内的"舌头记忆"。比如，被人问："今天中午吃的饺子味道如何？"如果好吃的话，一下子就能想起中午的体验。这就是"舌头记忆"，有效期一般在24小时之内。

第二种，一周内的"大概记忆"。比如，被人问："上周一中午吃了什么？"虽然不能马上记起，稍想一下便会想起："去了一家很棒的饺子馆，那家的牛肉饺子和小菜特别香。"一下子又回想起当时的感受。这就是"大概记忆"，有效期一般在一周以内。

第三种，一般客人对吃饭的记忆超过一周可能就忘掉了。

所以，餐饮店长要趁客人还有"舌头记忆"或"大概记忆"时，主动通过微信、短信与客人互动。通过微信、短信与客人进行一对一的互动，是店长每天必须做的功课。

（2）微信、短信中写什么。

第一，千万不要让客人有这是群发信息的感觉。所谓群发信息，是指给每个人发的内容都一样。想必大家经常收到这样的信息，比如过年时大家都会收到许多拜年的信息。"新春快乐，祝您在新的一年……"和"李老师，祝您新春快乐。愿您在新的一年少喝酒，身体健康！"比较起来，你更喜欢哪一个信息？所以，一定要让客人感到你所发的信息是专门发给他的。

第二，所发内容的重点是要将共同语写到里面。若能将与客人互动时或询问时所获得的共同语写到信息里，一定可以打动客人。例如，小兵店长在我离开他们店的第二天中午（不到24小时），给我发了这样一条微信："李老师，听张哥说您经常喝酒，要少喝哦。我随后把'温柔酸汤面'的调配方法给您发过去。另外，我专门让采购给您准备了一小瓶普宁豆酱，您下次来时我送给您。您下次来一定要提前告诉我。祝李老师天天快乐、事事顺利！小兵敬上。"

说实话，我看到这条微信时十分感动，有一种想立即去消费的冲动。一周后我就带着朋友又一次见到了小兵店长。

第七步，热烈欢迎第二次来店的客人。

以"近身战"的待客方式，并于适当的时候通过微信、短信"提醒"客人，要使客人第二次光顾是不难的。当客人在像天上的星星那样多的餐饮店中再次选择你的店时，为了不让客人后悔，一定要再次让他们感动，店长一定要重视迎接方式。

（1）经常对客人说"再来时请提前告诉我"很重要。

判断出客人是第一次、第二次、第三次来店是很重要的。一般而言，能在两个月内来三次的客人，基本上就可以称作回头客了。尤其是对第二次或第三次来的客人要尤为重视，最好能马上叫出客人的尊称。所以，提醒使用过"近身战"的客人再来时提前给店长打招呼很重要。这里要强调的是，不是每个客人都可以变成"超级客人"。店长要盯住自己的主要目标。

（2）以感谢、感激的心情在门口迎接客人。

该怎样接待第二次光临的客人呢？有两个要点：第一，要能叫出客人的尊称，如李哥、张老师等；第二，要在门口笑脸相迎。

（3）以真诚、感恩之心送别客人。

店长要特别重视送别客人，尽管这可能会导致自己晚下班。在客人离开时，要深鞠躬。这一点不难做到，关键是要有诚心并坚持下去，这会让回头客有记忆的。

第八步，让客人自然而然地光临第三次。

餐饮店长不要以为，客人第二次来店时有好印象，必定就会光临第三次，这样的想法太天真了！毕竟竞争对手像星星那么多。更何况我们的目标是客人在2~3个月内来三次。所以，店长一定要主动出击。

小兵店长的诀窍是，在我第二次光顾后离开时，送给我一张新菜免费品尝券。他送给我的券有三个特点：

一是品尝券上写着使用期限（一个月内有效）。小兵店长很聪明，他很清楚，要把新客人培养成"超级客人"，一定要在2~3个月内使他们来三次。

二是品尝券上手写着客人的名字，如"李兵老师专用"。这会让客人感到"这是专门为我准备的"，从而增加亲近感。这就是"近身战"。

三是乘胜追击。将品尝券递上的同时，他对我说："如果使用期限快到时您不方便来，就送给朋友用。"能将写有自己名字的品尝券送给朋友用，也是件很有面子的事。

其实将品尝券递给第二次来的客人，不一定非得是店长不可，其他管理人员也可以。重要的是让客人感受到店家格外的重视，给客人提供下次再来店的契机。这样一来，店长的客群就会不断扩大。

当然，当一名优秀的餐饮店长不是那么简单的，不仅要记得来店三次及以上次数客人的尊称、面孔，还要对客人持续进行"近身战"，给第三次、第四次、第五次来店的客人发微信也是非常辛苦的。

第九步，让第三次来店的回头客成为"超级客人"。

在2~3个月内能来店三次的客人是难得的，也是潜在的"超级客人"。接下来就要抓住机会，把他们培养成"超级客人"。需要注意的是，不是用给折扣的方式去培养"超级客人"。正确的方式是，所做的一切要让"超级客人"感觉到"只有自己才会受到特别的待遇"，这是关键。一定要传达出"您是特别的客人"的信息！

"小兵，给我上一份生腌虾、普宁豆酱烧黄鱼、沙茶酱牛肉、白切鸡、清炒芥蓝。"听到我点菜的小兵店长为不让周围的客人听到，在我旁边小声地说："今晚就别点白切鸡了，是早上做的，不是下午做的，虽然质量没问题，但嫩度差了一点。"我听后微笑着说"OK"。

小兵店长的提醒对我而言是很令我高兴的"小贴心"，这也是"近身战"的打法。我每次来都会点白切鸡,而且对白切鸡的嫩度要求很高,小兵店长记住了我的特别要求,所以这次及时提醒了我。这是一种针对回头客特别有效果的接待方式——让客人觉得"我是他的'超级客人'",渐渐地,客人就"跑不掉"了。

培养"超级客人"十分重要,我用一张循环图总结出培养"超级客人"的九个步骤,如图6-4所示:

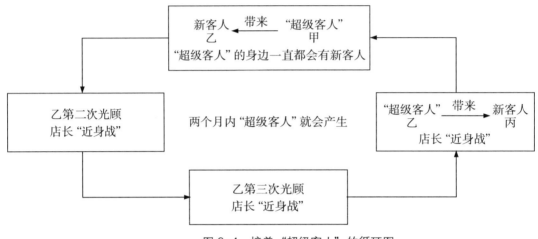

图6-4 培养"超级客人"的循环图

餐饮店长一定要想明白,店长吸引客人,一定要用成本较低的方法。做大力度的促销活动、掏大量钱做广告,那是老板才能决定的事。店长要充分利用发传单、培养"超级客人"这种看似麻烦、见效慢的吸客方法。因为这些方法成本低,且可持续进行,所以尽管见效不快,但也请店长们坚持下去,一定会有好结果的。

专题二十三 正确解读分析损益表

前面我们讲了怎样提高营业收入,下面讲一下怎样解读分析支出与损益表。

餐饮店长一定要会算支出账,不用像会计那么专业,但必须略知一二。

一、支出大致分为两大类

餐饮店的支出一般分为两大类:初期投入和运营费用。如图6-5所示。

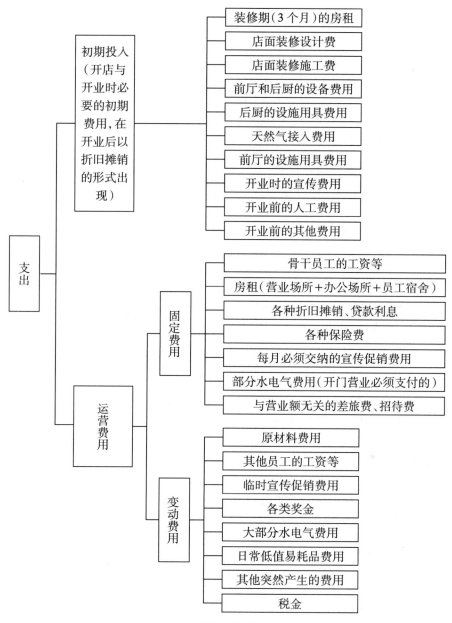

图 6-5 餐饮店的两大类支出

（一）初期投入

初期投入是指店面开业前与开业时必须事前（产生营业收入前）投入的费用，一般在开门营业后以折旧摊销的形式在店面每月固定支出中出现。折旧摊销的具体金额主要按国家规定及餐饮企业规定执行。例如，有的项目是 1 年内摊销，有的项目是 3~5 年内摊销。

（二）运营费用

运营费用是指店面开业后继续产生的工资、原材料费用、房租等每月需要持续支付的花费。运营费用一般分为固定费用和变动费用。

（1）固定费用是指与营业收入无关的费用，即店面在休息时或不产生营业收入时也必须支付的费用。包括如下几种。

房租：店面不论是否有营业收入，都必须向房东交房租。

骨干员工的工资：店面不论是否有营业收入，必须支付管理骨干、技术骨干的工资及员工餐等费用。

折旧摊销、贷款利息：折旧摊销是必须的，为了开店从银行贷款的利息也必须按月缴纳。这些费用不是店长管控的重点，但可以想办法摊薄。比如，延长营业时间，摊薄房租。

（2）变动费用是指随营业收入的增减而变动的费用，包括原材料费用、其他员工的工资、大部分水电气费用等。这是店长管控费用的重点。

其他员工的工资是指除骨干员工的工资之外，随营业收入的增加而不断增加的正式员工、兼职工、小时工的工资及员工餐等费用。

大部分水电气费用是指随营业收入的增加而不断增加的水电气费用。

二、如何正确解读分析损益表

餐饮店长若能解读四种表，就能做到对自己店面的利润心中有数。第一种是利润标准表（前面已讲过），第二种是损益表，第三种是经营结果分析表，第四种是单日决算表。

利润标准表呈现出收入、支出、利润的结构及各自占比，损益表呈现出赚不赚钱、赚多少、亏多少，经营结果分析表呈现出为什么赚钱、为什么不赚钱、如何才能经营得更好，单日决算表是店长自己制作的用于掌握每日经营概况的表。

（一）什么是损益表

损益表又称"P/L"，反映了餐饮店一段时间（月、年）内所有的收入和支出，可以从中看出餐饮店的利润具体是多少。损益表可以说是餐饮店长经营的成绩表，由专业会计制作，如表6-9所示：

表 6-9　某餐饮店 2022 年 5 月损益表（摘要）

项目	金额（元）	占比（占营业额的百分比）（%）
营业额（含酒水）	1460000	
上月库存	148920	10.2
本月进货	702980	48.15
本月库存	220460	15.1
原料（含酒水）成本：上月库存＋本月进货−本月库存	631440	43.25
毛利额	828560	56.75
员工工资		
员工补贴（含员工餐）		
奖金		
培训费用		
招聘费用		
人事费用合计	379600	26
办公室房租		
店面房租		
员工宿舍房租		
房租合计	146000	10
开办费用摊销		
总公司费用摊销		
固定资产折旧		
贷款利息		
折旧摊销合计	86140	5.9
广告文宣费用		
员工销售提成		
团购费用		
外卖费用		
店内促销活动费用		
宣传促销费用合计	61320	4.2

续表

项目	金额（元）	占比（占营业额的百分比）（%）
水费		
电费		
天然气费用		
水电气费用合计	56940	3.9
低值易耗品费用	4380	0.3
其他费用	10950	0.75
税金	54020	3.7
经营费用合计	799350	54.75
营业净利润	29210	2

注：以上数据均为2022年5月实际产生的数据。

①营业额：指当月菜品、酒水营业收入。

②原料成本：为了获得营业收入需要支付的原料费用，可用"上月库存+本月进货−本月库存"的公式计算，也可将菜品与酒水分开统计计算（表6-9中菜品与酒水是合并统计的）。

③人事费用：包括员工的工资、补贴、奖金及培训、招聘费用，即与人有关的费用。有的企业将员工保险费、员工食宿、员工销售提成等都计入人事费用。

④房租：包括办公室房租、店面房租、员工宿舍房租。

⑤折旧摊销：包括开办费用摊销、总公司费用摊销、固定资产折旧、贷款利息等。

⑥宣传促销费用：包括广告文宣费用、员工销售提成、团购费用、外卖费用、店内促销活动费用等。

⑦水电气费用：当月实际产生的水电气费用。

⑧低值易耗品费用：购买洗洁精、卫生纸、厨师帽等的费用。

⑨其他费用：指办公用品费用、简单维修费用、车辆费、垃圾费、网费等。

⑩税金：指按国家规定要缴纳的税金。

⑪经营费用：指除原料费用以外的所有支出费用。即经营费用=人事费用+房租+折旧摊销费用+宣传促销费用+水电气费用+低值易耗品费用+其他费用+税金。

⑫营业净利润：

营业额−原料成本=毛利润

营业净利润＝毛利润－经营费用

（二）怎样解读分析损益表

我建议餐饮店长每月用四步分析法解读分析损益表。

第一步，完成损益对比分析表。

在本月损益表的基础上，增加目标占比、与目标占比差异、同比、环比上月、环比上上月等项目，如表6-10所示：

表6-10　某餐饮店2022年5月损益对比分析表

店长：　　　　　　分析日期：

序号	项目	本月数值（元）	本月占比（占营业额）（%）	目标占比（%）	与目标占比差异（%）	同比(去年同月)数值（元）	同比占比（%）	环比上月数值（元）	环比上月占比（%）	环比上上月数值（元）	环比上上月占比（%）
1	营业额	1460000	100	100		1430000	100	1390000	100	1350000	100
2	上月库存	148920	10.2	6	4.2	90189	6.31	127910	9.2	101870	7.55
3	本月进货	702980	48.15	39	9.15	500671	35.01	577392	41.54	552540	40.93
4	本月库存	220460	15.1	6	9.1	85800	6	148920	10.71	127910	9.47
5	原料成本	631440	43.25	39	4.25	505060	35.32	556382	40.03	526500	39
6	毛利额	828560	56.75	61	4.25	924940	64.68	833618	59.97	823500	61
7	人事费用	379600	26	20	6	338960	23.7	317670	22.85	309870	22.95
8	房租	146000	10	11	1	146000	10.21	146000	10.5	146000	10.81
9	折旧摊销	86140	5.9	一共不超过20%，其中水电气费用在5%以内，宣传促销费用在5%以内，折旧摊销等在10%以内		86140	6.02	86140	6.2	86140	6.38
10	宣传促销费用	61320	4.2			67000	4.69	59381	4.27	47179	3.49
11	水电气费用	56940	3.9			58010	4.06	51650	3.72	50123	3.71
12	低值易耗品费用	4380	0.3			7480	0.52	6018	0.43	7223	0.54
13	其他费用	10950	0.75			14580	1.02	11171	0.8	6789	0.5
14	税金	54020	3.7			55770	3.9	52130	3.75	50050	3.71

续表

序号	项目	本月数值（元）	本月占比（占营业额）（%）	目标占比（%）	与目标占比差异（%）	同比（去年同月）		环比上月		环比上上月	
						数值（元）	占比（%）	数值（元）	占比（%）	数值（元）	占比（%）
15	9—14项小计	273750	18.75	20	1.25	288980	20.21	266490	19.17	247504	18.33
16	经营费用	799350	54.75	51	3.75	773940	54.12	730160	52.53	703374	52.1
17	净利润	29210	2	10	8	151000	10.56	103458	7.44	120126	8.9

注：目标占比是指公司给店面设定的理想（要求）占比，目标占比差异是指本月占比与目标占比的差异。

第二步，从表6-10中设定主要分析对象。如表6-11所示：

表6-11 主要分析对象表

主要分析对象
1. 营业额
2. 上月库存
3. 本月进货
4. 本月库存
5. 原料成本（F）
6. 毛利额
7. 人事费用（L）
8. 房租（R）
15. 9—14项小计
16. 经营费用
17. 净利润
注意：其中，FLR支出最为重要，几乎占营业额的70%；宣传促销费用也很重要，近年来占比逐年增加。

第三步，与目标占比进行对照分析。

占比是指某项数值在总数中所占的比重，常用百分比表示。

占比的计算公式：（所求占比数值/总数值）×100%。

例如，本月原料成本为631440元，本月营业额为1460000元，原料成本占比为（631440÷1460000）×100%＝43.25%；本月宣传促销费用为61320元，宣传促销费用占比为（61320÷1460000）×100%＝4.2%。

店长通过对占比的分析，可以清晰地看到营业额（收入）是通过什么样的支出结构转化为净利润的。占比分析是店长进行数据化管理的重要武器。

目标占比是指餐饮企业为了便于管理，为餐饮单店提前设定的各项理想支出占比，如，原料成本占比为39%，人工费用占比为20%。

将实际占比与目标占比进行比对，可了解餐饮店哪些项目达标了，哪些项目未达标，明确下一步的进攻方向。结合表6-10和表6-11，与目标占比进行分析，如表6-12所示：

表6-12 主要分析对象与目标占比对照分析表（2022年5月）

项目	本月数值（元）	本月占比（占营业额）（%）	目标占比（%）	与目标占比差异（%）	备注
营业额	1460000	100	100	（达标）	
上月库存	148920	10.2	6	（不达标）-4.2	
本月进货	702980	48.15	39	（不达标）-9.15	
本月库存	220460	15.1	6	（不达标）-9.1	1. 公司对该店要求月营业额目标为1350000～1460000元；
原料成本	631440	43.25	39	（不达标）-4.25	
毛利额	828560	56.75	61	（不达标）-4.25	2. 9—14项小计为：折旧摊销+水电气费用+宣传促销费用+低值易耗品费用+其他费用+税金
人事费用	379600	26	20	（不达标）-6	
房租	146000	10	11	（达标）1	
9—14项小计	273750	18.75	20	（达标）1.25	
经营费用	799350	54.75	51	（不达标）-3.75	
净利润	29210	2	10	（不达标）-8	

分析结果如下：

（1）营业额达标。

（2）原料成本不达标。

原料成本占比实际为43.25%，目标占比为39%，超出目标占比4.25%；毛利额实际占比是56.75%，目标占比为61%，少了4.25%。

其中，本月库存占比为15.1%，目标占比为6%，超出9.1%。

解读分析：原料成本占比超出目标占比4.25%，按1460000元营业额计算，即原料成本超出目标值为1460000×4.25%=62050（元）。

也就是说，按公司要求，营业额为1460000元时，目标原料成本占比为39%，即目标原料成本为1460000×39%＝569400（元），而实际为631440元，实际超出目标631440－569400＝62040（元），占比高出4.25%。（注：此处的62040元与上一段中的62050元出现了10元差距，是因为原料成本差异4.25%是四舍五入后的数字。实际应用时用62040元。）

其中，本月进货实际为702980元，占比48.15%，比目标占比高出9.15%。本月库存实际为220460元，占比15.1%，比目标占比高出9.1%。本月库存目标占比为6%，按1460000元营业额计算，本月库存目标为1460000×6%＝87600（元）；而实际为220460元，实际超出目标220460－87600＝132860（元），占比高出9.1%。

这说明该店在原料成本控制方面有问题，尤其是库存过大，同时说明进货数量存在一定问题。

根据公式，本月原料成本＝上月库存＋本月进货－本月库存。该店应一方面检讨采购数量、验收、浪费等情况，另一方面要针对本月库存进行专项检讨——为什么库存占比如此之高？毛利额占比不达标就是因为原料成本占比不达标。

（3）人事费用不达标。

人事费用占比实际为26%，目标占比为20%，超出6%。

解读分析：

人事费用占比超出目标6%，按1460000元营业额计算，即人事费用超出目标值1460000×6%＝87600（元）。也就是说，按公司要求，营业额为1460000元时，人事费用目标占比为20%，即目标人事费用为1460000×20%＝292000（元）；而实际为379600元，实际超出目标379600－292000＝87600（元），比目标占比高出6%。

这说明该店在人事费用管控方面存在较严重的问题。该店店长接下来要逐项分析人事费用支出的不合理之处。

（4）房租达标。

目标房租占比为11%，实际为10%，节约1%，即节约1460000×1%＝14600（元）。

（5）9—14项小计达标。

9—14项支出占比实际为18.75%，目标为20%，节约1.25%，即节约1460000×1.25%＝18250（元）。

其中，宣传促销费用实际占比4.2%，目标占比不超过5%；水电气费用实际占比3.9%，目标占比不超过 5%。

这说明该店在宣传促销费用、水电气费用方面管控措施得当，应该保持。

（6）经营费用不达标。

经营费用＝人事费用＋房租＋（9—14 项支出小计）

经营费用占比实际为 54.75%，目标占比为 51%，超出 3.75%，即按 1460000 元营业额计算，经营费用超出目标 1460000×3.75%＝54750（元）。

结合人事费用、房租、9—14 项支出小计分析，经营费用超标的原因是人事费用支出（占比）过高。

（7）净利润不达标。

净利润实际占比为 2%，目标占比为 10%，少了 8%。

解读分析：

净利润是店长工作的最终结果，也是解读损益表的最终靶向。

按公司目标，当营业额达标，完成当月营业收入 1460000 元时，目标净利润占比为 10%，即目标净利润为 1460000×10%＝146000（元）；而实际完成 29210 元，净利润损失为 146000－29210＝116790（元）。

主要问题出在哪儿？出在原料成本及人事费用的控制方面。

原料成本超出目标数值 62040 元，人事费用超出目标数值 87600 元，两项合计超出目标数值 149640 元。

本月净利润距公司目标缺少 116790 元。尽管该店在房租、水电气费用、促销费用方面达标，但是由于原料成本、人事费用的管控方面存在严重问题，所以导致本月净利润占比未完成目标任务。

通过对比目标占比分析，得出结论：下一个月店长的主要进攻方向为原料成本及人事费用的管控。

第四步，与同比、环比数据进行对照分析。

我说的同比是将本月数据与去年同月数据进行对照；环比上月，是指将本月数据与上月（4 月）数据进行对照；环比上上月，是指将本月数据与上上月（3 月）及上月（4 月）数据进行连贯对照分析。

因为店长的管理控制动作本身就是连贯的，通过同比、环比，我们可以清晰地看到本月与去年同期及连续三个月的管理控制效果如何，有什么样的动态变化（结合店长日常的管控动作），从中得到经验与教训。

结合损益对比分析表归纳出的分析结果如表6-13所示：

表6-13 主要分析对象同比、环比分析表（2022年5月）

项目	本月数值（元）	本月占比（%）	同比		环比上月		环比上上月		对照管控动作，分析解读说明
			数值（元）	占比（%）	数值（元）	占比（%）	数值（元）	占比（%）	
营业额	1460000	100	1430000	100	1390000	100	1350000	100	
上月库存	148920	10.2	90189	6.31	127910	9.2	101870	7.55	
本月进货	702980	48.15	500671	35.01	577392	41.54	552540	40.93	
本月库存	220460	15.1	85800	6	148920	10.71	127910	9.47	
原料成本	631440	43.25	505060	35.32	556382	40.03	526500	39	
毛利额	828560	56.75	924940	64.68	833618	59.97	823500	61	
人事费用	379600	26	338960	23.7	317670	22.85	309870	22.95	
房租	146000	10	146000	10.21	146000	10.5	146000	10.81	
9—14项小计	273750	18.75	288980	20.21	266490	19.17	247504	18.33	
经营费用	799350	54.75	773940	54.12	730160	52.53	703374	52.1	
净利润	29210	2	151000	10.56	103458	7.44	120126	8.9	

1. 营业额

公司规定月营业额在1350000元至1460000元为达标。所以，本月、去年同月、上月、上上月营业额均达标。其中，本月营业额最高，为1460000元，去年同月为1430000元，上月为1390000元，上上月为1350000元。这说明店长在营业收入方面的日常管理动作是有效的。

2. 原料成本占比与毛利额占比（毛利率）

通过表6-13可以看出，该店原料成本占比有明显的波动。去年5月为35.32%，今年3月为39%，今年4月为40.03%，今年5月为43.25%。同时，上月库存、本月进货、本月库存的占比也出现了明显上升。这至少说明，库存和进货管控不严，导致原料成本占比明显上升。尤其是今年5月的进货占比比去年5月的进货占比高出13.14%。今年5月的库存占比比去年 5 月的库存占比高出 9.1%，而且今年 5 月的营业额是 1460000 元，去年 5 月的营业额是 1430000 元，处于同一水平，进货与库存却有如此反差，充分说明该店在进货与库存管控上有明显的问题。

正是原料成本管控出现了问题，导致在营业额提高的情况下，毛利额（毛利率）却出现了明显下降。

3. 人事费用占比

今年 5 月人事费用占比为 26%，去年 5 月人事费用占比为 23.7%，今年 3 月人事费用占比为 22.95%，今年 4 月人事费用占比为 22.85%，也出现了较为明显的波动。这说明该店在人事费用管控上也有一些问题。

4. 房租占比

四组占比数据较为接近，波动不大。

5. 9—14 项小计

四组占比数据较为接近，波动不大。这说明该店在折旧摊销、宣传促销费用、水电气费用、低值易耗品费用、其他费用、税金方面的管控工作相对有效平稳。

6. 经营费用占比

因为今年 5 月人事费用占比明显比以往高，所以今年 5 月的经营费用占比出现了上升。

7. 净利润占比

综上所述，该店在今年 5 月营业额最高，但净利润水平（占比）最低，为 2%，去年 5 月为 10.56%，今年 3 月为 8.9%，今年 4 月为 7.44%。也就是说，一段时间以来，该店的净利润水平（占比）有明显的下降，主因是原料成本、人事费用管控方面存在明显的问题，需立即整改。

餐饮店长通过上述四步解读分析损益表，就像我们做了一次粗略的"体验"，知道了自己店面赚不赚钱，并结合利润标准图，大概知道了自己在哪些方面有问题。下面我们用更加详细的"CT 扫描"（经营结果分析表），具体检查店面为什么会（或不会）赚钱，从哪一方面能把店面经营得更好。

三、如何编制、解读经营结果分析表

经营结果分析表是从营业收入与支出两个方面更为详细地检测餐饮店本月及一段时间以来的经营情况，如表 6-14 所示：

表 6-14　某店 2022 年 5 月经营结果分析表

店名：_____　　开业日期：_____　　面积：_____　　台数：包间_____个

6~10 人台：_____个　　2~4 人台：_____个　　总座位数：_____　　店长：_____

序号	分析项目	简要说明	5月	4月	3月	2月	1月	上一年12月
1	营业天数	一个月内的营业天数						
2	总营业额	除总营业额外，也可分为凉菜、热菜、小吃、酒水或午市、晚市等营业额						
3	顾客人数	一个月的总客人数						
4	人均消费	总营业额÷总客人数						
	午市顾客人数	一个月午市的总客人数						
	午市人均消费	午市营业额÷午市客人数						
	晚市顾客人数	一个月晚市的总客人数						
	晚市人均消费	晚市营业额÷晚市客人数						
5	座位周转率	顾客人数÷（座位数×营业天数）=1 天 1 座的顾客人数						
	午市时段座位周转率	午市顾客人数÷（座位数×营业天数）						
	晚市时段座位周转率	晚市顾客人数÷（座位数×营业天数）						
6	菜品比例	菜品营业额÷总营业额，也可分为凉菜、热菜、小吃营业额占比						
	酒水比例	酒水营业额÷总营业额						
7	午市营业额比例	午市营业额÷总营业额						
	晚市营业额比例	晚市营业额÷总营业额						
8	主打菜品营业额	凉菜主打菜品营业额+热菜主打菜品营业额+小吃主打菜品营业额						
	主打菜品营业额占总营业额百分比	（凉菜主打菜品+热菜主打菜品+小吃主打菜品）营业额÷总营业额						
	全部菜品总数量	菜单上所有菜品的月销售份数						
	主打菜品销量	凉菜、热菜、小吃主打菜品月销售份数						
	主打菜品销量占菜品总数量百分比	凉菜、热菜、小吃主打菜品月销售份数÷全部菜品月销售份数						

续表

序号	分析项目	简要说明	5月	4月	3月	2月	1月	上一年12月
9	每平方米营业额	总营业额÷面积						
10	平均1天1座的营业额	总营业额÷营业天数÷座位数						
11	总用工人数	本月总用工（正式工）人数						
	每日每员工贡献营业额	总营业额÷营业天数÷总用工人数						
	每月每员工贡献营业额	总营业额÷总用工人数						
12	原料成本及其占比	月原料成本；月原料成本÷月总营业额						
	本月库存及其占比	月末盘点库存金额；月末盘点库存金额÷月总营业额						
13	毛利额及其占比	总营业额−原料成本；（总营业额−原料成本）÷总营业额						
14	人事费用及其占比	月人事费用；人事费用÷总营业额						
15	促销费用及其占比	月促销费用；促销费用÷总营业额						
16	水电气费用及其占比	月水电气费用；水电气费用÷总营业额						
17	房租（R）及其占比	月房租；房租÷总营业额						
18	原料成本（F）、人事费用（L）及其占比	原料成本+人事费用；（原料成本+人事费用）÷总营业额						
19	原料成本（F）、人事费用（L）、房租（R）及其占比	原料成本+人事费用+房租；（原料成本+人事费用+房租）÷总营业额						
20	净利润及其占比	月净利润；月净利润÷总营业额						

1. 营业天数

营业天数为当月实际营业天数。

2. 总营业额

总营业额为当月总营业额，也可分为菜品营业额、午市营业额、晚市营业额、凉菜营业额、热菜营业额、小吃营业额、酒水营业额、外卖营业额、堂食营业额等。

3. 顾客人数

顾客人数是指一个月内全部的顾客人数。顾客人数是店面吸引客人能力的重要体现，务必每日认真统计。也有的企业用总账单数、总桌数来体现。

4. 人均消费

根据人均消费的数值可以掌握每一个客人平均带来多少营业额。除了总人均消费外，也可以区分午市、晚市，分别算出午市、晚市的客人数及人均消费。

人均消费可以作为判断经营效率（销售效率）好坏的准则，特别是变更菜单或推出季节性菜单时，这是判断成功与否的关键（有的企业也用桌均消费来计算）。

5. 座位周转率

座位周转率是分析1天1个座位有多少人使用过的指标，是餐饮店吸引客人能力的重要体现。除了整日的数据之外，也要对午市、晚市分别计算，确认店面午市、晚市吸引客人的能力。

餐饮店适当的座位周转率会随着餐饮店的规模、位置、种类、品类、档次而有差异。比如，人均消费60元左右，座位周转3.5~6次/每天；人均消费150元左右，座位周转2.5~3.5次/每天；人均消费200元以上，座位周转1.5~2.5次/每天。

6. 菜品比例、酒水比例

菜品比例也可分为凉菜占比、热菜占比、小吃占比，用来提醒店面各档口菜品推销能力，以及计算是否合理用工及平衡加工速度。

比较酒水比例的主要目的是观察餐饮店的酒水销售水平，进而促进酒水销售。一般而言，中餐店酒水销售金额占比低于总营业额的5%，为酒水销售较差；5%~10%为良好；10%以上为优秀。

7. 午市营业额比例、晚市营业额比例

午市营业额比例、晚市营业额比例用来观察午市与晚市营业收入的区别，进而充分利用两个饭口的营业时段，为提高营业收入找到突破口。

8. 主打菜品

根据前面讲的交叉ABC分析法，分别统计主打菜品（凉菜、热菜、小吃的A类菜品）的销售金额、销售份数及占比，来判断店面的主打菜品是否足够吸引客人，能否让客人冲着主打菜品而来。一般而言，主打菜品的合计营业额占比不到总菜品营业额的10%，或者主打菜品的合计销售份数低于菜品总销售份数的30%，说明该店的菜品缺乏特色。

9. 每平方米营业额

每平方米营业额是一个效率的表现指标，可以算出餐饮店每平方米一个月能获得多少营业额，是考察经营能力、房租承受能力的重要指标。这个数字也会随着餐饮店各种条件的不同而产生差异。例如，地段一般的餐饮店每月 1.5 万～2 万元/平；闹市区的餐饮店每月 2 万～2.5 万元/平；如果是生意兴隆的餐饮店，每月 3 万元/平以上。

10. 平均 1 天 1 座的营业额

平均 1 天 1 座的营业额就是 1 天之中 1 个座位能产生的营业额。

座位周转率体现的是店面吸引客人的能力。平均 1 天 1 座的营业额则是在吸引客人的能力的基础上，计算每个座位能产生多少营业额。这个数据既与吸引客人的能力有关，更能反映出店面推销能力如何或菜单设计是否合理。

11. 总用工人数、每日每员工贡献营业额、每月每员工贡献营业额

主要体现的是餐饮店的人效。主要指标是每日每员工贡献营业额。例如，许多大众中餐店以每日每员工贡献 1000 元为合格参考指标。

（注：有些餐饮店使用工时制，即每小时每员工贡献多少营业额。本书采用的是目前大多数餐饮店使用的月工作制，即按一个月工作多少日来计算员工的工资。）

12. 原料成本及其占比—房租及其占比（12—17 项）（前文已详细介绍）

13. FL 成本及其占比，FLR 成本及其占比

通过前面学习的利润标准图及损益表解读，店长已明白，F 和 L 是店面支出的"大头"，占营业收入的 60%，若再加上 R，则占营业收入的 70%，是成本、费用控制的重中之重，尤其要着重加强对 FL 支出的管控。

这里需强调的是，FL 成本控制在 60% 以内，FLR 成本控制在 70% 以内，是针对一般情况而言，也有例外。有的餐饮店的促销费用会根据店面需要而大幅增加。比如，某店目标促销费用为营业额的 5%，因为增加了广告及促销活动，本月促销费用占比增加到 15%。此时，该店要么在净利润方面会出现损失，要么营业额必须有明显的增加，要么在原材料成本及人事费用占比方面有明显的降低。

14. 净利润及其占比

这是店长一切工作成果的呈现，如果这个成果不理想，必是店长的工作出了问题。

四、店长的单日决算表

所谓单日决算，是指店长每天亲自制作简易的当日损益表，即时掌握每日大概的经营状况。

前面讲的是每月由专业会计制成的月度损益表，老板、公司高管和店长都会通过看月度损益表，检视上个月的实际绩效。不过，月度损益表有一个致命的缺点：会计制成的月度损益表在大部分店面会于下个月10—15日完成，少部分管理水平高的店面也需要在下个月5—7日完成。

所谓经营店面，就需要店长每天分析营业收入的对比与变化，每天检核进货、毛利、其他费用。营业收入与成本费用是随着日积月累的动作而产生的结果，因此，对于店长来说，在下个月的10日左右才能了解本月的经营情况，再加上分析原因、寻找对策的时间，那实在太晚了。

月度损益表虽可准确显示过去的战绩，却来得太晚，基本丧失了改变未来数据的能力。因为店长不晓得自己每日的应对是否有效。所以，店长不要依赖别人，一定要亲自制作日损益表，避免月度损益表的缺点。尽管每日决算的数据不是十分精准，但至少可以知道大概。特别强调：店长只要能每天制作损益表，就能时刻把握自己店面的即时营运数值。

不需为了实施单日决算而每日盘点原料，只需将每日进货成本及从库房领用的成本当成日原料成本；每日人工费用按实际员工人数计算，比如，今日上班10人，每人平均日工资为170元，今日工资额为1700元；每日房租、公司折旧摊销可用月总额除以30天；水电气费用要每日下班前抄表折算；税金可以用占比估算；其他费用实际发生了多少就计入多少。

这样一来，店长就能在每日下班前大概清楚自己团队每日的战果——店面营运若未实施单日决算，就像飞行员开飞机不看仪表盘一样。不能即时掌握飞行状况的飞行员，你能放心让他驾驶飞机吗？

运用单日决算的技术有一个重点，就是店长每天要亲自填写营业收入、进货金额、人工费用等。店长通过每天亲自输入数字来培养对数字的敏锐度，同时按照自己的想法展开行动，力促月度业绩得到预期的提升，如表6-15所示：

表 6-15 某餐饮店单日决算表

项目		日期		月累计（略）
		16日（周四）	17日（周五）	
营业收入（元）	目标营业收入	13000	20000	
	实际营业收入	13900	18000	
	营业收入达成率	107%	90%	
成本（元）	原料进货及领用	3500	4530	
	饮品进货及领用	670	870	
	总计进货及领用成本	4170	5400	
	进货（领用）率	30%	30%	
人事费用（元）	正式员工人事费用	3892	3892	
	小时工人事费用	—	68	
	人事费用总额	3892	3960	
	人事费用率	28%	22%	
其他费用（元）	广告宣传费	100	100	
	促销活动费	500	570	
	水电气费	530	570	
	房租	1500	1500	
	税金	550	570	
	折旧摊销	700	700	
	其他费用总额	3880	4010	
	其他费用率	28%	22.28%	
利润（元）	实际利润	1958	4630	
	实际利润率	14.09%	25.72%	
日盈亏平衡点营业额约为 11200 元				

注：店长要大致把握日盈亏平衡点营业额这个重要数据。

日盈亏平衡点营业额是指有多少营业收入才能达到收支平衡。换句话说，日营业收入在日盈亏平衡点营业额之下便是亏损，日营业收入达到日盈亏平衡点营业额就是不赚不赔。

日盈亏平衡点营业额的计算过程、公式比较复杂：

（日、月）盈亏平衡点营业额＝固定费用÷（1－变动费用÷营业额）

这个公式很难懂，所以我建议店长用下面这个更加简化的计算方式来理解：

（日、月）盈亏平衡点营业额＝营业费用总和÷毛利率

以表6-15为例：

16日营业费用总和：人事费用＋其他费用＝3892＋3880＝7772（元）

毛利率：（1－成本率）＝1－30％＝70％，7772÷70％≈11103（元）。

17日营业费用总和：（3960＋4010）÷70％≈11386（元）。

16、17日平均营业费用约为11200元。

当然，这样算出来的盈亏平衡点营业额不是一个精准的数字，但所谓的盈亏平衡点营业额只是帮助店长审视自己的各种经营运作的一种工具而已，所以没必要精算出会计数字。

餐饮店长在经营餐饮店时，要把主要精力放在提高营业额，超越盈亏平衡点营业额上。换句话说，实际营业额比盈亏平衡点营业额高出越多，净利润就越大，边际收益（利润）也就越高。

有一项数据叫作盈亏平衡点比率，公式：

盈亏平衡点比率＝盈亏平衡点营业额÷实际营业额×100％

以表6-15为例：

16日盈亏平衡点比率＝11200÷13900×100％≈80.6％

17日盈亏平衡点比率＝11200÷18000×100％≈62.2％

盈亏平衡点比率越小，获利能力就越高。16日的利润为1958元，17日的利润为4630元。

简单地说，餐饮店的实际营业额越远超盈亏平衡点营业额，其获利能力就越强。因为房租、折旧摊销是不变的，人事费用等变动也不大。

各位店长可以计算一下自家店面现在的日（月）盈亏平衡点营业额。我的经验是，假如盈亏平衡点比率在80％以下，就足以称为一家好店了。

专题二十四　合理控制原料成本

一般而言，餐饮店的主要支出是原料成本、人事费用及房租，这三项支出一般要控制在营业收入的70％以内，餐饮店才有可能获得10％的净利润。而房租是固定的，只能靠

延长营业时间、增加座位周转率、提高平均1天1座的营业额等方法提高营业额，摊薄房租占比。所以对原料成本和人事费用的管控是控制支出的关键。当然也有特殊情况。近年来，许多餐饮店十分重视促销，各种线上宣传促销活动比比皆是。所以，许多餐饮店的促销费用有了明显的增加，促销费用占比往往突破了5%，有的甚至高达10%~20%。

如果促销费用的增加能相应带来营业额的增加，还属于良性循环。实际上经常出现的却是促销费用增加，但营业额的增加滞后或干脆没有明显的增加，而促销还要坚持下去。怎么办？减少净利润？企业老板也许不答应。那么，只能通过合理提升管控水平，降低原料成本和人事费用来填补促销费用的增加。

例如，某餐饮店每月平均营业额为100万元，目标净利润为10万元（10%），原来的标准利润结构为：

营业额100万（100%）－原料成本40万（40%）－人事费用20万（20%）－房租10万（10%）－其他费用（如水电气费用、折旧摊销、促销费用、税金、其他费用）20万（20%）＝净利润10万（10%）

现在公司根据市场竞争情况，决定将其他费用里的促销费用由原来的占比5%提高至15%，即增加10万元促销费用，净利润目标不变。餐饮店长该怎么办？

营业额在执行促销活动当月或下月可能有明显上升。店长要有心理准备，即营业额没有因促销活动而有理想的变化。

此时，店长只能在原料成本和人事费用管控上想办法。因为房租、折旧摊销变不了；水电气费用也不可能管控过严，且水电气费用占比也比较小，降低的空间有限；税金也不可能有太多降低的空间；低值易耗品等方面尽管可以加强管控，但毕竟浮动空间有限。所以店长决定在原料成本上争取降低5%~35%，人事费用上争取降低5%~15%。

也就是说，一家餐饮店要想获得合理的净利润，支出的主要控制方面就是原料成本和人事费用。

下面着重讲一下怎样合理控制原料成本。

一、合理控制原料成本的基本思路

（一）什么是合理

所谓合理，一方面是指店长应在自己的职权范围内管控原料成本，提高毛利额（率），不能指望通过涨价来提高毛利额（率）；另一方面是指店长不得采取侵犯客人利益的方法，比如用缺斤少两来降低成本，提高毛利额（率）。

所以餐饮店长要围绕以下公式合理控制原料成本，提高毛利额（率）。

营业收入－原料成本＝毛利额

营业收入－毛利额＝原料成本

原料成本＋毛利额＝营业收入

原料成本＝上月末库存＋本月进货－本月末库存

成本率＝原料成本÷营业收入×100％

毛利率＝毛利额÷营业收入×100％

原料成本＝酒水成本＋菜品成本

酒水成本＝上月末酒水库存＋本月酒水进货－本月末酒水库存

菜品成本＝上月末食材库存＋本月食材进货－本月末食材库存

酒水成本率＝酒水成本÷酒水营业额×100％

菜品成本率＝菜品（食材）成本÷菜品营业额×100％

营业收入＝酒水收入＋菜品收入

酒水毛利率＝1－酒水成本率

菜品毛利率＝1－食材成本率

同理，也可以计算出凉菜的成本率和毛利率、热菜的成本率和毛利率、小吃的成本率和毛利率等。

（二）合理控制原料成本的基本思路

根据"营业收入－原料成本＝毛利额"或"营业收入－毛利额＝原料成本"可知，原料成本下降则毛利额增加，毛利额增加则原料成本下降，结果虽然是相同的，但是降低原料成本与提高毛利额的方法并不相同。

1. 降低原料成本的方法

（1）检讨进货。

（2）降低进货价格。

（3）控制损耗和浪费。

（4）合理管控菜品分量或调整主辅原料的配比。

2. 提高毛利额的方法

（1）根据交叉 ABC 分析法，增加毛利额高或毛利率高的菜品的销售量。

（2）提高菜品的售价。

（3）合理设计菜单、酒水单的结构，使菜品、酒水的毛利额高低、毛利率高低搭配合理。

案 例

原料价格上涨的烦恼

近年来，许多餐饮店老板因为原料价格上涨而烦恼不已。

某大众烧烤品牌（以烤牛肉为主）长年深受当地客人喜爱，已有多家直营分店。不过，在牛肉价格持续上涨的情况下，原料成本率现已超过38%，以前设定的原料标准成本率为34%，上升了4%。

另外，该企业原来负责采购的经理（工作已超过10年），近期因个人原因离职，导致采购工作也出现了一些问题。对一家大众餐饮店来说，原料成本率上升4%（毛利率下降4%）是一件严重的事情，甚至会影响企业的生存。因此，老板找来各位店长、厨师长和我一起开会研究。

老板说："按照现在的原料成本情况，尤其是牛肉成本不断上升，咱们企业出现了严重的危机，我希望大家能认真研究降低原料成本的方法。"

某店长兼厨师长说："老板，我知道成本率确实有些高，可是我听牛肉供应商说，因疫情反复，价格还会上涨。说实话，现在这种情况下要降低成本率相当困难。"

老板不高兴地说："困难是明摆着的，但是你知道成本率上涨4%，对咱们企业意味着什么吗？对你意味着什么？一年要少多少利润？你们的工资、奖金、福利、分红以后都会受到很大的影响。我请大家来不是讲困难的，是请大家想办法的。"

一位店长说："对，大家想办法！老板，你看能不能再多找一些牛肉供应商，包括调味品等的原料供应商，咱们一定要找到更便宜的货源。"

这位店长一讲完，很多店长、厨师长马上附和道："对，降低进货价是最重要的。"

老板看着我说："好吧，想办法降低进货价……"

此时，我讲了自己的观点："努力找更便宜的货源的确十分重要，不过，在全球经济不景气、新冠疫情反复的情况下，原料价格上涨恐怕是一个大趋势。通过努力找到更便宜的货源来降低原料成本、提高毛利率，成功的概率不大。大家不能把宝都押到找便宜货源这件事上。我建议大家忘掉压低进货成本的想法，看看还有没有别的出路。"

就一般原则而言，为了压低进货成本就必须加大采购量和缩短付款账期。而在全球经济不景气、疫情反复的情况下，加大采购量和缩短付款账期并不容易操作，所以我提出了单店原料成本管控、提高毛利率的系列方法。

我认为，餐饮店长的资源有限，无法通过直接涨价、改变进货标准、直接要求供应商降价、变更菜单、变更菜品分量（主辅料配比）等方法来降低原料成本（率）及提高毛利额（率）。

店长合理控制原料成本、提高毛利额有两大招：厨房减少不合理的损耗，前厅提高销售技术（毛利组合）。其中，厨房减少不合理的损耗包括根据标准控制成本、原料采购量与库存量控制、原料验收环节成本控制、原料储存环节成本控制、原料初加工环节成本控制、原料配份环节成本控制、原料烹调环节成本控制。

二、根据标准控制成本是核心

在餐饮管理实战调研中，我经常发现一个现象：在一家连锁企业中，各家店的菜单（标准）是一样的，但总有几家店的成本率偏高。面对偏高的成本率，分析能力就显得十分重要。何谓分析？分析就是"比较"的意思。

有一家日料餐饮企业有三家店。甲店的成本率是最高的，达到37%，其他两家的成本率分别为34%和34.1%。于是，我问甲店的店长、厨师长："为何你们店的成本率如此之高？"厨师长回答："因为我们店开的时间久，老顾客特别多，他们十分清楚哪一道菜划算，所以成本率高的菜点得特别多，比如生鱼片。"这种理由乍一听似乎很合理，但这样的原因分析不够准确，缺乏数字依据。

于是，我问道："你们店的标准库存率（本月库存占本月营业额的百分比）是多少？你们店生鱼片每月销售金额占营业额的百分比是多少？"厨师长愣住了。店长接过话说："李老师，厨师们每天很忙，最近公司又在削减人事支出，大家一直十分辛苦。所以我们都以为客人提供更好的菜品为第一优先工作，没有时间搞这样的数字工作。"厨师长也马上附和道："的确，我们没空搞这么细的分析。我凭经验，感觉是……"

可以看出，店长和厨师长对我提出的问题"不感冒"。这种现象在现在的餐饮店是普遍存在的。可是，在原料价格不断上涨及竞争激烈的今天，店长和厨师长必须养成用数字标准来思考问题的习惯，光凭经验、感觉进行管理是很难持续生存下去的。

（一）一定要制定各项标准成本

标准成本是对后厨各项成本所规定的数量界限，而且制定的标准成本必须有竞争力。其实一家高性价比的餐饮店的背后，主要就是标准成本制定得合适。

这里说的标准成本，具体是指由公司根据市场定位制定的厨房出品标准成本率（标准毛利率）、凉菜成本率、热菜成本率、小吃成本率、月库存占比、库存周转率、主菜（主料）进货量标准、主料使用量占营业额百分比、净料率、出成率、各菜成本率、各酱汁配比率等。

（二）实施成本控制

依据公司或单店制定的标准成本，对成本形成的全过程进行监督，并结合单店每日或定期（周、月）成本的实际情况及管理人员现场巡检的结果，及时找出原料成本的差异。比如，每日及时对比每万元营业额各项食材原料及其他费用占比的参考标准和实际支出的差异。

例如，某中餐店长年月收入基本稳定在 60 万元左右，每月菜籽油支出为 2 万元。经核算，设定 60 万元的月营业收入，菜籽油每月标准支出为 2 万元。于是，店长设计：每日 2 万元营业收入，日菜籽油支出参考标准为 667 元；每日 1 万元营业收入，日菜籽油支出参考标准为 333 元，按单价每斤 9 元，折成菜籽油用量为 37 斤/万元。按此标准每日跟踪营业收入及进、用、存等菜籽油量的变化，每日倒查菜籽油的实际使用情况。

（三）确定成本差异与责任人

成本差异是指实际成本与标准成本的差额。店长和厨师长通过对出品的制作和销售中产生的实际成本与标准成本的比较，计算出成本差额（高或低），并分析产生差异的原因和责任人，以便为清除这种成本差异做好准备。

（四）消除成本差异

店长和厨师长通过充分发挥下属的潜力，鼓励员工学标准、用标准、多动脑、多建议以及采取奖罚措施,使全员重视成本控制,并加强管理,以使实际成本尽可能接近标准成本。

总之,一句话:厨房原料成本控制的核心在于有标准、有责任人,在于用标准来分析、对照、整改。

三、原料采购与库存环节的成本控制

原料采购与库存环节是菜品成本、质量控制的首要环节。对餐饮店长(厨师长)来说,原料采购与库存环节的成本控制有三个要点:一是采购量的控制;二是库存量的控制;三是采购质量标准的控制。

(一)盘点极为重要

1. 什么是盘点

所谓盘点,是指以月(周、日)为单位,实地调查食材的数量和状态,确认库存量的工作。盘点的目的就是正确掌握原料成本。盘点是餐饮店数字化管理的基础工作。

这里要强调的是:盘点的负责人不是厨师长及财务人员,而是店长。因为盘点是与菜品加工相关的工作,所以容易被误认为是厨师长的责任。菜品加工的实际管理业务由厨师长执行,但店长必须负最后的责任。因为利润的责任不是由厨师长负责,而是由店长负责。财务人员只是负责记账,当然也要监控盘点,但不会为单店的利润负责。

当月原料成本=上月末库存金额+本月进货金额-本月末库存金额

本月进货金额可以通过进货票据统计得知。而冰箱、冰柜、货架、仓库里的库存只能通过盘点来掌握。

依企业的不同,进行盘点的频率会有所差异。有的企业能做到日盘点,有的企业能做到周盘点,大多数企业是月盘点。

还有一些小规模的餐饮店将每月采购金额当作当月的原料成本。事实上,每月的原料成本和当月的采购金额是完全不同的数字。在不计算库存的情况下,用进货金额除以营业额所得的数字,叫作进货率,不同于计算库存而得到的成本率。

一些管理水平较高的餐饮店会用单日决算的方式跟踪成本控制,而单日决算是不用每日盘点的,只以日进货率来估算日原料成本。但是,在当月结算时就必须用到成本率。

例如,有甲、乙两家餐饮店(同一品牌),它们的月营业额与当月进货金额相同,月库存总额却不一样。

甲店某年 5 月的营业额为 50 万元，当月进货金额为 15 万元，5 月期初库存为 2 万元，期末库存（本月库存）为 3 万元。

乙店与甲店相同，5 月的营业额为 50 万元，当月进货金额为 15 万元，5 月期初库存也是 2 万元，期末库存（本月库存）为 1 万元。

甲店、乙店对照如表 6-16 所示：

表 6-16　甲店、乙店对照表

门店	5 月营业额（万元）	进货金额（万元）	期初库存（万元）	期末库存（万元）
甲店	50	15	2	3
乙店	50	15	2	1

这时，甲店和乙店的进货率都是：

进货金额 15 万元÷营业额 50 万元×100%＝30%

也就是说，把进货率当成原料成本率，甲、乙两店是一样的，都是 30%，即毛利率是 70%。

然而，进行盘点后，甲店的成本率是：

原料成本（15 万元＋2 万元－3 万元）÷营业额 50 万元×100%＝28%

而乙店的成本率是：

原料成本（15 万元＋2 万元－1 万元）÷营业额 50 万元×100%＝32%

如表 6-17 所示：

表 6-17　甲店、乙店进货率与成本率比较表

门店	进货率 （进货金额÷营业额×100%）	成本率 （原料成本÷营业额×100%）
甲店	15÷50×100%＝30%	（15＋2－3）÷50×100%＝28%
乙店	15÷50×100%＝30%	（15＋2－1）÷50×100%＝32%
甲店成本率比乙店低 4%，甲店毛利率比乙店高 4%。相差 4%。		

所以，正式进行月结算时，必须执行严格的存货盘点。如果盘点执行得不够准确，得出的原料成本（率）、毛利额（率）就是假的、虚的。面对数字，如果不把正确性当作前提，就没有人会认真改善。所以，我认为若不切实执行盘点，单店运作迟早都会失败——许多中小餐企只要变大就会走下坡路，就是因为不重视盘点这样的基础数据管理。

2. 正确的盘点方式

许多餐饮店不认真盘点的主要原因有：领导不重视；食材太多；食材的储藏地点不固定；食材的包装凌乱，很难掌握数量。

因为盘点要花很多时间、精力，非常麻烦，又不被领导重视，所以盘点工作逐渐不被认真对待了，所谓盘点也就成了应付差事。

如果要切实地进行盘点，重要的是确定容易操作的盘点程序及注意事项。

（1）由店长和厨师长决定适当的标准库存量。比如，面积较小的店，以营业额的2%～5%为标准库存量。有的商业综合体餐饮店甚至追求零库存（1%以内），有的包席较多的餐饮店标准库存量为5%～10%。

（2）由店长和厨师长确定"无法使用的库存"标准。也就是说，在月底盘点时，只计算库存中哪些是下个月能使用的原料，不能使用的原料不可计入库存金额，因为那是损失，不是库存。

（3）准备好盘点表。如表6-18所示：

表6-18 盘点表

品名	进货单价或折算单价（元）	规格、计量单位（公斤）	上月盘点		当月进货		当月盘点		当月使用金额	
			数量（公斤）	金额（元）	数量（公斤）	金额（元）	数量（公斤）	金额（元）	数量（公斤）	金额（元）
合计										

注：当月使用金额（当月原料成本）＝上月盘点库存金额＋当月进货金额－当月盘点库存金额。

（4）食材的库存现场要随时注意清理整顿。

（5）食材的排列顺序和盘点表上记录的顺序要一致，不得漏盘、少盘。主要食材名称可以事先打印在盘点表上。

（6）统一食材的名称、规格和计量单位。

（7）确定液态（酱汁、汤类）的计算（折算）公式。

（8）已开封使用的原料（调味品）也必须计入，如已开封使用的酱油可计算为0.5个。

另外，进行盘点时需注意，盘点人员中负责计数的和负责填写的各为一组；盘点表要按鲜活类原料、调味品、干货、冻货等分别准备；计数人和填写人要互相报出品名，分量后填写。

（二）原料库存量把握不好的两大危险

为了保持稳定的成本率，同时为了稳定地提供菜单上列出的菜品，餐饮店必须在一定程度上把握好食材的库存量。

食材库存多就意味着需要占用相应的资金，当然也需要相应的保管空间。现在的餐饮店后厨都是十分拥挤的，若是压货过多，管理难度自然加大。长时间保管过剩食材会导致原料品质下降，同时造成食材的浪费、损耗，并占用过多的资金。

但是，也不能简单地说库存越少越好。餐饮店要避免菜单上的菜品沽清（营业中卖完了），尤其是主打菜、招牌菜和客人经常点的菜。对特意上门来品尝的客人说"这道菜已经卖完了"会给店面带来两个损失：第一，因为让客人的期待落空了，所以有可能会失去常客或令客人很扫兴；第二，错过提高销售额或利润的机会。

原料库存量把握不好的两大危险如图 6-6 所示：

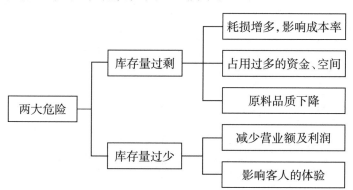

图 6-6　原料库存量把握不好的两大危险

因此，餐饮店长一定要明白，利润始于采购，采购决定着一切。如果营业额提高的难度为 100%，那么控制采购成本的难度只有 10%。

餐饮店长对采购成本控制的焦点（难点）是把握好采购量与库存量，所以必须日常性地对库存进行正确的盘点（统计）后再下进货单采购原料。

（三）精准把握库存量是把握好日常性进货量的根本

把控库存周转天数是精准把握库存量的前提。

我建议店长（厨师长）不能仅凭经验、感觉来把控库存周转天数，最好使用数字（公式）来把控。

接着说本节前文提到的日料企业。我帮助甲店店长和厨师长用数据及公式来分析（比较）成本率过高的原因。我找出三家店一个季度的销售数据和原料支出数据，用标准成本率、理论成本率、实际成本率、交叉成本率做成一个对比表，如表6-19所示：

表6-19 三家店的理论成本率、实际成本率对比表

品类	各品类标准成本率（%）	甲店		乙店		丙店	
		销售金额百分比（%）	交叉成本率（%）	销售金额百分比（%）	交叉成本率（%）	销售金额百分比（%）	交叉成本率（%）
午市定时套餐	38	20	7.6	24	9.1	25	9.5
三文鱼生鱼片	45	8	3.6	9	4.1	9	4.1
炸品	31	4.6	1.4	5.2	1.6	4.3	1.3
小菜	30	14	4.2	10	3	9	2.7
沙拉	30	3	0.9	2.5	0.8	2.6	0.8
煮品	28	0.1	0	0.1	0	0.1	0
寿司	31	15	4.7	16	5	17	5.3
主打招牌菜	35	5.1	1.8	4	1.4	4.2	1.5
甜点	19	0.2	0	0.2	0	0.1	0
商务套餐	35	3.5	1.2	3.9	1.4	3.2	1.1
酒水饮料	25	26.5	6.6	25.1	6.3	25.5	6.4
①理论成本率		32		32.7		32.7	
②实际成本率		37		34		34.1	
③损耗率（①-②）		-5		-1.3		-1.4	

解读表6-19：

（1）该企业对各品类分别设定出各自的标准成本率。

（2）销售金额百分比是各品类销售金额÷总营业额。

（3）交叉成本率＝各品类销售金额百分比×各品类标准成本率。交叉成本率提示我们，哪一个品类的销售金额越大（销售金额百分比越高），就对原料成本率影响越大；反之，影响越小。比如表6-19中甜点的成本率只有19%（毛利率81%），但是由于销售金额太

低（销售金额百分比低），所以对月原料成本率影响很小。而午市定时套餐、寿司、酒水饮料三项的销售金额较高（高达61.5%），所以对月原料成本率影响较大。

（4）理论成本率是把各品类的交叉成本率合计得到的成本率。理论成本率是不考虑浪费、损耗等因素的，只考虑设定菜单时各品类的标准成本率以及销售金额百分比。

切记：设计的某菜或某档口的菜的标准成本率再低（毛利率再高），若不产生销售金额或销售金额过低，对成本率（毛利率）都是没什么影响的。

（5）实际成本率=（上月末库存金额+本月进货金额−本月末库存金额）÷总营业额

（6）损耗率=理论成本率−实际成本率

通过表6-19，结合甲店厨师长的说法是因甲店卖出成本率较高的生鱼片，所以整体原料成本率比别的店高。通过数据对比可知，乙店、丙店生鱼片的销售金额百分比都为9%，比甲店的8%要高；更进一步说，甲店的理论成本率为32%，比乙店、丙店的32.7%低，而实际却是甲店的实际成本率最高。所以，甲店厨师长的经验、感觉是错误的。问题出在哪儿？出在损耗率上。

甲店的损耗率是−5%，乙店是−1.3%，丙店是−1.4%。也就是说，甲店原料成本率高的主要原因是损耗率过高，也就是损耗太多了。那么，为何厨师长会判断是生鱼片卖得多而导致成本率高的呢？原来是因为甲店的生鱼片是由厨师长负责加工的，每天都是由他一个人制作店里客人所点的生鱼片，所以他才会主观地认为生鱼片卖得多。

接下来我又和甲店店长、厨师长一起分析损耗高的具体原因。我经过对甲、乙、丙三家店进行现场考察，并结合库存量进行比对，逐渐找到了甲店损耗高的原因，如表6-20所示：

表6-20 三家店月存货周转天数计算对比表

项目	甲店	乙店	丙店
①月营业额（元）	600000	650000	580000
②上月末库存金额（元）	68000	32000	26000
③本月进货金额（元）	220800	220000	188500
④本月末库存金额（元）	66800	31000	16720
⑤原料成本（②+③−④）	222000	221000	197780
⑥原料成本率	37%	34%	34.1%
⑦日平均原料成本（⑤÷30天）	7400	7367	6593

续表

项目	甲店	乙店	丙店
⑧库存周转天数（④÷⑦）	9	4.2	2.5
⑨本月末库存金额占比（④÷①）	11.13%	4.77%	2.88%

解读表 6-20，可得出以下结论：

（1）表中①—⑤的数据，店长、厨师长是比较容易获得的。

（2）⑦日平均原料成本，指的是店面一个月来平均每天的原料成本，一般用⑤原料成本÷30 天。在表 6-20 中，甲店的日平均原料成本为 7400 元，乙店为 7367 元，丙店为 6593 元，也就是说，甲店一个月的原料成本是 222000 元，用 30 天计算下来，一天的原料成本为 7400 元。

（3）用本月末库存金额 66800 元除以 7400 元，就可以知道店面存放了几天的存货量，这叫库存周转天数。

[注：有的企业用（②上月末库存金额+④本月末库存金额）÷2÷⑦日平均原料成本，来计算库存周转天数。]

库存周转天数是用来衡量一家餐饮店库存量大小的重要指标。在表 6-20 中，甲店的库存周转天数为 9 天，乙店为 4.2 天，丙店为 2.5 天。毫无疑问，甲店的库存量过大是造成成本率高的主要原因。

（4）本月末库存金额占比也是衡量一家餐饮店库存量大小的重要指标，一般与库存周转天数相互印证。在表 6-20 中，甲店的本月末库存金额占比最高，为 11.13%。

多年经验告诉我，库存周转天数在分析原料成本率高的原因时非常有效。也有许多店长、厨师长问我："餐饮店合适的库存周转天数到底是几天？"

实际上，这个问题没有标准答案。因为库存周转天数会因不同餐饮店的业态和品类，甚至不同的月份而有很大的差异。比如，高档西餐店、日料店、中餐店库存周转天数普遍比较长，因为食材贵且进货不十分便利；又如，春节前的一个月，大多数在春节营业的餐饮店要囤货；此外，一些以宴席为主的餐饮店也需要大量存货；等等。

任何一家餐饮店都要把自己以前的数据（环比、同比），以及兄弟店面的数据进行对比分析，形成适合自己的标准数字模型。比如，假设乙店的库存周转天数 4.2 天为标准数字，甲店店长和厨师长就要对照自己店的库存周转天数 9 天进行分析总结，找出降低库存量的适当方法。

一般而言，如果库存周转天数与标准数字存在差异，原因都是店长和厨师长对库存量及预估量的管理能力不足，进而影响了餐饮店的成本率。所以店长和厨师长要格外关注每日进货量、库存周转天数和库存金额占比。

（四）鲜活类原料日常性进货量的把控

鲜活类原料必须遵循"先消耗再进货"及"尽量做到日零库存"的原则。因此，在确定某种原料的单次采购量之前，必须先掌握该原料现有的、能使用的库存量，再结合第二天可能的销售量（原料需求量），计算出相应的采购数量。

应采购数量（预估采购量）=需要用数量－现有数量，如表6-21所示：

表6-21 某中餐店日采购订货单（表）

年　月　日　星期

部门	本部门预估营业额（元）及主菜销售量（份）	原料名称	需使用量（斤）	现有库存量（斤）	需采购量（斤）	重点食材限价、限量	备注
凉菜部	营业额： 主菜销售量：	鲜香菇 					天气
	凉菜主管：	厨师长：					节日：
热菜部	营业额： 主菜销售量：	鲜牛腩 					周边活动、会议：
	热菜主管：	切配主管：		厨师长：			
小吃部	营业额： 主菜销售量：	猪肉馅 					本店促销活动：
	小吃主管：	厨师长：		店长：			

表6-21有三大亮点：

一是三级审核制：订货单由各部门主管确定，厨师长审核签字，店长签字确认。从责任的角度强化了日采购订货单的重要性。

二是综合天气、节日等因素，根据对营业收入的数字预估来计算预估采购量，体现了精准采购的原则。

三是对主打菜品、重点食材进行细致管理。

再看一家日料店的备料标准表，如表6-22所示：

表6-22 备料标准表

准备工作	①备料标准		②追加部分	③库存	①+②-③	任务分派	完成
	平日	周末	宴席	目前库存	备料提示		
沙拉部							
洗生菜	2颗	4颗	0	1颗	1颗	张三	☑
切番茄	3颗	5颗	2颗	1颗	4颗	张三	☐
洋葱切片	4颗	6颗	1颗	3颗	2颗	李四	☑
切葱	10根	20根	5根	10根	5根	李四	☐
大蒜切成碎末	10瓣	15瓣	3瓣	5瓣	8瓣	李四	☐
炸物部							
炸鸡用鸡切块和腌制	2公斤	4公斤	1公斤	0公斤	3公斤	王二	☑
天妇罗用虾事前准备	3只	5只	1只	2只	2只	王二	☐
蔬菜天妇罗组合事前准备	5组	10组	1组	3组	3组	王二	☐

表6-22是日本餐饮精细化（数据化）管理的典型代表，以定量化使食材备料量一目了然，用可视化的备料标准表让各岗位员工清楚地知道什么东西该准备多少，由谁负责，该进多少货，该切配多少。

在"①备料标准"中分别定出平日和周末（节日）的标准备料量，若有宴席，就在"②追加部分"记上增加的量，"③库存"则记录目前的库存。也就是说，①备料标准+②追加部分-③库存，就是当天要准备的量（备料提示）。然后再写上由什么人负责（任务分派），这样员工都能明确知道工作的情况。

这样的备料标准表一般写在小白板上，挂在各档口的墙上，方便员工查看。

另外，与备料标准表配套的还有有效期限贴纸——用"定期化"使新鲜食材的有效期一目了然，如表 6-23 所示：

表 6-23　有效期贴纸（表）

准备日	废弃日	填单人
5月10日	5月12日	李四

为了防止食材变质，许多日料店实施"有效期可视化"。首先必须规定出每一件鲜活食材的有效期限，有了规定后，再将有效期限标在所有处理好的原料（或其包装）上。

（五）干货及可冷冻储藏原料的采购量管控

干货属于不易变质的原料，包括粮食、香料、调味品、油脂；可冷冻储藏的原料，包括各种肉类、水产品。

许多餐饮店为减少采购成本，获得供应商的折扣优惠，往往会较大批量进货。但是这样可能会造成原料的积压和浪费、资金的占用，以及空间的浪费，尤其是在房租高、店面面积有限及物料供应发达的今天。

常用的采购量管控方法有两种。

1. 定期订货法

这是干货原料采购中最常用的一种方法。因为餐饮店原料品种多，使用频繁，且每次进货量不大，所以经常采用代购方式。就是由一个供应商提供多种食材原料，比如送蔬菜的有时会代购肉类、调味品等。使用代购方式很有可能会出现价高质次的现象，所以一些餐饮店会从专业供应商处采购同类原料，为了照顾供应商的利益，一般采用定期采购的方式（如干货每 7 天集中采购一次），不同类别的干货（冻货）从不同的专业供应商处采购，安排在不同时期，能使验收工作量较为均匀。

案　例

小吊梨汤订货数量的计算

某餐饮店的招牌菜品小吊梨汤需用到某品牌的罐装梨，平均每日消耗量为 10 罐，订购期为 4 天（省外发货），即送货日在订货日后第 4 天。该店每月订购一次罐装梨。库管在月末盘点日发现库存还有 50 罐罐装梨。

由以上信息可以确定一次的采购数量，但是对期末需存量的确定并不是理想的 4 天×10

罐/天=40罐。考虑到交通运输、天气及不可沽清等方面的原因，该餐饮店在期末需存量的基础上加上保险储备量，以备不时之需。保险储备量一般为期末需存量的50%。

这样，这家店罐装梨的实际期末需存量（指在每一个订货期末，餐饮店必须预留的足以维持到下一个进货日的原料储备量）公式为：

期末需存量＝月平均消耗量×订购期天数×（1+50%）

（注：订购期天数是指订货在途天数——从发出订货通知到原料入库所需的天数。）

使用定期订货法时，订货周期一般固定不变，但每次订货的数量可根据需要进行调整，订货数量的计算过程为：

本月罐装梨订货数量＝（30天×10罐/天）－50罐+（10罐×4天）×（1+50%）=310罐

2. 永续盘存卡订货法

这是一种通过查阅永续盘存卡（表6-24）上干货（冻货）的结存量，对达到或接近订货点量的原料进行采购的方法。

需强调的是，使用永续盘存卡订货法的前提是对各种原料（干货、冻货等）都建立一份永续盘存卡，并确定每种原料的最高储备量和订货点量。

最高储备量，是指某种原料在最近一次进货后可以达到但不应超过的储备量。一般根据原料的日均消耗量，计划采购间隔天数，冰柜、冷库、仓库等的面积，库存总金额，供应商最低送货定量规定等来决定。

订货点量，是指某种原料的最低储备量（定期订货法中的期末库存量）。库存减少到订货点量时，该原料就必须采购补充。

订货点量＝最高储备量－日均消耗量×订货期天数。

表6-24 某店的原料永续盘存卡（表）

品名： 规格： 单价：		最高储备量： 订货点量：		
日期	订单号	进货量	出货量	结存量

（六）明确采购标准

一家餐饮店必须明确各种食材的采购（验收）标准，这是出品质量管理、成本控制的重中之重。采购标准的要素如表6-25所示：

表6-25 采购标准（规格）表

①原料名称：
②原料用途：比如，橄榄，用来装饰××饮料；猪里脊，用来……
③原料概述：列出原料的质量指标，比如，猪排必须选用完整无缺的里脊，且里脊外有约2厘米的脂肪层，处于冰冻状态，无不良气味
④原料详细说明：列出有助于识别合格原料的因素，包括产地、规格、品种、等级、商标、国家认证、分量大小、容器、包装物等
⑤原料验收程序：按照店面验收时的规范
⑥特别要求：明确原料的质量要求的其他信息，如包装要求、规格要求、交货时间要求等

餐饮店确定明确的采购标准，有助于采购人员、各级员工明确店面的食材质量标准，有利于相互监督；有助于稳定店面出品的品质；有助于供应商为店面提供合格的食材；有助于店面做好原料的验收工作；可以避免采购人员、供应商、店面验收员工之间的矛盾。如表6-26所示：

表6-26 某中餐店原料采购标准规格表（摘要）

分类	品名	规格	用途	质量要求	备注
猪肉类	猪背里脊肉	1～2公斤/条	鱼香肉丝、青椒肉丝	每条猪背里脊不得超过规定的规格范围，不得带有脂肪层，新鲜的或冻结良好的，无异味	
牛肉类	牛腰肉	0.5～5公斤	黑椒牛肉、水煮牛肉、干煸牛肉丝	一级，无变质，味正	必须是黄牛肉
水产、海鲜类	肉蟹	350～400克/只	姜葱炒肉蟹	鲜活，无绳	
	膏蟹	400～450克/只	清蒸膏蟹	鲜活，无绳	
调味品类	番茄沙司	瓶装，净重350克/瓶	番茄炖豆腐	上海梅林罐头食品厂出品，到货期在生产期之后6个月内	备用品牌为××牌
干货类	金华火腿	2.5～4公斤/只	高汤	特级，表皮黄亮、整齐、干爽，腿细，腿心饱满，油头小，无哈喇味	

四、原料验收环节的成本控制

餐饮店原料验收环节的成本和质量控制历来是餐饮店管理的薄弱环节,主要原因是不重视、不规范。

采购人员或供应商送来的原料的数量、质量是否符合店面加工要求,必须通过原料验收环节加以查证,否则成本控制、质量管控就是空谈。

规范的单店原料验收工作,主要包括以下要点:

(1)从验收人员的组织方面规范验收工作。店长、厨师长及其他主要管理者每日轮流亲自带队验收;验收工作不得只有后厨人员参加,一般为厨房人员负责验收质量,前厅或后勤(库管)人员验收、记录数量。

(2)采购人员、供应商不得影响验收人员的工作。

(3)店面验收人员必须明确,自己担负着成本控制、出品质量保障的重大职责,担负着店面生死存亡的职责。

(4)验收人员必须明确,未经店长和厨师长同意,任何人都无权改变采购(验收)标准。

(5)验收人员必须明确店面的原料验收程序。原料验收的基本程序如表6-27所示:

表6-27　单店原料验收程序表

序号	步骤	操作说明
1	检查进货品种	根据订购单、订购记录或申购单检查进货品种
2	检查价格、质量、数量	根据供货票据(清单)检查价格、质量;数量要根据店面的订购单及许可的浮动度,以及实际称重或数量记录,超量过多,或不够订量过多,均要上报。超量部分拒收,质量不合格的食材拒收
3	办理验收手续	验收后,验收负责人要在供货票据(清单)上签字,并填写验收单。店面验收单由厨师长和财务(库管)保留
4	分类处理原料物品	原料物品验收完毕后,要立即将干货原料入库,鲜货原料入厨房
5	填写验收日报表和验收记录	验收日报表上交财务,它是计算成本的依据,是店面向供货商付款的依据
		验收记录是反映验收中出现的质量、数量问题的记录,要及时向上级报告,向兄弟店面通报

验收过程中的要点:凡可数的物品,必须逐件(个)清点,记录正确的数量;以重量计算的物品,必须逐件(个)过秤,记录正确的重量;对照采购标准规格表检查原料的质

量是否符合要求；箱装、桶装等原料要全部检查，检查其重量或质量是否合格；拒收退货时，应填写原料退货单或在验收日报中予以扣除。

常用的原料验收（日报）记录表有三种，餐饮店可以根据自己的实际情况选用合适的原料验收记录表。

第一种，原料验收表，厨师长或店长根据订购单验收原料，并在原料验收表上签字，然后将原料入厨房或入库。如表 6-28 所示：

表 6-28 原料验收表

日期	食材名称	订购单编号	数量（单位）		规格（单位）	质量情况	单价（元）	金额（元）	厨师长等管理人员签字
			订货	实收					

第二种，原料验收现场问题记录表，由验收现场的后厨、前厅（库管）人员共同填写——谁发现问题谁填写，共同签名。如表 6-29 所示：

表 6-29 原料验收现场问题记录表

验收时间	食材名称	验收情况或问题	处理方法	后厨验收负责人签字	前厅（库管）验收负责人签字

第三种，验收日报表，由店面验收人员验收后填写，并将此表上交财务部门。如表 6-30 所示：

表 6-30 验收日报表

年　　月　　日

食材名称	数量（单位）		规格	单位	供应商	价格（元）	金额（元）	问题（质量与数量）	验收人员（两人）签字
	订货	实收							

五、原料储存环节的成本控制

原料储存环节是餐饮店浪费比较突出的环节,其管控要点有:原料储存一定要做到"有名有家",后厨各档口之间的原料互用须有调拨记录。

在日常工作中,后厨各档口之间经常会出现各种原料的互用,为分别计算各档口的成本,分清责任,便于精准管控原料成本,各档口之间的原料互用须填写原料内部调拨单,如表6-31所示:

表6-31 原料内部调拨单(表)

调入部门:		主管:	调出部门:	主管:	日期:	
品名	规格	单位	请领数	实发数	单价(元)	金额备注

(一)原料干藏的管理要点

干藏是指干货(如海带、木耳、干香菇等)的储存。

(1)原料不得放在地面上,应放置在货架上储存,货架离墙壁10厘米,离地面30厘米。

(2)原料要远离水管、暖气管道。

(3)使用频率高的原料应存放在靠近入口的下层货架上。

(4)重的原料应放在下层货架上,轻的放在高架上。

(5)货架(仓库)的原料要有分类、有次序地排列,遵循"先进先出、左进右出"的原则。

(6)不能放在货架上的原料,应放在平台或推车上。

(7)包装已打开的原料应储存在贴有标签的容器里。

(8)有毒的货物,如杀虫剂、去污剂等,不要与原料同放。

(二)原料冷藏的管理要点

冷藏一般是指原料需在冰箱里冷藏储存。

(1)经过初加工的原料要用保鲜膜包裹,以防止被污染和干耗(流失水分),并用合适的盛器(如不锈钢盒、塑料盒等)存放,盛器必须内外干净。

（2）加热处理过的原料（成品、半成品）应放凉后冷藏，盛器须经消毒，并带有盖子，以避免吸收冰箱里的气味。

（3）为使食品、原料表面的冷空气自由流动，食品、原料之间的距离要适当，不可堆积过高，以免冷气透入困难。

（4）带有包装的食品、原料储存时不要碰到水。

（5）要每天检查三次易腐的果蔬、豆制品等，发现有霉烂要及时清理。三次指的是午市开档前、晚市开档前、晚市收档下班前。

（6）鱼虾类食品、原料与其他食品、原料要分开放置，奶制品要与有强烈气味的食品、原料分开存放。

（7）存（取）食品、原料时要尽量减少开启冰箱门的次数，以免冰箱温度产生波动，影响储存效果。

（8）必须用手开关冰箱门，不得用脚开关冰箱门。

（9）每周至少进行一次冰箱的全面清洁。

（10）每日不少于三次关注各冰箱冷藏的温度。不同食品、原料冷藏的温度和相对湿度要求如表6-32所示：

表6-32 某店不同食品、原料冷藏的温度和相对湿度要求表

食品、原料	温度（℃）	相对湿度（%）
新鲜肉类、禽类	0~2	75~85
新鲜水产类	−1~1	75~85
蔬菜、水果类	2~7	85~95
奶制品类	3~8	75~85
豆制品类	3~8	75~85

（三）原料冻藏的管理要点

冻藏是指将冻结的食品、原料置于一定温度与湿度的冷柜（冷库）中保存。

（1）冰冻食品、原料到货后，应及时置于−18℃以下的冷柜（冷库）中储藏，储藏时要连同包装箱一起放入，因为这些包装材料通常是防水的。

（2）有些需冻藏的新鲜食品、原料应先速冻，然后妥善包裹后再储存，以防止干耗和受污染。

（3）存放时要注意冷柜（冷库）中的食品、原料不可堆积过多，要保证食品、原料周围的冷空气能够自由流动。

（4）开启冷柜（冷库）取货要有计划，所需的食品、原料要一次性拿出，以减少冷气的流失和温度的波动。

（5）严禁用硬器（如刀具）在冷柜（冷库）中敲击食材，以防碰坏冷柜（冷库）内壁。

（6）需要除霜时，应将食品、原料移入另一个冷柜（冷库）内，以利于彻底清洁冷柜（冷库）。

（7）取用时应按标识，遵循"先进先出"的原则。

（8）每日定时检查冷柜（冷库）的温度，并填写冷柜（冷库）温度检查表，如表6-33所示：

表6-33　某店冷柜（冷库）温度检查表

日期：　　　年　　月　　　　检查人：

日期	时间/温度						
	7:00	9:00	11:30	14:00	17:00	20:30	22:00
1							
2							
3							
4							
5							
……							
31							

（9）明确冻藏食品、原料的库存时间，如表6-34所示：

表6-34　某店冻藏食品、原料库存时间表

食品、原料名称	库存时间（不得超过）
牛肉	9个月
羊肉	6个月
猪肉	4个月
家禽	6个月
鱼	3个月
虾仁、鲜贝	6个月
速冻水果、蔬菜	3个月

六、原料初加工环节对成本影响巨大

餐饮店的初加工环节是原料浪费的重灾区,也是菜品出现质量问题(如异物)而遭客人退菜的主因,必须严格管理。其管控要点如下。

(一)把粗料变净料,净料率是关键

粗料是指从供应商处获得的原料,一般称为粗料、毛料,如带皮有泥的土豆。

净料是指经店面初加工(如清洗、削皮、摘根、去老叶)后,可以由切配师傅进行精加工(如切丝、切块)的原料。

净料率=净料重量÷粗料重量×100%,是用以衡量店面初加工成本管控的重要指标。

例如,土豆如果个大、浑圆,洗净并用削皮刀按规范将外皮削掉后,一般净料率可以达到85%以上。管控水平低的店面,如果进货验收把控不严,土豆个小或表面凹凸不平,初加工技术粗糙,净料率可能连65%都达不到。也就是说,进10斤土豆,管控好的店可以出8.5斤土豆供切配师傅加工,而管控差的店只能出6.5斤土豆。由此可见验收及初加工环节对食材成本管控的重要性。所以,店长或厨师长一定要在初加工环节进行严格的培训、管理。

(二)蔬菜的初加工管控

蔬菜的初加工是指根据不同蔬菜的种类和烹调要求,对蔬菜进行择、削等处理,如择去老黄叶,削去皮、根、须,摘除老帮等。

(1)对于一般蔬菜的初加工,必须按店面或公司规定的净料率执行。也就是说,对初加工厨师给出标准净料率,再教给其正确的初加工方法,并随时进行检查和奖惩。蔬菜初加工净料率标准如表6-35所示:

表6-35 某餐饮店部分蔬菜净料率标准表(热菜类)

粗料品名	净料处理项目	净料		下脚料、废料损耗率(%)
		品名	净料率(%)	
白菜	除老叶、帮、根,洗净	净白菜心	38	62
白菜、菠菜	除老叶、根,洗净	净菜	80	20
无叶莴笋	削皮,洗净	净莴笋	60	40

续表

粗料品名	净料处理项目	净料		下脚料、废料损耗率（%）
		品名	净料率（%）	
无壳茭白	削皮，洗净	净茭白	80	20
西葫芦	削皮，去籽，洗净	净西葫芦	70	30
白豆角	去尖头，除筋，洗净	净白豆角	90	10
冬瓜、南瓜	削皮，去籽，洗净	净冬瓜、净南瓜	75	25
丝瓜	削皮，去籽，洗净	净丝瓜	55	45
土豆	削皮，洗净	净土豆	85	15
茄子	去头，洗净	净茄子	90	10
大葱、大蒜	除老皮、根，洗净	净大葱、净大蒜	70	30
洋葱	除老皮、根，洗净	净洋葱	85	15

（2）将经过择、削、摘处理的蔬菜原料放在水池里洗涤。所有菜必须见水，这是食品安全的基本要求，也是减少异物出现的必要保证。

①第一遍洗净泥土等杂物。

②第二遍用专用食品级消毒液将蔬菜浸泡5～10分钟。

③将用消毒液浸泡过的蔬菜放在流动的水中清洗干净——蔬菜上不允许有残留的消毒液。

④将洗净的蔬菜捞出，放于专业的带有漏眼的塑料筐内，10分钟后进行称重验收（由精加工师傅验收净料率），并在做记录后送至各档口的专用货架上。

⑤若清洗西兰花等菜虫较多的蔬菜，须用加盐的水浸泡5～10分钟。

（三）鱼、禽、肉类的初加工管控

以鱼为例，净料率标准如表6-36所示：

表6-36 某餐饮店部分淡水鱼净料率标准表

粗料品名	净料处理项目	净料		下脚料、废料损耗率（%）
		品名	净料率（%）	
鲫鱼、鲤鱼、鲢鱼	宰杀，去鳞、腮、内脏，洗净	净全鱼	80	20
鲢鱼	剔肉，切片	净鱼片	30	70
活鳝鱼	宰杀，去头、尾、肠、血，洗净	长鳝段	62	38

注：本店不允许使用外来鱼片及死鳝鱼，全部淡水鱼必须为活鱼。

（四）干货原料的初加工管控

干货原料的净料率很高，如表6-37、表6-38所示：

表6-37　某餐饮店部分干货净料率标准表

粗料品名	净料处理项目	净料		下脚料、废料损耗率（%）
		品名	净料率（%）	
鱼翅	拣洗，泡发	净水发鱼翅	150～200	
刺参	拣洗，泡发	净水发刺参	400～500	
干贝	拣洗，泡发	净水发干贝	200～250	
海米	拣洗，泡发	净水发海米	200～250	
蜇头	拣洗，泡发	净蜇头	130	
海带	拣洗，泡发	净水发海带	500	
香菇	拣洗，泡发	净水发香菇	200～300	
黑木耳	拣洗，泡发	净水发黑木耳	500～1000	
粉条	拣洗，泡发	净湿粉条	350	
玉兰片	拣洗，泡发	净水发玉兰片	250～350	
带壳花生	剥去外壳	净花生仁	70	30

表6-38　部分干货原料初加工涨发技术表

序号	干货原料名称	产地	涨发技术
1	黑木耳		将黑木耳直接放在冷水中浸泡1小时，摘去其根部及杂质，用清水洗净后浸泡备用
2	玉兰片		先将玉兰片放入淘米水中浸泡10小时以上，然后放入冷水中，煮开，再用慢火加热半小时，捞出后泡在开水中至发透为止
3	香菇		将干香菇放在开水中浸泡1小时，然后用温水洗净，摘去伞柄的下部，放入容器内加开水浸泡3小时即可
4	海蜇		将干海蜇用冷水洗净，切成细丝后用开水烫一下，再用清水洗净，浸泡3～4小时即可

（五）重视初加工收台工作

初加工收台工作是指初加工厨师对自己的工作台（区）进行收拾与整理。初加工厨师在收台时应做好相应的工作，以确保后厨的卫生，减少浪费，节约成本。

（1）店长、厨师长要格外重视检查初加工间的垃圾桶，这里是发现浪费的关键。

（2）整理货架。将用于陈列粗料和净料的货架、周转盘等及时进行清洁整理，做到便于识别、称重，干净整洁。

①每日将货架上的原料翻摆不少于两次，防止变质。厨房温度较高时，要用湿布加以覆盖。

②将无须保鲜、冰鲜的剩余原料，如土豆、南瓜等，摆放于固定位置（先进先出、左进右出），以便下次优先使用先进的原料。

③用于加工和摆放蔬菜的工具必须保持清洁，放在货架的固定位置，以便取用。

（3）余料处理。对剩余的加工好的净料、肉类、水产品等原料，一定要按规定放置于专用的箱、盒内，包上保鲜膜，放入冰箱或指定区域存放。否则这些食材容易变质、干耗。

（4）清理台面。将料盒、刀、墩等清洗干净，并用干抹布擦干，放回货架的固定存放位置，然后必须将料理台的台面及四周用抹布擦拭干净。

（5）清洁水池。先清洁不锈钢水池内的污物和杂质，然后用在清洁剂中浸泡过的抹布由内而外擦拭一遍，再用清水洗干净，并用干抹布擦干水池。

（6）清理地面。用拖把、扫帚将初加工间的地面清理干净。切记，初加工间的收台卫生相当重要，管控不严容易造成鼠害、虫害及食材变质。

七、原料配份加工（精加工）环节的成本控制

原料经过初加工后需要进行精加工、配份，即配菜，也就是将加工后的各种可以调味、熟制的原料加以配比。

（一）充分认识切配师傅（精加工厨师）的重要性

1. 切配师傅是保证菜品质量的关键人员

菜品的原料质量、用料多少都取决于切配师傅。一道菜品的主料、辅料、调味料这三个要素构成了菜品质量、成本的主因。

例如，某店的鱼香肉丝，主料为330克猪里脊肉丝、125克冬笋丝；辅料为50克香菇或25克黑木耳丝，以及葱、姜、蒜、泡椒等；调味料包括豆瓣酱、酱油、盐、糖、醋、淀粉、红油等。切配师傅掌管着三大料中的主料和辅料。

2. 切配师傅的专业素质是原料成本管控的关键

每一道菜品成本损耗的大小都取决于切配师傅,如果切配师傅未能控制好原料的用量,必将导致菜品成本增加。

案例

某中餐店店长发现近两个月热菜厨房的毛利率有明显下降。厨师长在排除采购、验收环节出现问题的可能性后,决定紧盯店里销量大及销售金额高的菜品的配比分量。经检查发现,配菜师傅在为店里的销量冠军响油鳝丝配鳝鱼丝时,仅靠目测(注:该店店长明确要求为销量前10名的菜品配份时,主料必须称重),每次配半盘用量。经现场称重,鳝鱼丝每盘实际为350克,成本比售价高出4元,即该店每销售一盘响油鳝丝,至少要损失4元。

现在的餐饮店竞争激烈,原料普遍涨价,而对客人的售价又不敢涨,因此,只做好成本卡、预算好理论成本率(毛利率)是远远不够的。原料成本控制必须与真实发生的成本挂钩。这就要求现在的切配师傅具有合理控制成本的能力。同时,也要求店长和厨师长平常要重视对切配师傅业务的管理。

(二)加强对切配师傅管理的要点

1. 严格明确切配师傅的岗位职责及配料标准

切配师傅决定着菜品质量,更决定了成本率(毛利率)水平,因此,必须明确切配师傅的岗位职责及各菜品的配料标准,实行岗位责任制。

案例

某中餐店切配师傅岗位职责说明书

(1)做好对初加工菜品的验收工作:验质量,称重量,查净料率,并记录在表。

(2)做好精加工、装盘工作,对清洗干净的菜品要进行精加工,刀工要考究,并按标准用盘、装盘,做到分量适当。

(3)做好供菜工作,凭单抓菜,上菜及时,不出现抓错单、抓漏单、抓重单的现象,保证能准确无误地提供客人所点菜品。

(4)有效利用原料,做好剩料、边角余料的回收工作,做到不乱扔、乱倒,统一回收、利用，把菜品的成本降到最低。

（5）做好装盘准备工作，该提前加热盘子、提前摆装饰的都提前做好。

（6）严格做好菜品的卫生、质量管理工作，做到谁主管谁负责，谁加工谁负责，谁出品谁负责。

（7）紧盯本店销售金额大的菜品的配比，紧盯本店每月支出金额较高的原料的浪费情况。

（8）做好本区域的清洁工作。本区域内的器具、器皿、地面、冰箱、墙壁等需每天清理，保持清洁卫生。

（9）切实按规范节约用水、电、气。

（10）加强安全防范，发现安全隐患及时上报。

2. 切配师傅的培养标准

（1）掌握原料的质地搭配。切配师傅要明白主料、辅料搭配的原因。例如，油爆鱿鱼卷这道菜，主料鱿鱼卷是脆性原料，辅料冬笋也是脆性原料，这两种原料加工后都是脆的，一荤配一素，荤料300克，素料150克，搭配得非常合适。

如果不按这个原则操作，将软性原料和鱿鱼卷相配，如用菠菜叶配鱿鱼卷，那么炒出来后，菜叶会粘在鱿鱼卷上，从而影响客人的食用体验。

又如，某店规定做鱼香肉丝必须配冬笋。含水分的冬笋有独特的口感——脆嫩，与肉丝的软嫩形成鲜明对比，令客人有爽口不腻之感。冬笋本身没有味道，能得到纯的鱼香口味；鱼香肉丝这道菜的主体色泽是红色，主料、辅料色彩不一，以红为主，用其他色进行配合——肉丝为棕红色，木耳为黑色，冬笋近于白色，葱花为绿色，构成了鱼香肉丝的独特色彩。

（2）掌握菜品的分量配比。配菜时，切配师傅必须明确菜品的分量配比，菜品的分量配比决定了烹制后菜量的大小。菜量大了，无法控制成本；菜量小了，客人不答应。

（3）掌握菜品的色泽搭配。切配师傅在配份环节选取的色泽会直接影响菜品的外观（色泽）。

（4）掌握菜品的口味搭配。菜品的主要口味由炉灶师傅掌握，切配师傅则主要解决借味（指在一道菜的烧制过程中，某一种原料的味道会因另一种原料的加入而产生变化）的问题。

（5）确定菜品的形状。菜品的形状包括丝、片、丁、块、条、末等。一般中餐加工原则为丝配丝、片配片、丁配丁。

（6）掌握菜品主料和辅料的营养搭配。

（7）掌握菜品的成本控制。影响菜品成本高低的最直接的因素之一就是配比量的多少，这是由切配师傅掌握的。

（8）掌握菜品盛器的选择。为了体现餐饮店菜品的风格搭配，体现精致或分量大小，切配师傅必须按规定使用合适的餐具。

（9）掌握切配准备的量的多少。菜品出品速度快的关键原因之一，在于切配师傅对原料精加工的提前准备量的精准把握。

3. 对切配师傅日常工作的具体要求

（1）熟悉店面的原料知识。

（2）熟悉店面的菜品名称及菜品配料标准。

（3）能够合理放置各种原料。

（4）能够注意工作区域的清洁卫生。

（5）有相当的预估准备量的能力。

4. 原料切割规格标准表

切配师傅最主要的工作就是对初加工好的原料进行切割加工（精加工），所以必须用标准来管控。如表6-39至表6-42所示：

表6-39　某中餐店常见主辅料切割规格标准表

料型名称	适用范围	切割规格标准
丁	鱼、肉等	大丁1~1.5厘米见方，碎丁0.5厘米见方
方块	动植物	2~3厘米见方
粗条	动植物	1.5厘米见方，4.5厘米长
细条	动植物	1厘米见方，3厘米长
粗丝	动物类	0.3~0.5厘米见方，4~6厘米长
细丝	植物类	0.1~0.2厘米见方，5~6厘米长
长方片	动植物	厚0.1~0.2厘米，宽2~2.5厘米，长4~5厘米

表 6-40　某中餐店料头切割规格标准表

料头名称	用料	切割规格标准
葱花	大葱	0.5~1 厘米见方
葱段	大葱	长 2 厘米，粗 1 厘米见方
葱丝	大葱	长 3~5 厘米，粗 0.2 厘米见方
姜片	生姜	长 1 厘米，宽 0.5~0.7 厘米，厚 1 厘米
姜丝	生姜	长 3~5 厘米，粗 0.1 厘米
香菜段	香菜杆	长 3~5 厘米
香菜末	香菜杆	长 0.5~0.6 厘米
蒜片	蒜瓣	厚 0.1 厘米
葱姜末	大葱、生姜	0.2~0.3 厘米见方
干辣椒段	干秦椒	1~1.5 厘米见方
干辣椒丁	干秦椒	0.5~1 厘米见方
青红辣椒丁	鲜青椒、鲜红椒	0.2~0.3 厘米见方

表 6-41　某中餐店猪肉精加工成型规格标准表

成品名称	用料及部位	加工成型规格	适用做法
肉丝	里脊肉、弹子肉、盖板肉、肥膘	长 8 厘米，宽 0.3 厘米，厚 0.3 厘米	熘、炒、烩、煮
肉丝	里脊肉、弹子肉、盖板肉	长 10 厘米，宽 0.4 厘米，厚 0.4 厘米	炸
肉片	里脊肉、弹子肉、盖板肉、腰柳肉	长 6 厘米，宽 4.5 厘米，厚 0.3 厘米	炸、熘、烩、煮
肉片	五花肉、宝肋肉	长 8 厘米，宽 4 厘米，厚 0.4 厘米	蒸

表 6-42　某中餐店鸡肉精加工成型规格标准表

成品名称	用料及部位	加工成型规格	适用做法
鸡丝	鸡脯肉	长 8 厘米，宽 0.4 厘米，厚 0.4 厘米	熘、炒、烩、煮
鸡片	鸡脯肉	长 6 厘米，宽 4.5 厘米，厚 0.3 厘米	炸、熘、烩、煮
鸡片	鸡脯肉、鸡腿肉	长 6 厘米，宽 4 厘米，厚 0.4 厘米	拌

5. 菜品配份标准表

菜品配份量化标准是厨房原料成本控制的命门——必须严格按照菜品配份标准表，如

表 6-43 所示：

表 6-43　某中餐店菜品配份标准表（摘要）

菜品名称	份数（份）	主料		辅料		料头		盛器规格	照片
		名称	数量（克）	名称	数量（克）	名称	数量（克）		
麻婆豆腐	1	嫩豆腐	150	牛肉末	30	蒜苗	15	7寸条盘	

八、烹调环节的成本控制

烹调环节指的是通过加热和调制，将加工、切配好的原料制作成菜品的过程。

（一）统一制汁，节省成本

许多餐饮店在烹调环节注重制作各种料（汤）汁，如鱼香汁、番茄汁、糖醋汁、酸菜鱼汁等，起到提高出菜速度、统一菜品质量、节约调味品成本的作用。

需注意的是，料（汤）汁需由专项厨师制作，且本着少做、勤做的原则，确保制汁的质量。料（汤）汁配制标准表如表6-44、表6-45所示：

表 6-44　某中餐店麻辣味汁配制标准表

配制：20份菜的用量

调味品名称	数量（克）	备注
红油海椒	30	
花椒粉	20	
老抽	30	
精盐	30	1. 可以用100克红油代替30克红油海椒；
味精	20	2. 所有调料配好后，加750克开水（或750克鲜猪骨汤）调制
白糖	30	
料酒	50	
姜末	20	
香油	20	

表 6-45 某中餐店糖醋味汁配制标准表

配制：15 份菜的用量

调味品名称	数量（克）	备注
恒顺香醋	150	1. 在调味料中加入 250 克清水，然后在锅中熬化调料，再加香油； 2. 糖醋味汁在锅中熬制时一定要浓稠
生抽	10	
精盐	8	
白糖	250	
色拉油	50	
姜末	10	
蒜末	20	
香油	50	

（二）重视提高过油的技巧

中餐店尤其是大众中餐店的食用油消耗量较大，因此，店长、厨师长应反复提醒厨师注意节约用油，不断提高过油的技巧，从而达到节约用油的目的。

九、利用前厅组合销售技术提高毛利（毛利率）

餐饮店前厅销售工作对餐饮店的原料成本、成本率（毛利、毛利率）担负着重大责任——合理控制餐饮店的原料成本绝不是后厨一个部门的工作。因为即使是餐饮店菜单上的菜品目标成本率为 30%，构成整个菜单的菜品中，必定同时存在成本率为 20%～40% 的菜品，由于客人点菜是从菜单中挑选出自己喜爱的菜品，若无法合理管控（调节）客人点菜事宜，极有可能让单月的成本率出现明显波动。训练有素的前厅服务人员应该能做到将高、低成本率的菜品合理搭配着向客人推荐，如此，便能将一个账单的成本率控制在一定范围内。

（一）店长与厨师长要"分割菜单"，并进行组合销售管理

所谓"分割菜单"是指根据前面讲的交叉 ABC 分析法，将店面各品类的菜的销售份数、销售金额排行以及毛利、毛利率高低排行制作出来，关键是罗列出销售份数、销售金额高的菜品，以及相对应的毛利（率）水平如何。再罗列出店面菜单上毛利（率）高的菜品。

组合销售管理是指店长根据"分割菜单",要求服务人员在向客人推荐菜品时,在替客人着想的同时,还要适当地将毛利(率)高低不同的菜品搭配组合起来推荐给客人,争取做到相对平衡。

例如,某中餐店的一道主打菜品,因主要原料不断涨价,该菜品的成本率不断上升,明显影响了该店的月原料成本(率)。在该菜品不涨价的前提下,店长要求前厅服务员在客人点这道菜品时,根据荤素搭配及味型搭配的原则,适当地向客人再推荐几道毛利(率)高的菜品,形成菜品组合销售,以达到平衡毛利(率)的目的。

所以,店长及厨师长一定要重视交叉 ABC 分析法的实战应用;以月(周)为单位,分析销售与成本(毛利)之间相互作用的关系,充分理解前面讲的交叉成本率的重要性;运用"分割菜单"、组合销售的技术,从前厅的角度来降低成本(率),提高毛利(率)。

(二)利用品类平衡销售,提高店面的毛利(率)

一家餐饮店(以中餐店为例)的菜单上,一般有凉菜、热菜、汤品、小吃等品类。不同品类的成本率(毛利率)是不一样的。一般而言,各品类毛利率的高低排序为:汤品最高,接下来是小吃、凉菜,热菜最低。所以店长应要求前厅服务员在推荐菜品时,按品类平衡推荐的原则进行组合推荐,即建议客人按照凉菜、热菜、小吃、汤品都点的原则进行推荐,以达到平衡毛利率的目的。

另外,由于各品类的加工部门不同,所以,客人点菜品类齐全(如凉菜、热菜、小吃、汤品都点),有利于后厨出菜速度的提高。

总之,能按不同单品、品类进行毛利(成本)组合销售管理的店长,才称得上是专业人士。

专题二十五 合理控制人事费用

原料成本和人事费用是餐饮店成本中占比最大的两项费用,也是店面运营上最重要的三大数据中的两个(另一个为营业收入)。这两项费用越低,利润就越高。但对客人来说,这两项费用越高,客人获得的价值就越高。因此,将这两项费用作为整体来考量的必要性就出现了。一般来说,原料成本和人事费用加起来占营业额的比率为 60%~63% 是适当的,要尽可能控制在 65% 以下,而超过 70% 的店出现亏损的概率就大了。有的餐饮店因房租高，促销费用大，原料成本和人事费用占比甚至被要求为50%～55%。

原料成本和人事费用之所以是餐饮店给客人提供的价值，是因为客人到餐饮店消费，买到的价值由餐饮店的QSC三个基本要素的综合能力所决定。

人事费用确实一直是让许多餐饮店长头疼的问题，店长们始终想着如何能减少这项费用。因为原料成本无法降低，能削减的也就只有人事费用了。

但是，我要特别强调的是，要重视成本费用数据，但不要迷失在数据管理上，千万不要忘记餐饮店的宗旨是让客人满意。让客人满意了才有资格谈人事费用（包括其他成本费用）的管控。让客人接受的价值底线是餐饮店适当的成本费用底线，这也是餐饮店长的职业底线。

一、人均产值

人均产值是餐饮店获利的重要指标，也是衡量人事费用是否合理的重要数据。

一家餐饮店想要长久生存、不被淘汰，有一个关键就是要提高生产率，也就是人均产值。长久以来，餐饮店的各级管理人员十分重视原料的充分利用（我在前面也用了大量的篇幅介绍），但是，为了提升餐饮店的获利能力，店长也要重视人均产值。

所谓人均产值（也称"人效"），简单的含义是指一个员工一日（一月）贡献的营业额，即当日（月）营业额÷员工数。我认为更加精准的含义应该是人均产值＝当日（月）毛利额÷当日（月）员工数。有些使用工时制的餐饮店把当日（月）员工数换算成当日（月）员工工作总小时数：

人均（人时）产值＝当日（月）毛利额÷当日（月）员工工作总小时数

（注：日本、韩国等国因用工紧张，所以早已用工时制来管理人工费用。在中国，尽管用工也有些紧张，但因人口众多，所以工时制还未得到普及。）

例如，如果某中餐店一天的营业额是50000元，毛利率约为60%，那么毛利额就是3万元，当日员工为40人，每个员工按每日工作8小时计算。

每日营业额人均产值（人效）＝50000元÷40人＝1250（元/人）

每日毛利额人均产值（人效）＝30000元÷40人＝750（元/人）

每小时营业额人均产值（人效）＝50000元÷（40人×8小时/人）＝156.25（元/人）

每小时毛利额人均产值（人效）＝30000元÷（40人×8小时/元）＝93.75（元/人）

例如，一般的大众中餐店，参考合理标准，每日营业额人均产值为1000～1200元/人，每日毛利额人均产值为 700～900 元/人。当然，人均产值会因为餐饮店的品类、品种不同而有明显的差异，有的快餐店每日的营业额或毛利额人均产值是一般大众中餐店的两倍。

对于餐饮店长来说，要结合自己店面的品类、品种及以往的数据、优秀企业的数据来设定自己的目标人均产值，通过人均产值的水平来衡量自己店面用工人数、人事费用的合理性。

总而言之，用毛利额来计算人均产值，就是以员工一个人的劳动成果（贡献的毛利额）来思考用工人数，这种方法更合理。也就是说，一个员工在一天（一月）赚了多少钱，决定了店面的薪资水准和利润水准。一般而言，人事费用应控制在毛利额的30%～40%，或在营业额的20%以内是适当的。

人事费用占比＝人事费用÷毛利额（或营业额）。用人事费用占比来考量人事费用的范围，是餐饮店长合理管控人事费用的基本思路。

提高人均产值有四种方法：提高营业额，提高毛利额，减少用工人数，使用高效的机器（工具）。其中，毛利额的提高（如提高定价、减少分量）和使用高效的机器（工具）是由公司或老板决定的。店长的责任是提高营业额和减少用工人数，以及合理进行组合推销，降低损耗，提高毛利额。

二、怎样合理减少用工人数

餐饮店因季节、月份、节假日以及时段的不同，来客数（或营业额）会有大小不同的起伏，所以必须随时有效率地进行人员配置。但是员工的配置不能单纯追求效率，而要以客人的满意度为前提，因此适当的人员配置不能完全和营业额的增减成比例。营业额高时，人事费用的效率高；营业额低时，人事费用的效率就会低。然而，既然是营业，无论进店的客人有多少，都必须配置一定数量的员工。所以，餐饮店长减少用工人数必须是合理的。也就是说，餐饮店长在考虑目标客群满意度的前提下，怎样依季节、节假日、时段来合理安排用工是极为重要的。保持合理的员工数，设定各月合理的人事费用的主要思路，就是以日、月人均产值为基准，综合让客人满意的情况来设定该用多少人。一般而言，合理减少用工人数要做到以下两点。

（一）正式工与小时工（兼职工）合理搭配

所谓正式工，最简单的理解是不管营业收入怎样都必须有的、全天上班的员工。所谓小时工（兼职工），就是依据营业收入水平的波动，可以临时以小时为单位请（增减）的员工。毫无疑问，正式工与小时工合理搭配是理想的用工方法。例如，许多中餐店常常会出现午市营业额低，晚市营业额高，或者相反的情况。若用的都是正式工，则会有明显的人力浪费现象。

所以，适时、适当地减少正式工、使用小时工是餐饮店长必须考虑的事项。

后厨方面，洗碗工、小工等技术含量较低的岗位可以考虑使用小时工；前厅方面，门迎、收银员、传菜员、公卫人员、服务员等岗位均可考虑使用小时工。

例如，某中餐店营业时间为11：00—22：00，午市生意一般，晚市生意火爆。若员工上午10：00上班，到22：00收档，下班时间至少到23：30。按原来的人员配置，员工工作十分辛苦，怨声极大。店长和厨师长商量决定，在不增加正式员工的情况下，聘请三组小时工来分担正式员工的工作量。

第一组，三位大姐（小时工），负责前厅、后厨早市的部分餐前准备工作，工作时间为8：00—10：00。前厅正式员工由原来的10：00上班改为10：30上班。后厨也减少了早市上班的员工，并推迟了相关厨师的上班时间。

第二组，两位大叔（小时工），负责晚市传菜支援及收档工作，工作时间为19：00—23：00。

第三组，两位大四学生（小时工），负责晚市收银、门迎、服务员的部分工作，上班时间为19：00—21：00。

经过三个月的试运行，店长发现，若不使用小时工，至少要增加6个正式工；而用小时工，一天下来小时工合计工作时长为18小时，约为3个正式工的工作时长，这是十分划算的。

合理使用小时工对许多餐饮店来说是陌生的，在使用初期肯定会有诸多的不习惯。但是合理使用小时工是大势所趋，希望餐饮店长们能够积极主动去尝试、试错，总结经验，吸取教训，逐渐实现正式工与小时工的合理配置，进而提高人均产值。

现将一些餐饮店长使用小时工的经验分享如下：

（1）对客人而言，小时工与正式工是一样的，都是店内的员工。客人对店面的评价与小时工也有很大的关系，所以小时工的"战斗力"是必须认真考虑的大题目。

（2）为使小时工具备"战斗力"，必须满足以下三个条件。

①有丰富的可供小时工选择的工作时间。

人们选择做小时工，就是为了可以选择工作时间，以便安排好自己的时间分配。餐饮店是从早到晚都有工作的行业，所以店长要打破岗位工作内容、时间限制，不断分割出更多的工作及时段，供适合的人选择，这样才能执行好小时工制。

②小时工所有的工作都予以标准化（文字数字化、图片视频化），以容易理解的方式表示。

正式工和小时工的培养方式是不同的。虽然正式工和小时工待客的基本工作相同，但从整体工作内容或范围来看，还是有相当大的不同。况且小时工工作时间短，因此要在有限的时间内完成教育培训，形成"战斗力"才行。所以，应为做各种工作的小时工专门制作专用 SOP 手册。

为了让对餐饮工作不熟悉的小时工快速形成"战斗力"，需要把正式工的 SOP 手册加以分解，并用更易懂的语言和表现方式（图片、视频）来制作专用手册。

同时，要将专项小时工的工作范围和工作量加以明确化。在一开始的教育培训中，明确告知其工作范围、工作量是十分重要的。如果工作范围、工作量不清楚，就会出现小时工怠工的现象。

③确定对小时工的考评、奖罚制度。

对小时工管控不严，再加上小时工特有的自我放松心态，是小时工工作质量低的主要原因。因此，店长要建立并健全对小时工的考评、奖罚制度。这是使小时工形成"战斗力"的重点，也是小时工可以在店里长期工作的绝对条件。

（3）使用小时工，一般每人每天不超过 4 小时。因为超过 4 小时，小时工的收入就会接近或超过正式工，容易让正式工心生不满。

（二）提升员工的综合工作能力，培养全能员工，推行混岗作业

中餐店用工有一大弊端，就是分工过细，导致用工结构不合理。对应的解决之道是提升全员的综合工作能力，让正式工、小时工（兼职工）一人多能，一人多岗，成为全能员工。根据不同的工作时间，各岗位员工根据忙碌的程度相互帮助着工作，这叫混岗作业。

后厨员工的工作分工细且技术含量高，但不代表不能混岗作业。例如，某中餐店后厨推行大工混岗作业的具体要求如下：

凉菜大工必须掌握小吃房的加工技术，以及热菜部部分菜品的炒制、切配、打荷技术。

小吃大工必须掌握凉菜的基本加工和制味技术，以及热菜部部分菜品的炒制、切配、打荷技术。

热菜部大工必须掌握凉菜、小吃的基本加工技术。

热菜部中工必须掌握凉菜、小吃的部分加工技术。

在前厅完全可以推行全能员工、混岗作业的模式。比如，服务员可以胜任前厅各岗；门迎、收银员也要胜任前厅各岗；传菜生通过适当的培养，可以胜任服务、门迎工作；公卫人员也可以尝试传菜、服务工作。

店长要抓好全能员工的培养和混岗作业，就必须重视 SOP、亮点剧本的编制和持续不断的培训工作。

总之，员工综合工作能力的提升是提高人均产值的关键。